近现代中国葡萄酒产业简史

唐文龙　火兴三　著

中国科学技术出版社

·北　京·

图书在版编目（CIP）数据

近现代中国葡萄酒产业简史 / 唐文龙 , 火兴三著 .
北京 : 中国科学技术出版社 , 2025. 3. -- ISBN 978-7
-5236-1211-8

Ⅰ. F426.82

中国国家版本馆 CIP 数据核字第 2024W4Q886 号

策划编辑	李　洁
责任编辑	齐　放
封面设计	红杉林文化
正文设计	中文天地
责任校对	焦　宁
责任印制	李晓霖

出　　版	中国科学技术出版社
发　　行	中国科学技术出版社有限公司
地　　址	北京市海淀区中关村南大街 16 号
邮　　编	100081
发行电话	010-62173865
传　　真	010-62173081
网　　址	http://www.cspbooks.com.cn

开　　本	710mm×1000mm　1/16
字　　数	334 千字
印　　张	25.75
版　　次	2025 年 3 月第 1 版
印　　次	2025 年 3 月第 1 次印刷
印　　刷	河北鑫兆源印刷有限公司
书　　号	ISBN 978-7-5236-1211-8 / F·1344
定　　价	108.00 元

题记

遇见闪耀

一杯酒，一本书，一个行业

133 年，亦可弹指间重现

一众人，一座城，一个世界

匆匆过往，繁星熠熠，辉映而前

冲破坚冷的，拥抱温暖的

悄然生长，扑面而来

铺陈演化成绵长不息的山水风物

每一粒，每一串，每一杯，斑驳若现

皆在眼前闪耀

——甲辰龙年八月初六

序言

自 1892 年以来，中国葡萄酒产业发展已走过 130 余年。产业的成长与演变值得记录和研究，那些参与、见证和影响产业发展的人、事和物需要挖掘和整理。本书重点对 1892—2024 年的近现代中国葡萄酒产业发展历史资料和事件进行了系统梳理，并对影响和决定行业发展走向的重要内容展开分类论述。"执古之道，以御今之有。"笔者希望借此书的写作和出版，为读者呈现一个较为完整的近现代中国葡萄酒产业发展历史轮廓与现实走向，并与仍在为行业发展振臂努力的各界同仁共同探寻未来发展之路。

本书的内容共分为七个部分。前六部分分别从产业链与集群、产品质量、品类结构更迭、进口葡萄酒在中国内地市场、中国香港葡萄酒市场和消费文化培育角度梳理、分析、呈现了近现代中国葡萄酒产业化发展的主要历程、变迁逻辑和演进方式。第七部分为行业大事，记录了 1892—2024 年影响产业发展的诸多重要事件，基本涵盖了全产业链的所有关键环节。就写作篇幅来看，前面的六个部分与第七部分几乎是平分秋色。再结合写作构思和内容设计，各部分之间既相互独立，又互补呼应，最终成为一个整体。综合来看，本书对相关议题的设置、分析和论述遵循着两条主线。

（1）以专题论述为模块，试图系统呈现出近现代中国葡萄酒产业化发展的全貌。好的产品是企业生存和发展的基石，而其离不开质量的管控。无处不在的竞争，使得企业永远都需要和潜在、现有竞争对手争夺市场份额。全产业链条的成员齐心并力，协同创新，形成集聚效应，才能为市场提供更具竞争力的产品。市场需培育和引导，方能赢得消费者青睐。因此，就有了产业集群、质量管理、品类结构、中外竞争与消费文化等相关专题。同时，作者将国有企业改革进程、多种经济成分共存、流通渠道变革、进出口政策以及关税变化、国内酒类商品税收政策调整、与产品质量相关的标准制定与修改、对外开放与全球产业链融合等内容融入相关议题的讨论和分析，尽可能将叙事的时代背景呈现完整，也让整本书的行文方式和逻辑更具有立体感，期望借此能带给读者"既见树木，又见森林"的阅读体验。

（2）以时间顺序为纵轴，试图梳理和记录影响近现代中国葡萄酒全产业链发展的重大典型事件。以时间为线串起重大事件，每一个重大事件被编写成一个独立的词条。而特定重大事件如有前后显著变化或更迭，其相关内容也被归到该词条之下。因此，对于产业简史中重大事件的整理和叙述，似乎兼具了编年体和纪事本末体的特征，事件虽然按时间顺序分散罗列，但每事一词条一专篇，以方便阅读。其中，所记录的重大事件中涉及的产业链主要利益攸关方有政府部门、行业组织、教育培训机构、科研院所、生产企业、渠道成员、销售终端、酿造设备、包装物料、原料辅料、书籍出版、会展组织、酒具酒器、职业资格、荣誉奖励、产区管理服务、标准演变等。此外，在相关词条中，作者对已故的部分专家、学者和前辈做了单独介绍，特表缅怀和敬意。

本书的写作视角以生产型企业为主角，向前延伸到供应链条，向后延伸到分销渠道与市场消费，试图为读者勾勒出一个比较完整的产业生态图谱。在写作过程中，作者还对以下事项做了特别处理、记录或描述，提请读者注意：①因不同时期统计口径的计量单位不一，书中统一用千升或升作为饮料酒的计量单位，因而在产销量数据表述方面可能与实际数据存在些许出入；②部分葡萄酒生产加工企业虽早已因各种原因主动或被动退出市场，但作为在特定时期为行业发展产生过推动作用的一分子，作者仍在行业大事部分将其记录；③由于书写内容的时间跨度大，在行业特定发展时期曾发挥过重要作用的部分企业经过若干轮社会经济变革已很难查询到其后续踪迹，作者的笔墨只能着眼至尚可追寻到的信息；④由于涉及全产业链条的企业众多，无法对所有企业的发展轨迹逐一记录，因此作者在某一类型的企业中挑选出部分代表做了重点介绍或描述，希望读者能举一反三以观全貌。

在国内目前的图书中，关于酿酒葡萄栽培与种植、葡萄酒酿造技术、葡萄酒品酒侍酒、葡萄酒产区地理、标准解读和企业管理等领域的现有文献不在少数，既有出自国内名家大咖的成果，也有译自国外专家里手的作品。但是，目前还没有集记录近现代中国葡萄酒产业发展历史和重要议题论述为一体的全景式著作。因此，作者做此尝试。希望本书的出版发行，能够弥补此方面研究的不足，以供业内外人士学习和参考。

本书的写作初衷有三。其一，记录。产业发展的过程就像是一场接力赛。每一程、每一棒，都有人按着既有的节奏努力向前奔赴。有的人、有的企业，或始终处于聚光灯之下，或曾饱受质疑，或已在竞争中泯然于众甚至黯然出局。在此期间，出现的所有人、发生的所有事，都需要被书写，也值得被记录。其二，致敬。那些已经过去的、正在发生的，不论好坏与是非，都是行业发展历史的重要组成部分。作为在特定社会经济发展过程中参与、见证或推动行业发展的一分子，我们更需要致以敬意。因此，本书是向影响近现代中国葡萄酒产业发展的所有人、事、物的致敬之作。其三，期待。中国葡萄酒产业成绩斐然，但存在问题也不少。现今，东部、东北部、西北部、西南部和中部产区已经涌现众多精品酒庄。这些酒庄不论在葡萄栽培方式、酿酒理念，还是在产品品质方面已毫不逊色于国外竞争者，但在消费沟通和市场开拓方面仍存在一定的提升空间。虽然暂时并非处于顺境，但是假以时日，风采终将彰显。我们依然期待且相信产业发展迎来更美好的时刻。

在本书的写作过程中，作者参阅了政策类、法规类、企业与行业史料类、新闻类和学术类等大量文献。本书图表中的数据来源，除部分由作者原创外，如无特别说明，其余均根据大量公开资料综合整理获得。在此，谨对在行业记录与研究、产业集群、质量管理、分销渠道和消费文化等领域的诸多前辈、学者和同仁表示由衷感谢和深深敬意。由于作者的疏漏，可能未对相关人士的研究成果做出准确、全面的文献标注，在此特表歉意的同时也致以诚挚的感谢。此外，作者还通过调研、访谈形式向部分单位或业内人士征询或确认信息。如果没有他们的启发、指引和支持，本书实无法顺利完成。在此，特对本书以下相关单位表示感谢：烟台张裕葡萄酿酒股份有限公司、中粮长城酒业有限公司、中法合营王朝葡萄酿酒有限公司、威龙葡萄酒股份有限公司、贵州茅台酒厂（集团）昌黎葡萄酒业有限公司、中信尼雅葡萄酒股份有限公司、朗格斯酒庄（秦皇岛）有限公司、新疆乡都酒业有限公司、新疆天塞酒庄有限责任公司、甘肃莫高实业发展股份有限公司、保乐力加（宁夏）葡萄酒酿造有限公司、山西戎子酒庄有限公司、青岛勋之堡酒业有限公司、意大利爱赛科有限公司北京代表处、烟台长裕玻璃有限公司、烟台市橡丰工贸有限公司、西北农林科技大学葡萄酒学院、宁夏贺兰山东麓葡萄酒产业园区管委会、宁夏酒业协会、四川省葡萄酒与果酒行业协会、通化葡萄酒产业发展促进中心、烟台市葡萄与葡萄酒产业发展服务中心、银川市葡萄酒产业发展服务中心、烟台市蓬莱区葡萄与葡萄酒产业发展服务中心、桓仁满族自治县重点产业发展服务中心和烟台市葡萄与葡萄酒协会等。

虽然作者竭尽所能地想要为读者呈现出近现代中国葡萄酒产业的进化历程和演变逻辑，但在近代产业发展的史料挖掘、酿酒葡萄栽培与种植管理、部分代表性生产型企业的综合描述和产业链配套企业的全面资料整理等方面仍显欠缺。最后，由于能力受限，作者对于行业人物、企业、事件的整理尚存不全、不足，甚至在已写内容中还可能存在记录或描述不当甚至错误，恳请读者和有心人士及时给予帮助和纠正，以待更补。在此，一并致谢。

水兴三

甲辰龙年十月十九

目录

第一部分

产业链与集群：协同进阶共成长

葡萄，我国古代曾叫"蒲陶""蒲萄""蒲桃""葡桃"等，葡萄酒则相应地叫做"蒲陶酒"等[1]。公元前138年至前119年之间，汉武帝两次派遣张骞出使西域，张骞使团从西域带回的诸多农作物种子当中就包括葡萄种子，并为中国引进了葡萄酒酿造技术。葡萄栽培种植与酿酒技术先后沿着新疆地区、甘肃河西走廊、陕西等路线不断扩散，之后进一步传播到了华北、东北等地区。因此，中国在西汉时期就开始出现葡萄酒了[2]。

中国古代葡萄酒产业的建立与发展大致经历了6个主要阶段：①汉武帝时期，葡萄酒产业获得初步发展；②魏晋南北朝时期，葡萄酒产业恢复并逐步兴起葡萄酒文化；③唐朝时期，葡萄酒消费扩大，葡萄酒文化获得传播；④元朝时期，葡萄酒产业进入高速发展阶段；⑤明朝时期，葡萄酒产业发展呈低速态势；⑥清末民初时期，葡萄酒从手工制作向工业化生产转变[3]。受限于当时的历史生产条件，中国古代葡萄酒产业的生产以家庭式手工作坊为主，整体发展速度比较缓慢，而产品消费也主要集中在中上层社会群体。

18世纪60年代的第一次工业革命，以蒸汽机的广泛应用为标志，以机器工业化、工厂制生产代替传统手工制、家庭式生产方式为特征，从英国开始并向全球传导，促成了世界近代工业化的浪潮，企业生产进入机械化时代。中国近代的洋务运动，也是其中的一部分[4]。从军事工业向民用工业扩散，从重工业向轻工业转移，国内产业均获得不同程度的工业化发展。酿酒作为人类古老、传统的生产活动之一，也参与其中。而率先启动机器工业化生产的，就是葡萄酒、啤酒这类在当时被视作"洋味十足"的品类。

---

[1] 刘振亚，刘璞玉. 我国古代葡萄的名称来源与内涵初议［J］. 古今农业，1991（3）：82–87.

[2] 徐兴海. 中国酒文化概论［M］. 北京：中国轻工业出版社，2010，第41页.

[3] 李华. 中国葡萄酒发展史回眸［EB/OL］. 中国酒业新闻网，2010-05-10，http://www.cnwinenews.com/html/201005/10/20100510085050.htm.

[4] 陈彪. 洋务运动与世界近代工业化潮流［J］. 史学月刊，1986（4）：53–59.

根据 1842 年中英签订的《南京条约》，广州、厦门、福州、宁波、上海五个沿海城市被辟为通商口岸，实行自由贸易，英国人可在通商口岸租赁土地和房屋，且永久居住。同时，外国厂商开始在广州、上海等沿海地区设厂，用近代机械修造船舶、印刷报纸、缫丝、磨面粉等[①]。之后，更多区域被迫开埠通商。起初的通商口岸主要为东部沿海、沿长江城市，之后被迫开放或者主动开放的通商口岸逐步覆盖到了部分内陆城市和边疆地区。到 19 世纪 30 年代，中国通过条约开放的口岸和政府同意地方自开的口岸达到 114 个[②]。除山西、贵州、陕西、青海和宁夏等少数省份，绝大部分省份都有多个通商口岸[③]。根据 1895 年中日签订的《马关条约》，中方允许日本在中国的通商口岸投资设立工厂，其他西方列强也因"一体均沾"利益原则而获得此项权利。之后，资本输出取代商品输出，成为当时外资染指中国经济的主导方式。

与此同时，大量"洋货"通过通商口岸输入中国，从此国内各地区的贸易中心和生产基地开始向通商口岸转移。在这个过程中，国内的自然经济逐渐解体，机器工业品开始占据重要地位。通商口岸成为西方列强对华商品输出、资本输出的主要场所，这同时也间接促使这类地区逐渐成为中国近代工业的发源地。随着在华外国侨民数量的增多，以及在投资设厂、贸易经商、传教等过程中出现了与外国人频繁交往并受西方文化影响最早的一批国人，他们共同成为包括洋酒在内的各类西式商品的主要消费群体。中国葡萄酒工业化生产的发祥地就诞生在此间已开埠的山东烟台。而 19 世纪 60 年代初至 90 年代的洋务运动，使得钢铁、造船、采矿、纺织、面粉、

---

① 张柏春. 中国近代机械工程一百年［J］. 自然辩证法通讯，1991（3）：59-65.

② 吴松弟. 中国近代经济地理变迁中的"港口 - 腹地"问题阐释［J］. 河南大学学报（社会科学版），2018，58（3）：1-11.

③ 吴松弟. 通商口岸与近代的城市和区域发展——从港口 - 腹地的角度［J］. 郑州大学学报（哲学社会科学版），2006（6）：5-8.

造纸、印刷等产业也在与外资竞争过程中获得较快发展，生产设备等基础配套的初步成型以及更多消费群体的出现也让葡萄酒、啤酒的工业化生产成为可能。

中国近现代葡萄酒的生产

1 1892—1948 年，缓慢筑基

中国近代葡萄酒的发展历程中，起到承上启下重大转折的历史事件当属烟台张裕酿酒公司的创建。张裕公司的创建与 19 世纪晚清政府所大力倡导的洋务运动息息相关。1892 年，爱国华侨张弼士先生选址山东省烟台，并投入 300 万两白银（如以购买粮食等价测算，相当于现今的 12 亿元）建立张裕酿酒公司[①]，中国葡萄酒产业也由此进入了工业化生产的崭新发展阶段。至此，酿酒葡萄与鲜食葡萄的界限愈发分明，生产从家庭制手工作坊向工厂制机械制造转变，贮酒容器从陶缸、大瓮改为橡木桶，软木塞、胶帽和玻璃瓶逐渐成为主流包装形式。1896 年，张裕公司从欧洲引进 64 万株葡萄秧苗，共 120 余个酿酒葡萄品种，当时引进的品种包括法国兰、蛇龙珠、赤霞珠、品丽珠、玫瑰香、贵人香、雷司令和灰比诺等[②]；1902 年，从奥地利引进抗根瘤蚜的砧木；1906 年，建成东山葡萄园和西山葡萄园，占地面积 1215 亩[③]，葡萄园中有 100 多个酿酒葡萄品种[④]；1914 年，张裕开始对外正式出售葡萄酒和白兰地产品，采用的是公司经过注册的商标"双麒麟"（或称为"麟球牌"）。

在这一时期，国内还有其他一些葡萄酒厂先后投入运营，但其

---

① 种昂. 张裕：坚守创变 130 年 [N]. 经济观察报，2023–01–14.
② 王恭堂. 走向世界的烟台葡萄酒 [J]. 葡萄栽培与酿酒，1988（1）：29–30.
③ 1 亩 ≈ 666.67 平方米.
④ 王恭堂. 百年张裕酿芬芳 [M]. 北京：团结出版社，2012：15，41.

中大部分酒厂都由外国人控制与经营。例如，长白山葡萄酒厂（日本人开设）、通化葡萄酒厂（日本人开设）、青岛美口酒厂（德国人开设）、天津立达酒厂（俄国人开设）、北京上义洋酒厂（法国天主教堂掌管）等。此外，还有哈尔滨秋林公司葡萄酒厂、乌鲁木齐酒厂、北平章裕酿酒公司，上海华美酱油厂也生产葡萄酒[1]。而且，由于清朝后期被迫开放口岸与外国通商，葡萄酒也成为外国产品进入中国市场的常见品种之一。

中国葡萄酒产业在近代的启蒙，除张裕公司之外，大多与国外天主教会在中国的活动有关。1892—1948年，国内葡萄酒生产企业的建设和发展先后经历了晚清时期、民国时期。且在这个发展阶段，由于经济发展不畅而导致消费水平较低，葡萄酒的产量和葡萄酒产品结构都处在一个较低的水平，张裕公司部分年代的销量如表1-1所示。在中国近代葡萄酒产业的发展过程中，主要取得了两方面成就。一方面是酿酒葡萄品种、种植区域和面积逐步增加。如表1-2所示20世纪30年代山东各产区种植的葡萄品种。另一方面是在现今全国代表性酿酒葡萄产区中先后有部分葡萄酒厂成立。虽然当时葡萄酒厂的科学技术手段落后，生产规模较小，而且长期受到军阀混战、帝国主义压榨和官僚资本掠夺等诸多因素的影响，这一时期的葡萄酒企业发展基本处于勉强维持的状态，但是中国葡萄酒的工业雏形已基本呈现。中华人民共和国成立之时，尚存的葡萄酒生产企业有烟台张裕葡萄酿酒公司、青岛美口酒厂、北京上义酒厂、吉林长白山葡萄酒厂、吉林通化葡萄酒厂和清徐葡萄酒厂等，但这些酒厂的葡萄酒年产量尚不足120千升[2]。

---

[1] 朱梅. 返老还童的中国葡萄酒工业［J］. 黑龙江发酵，1980（1）：44-48.

[2] 郭其昌. 新中国葡萄酒业五十年［M］. 天津：天津人民出版社，1998：5-10.

表 1-1　1930—1947 年张裕公司产品销量 [①]

时间	销量（箱）		全年总销量（箱）
	白兰地	葡萄酒	
1930 年 6 月—1930 年 12 月	1662	1299	—
1931 年	11547	7536	19083
1932 年 1 月—1932 年 6 月	2142	3825	17980
1933 年	—	—	12875
1934 年	—	—	8980
1935 年	—	—	8195
1936 年	—	—	9570
1937 年	—	—	6375
1938 年	—	—	6539
1939 年	—	—	17482
1940 年	—	—	19343
1941 年	—	—	15792
1942 年	—	—	11560
1943 年	—	—	18270
1944 年	—	—	18674
1945 年	—	—	6167
1946 年	—	—	9282
1947 年	—	—	5720

表 1-2　20 世纪 30 年代山东省葡萄栽培地 [②]

葡萄品种	主产地（当时地名）
牛奶	烟台、济南、惠民、阳信、乐陵、黄县、菏泽、茌平、德县、禹城、荣成、胶县等地
玫瑰香	烟台、青岛、冠县、寿张、潍县、新泰、惠民、招远、平度、胶县、掖县、即墨、安丘等地
龙眼	烟台、青岛、单县、即墨等地
紫电霜	分布区域甚广，以上各地均有栽培
红鸡心	烟台、商河、费县、菏泽、单县、阳谷、鄄城等地

---

① 兰振民．张裕公司志［M］．北京：人民日报出版社，1999：166，170.
② 孙云蔚．最新葡萄栽培法［M］．上海：中华书局，1939：125-126.

2 1949—1977 年，稳步增容

1949 年，张裕公司的年产量为 92 千升。1950 年，全国葡萄酒产量为 240 千升[1]。中华人民共和国成立初期，按照"一五"计划（1953—1957 年），经过原国家轻工业部的组织，1954 年政府对解放后留存下来的张裕酿酒公司、青岛葡萄酒厂、通化葡萄酒厂、陕西丹凤葡萄酒厂、河北沙城葡萄酒厂等老厂先后进行了改造和扩建。与此同时，作为"一五"计划期间 156 个重点建设项目之一，由我国自行设计的北京东郊葡萄酒厂于 1954 年开始建设，并于 1955 年建成投产。在"二五"计划期间，政府根据地理和地质优势，通过种植梨、苹果、葡萄等水果在内的诸多方式着力对黄河故道地区进行开发，葡萄产区顺势建立了葡萄酒厂。安徽萧县、江苏连云港和河南民权是首批被选为建设葡萄酒厂的地区。1957 年成立的山东葡萄试验站之所以选址济南，也正是为了同时能兼顾山东、河南、安徽和江苏等地的葡萄栽培与种植工作。1958年，张裕公司受原轻工部委托成立了张裕酿酒大学，目的也在于为当时国内其他产区新建的葡萄酒生产企业培养专业人才。1956—1976 年，在河南、安徽和江苏先后建立 13 家葡萄酒厂：河南的民权、仪封、黄泛区农场、民权农林场、兰考和郑州，安徽的萧县、砀山、界首，江苏的连云港、徐州、宿迁和丰县[2]。同时，部分葡萄酒厂也在东北地区、西北地区建立起来[3]。全国范围内优质酿酒葡萄种植基地与葡萄酒生产基地发展布局就此基本形成。

20 世纪 50 年代，我国从苏联、保加利亚等东欧国家引进白羽、白玉霓、小粒麝香、晚红蜜等数十个酿酒葡萄品种。在 1956 年印发

---

[1] 王恭堂. 论我国葡萄酒工业的困境及其导向 [J]. 葡萄栽培与酿酒，1990（Z1）：48–51.

[2] 郭其昌. 新中国葡萄酒业五十年 [M]. 天津：天津人民出版社，1998：69–70.

[3] 王恭堂，孙雪梅. 我国葡萄酒工业 50 年 [J]. 酿酒科技，1999（5）：15–19.

的《张裕葡萄品种性状表》中，就列有玛瑙红、大宛红、大宛香、品丽珠、蛇龙珠、赤霞珠、冰雪丸、水晶丸、马泊客、醉诗仙、凉州牧、雷司令、李将军、梅鹿辄、琼瑶浆、魏天子、贵人香、阿芳香、长相思、田里汉、北塞红、蓝北塞、汉北塞等酿酒葡萄品种。20 世纪五六十年代，国内虽已引进不少国际酿酒葡萄品种，但并没有在全国范围内大面积种植，大多数企业采用的主要酿酒原料为龙眼、玫瑰香和山葡萄[1]。

部分企业在出口创汇或产能提升方面的表现不俗（见表 1-3、表 1-4）。20 世纪 50 年代，烟台张裕葡萄酿酒公司在自身出口供应量不足的情况下，还与安徽萧县葡萄酒厂、北京东郊葡萄酒厂和北京葡萄酒厂共同以"夜光杯"为商标向联邦德国出口红葡萄酒[2]。1966—1976 年，张裕雷司令干白和解百纳干红停产[3]，主要生产甜型葡萄酒和白兰地。

这一时期的企业为清一色的公有制经济，1956 年全国全行业私营企业完成公私合营，一直到 1966 年停付原私营资方的定息。至此，公私合营企业全部转变为社会主义全民所有制企业。这一公有制经济一统天下的状况一直持续到改革开放初期。1980 年，国有企业所占比重为 76%，集体企业所占比重为 24%[4]。而且，1978 年之前，国有企业的利润全部上缴国库，亏损由国家承担。

表 1-3　1958—1966 年北京葡萄酒厂的产品出口情况[5]

时间	1958 年	1961 年	1963 年	1964 年	1965 年	1966 年
总计（箱）	833	889	2888	11402	19701	24419

---

① 王秋芳. 葡果酒行业十年改革的科技成果——建国四十周年专稿 [J]. 酿酒科技，1989（3）：2-6.

② 朱梅. 谈张裕葡萄酿酒公司的风格 [J]. 酿酒，1988（2）：45.

③ 刘宏昌. 保持老名牌再创新优质——烟台张裕葡萄酿酒公司今昔 [J]. 酿酒，1983（4）：63-65.

④ 李政. 改革开放 40 年国企改革的基本逻辑与宝贵经验 [N]. 光明日报，2018-12-04.

⑤ 小雪. 龙徽中国葡萄酒的出口奇迹 [J]. 中国新时代，2010（8）：74-75.

续表

时间	1958 年	1961 年	1963 年	1964 年	1965 年	1966 年
葡萄汽酒	—	—	—	4083	6027	17276
中国红葡萄酒	833	—	197	854	2165	2419
大香槟	—	—	40	445	993	80
玫瑰香葡萄酒	—	—	—	329	497	379
北京白葡萄酒	—	889	40	—	—	215
桂花陈酒	—	—	1749	3042	5383	2400
莲花白酒	—	—	863	2234	4376	1650

表 1-4 1964—1973 年青岛葡萄酒厂产量 [①]

时间	产量（千升）	时间	产量（千升）
1964 年	1560	1969 年	6386
1965 年	1244	1970 年	7131
1966 年	2086	1971 年	7887
1967 年	3177	1972 年	6098
1968 年	5500	1973 年	7069

3 1978—2000 年，快速扩张

改革开放之后，国内各行各业的经营活力逐步焕发，葡萄酒产业发展也跟着提速。到 20 世纪 70 年代末期，全国县以上的葡萄酒厂增加到 40 多家。20 世纪 70 年代后期至 80 年代前期，一些地方政府和公社也开始兴建葡萄酒厂，在新疆吐鲁番、甘肃武威、宁夏玉泉和云南开远等地区部分葡萄酒厂建成投产。1978 年，宁夏农垦玉泉营农场引进酿酒葡萄进行种植。1980 年，昌黎葡萄酒厂从法国引进赤霞珠、品丽珠等 27 个酿酒葡萄品种，分别在施各庄公社、十里

---

① 青岛一轻工业志［EB/OL］. 2019–11–21. 青岛市情网. http://qdsq.qingdao.gov.cn/szfz_86/slqdsz_86/yqgyz_86/dspsp_86/202204/t20220414_5491029.shtml.

铺公社等 11 个村种植了 1.6 万亩酿酒葡萄[①]。20 世纪 80 年代初，中国长城葡萄酒有限公司从法国和联邦德国引进了 14 个酿酒葡萄品种并种植 1000 余亩[②]。20 世纪 80 年代中期，河南省民权县种植葡萄面积近 10 万亩，占全国葡萄种植面积的四分之一，成为全国第一葡萄种植大县[③]。1986 年，山东省有葡萄酒厂 103 个，葡萄酒总产量 10.7 万千升，其中一轻系统 16 个厂，乡镇企业 80 个厂，农业系统 7 个厂。与 1980 年相比，1986 年山东葡萄酒产量增长了 6.7 倍[④]。1986 年，全国葡萄酒产量 20 万千升，折纯汁酒 8 万千升，既有工业、商业部门生产，也有部队、公安部门及社队、农场单位生产[⑤]。1987 年，民权全县利税 1700 万元，仅民权葡萄酒厂带动的葡萄相关产业利税即达 1214 万元[⑥]。甘肃葡萄酒产业以 1983 年在黄羊河农场成立的武威葡萄酒厂为标志，从 1998 年开始武威开始大面积种植酿酒葡萄。在此期间，包括天津王朝（1980 年创建）、中粮集团旗下的沙城长城（1983 年创建）和华夏长城（1988 年创建）、烟台威龙（1981 年创建）、宁夏西夏王（1984 年创建）、青岛华东（1985 年创建）等企业先后进入葡萄酒生产经营领域。20 世纪七八十年代，葡萄酒在部分地区还被称为"色酒"。全国葡萄酒产量从 1980 年的 7.8 万千升增至 1985 年的 23.2 万千升[⑦]。20 世纪 80 年代之后，除传统的新疆产区、东北产区、黄河故道产区和渤海湾产区之外，西北、西南等产区逐步发展壮大。

---

① 于军涛，李淑丽. 中国红酒"摇篮"的守护人［N］. 燕赵都市报，2018-11-19.

② 高斌. 中国科协葡萄酒代表团赴法国考察报告［J］. 葡萄栽培与酿酒，1994（2）：35-39.

③ 李燕. 民权，葡萄之乡"酿造"新梦想［N］. 河南日报（农村版），2023-08-24.

④ 杨杰，郭尊东，矫喜法. 我省葡萄生产、加工现状、问题及对策［J］. 葡萄栽培与酿酒，1987（4）：32-34.

⑤ 陈玉庆. 关于我国葡萄酒发展的几点意见［J］. 葡萄栽培与酿酒，1988（2）：31-34.

⑥ 迟惠玲，闫惠民. "民权模式"的开拓者——记河南民权葡萄酒厂厂长 潘好友［J］. 企业管理，1988（11）：26-28.

⑦ 张茂扬. 我国葡萄、葡萄酒生产的发展趋势与展望［J］. 葡萄栽培与酿酒，1988（4）：1-3.

20世纪90年代，国内市场先后出现白兰地消费热、干白葡萄酒消费热、干红葡萄酒消费热。在三大消费热潮的带动下，国内葡萄酒生产领域的投资变得更为活跃且业绩表现强劲（见表1-5）。1991—2000年，云南红（1997年成立）、山西怡园（1997成立）、广夏贺兰山（1997年创建）、宁夏御马（1998年创建）、烟台长城（1998年成立）、河北朗格斯（1999成立）和新疆新天（1998年成立）等一大批葡萄酒生产企业相继成立，加入市场竞争并开展葡萄酒文化传播与消费培育活动。此外，还有部分先前为知名葡萄酒生产企业提供原汁的发酵站或原酒生产企业，也在这一时期升级为瓶装酒生产企业并进行品牌化运营。

表1-5　1997年全国葡萄酒行业主要企业经济指标 [①]

企业名称	产量（千升）	销售额（万元）	利税（万元）
烟台张裕集团有限公司	32799	54022	11911
中国长城葡萄酒有限公司	16802	39248	15028
中法合营王朝葡萄酿酒有限公司	16033	44166	22851
烟台威龙葡萄酒股份有限公司	12000	12000	1800
民权五丰葡萄酒有限公司	8189	8506	1635
山东栖霞白洋河酿酒有限公司	6705	3414	838
北京保乐力加酿酒有限公司	6400	6441	—
通化葡萄酒股份有限公司	6255	9045	5439
中法合资华夏葡萄酿酒有限公司	4882	9975	3822

还有一点需要提及的就是，私营经济、外资也是在这一时期开始进入国内的葡萄酒生产领域。1978年我国农村开始实行家庭联产承包责任制并大幅度提高农产品收购价格，使粮食、棉花等迅速增产，因此农村出现剩余资金和劳动力，并推动乡镇企业开始蓬勃发展。乡镇企业的发展对城市中的国有中小企业形成竞争挑战，直接引发了城市的经济体制改革。改革的中心任务就是要增强大中型全

---

① 夏国忠，社兴. 我国葡萄酒的生产情况及价格走势 [J]. 中国酒，1998（5）：25-26.

民所有制的企业活力。具体表现在以下几个方面。

（1）20世纪80年代，国有企业先后经历"利改税"和厂长（经理）负责制，企业经营活力被释放。到1988年年底，全国已有93%的国有企业采用厂长（经理）承包负责制，合同期限一般为3~5年[1]。而且，个体经济、私营经济的法律地位在《宪法》中先后得到确认，乡镇企业发展进入"黄金时代"。在此期间，以食品、纺织、家电等为代表的轻工业由于供给得以释放，实现爆发式增长。此外，20世纪80年代末的"价格闯关"遇阻导致国内经济大幅波动，紧接着的经济整顿又让众多行业面临经营困境，酒类行业也未能幸免。例如1989年张裕公司亏损400万元，产量较上年减少4576千升[2]。

（2）改革开放之后，为了引进国际先进技术、资金和管理理念，我国在税收等方面给予外资企业优惠政策，还促成了啤酒和葡萄酒产业在20世纪八九十年代的"合资潮"。而白酒和黄酒（尤其是名、优白酒和黄酒生产企业）由于受到外商产业投资政策的制约，在这一时期主要以国资经营为主。以1991年7月1日开始实施的《外商投资企业和外国企业所得税法》为例，内资企业所得税率为33%，合资企业为17%，外资企业为15%。事实上，加上"两免三减半"等优惠，外资企业的实际税负率更低，甚至仅为11%[3]。直至2008年1月1日起《企业所得税法》开始施行，内、外资企业的所得税税率才统一为25%。

（3）从20世纪80年代后期开始，国家允许国有企业破产。进入20世纪90年代之后，部分无法适应新时期市场经济竞争的国有葡萄酒企业，通过转产合并进入新的生产领域或破产退出市场。

（4）20世纪90年代，国有企业进入建立现代企业制度发展阶段。

---

① 黄文涛，王大林. 国有企业改革的历史脉络与成效［R］. 2023-04-11.
② 兰振民. 张裕公司志［M］. 北京：人民日报出版社，1999：167.
③ 陈融. 企业所得税"内外统一"对台商来大陆投资的影响与启示［J］. 经济与社会发展，2012（6）：32-36.

酒类生产企业开始注重渠道建设和品牌传播。且受亚洲金融危机对国内经济产生的负面影响，1998 年正式启动全国国有企业"三年改革脱困工作"，其间部分酒类生产、流通企业从国企改制为民企。

4　2001—2024 年，国际竞争

2001 年中国申奥成功并在国内启动投资建设，同年中国正式加入世界贸易组织进而吸引境外投资者蜂拥而入。投资、消费、出口等同时实现高增长，中国加速融入全球分工体系，经济发展迎来"黄金十年"。2000 年之后，中国葡萄酒行业迎来新的增长阶段。2001 年，国内葡萄酒生产企业 450 家，年生产能力超万千升的企业 10 家，全年产量 30 万千升，干酒产量占 50%[①]。2001 年，中法庄园建成，向法国直接引进 16 个品种的嫁接苗，其中就包括马瑟兰。2001 年，桓仁县从加拿大引进威代尔冰葡种苗，并试栽成功。自云南高原葡萄酒有限公司和云南神泉葡萄酒有限公司成立之后，云南高原产区除了保持玫瑰蜜特色品种，也大量种植赤霞珠、品丽珠、霞多丽、水晶和美乐等酿酒葡萄品种。2001 年，中国葡萄酒行业规模以上企业的年度营业收入首次突破 50 亿元。2003 年，中国葡萄酒行业规模以上企业的年度产量首次突破 30 万千升。2005 年，中国葡萄酒市场规模首次突破 100 亿元。2006 年，中国葡萄酒行业规模以上企业的年度产量首次突破 50 万千升（部分代表性企业的经营状况如表 1-6 所示）。2009 年，中国葡萄酒行业规模以上企业的年度营业收入首次突破 200 亿元。2010 年，中国葡萄酒行业规模以上企业的年度产量首次突破 100 万千升，年度营业收入首次突破 300 亿元。2012 年，中国葡萄酒行业规模以上企业的年度营业收入首次突破 400 亿元。2013 年，宁夏产区从法国梅西集团进口 96.1 万株优良

---

① 耿兆林. 中国葡萄酒行业的现状与发展——在 2002 国际葡萄与葡萄酒发展论坛的发言［J］. 中外葡萄与葡萄酒，2002（5）：8-9.

葡萄种苗及种条。总体来看，东部产区的扩张和西部产区的崛起是这一时期的发展主基调之一。

表 1-6 2006 年中国葡萄酒企业经营状况（单位：万元）①

企业名称	销售收入	资产总计	销售利润率（%）	人均利润
烟台张裕集团有限公司	380120	324912	15.51	18.13
中法合营王朝葡萄酿酒有限公司	120330	108228	15.69	52.456
烟台中粮葡萄酿酒有限公司	79794	42137	13.23	78.174
烟台威龙葡萄酒股份有限公司	74801	57487	11.5	12.705
中国长城葡萄酒有限公司	62467	71635	11.99	11.263
中粮华夏长城葡萄酒有限公司	57941	56225	13.17	143.977
烟台威泰葡萄酒有限公司	24972	1600	10.48	14.464
烟台白洋河酿酒有限责任公司	22430	11976	9.32	7.012
新疆新天国际葡萄酒业有限公司	20662	202192	−87.98	−40.396
烟台鲁钥酒业有限公司	19534	3668	9.51	26.543
大连北方酿酒有限公司	18347	18715	2.65	2.292
青岛华东葡萄酿酒有限公司	17761	20647	11.16	25.415
山东威龙葡萄酒业公司	17395	1880	0.65	0.245
烟台嘉裕葡萄酒有限公司	13590	3502	18.06	27.268
湖南湘丰茶叶（集团）有限公司	13117	7631	2.02	1.058
烟台张裕卡斯特酒庄有限公司	12853	11747	57.56	528.429
烟台御任葡萄酿酒有限公司	12323	878	2.3	4.883
三九企业集团兰考葡萄酒业有限公司	10560	3416	13.12	3.627
青岛爱迪尔葡萄酿酒有限公司	10545	2038	6.43	2.081
北京龙徽酿酒有限公司	10078	16042	2.47	1.119
宁夏御马葡萄酒有限公司	9649	33652	−1.04	−0.832
北京丰收葡萄酒有限公司	9373	11688.	9.32	3.024
山东凯威斯葡萄酒业有限公司	8656	1642	2.07	7.467

---

① 中国酒类流通协会，中国副食流通协会.《中国糖酒年鉴 2007》[M]. 北京：中国轻工业年鉴社，2008.

续表

企业名称	销售收入	资产总计	销售利润率（%）	人均利润
烟台张裕葡萄酿酒股份有限公司发酵中心	8653	25221	10.84	40.783
青岛崂山矿泉水有限公司	8648	10125	8.76	2.786
青岛崂山白花蛇草水有限公司	8023	10748	0.44	0.169
河南省发德利酒业有限公司	7440	1720	19.38	5.321
栖霞市奥威酒业有限公司	7199	1658	7.18	11
通化葡萄酒股份有限公司	7036	51834	3.38	0.482
烟台宝龙葡萄酿酒有限公司	6620	852	9.52	15.75
濮阳市永胜酒业有限公司	6510	1891	28.94	28.985
廊坊开发区卡斯特张峪有限公司	6485	5401	38.75	104.688
新疆新奥果汁有限公司	6482	7516	−8.11	−21.036
蓬莱市大鸿雁酒业有限公司	6319	2131	12.76	5.009
烟台海裕酒业有限公司	6170	1967	4.37	3.211
吉林天池葡萄酒有限公司	5932	3112	2.62	0.598
蓬莱华鲁酒业有限公司	5838	1694	20.73	14.235
烟台海市葡萄酒有限公司	5471	1081	27.01	26.391
山东密水葡萄酿酒有限公司	5262	6444	4.29	2.328
辽宁五女山米兰酒业有限公司	5034	9542	3.44	1.321
兰考县路易葡萄酿酒有限公司	4938	1948	4.01	0.718
民权五丰葡萄酒有限公司	4823	9195	6.82	2.742
烟台威斯诺查尔斯酒业有限公司	4733	4790	13.88	7.384
青岛玛丽酒业有限公司	4579	1247	2.62	1.361
云南高原葡萄酒有限公司	4093	10473	5.15	1.97
烟台华侨葡萄酿酒有限公司	4079	859	9.92	8.09
张裕葡萄酒（泾阳）有限公司	4000	2751	33.48	31.893
天津市王朝联合实业发展公司	3822	18637	21.87	3.999
上海申马酿酒有限公司	3570	4807	20.52	36.63

这个过程还呈现出 3 个特点。一是在国内消费增长和国际化竞争的双重因素作用下，国内葡萄酒生产企业先后推出酒庄酒、庄园酒、年份酒、品种酒等中高端产品。二是 1999 年国家提出"西部大开发战略"，并附以政策支持。之后，宁夏、新疆、内蒙古、云南等西北、西南产区开始涌现出数量众多的葡萄酒生产企业，且产区形象和产品品质逐步被市场接受，它们与传统的东部产区企业共同构成国产葡萄酒的优秀生产企业群体（见表 1-7）。三是进口葡萄酒进入关税减让进程。进口散装葡萄酒和进口瓶装葡萄酒在中国市场进入了增长快车道，并吸引国外酒类生产经营企业来中国直接投资、开发市场。数据显示，截至 2022 年 12 月 20 日，获得生产许可证的葡萄酒企业有 1680 家，规模以上企业 119 家，酿酒葡萄种植面积约为 127.5 万亩，带动 150 万人就业。

自 2008 年来，发端于美国的金融危机在全球范围之内蔓延，导致各国经济增长速度放缓。中国葡萄酒产量也在 2012 年达到 138 万千升的历史顶点之后有所滑落（见图 1-1），但目前已趋于稳定并重拾增长势头。

表 1-7 获得"中国驰名商标"称号的国内葡萄酒品牌

序号	商标名称	认定时间	认定方式	注册人 / 使用人
1	张裕	1993 年	行政认定	烟台张裕集团有限公司
2	王朝	2000 年	行政认定	中法合营王朝葡萄酿酒有限公司
3	长城	2004 年	行政认定	中粮集团有限公司
4	通化	2004 年	行政认定	通化葡萄酒股份有限公司
5	威龙	2005 年	行政认定	烟台威龙葡萄酒股份有限公司
6	华夏五千年	2006 年	司法认定	北京昌黎华夏葡萄酒有限公司
7	长白山	2007 年	行政认定	长白山酒业集团有限公司
8	白洋河	2008 年	司法认定	烟台白洋河酿酒有限责任公司
9	新天	2009 年	行政认定	新天国际葡萄酒业有限公司
10	莫高	2009 年	行政认定	甘肃莫高实业发展股份有限公司
11	华东	2009 年	行政认定	青岛华东葡萄酿酒有限公司
12	五女山	2009 年	行政认定	辽宁省五女山绿色食品开发有限公司
13	ELYSEE	2009 年	司法认定	烟台奥威酒业有限公司

续表

序号	商标名称	认定时间	认定方式	注册人 / 使用人
14	御马	2010 年	行政认定	御马国际葡萄酒业（宁夏）有限公司
15	朋珠	2010 年	行政认定	烟台蓬珠酒业有限公司
16	云南红	2010 年	行政认定	昆明云南红酒业有限公司
17	楼兰	2011 年	行政认定	吐鲁番楼兰酒业有限公司
18	龙徽	2011 年	行政认定	北京龙徽酿酒有限公司
19	香格里拉	2011 年	行政认定	香格里拉酒业股份有限公司
20	乡都	2011 年	行政认定	新疆乡都酒业有限公司
21	紫轩	2011 年	行政认定	甘肃紫轩酒业有限公司
22	汉森	2012 年	行政认定	内蒙古汉森酒业集团有限公司
23	卡斯特	2012 年	行政认定	李道之 / 被许可人：上海卡斯特酒业有限公司
24	池之王	2012 年	行政认定	辽宁天池葡萄酒有限公司
25	解百纳	2012 年	行政认定	烟台张裕集团有限公司
26	西夏王	2012 年	行政认定	宁夏西夏王葡萄酒业有限公司
27	金色时代庄园	2012 年	行政认定	烟台时代葡萄酒有限公司
28	爱斐堡	2014 年	行政认定	烟台张裕集团有限公司
29	格瑞特	2014 年	行政认定	运城市格瑞特酒业有限公司
30	通天	2014 年	司法认定	中国通天酒业集团有限公司
31	神沟九寨红	2015 年	行政认定	阿坝州九寨沟天然葡萄酒业有限责任公司
32	大森庄园	2015 年	行政认定	青岛大森酒业有限公司
33	冷谷	2019 年	行政认定	冷谷红葡萄酒股份有限公司

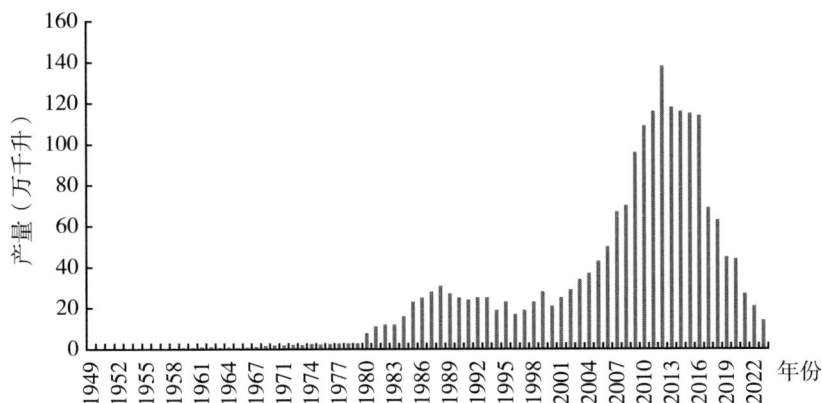

图 1-1　1949—2023 年中国葡萄酒行业年产量

数据来源：国家统计局，中国酒业协会，郭氏葡萄酒研究中心

中国近现代葡萄酒的流通

作为一种非生活必需品甚至具备奢侈品消费特征的酒类商品，在世界范围内都属于各国政府在生产、流通以及税收政策领域重点关注的对象。对于酒的生产和销售，在中国自古就有"税酒"和"榷酒"两种做法，在特定时期，还会有"禁酒"政策的出现。榷酒，以"官酿官销"为特征，酒的生产和销售均由国家垄断。税酒，就是国家对酒征收专税，允许民酿民销。1915年，北洋政府开始实行"酒类公卖制"，以"官督商销"为主要特征，行政管理机构为烟酒公卖局，公卖范围只限于土酒，不适用于洋酒和啤酒①。洋酒（包括国产的仿洋酒）和啤酒的销售主要集中在洋商、洋行手中。北洋政府对酒类公卖的商家根据整卖、零卖类别并结合店铺规模类型征收酒类特许牌照税。1927年之后，南京国民政府沿袭了烟酒公卖制度，并对洋酒、土酒分类征税。

中华人民共和国成立之后，中国建立了高度集中的计划经济体制，排除了市场调节机制，实行酒类专卖制度。1951年，国家财政部颁布《专卖事业暂行条例草案》，规定酒类产品和卷烟用纸由各级专卖事业公司统一经营。在计划经济时期，国家通过设在全国各地的国有糖酒副食品公司对酒类产品进行划拨进而实现销售，当时国有糖酒公司对酒类产品分销渠道的专营也造就了其在该领域的垄断地位。简而言之，在改革开放之前，各级国有糖烟酒公司以及供销社等国营商店/饭店共同组成了集产品计划调拨、批发、零售于一体的阶梯式酒类流通渠道。这一时期的酒类流通体系主要呈现出以

---

① 商业部商业经济研究所. 中国的酒类专卖［M］. 北京：中国商业出版社，1982：163–165.

下两个特点：①具有很强的封闭性或者排他性，酒类商品只能够按照规定的国有流通渠道内部实现逐级流通；②具有非常多的销售层级，酒类商品要经历"省级批发站—市级批发站—区县级批发站—乡镇级批发站—国有零售组织"，才能到达全国各地的消费者手中。

1978 年改革开放以来，中国经济体制改革大致经历了"计划经济为主、市场调节为辅""有计划的商品经济"和"社会主义市场经济"三个阶段。其间，中国酒类流通体制变革与市场格局形成大致经历了两个阶段。第一个阶段：酒类专卖制度取消与商品价格放开。1979 年，中国暂停酒类专卖管理制度；1985 年，中国第一批从计划经济管理体制下转为市场调节的产品就包括"酒精、黄酒、果露酒和葡萄酒"；1988 年，国务院决定放开 13 种名烟和 13 种名酒价格，同时提高部分高中档卷烟和粮食酿酒的价格。第二个阶段：酒类流通行政许可。2004 年，中国实施《行政许可法》，进一步明确了从事酒类批发、零售的企业和个体工商户按照"卫生许可（卫生行政主管部门）—注册登记（工商行政主管部门）—登记备案（流通行政主管部门）"路径依法从事酒类产品经营的管理手段。

可以看出，1949 年一直到改革开放之初，酒类生产企业在产品流通领域上基本没有选择的权利，在分销渠道成员选择与产品定价方面处于被动的地位。而在当时的计划经济的环境之下，酒类生产企业由于能够坐享政府对产品的有计划调拨的"红利"，它们也没有自行建设分销渠道的运营动力，可以说只是生产酒类产品的工厂。此外，改革开放以来国家对民营所有制经济的合法主体资格的认可，也为激发酒类流通体系的活力提供了制度上的保障。之后，随着国有糖酒公司在流通领域的垄断地位被逐渐打破，民营个体经济作为逐步壮大的新生力量加入酒类产品的流通渠道。1978 年以来的商品流通体制改革历程如表 1-8 所示。也是在这个过程中，酒类生产企业将个体民营商业企业纳入分销渠道的建设中，并逐步扩大比例。国有、民营、个体等各种所有制经济成分共同扮演着酒类流通的重要角色，也因此成就了在中国酒类流通市场上的诸多明星级企业，例如北京朝批、北京糖业烟酒、上海烟草糖酒、福建吉马、浙江商源、河南亿星、广东粤强、石家庄桥西、陕西天驹、广州龙程等。

表 1-8　1978—2008 年中国商品流通体制改革历程 ①

时间	商品流通体制改革
1978—1984 年	商品流通体制的改革重点是通过放开部分农副产品 / 日用工业品市场、对原国有商业企业进行扩权让利、积极发展非公有制商业企业，改变了国有独家统销和渠道单一的状况，初步形成了多种经济成分、多条流通渠道并存的商品流通局面。例如 1981 年起全面实行统购统销、计划收购、订购、选购四种购销形式并存的日用工业品购销体制
1985—1991 年	商品流通体制改革的重点是继续推进在商业管理体制、企业内部体制、批发体制等方面的改革力度，进一步巩固了多种经济成分、多条流通渠道、多种经营方式的商品流通格局。例如取消了日用工业品指令性计划商品，国家进行计划管理的商品由 1978 年的 274 种逐渐减少到 1991 年的 12 种；打破了国营批发企业延续 30 多年的"三固定"（指固定供应对象、固定货源、固定价格）批发模式和"一、二、三、零"（指一级、二级、三级批发站和零售企业）封闭式经营
1992—2008 年	随着"社会主义市场经济体制"改革目标的提出，商业经营主体与商品流通渠道更为多元化，形成了国有经济、集体经济、个人及私营经济、外资等并存的商业流通多种所有制结构，出现了大型百货商店、超市、仓储式超市、连锁店、专业店、专卖店、便利店、网络店铺等多种零售业态共存的新型商业流通格局。例如到 1994 年年底，全国个体商业达 1154.2 万户，私营商业企业达 14.46 万户

目前，中国酒类商品流通已经形成结合传统代理制、直营 / 加盟专卖店、团购直销、俱乐部 / 会所、电商 O2O 等多种模式为一体的分销结构。就零售终端来讲，主要包括名烟名酒店、餐饮终端、商场超市、酒类连锁、特殊通路、电商平台等形式。

---

① 邹东涛. 中国经济发展和体制改革报告：中国改革开放 30 年（1978—2008）[M].北京：社会科学文献出版社，2008.

国内葡萄酒产业链与集群

1　产业链配套生产企业

我国近代轻工业发展，有 3 个明显的特征。一是以手工操作为主。除制浆、造纸、制糖、啤酒、卷烟、味精等行业的少数企业机械化程度高些外，多数行业企业的机械化程度仅有 20% 左右。二是技术装备和主要工业原料大多依靠进口。三是当时发展起来的行业仅有三十几个，门类很不齐全①。葡萄酒酿酒工业也是如此，1892 年张裕公司创建时，在专业酿酒师、酿酒葡萄、机械化酿造设备，生产配套企业、橡木桶陈酿工艺等诸多方面面临着困境。以葡萄酒玻璃瓶为例，张裕公司创始人张弼士曾在《奉旨创办张裕酿酒公司叙》中写道："……而勖独以酒罇一物为虑。盛公又曰：上海已有玻璃厂，无虑此也……"可见，在张裕公司创立之初，烟台本地并没有玻璃品供应，需从外地采购。从 19 世纪末开始，啤酒、汽水等行业在国内的兴起，使得玻璃瓶罐和器皿等日用玻璃获得较快发展。1909 年，张裕引进法国、德国、日本熔炉各一座，建成年产量 100 万只的玻璃酒瓶厂②。北京上义洋酒厂建厂初期，地上与地下建发酵与储存水泥池 16 个、橡木桶 500 余个。当时设备有破碎机、压榨机、蒸馏塔、香槟机等③。

近代的葡萄酒生产主要以手工机械、半机械化的方式实现。1882 年，中国第一家发电厂上海电气公司成立投产，所发电能用于城市照明。1911 年之后，尤其是 20 世纪二三十年代，随着电厂装机

---

① 彭绍仲. 新中国 70 年轻工业发展历程回顾与展望［J］. 中国经贸导刊，2019（18）：40-44.
② 种昂. 张裕：坚守创变 130 年［N］. 经济观察报，2023-01-14.
③ 陈玉庆. 酿酒六十年追忆（二）金酒生产的回顾［J］. 酿酒，2003（1）：87.

容量的扩容，电力供给也从城市照明转为向工业用户提供动力[1]。但电力辐射区域仍旧有限。例如，1921 年，全国只有上海、东北、江苏等地区的大城市有电，大多数省区是无电区[2]。此外，限于产业规模较小而对生产机械配套设备的需求不足，葡萄酒生产设备的动力来源仍以蒸汽、水力和人力为主，并未广泛使用电力。张裕公司在早期采购的国外设备有：1910 年从意大利购进的葡萄破碎机和榨葡萄机；20 世纪 20 年代从奥地利购进蒸汽为间接动力动力的蒸酒机和从意大利购进的棉饼过滤机；1930 年从德国购进以煤火为直接动力的蒸酒机。20 世纪 30 年代初，张裕公司的 8 部压榨葡萄机以人力摇转。1937 年，张裕首次监制国产葡萄酒设备——水力木笼压榨机。

1914—1937 年，国内机械工业具备了一般设备的仿制能力，例如纺纱机、棉织机、缫丝机、针织机、印染机，以及印刷机、造纸机、制橡机械、制革机械、新式犁、播种机、抽水机和面粉机等[3]。1941—1945 年，张裕公司购进一台烟台本地生产的一台 350 瓶 / 小时的装酒机[4]。1941 年，通化葡萄酒公司购买手摇过滤机和脚踏压盖机等设备，1948 年在公司内部建立玻璃瓶厂。1949 年建成的北京酿酒厂（前身为华北酿酒试验厂），其果露酒车间为在开国大典之前生产出产品，就制造了 1 台破碎机、2 台葡萄压榨机、2 台葡萄皮蒸馏机，还自制了铜圆过滤机和冲瓶机，并用东北橡木制作木桶 165 个，安装 2 个容量为 7000 升的搪瓷罐[5]。

20 世纪 50 年代中期，国内制糖和烟草加工机械起步。到六七十年代，包括酿酒、罐头、饮料等食品机械成为重点发展领域[6]。其间，葡

① 刘丛，陈婷，薄诗雨. 电力扩张对工业发展影响的因果评估 [J]. 经济学（季刊），2024（1）：189-204.
② 白玫. 百年中国电力工业发展：回顾、经验与展望——写于纪念中国共产党成立 100 周年之际 [J]. 价格理论与实践，2021（5）：4-10.
③ 张柏春. 中国近代机械工程一百年 [J]. 自然辩证法通讯，1991（3）：59-65.
④ 兰振民. 张裕公司志 [M]. 北京：人民日报出版社，1999：65-66.
⑤ 陈玉庆. 酿酒六十年追忆（一）难忘的岁月 [J]. 酿酒，2002（6）：100.
⑥ 何南至. 我国食品和包装机械工业现状及展望 [J]. 食品工业科技，1998（5）：3-5.

萄酒产业链配套生产设备的电气化、机械化程度逐渐提高，但在地区间的应用仍存在差异。北京东郊葡萄酒厂在 1954 年自行设计和生产的设备包括粉碎机、压榨机、葡萄皮蒸馏机、杀菌机等，主要生产单位为轻工部上海烟草机械厂和天津市地方国营机械厂[1]。1958 年，民权葡萄酒厂利用 48 个水泥池和自制的简易破碎压榨设备处理葡萄 53 万斤[2]。1959 年，民权县为迎接国庆希望展出自己的葡萄酒产品。限于民权当时还未通电，第一瓶民权葡萄酒是用一台手摇破碎机和两台手摇压榨机等手工设备生产而成[3]。1949 年到 20 世纪 70 年代初，张裕公司主要依靠改制或自制设备。例如，1959 年，创制半自动贴标机；1961 年，实现洗瓶、装酒、贴标和包装连续性作业；1972 年，试制自动洗瓶主机。1966 年，张裕公司的产品外包装从木箱改为纸箱。1975 年，张裕公司自意大利引进的葡萄酒和白兰地自动生产线（包括洗瓶、灌装、封口、压盖、检验和杀菌等单机）正式投产使用[4]。

　　20 世纪六七十年代，酒类制造设备的生产任务由原轻工业部下达，承接任务的厂有河南新乡轻工业机械厂、广东省轻工业机械厂、上海饮料机械厂、秦皇岛和长春轻工业机械厂等[5]。但这一时期的生产设备的机械化、现代化程度仍显不足。以发酵设备为例，20 世纪 70 年代，张裕公司开始制作铁罐、不锈钢罐，但当时的发酵贮酒仍以铁罐和水泥池为主。20 世纪 80 年代，国内葡萄酒厂的发酵容器多使用水泥池，个别酒厂开始使用露天大金属罐[6]。1982 年，宁夏农垦从山东、河北等地引进优良葡萄品种，在玉泉营种植 3000 亩葡萄

① 王秋芳. 葡萄酒工业的欣欣向荣局面 [J]. 黑龙江发酵，1980（4）：35-37.
② 李怀堂. 民权葡萄酒厂发展简史 [J]. 酿酒，1984（1）：70.
③ 民权：60 年老厂房见证葡萄酒业兴衰史 [EB/OL].（2019-06-18）[2024-09-08]. 搜狐网. https://www.sohu.com/a/321438325_270206.
④ 兰振民. 张裕公司志 [M]. 北京：人民日报出版社，1999：66-67.
⑤ 刘树滋. 国内酒类设备研制单位简介 [J]. 黑龙江发酵，1979（Z1）：47-48，46.
⑥ 郭其昌. 1971—1980 年葡萄酒发达国家科学技术经济资料和对我国葡萄酒科技发展的建议 [J]. 葡萄栽培与酿酒，1984（1）：4-16.

园，葡萄酒酿制试验使用的发酵缸是 100 余个 80 多升的水缸。1987 年，玉泉营酒厂在推出第一批干红、干白葡萄酒时采用的是水泥池发酵。不锈钢发酵罐在中国葡萄酒行业的大规模使用，基本上从 20 世纪 90 年代才开始。

改革释放了被僵化体制束缚的生产力，而开放则使得轻工业获得了国外的先进技术、资金和市场，并全面融入全球分工体系。众多行业的对外开放，吸引了大量外资生产型企业进入国内市场，为跨国公司提供配套的相关企业也跟随而来，这同时带动了国内相关材料、技术和设备的引进、消化和升级。20 世纪八九十年代，国内葡萄酒生产企业大规模引进国外的葡萄前加工设备、自动化灌装线等已经成为常态。而且，通过先期仿制、后期创新，国内外酿酒设备技术开发已基本处在同等水平。1981 年，昌黎葡萄酒厂完成了旋转换热器、葡萄破碎机和输浆泵等设备的设计和试制。1982 年，王朝公司进口法国布赫瓦斯林公司的设备。1985 年，陕西丹凤葡萄酒厂从法国、阿根廷引进全自动发酵设备。1997 年，张裕公司从意大利引进时速 12000 瓶 / 小时的全自动甜型葡萄酒灌装线。其间，酒标和瓶盖等配套行业也随之升级换代，例如瓶盖从以铁盖、铝盖为主，转向大规模使用锡箔纸、PVC 胶帽和软木塞，部分企业高档产品的酒标开始尝试使用不干胶标签。其他酒类行业的设备研制、引进与消化也间接促进了葡萄酒领域的配套装备升级。1979 年，上海建成年产万吨规模的黄酒机械化生产线，这是属于黄酒的首次机械化大规模生产。1984 年，我国首次从联邦德国引进啤酒瓶装设备制造技术，由中国轻工机械总公司广东轻工机械厂投入使用。

对于 2000 年之后新成立的葡萄酒企业来讲，产业链配套已然不再面临之前在外汇资金可获得性、设备与技术先进性等方面的窘境。电气化、自动化、智能化和数字化已经成为目前的主流形式。此外，仪器设备、酿酒辅料、包装物料、伺服用具和橡木制品等配套企业也在伴随着整个中国酿酒行业的发展进步也取得了同步提升。而且，产区葡萄酒生产企业的集聚以及规模的扩大，还吸引当地配套企业的产生或其他行业配套企业的加入。例如，烟台的橡丰工贸在 PVC 胶帽领域、意隆在木塞封装领域、神马包装在橡木桶制作领域、长裕在玻璃瓶领域都位列国内领先地位。虎彩印务、劲嘉印务等已经成为国内酒类包装印制领域的代表性企业。来自中国台湾地区正美企业旗下的烟台正展精密印刷有限公司于 2007 年设立，起初是为了给烟台富士康生产基地提供电子消费产品的标签配套服务，之后也借助产区地缘优势进入葡萄酒标的设计和生产领域。中葡（宁夏）包装有限公司之前的主营业务为票据印刷，以酒标印刷为切入口，又增加了精品礼盒和酒箱，为贺兰山东麓的酒庄提供葡萄酒包装配套服务。虽众多国际主流品牌占据市场，上海豪团贸易有限公司还坚持向市场推出纯手工超薄水晶杯自主品牌"惹"。

2　政府部门与行业组织

中华人民共和国成立之后，伴随着政府部门的机构改革与调整，酿酒行业的政府主管部门先后经历了食品工业部、轻工业部、国家轻工业局、工业和信息化部等不同的阶段。计划经济时期，酒类产销全部纳入国家计划，具体分工为：轻工部门管生产，商业部门管销售，产品由指定的国营酒厂生产，国营糖酒公司进行统购包销。

现如今，国家市场监督管理部门负责食品生产经营许可证的审核发放、企业登记注册工作和产品质量、广告活动监督检查等；国家工业和信息化部门负责制定行业规划与产业政策；国家商务部门负责产品流通管理；国家农林管理部门负责管理酿酒葡萄种植基地规划等；国家卫健委负责食品安全风险检测与评估等；国家海关部门会同其他部门对进口酒类商品进行管理。此外，在部分酿酒葡萄产区，同时也是葡萄酒生产企业的聚集地，相继成立了主管葡萄酒产业发展的政府机构，它们在产业政策制定、产区招商引资、酿酒葡萄种植规范、产区对外推介、葡萄酒文化培育等方面成绩斐然。

此外，"三公消费"、军队禁酒令和醉驾入刑等政策法规对于中高端饮料酒消费等不当行为的严格限制，让国内的饮料酒消费场景朝着更为健康、合理的方向发展。

中国酒业协会、中国食品工业协会和中国酒类流通协会等行业机构一直在国家标准制定、行业信息统计发布、产区与市场调研、业务培训等方面发挥着积极而又极其重要的作用。从 2000 年开始，在当地政府、行业协会的组织推动之下，传统的东部葡萄酒产区如河北（秦皇岛、张家口）、山东（烟台、青岛）、宁夏等地区已经形成了国际葡萄酒节、葡萄酒美食节、葡萄酒博览会等多种形式相结合的产区对外推介机制。此后，逐渐兴起的西部葡萄酒产区以及部分主流葡萄酒消费城市也开始组织和举办各种形式的葡萄酒产区推介、美食文化传播与产业技术交流活动。行业协会、高校科研机构和代表性企业等在涉及各个饮料酒子品类的国家标准、行业标准的制定和科研成果转化方面做出了积极而富有成效的努力。

目前，中国葡萄酒产业的生产经营者除了要遵循《产品质量法》《食品安全法》及其配套法规的相关规定，还要符合葡萄酒产品质量标准、食品卫生与安全、生产规范、质量检测方法、包装标识标签、储存与运输、商业流通、环境保护、产品质量监督抽查、出口商品检验等领域相关国家标准、行业标准。除此之外，省 / 自治区级市场监督管理部门还针对当地实际情况出台了一系列地方标准来进一步规范葡萄酒的生产检验、酒庄规范、产区旅游等领域的建设。

还有部分产区所在地的政府部门通过法规条例的形式来支持葡萄酒产业的发展。例如,《宁夏贺兰山东麓葡萄酒产区保护条例》《烟台葡萄酒产区保护条例》和《秦皇岛市碣石山葡萄酒产区保护条例》分别于 2013 年、2021 年、2023 年正式实施。从 2014 年《宁夏贺兰山东麓葡萄酒产区列级酒庄评定管理办法》正式实施至今，宁夏贺兰山东麓葡萄酒产区共评定出 57 家列级酒庄，其中二级庄 9 家、三级庄 15 家、四级庄 18 家、五级庄 15 家 ①。

3　高等教育与科研机构

　　早在 1921 年，北京工业专门学校已开设酿造相关课程。1930 年，南京农学院、上海劳动大学也有酿造课程 ②。江南大学是我国发酵工程学科的诞生地，被誉为"国内酿酒界的黄埔军校"和"国内酿酒工程师的摇篮"。其源头为 20 世纪 30 年代初国立中央大学农科农化系食品发酵学术方向。魏喦寿、陈駒声、金培松、秦含章、朱宝镛等中国发酵学科泰斗均曾在此执教。1952 年，建立国内第一个发酵工学专业；1958 年，无锡轻工业学院（今江南大学）独立办学，在国内首批设立发酵工学专业；1981 年，获批"工业发酵"硕士点；1984 年，"发酵工程"被评为国家级重点学科；1986 年，获批"工业发酵"博士点。其他能够为酿酒行业培养专业人才的轻工类高校还包括郑州轻工业学院（现郑州轻工业大学）、北京轻工业学院（现北京工商大学）、西北轻工业学院（现陕西科技大学）、天津轻工业学院（现天津科技大学）、大连轻工业学院（现大连工业大学）和山东轻工学院（现齐鲁工业大学）等。1998 年，教育部本科专业目录调整，将发酵工程专业合并调整为生物工程专业。在教育部发布的《普通高等学校本科专业目录（2012 年）》中，食品科学与工程类下属专业首设酿酒工程本科专业，轻工类、农林类和综合类院校成为开设此专业的中坚力量。

　　西北农林科技大学被誉为中国葡萄与葡萄酒专业人才培养的"黄埔军校"：1985 年，贺普超教授在陕西杨陵的西北农业大学创建了"葡萄栽培与酿酒"专科专业；1988 年，设立"葡萄与葡萄酒教研室"；1994 年，从法国波尔多大学学成归国的李华博士联合全国

---

① 王莹. 名单出炉！涉及宁夏 57 家酒庄！[EB/OL].（2021–09–26）[2024–09–08]. https://baijiahao.baidu.com/s?id=1711953763161854880&wfr=spider&for=pc.

② 谢文逸. 论我国古代酿酒理论的产生和近代以来酿酒研究的发展 [J]. 酿酒科技，2012（3）：96–102.

13 家葡萄酒生产企业在西北农业大学创建了股份制葡萄酒学院，专门从事葡萄与葡萄酒研究推广，培养从事葡萄与葡萄酒生产、销售、教学、科研工作等高级专业人才；1997 年，获得"发酵工程"硕士学位授予权；1999 年，西北农业大学与其他 6 个院校和科研机构共同组建"西北农林科技大学"，西北农业大学葡萄酒学院也随之更名为西北农林科技大学葡萄酒学院；2003 年，经教育部批准同意学校首设"葡萄与葡萄酒工程"本科专业。之后部分高校相继开设该本科专业，如表 1–9 所示。除"酿酒工艺与技术"中职专业和"酿酒技术"专科专业之外，2020 年之后，国内相关院校开始设置"葡萄酒文化与营销"专科专业（见表 1–10）。

表 1-9　2003—2024 年开设"葡萄与葡萄酒工程"本科专业的国内高校

序号	学校名称	所在地区	开设时间
1	西北农林科技大学	陕西	2003 年
2	中国农业大学	北京	2005 年
3	山东农业大学	山东	2006 年
4	楚雄师范学院	云南	2010 年
5	河西学院	甘肃	2011 年
6	青岛农业大学	山东	2012 年
7	甘肃农业大学	甘肃	2012 年
8	沈阳药科大学	辽宁	2013 年
9	泰山学院	山东	2013 年
10	山西农业大学	山西	2013 年
11	滨州医学院	山东	2014 年
12	大连工业大学	辽宁	2014 年
13	鲁东大学	山东	2014 年
14	新疆农业大学	新疆	2015 年
15	宁夏大学	宁夏	2016 年
16	云南农业大学	云南	2016 年
17	石河子大学	新疆	2017 年
18	茅台学院	贵州	2017 年
19	桂林旅游学院	广西	2019 年
20	齐鲁工业大学	山东	2019 年

数据来源：根据教育部历年公布的普通高等学校本科专业备案和审批结果综合整理

表 1-10 2020—2024 年开设"葡萄酒文化与营销"专科专业的国内高校

序号	学校名称	所在地区	开设时间
1	福州墨尔本理工职业学院	福建	2020 年
2	黑龙江旅游职业技术学院	黑龙江	2020 年
3	上海旅游高等专科学校	上海	2020 年
4	广东酒店管理职业技术学院	广东	2020 年
5	山西旅游职业学院	山西	2021 年
6	无锡职业技术学院	江苏	2021 年
7	山东旅游职业学院	山东	2021 年
8	烟台科技学院	山东	2021 年
9	烟台文化旅游职业学院	山东	2021 年
10	宁夏职业技术学院	宁夏	2021 年
11	青岛酒店管理职业技术学院	山东	2022 年
12	宁夏葡萄酒与防沙治沙职业技术学院	宁夏	2022 年
13	南京旅游职业学院	江苏	2023 年
14	昌吉职业技术学院	新疆	2023 年
15	成都银杏酒店管理学院	四川	2023 年
16	山东城市服务职业学院	山东	2024 年
17	陕西财经职业技术学院	陕西	2024 年

数据来源：根据教育部历年公布的高等职业教育专科专业设置备案和审批结果综合整理

如今，能为中国酿酒葡萄种植、葡萄酒生产加工与检验检测源源不断地输送高层次人才的本科专业类别包括：食品科学与工程类（酿酒工程、食品科学与工程、食品质量与安全、葡萄与葡萄酒工程等专业）、化学类（应用化学专业）、生物科学类（生物科学、生物技术等专业）、农业工程类（农业工程、农业水利工程等专业）、生物工程类（生物工程专业）、植物生产类（农学、园艺等专业）等。目前，在中国高等院校葡萄与葡萄酒相关专业领域，已经具备了从本专科、硕士、博士等学历教育和博士后研究条件，能够为中国葡萄酒行业的持续健康发展提供源源不断的人才储备。此外，品酒师、酿酒师等职业资格培训与认定，也成为提升从业人员职业技能不可或缺的途径。

中国农业科学院郑州果树研究所、中国科学院植物研究所、中国农业科学院特产研究所和山东省葡萄研究院等科研机构在葡萄育种和栽培管理方面发挥着积极的重要作用。

4 行业期刊与传播媒体

在中国葡萄酒产业发展的过程中，行业媒体作为信息发布、技术交流的重要平台之一，一直起着非常重要的作用。按照读者群体的不同，可以将行业媒体分为以下 3 类：①专业技术类期刊，它们是国内葡萄酒企业专业技术人员在产品开发与设计、酿酒葡萄栽培与种植、新品种选育等方面的学术交流平台，如《酿酒》《酿酒科技》等；②消费时尚类媒体，它们是普通消费者了解葡萄酒文化的窗口，如《葡萄酒》《酒世界》等；③商业管理类杂志，它们是葡萄酒生产企业和渠道商探讨商业模式、渠道建设、招商信息发布的传播载体，如《中国酒》《糖烟酒周刊》等（见表 1-11）。

如果按照承载行业信息的物理介质来分类，又可以将行业媒体分为以下两种类型：①传统纸质媒体，包括报纸杂志；②新兴网络媒体，如中国葡萄酒信息网、中国红酒网、中国葡萄酒资讯网、中国酒业新闻网等行业门户网站，还有葡萄酒商业观察、食品观察家、酒商说、云酒头条、酒业家、葡萄酒研究、葡萄酒经销商内参等微信公众号。而且，值得注意的是，在人们已经养成通过互联网、移动终端获取信息的习惯后，传统的纸质行业媒体也逐渐发展成了"纸媒＋网络"的新兴传播模式。

表 1-11　与中国葡萄酒产业相关的代表性纸质媒体

媒体名称	所在地点	创立时间
《食品与发酵工业》	北京	1970 年
《酿酒》	黑龙江	1974 年
《中外葡萄与葡萄酒》	山东	1976 年
《酿酒科技》	贵州	1980 年
《食品与机械》	湖南	1985 年
《华夏酒报》	山东	1989 年
《中国酒》	北京	1992 年
《糖烟酒周刊》	河北	1993 年
《中外酒业》	北京	1996 年
《新食品》	四川	1999 年
《酒世界》	辽宁	2005 年
《中国葡萄酒》	北京	2007 年
《葡萄酒》	广东	2009 年
《葡萄酒评论》	北京	2011 年
《美食与美酒》	北京	2006 年
《酒·饮料技术装备》	北京	2000 年
《轻工机械》	浙江	1983 年

5　产业链与集群的协同

1990 年，美国学者迈克尔·波特在其著作《国家竞争优势》中正式提出了"产业集群"（Industrial Cluster）概念，并将之定义为："一组通过垂直（买方、供应商）或水平（共同的客户、技术、渠道）关系连接的产业。"之后经进一步研究，迈克尔·波特在 1998 年将产业集群重新定义为："一组地理上靠近的相互联系的公司和关联机构，它们同处在一个特定的产业领域，由于具有共性或互补性而联系在一起。下游公司、互补产品的生产商、专业化基础结构的供应者和提供培训、教育、信息、研究和技术支撑的其他机构"。2002 年，迈克尔·波特进一步提出：产业集群的产生与发展是由多方面因素共同作用的结果，是偶然因素与必然因素共同的结果，既有市场自发的促进作用，又有要素禀赋与政府的推动作用，但他认为关键因素还是竞争优势[①]。因此,在特定领域的产业集群内部,不仅包括传统意义上垂直方向的供应链成员,还包括在每一个供应链层级水平方向与供应链成员相联系的直接或者间接主要利益攸关人。

从宏观层面来讲,产业集群与地区经济发展紧密相关。政府扮演着政策制定和战略引导的角色。从中观层面来讲,组成产业集群的相互关联的生产企业、供应商、服务商、配套厂商以及其他协同机构共同形成了一个系统与关系网络。从微观层面来讲,集群中企业是行为主体[②]。产业集群在宏观、中观、微观层面的关联合作和协同创新最终将共同决定特定产业集群的产出绩效。协同创新要求不同创新主体(国家、区域、企业、高校和科研院所)的创新要素之间实现有机配合,实现整体协同效应[③]。在产业集群协同创新系统的构成要素中:企业是整个协同创新系统产出成果的需求方与应用者,居于核心位置;政府为协同创新系统提供政策指引与资金支持等方面的保障;高校和科研机构在知识共享、技术转化、人才输出方面扮演重要角色;其他的中介机构在资金融通、业务咨询、媒体传播、展览组织等方面提供社会化服务[④]。

现今,在国内的产业集群中,位于供应链条不同环节的利益攸关人,以聚集在酿酒葡萄种植区域(见表1-12)的葡萄酒产成品生产企业为核心,以最终消费者需求为驱动,已在垂直方向"自发"地组织起来各种协同活动(见图1-2)。而政府、其他服务机构与产业链条利益攸关人要形成网络型互动活动,形成协同创新效应(见图1-3)。

① 段智云,金艳方. 国内外产业集群研究述评 [J]. 区域经济评论,2013(1):153-160.
② 黄晓,胡汉辉. 产业集群问题最新研究评述与未来展望 [J]. 软科学,2013(1):5-9.
③ 杨耀武,张仁开. 长三角产业集群协同创新战略研究 [J]. 中国软科学,2009(增刊下):136-144.
④ 万幼清,王云云. 产业集群协同创新的企业竞合关系研究 [J]. 管理世界,2014(8):175-176.

表 1-12　中国酿酒葡萄产区概况

产区名称	产区所涵盖的地理范围
东北产区	包括吉林省和辽宁省的通化、桓仁、集安、柳河、白山等地区，黑龙江中东部地区
昌黎产区	包括秦皇岛的昌黎、卢龙、抚宁等地
京津产区	包括北京房山、延庆和密云等地，天津蓟县、汉沽等地区
怀涿盆地产区	包括宣化、涿鹿、怀来等地区
胶东半岛产区	包括在烟台、威海、莱阳、莱州、平度、蓬莱、龙口、莱西、招远等地区
黄河故道产区	包括河南兰考、民权，安徽萧县以及苏北部分地区，山西清徐、汾阳、乡宁等地区
新疆产区	包括吐鲁番盆地的鄯善，玛纳斯平原、石河子地区和焉耆盆地
贺兰山东麓产区	包括宁夏黄河冲积平原和贺兰山冲积扇之间的石嘴山、银川、青铜峡和红寺堡等
河西走廊产区	包括武威、民勤、张掖、嘉峪关、天水等位于腾格里大沙漠周边的县市
西南产区	包括云南省的迪庆州德钦和红河州弥勒、四川攀枝花、江西、广西等地区

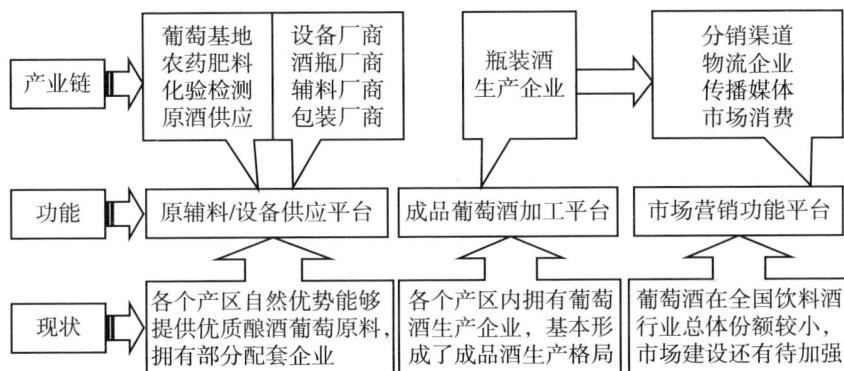

图 1-2　中国葡萄酒产业链条构成与比较分析

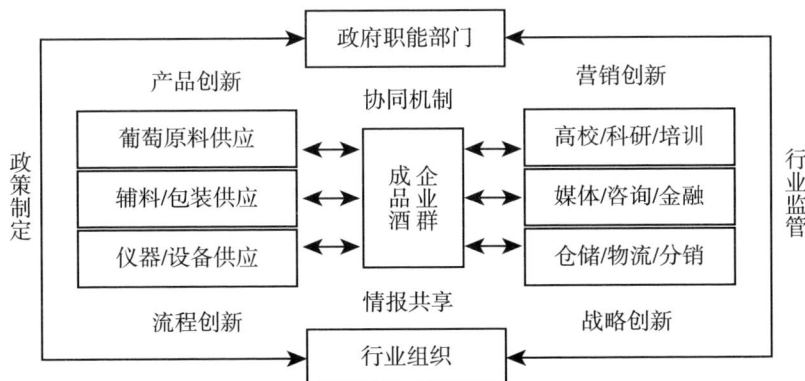

图 1-3　中国葡萄酒产业集群协同创新模式

目前，国内葡萄酒产区葡萄酒产业集群已基本成型发展。部分产区的具体表现如下。

（1）2002 年，昌黎葡萄酒成为全国葡萄酒行业首家国家地理标志保护产品。中粮华夏长城葡萄酒有限公司、贵州茅台酒厂（集团）昌黎葡萄酒业有限公司、朗格斯酒庄（秦皇岛）有限公司、秦皇岛金士通国际葡萄酒庄有限公司等为产区的四大龙头企业。目前，全县已发展葡萄种植基地 3000 余公顷，拥有葡萄酿酒企业 27 家，形成集酿酒葡萄种植、酿造、橡木桶生产、酒瓶制造、物流集散、旅游观光、休闲康养等于一体的葡萄酒产业集群，年营业收入超过 36 亿元 [①]。

（2）2023 年，民权县共注册葡萄酒企业 16 家，其中省级或市级农业产业化重点龙头企业 5 家，年产葡萄酒超 4 万千升 [②]。

（3）通化市以"山葡萄"着力点，以冰酒、甜葡萄酒等为产区特色产品，重点打造鸭绿江河谷特色葡萄酒酒庄群，进而推动通化市葡萄酒产业振兴 [③]。2023 年，通化有葡萄酒企业 56 户，形成"一城两带三区"（通化葡萄酒城，长白山南麓葡萄酒文化旅游带、鸭绿江河谷百里葡萄生态长廊带，通化北部山葡萄标准化种植及生产加工示范区、中部国际山葡萄酒文化展示体验区、南部精品酒庄休闲体验区）的总体建设格局。

（4）目前，烟台已把葡萄酒产业作为全市 16 条重点产业链之一，共有葡萄酒生产企业 204 家、知名酒庄 63 个、产业链配套企业 250 余家、拥有各类科研平台 32 处，形成了蓬莱"一带三谷"（海岸葡萄观光带、丘山山谷、南王山谷、平山河谷）、烟台国际葡萄酒

① 徐东周. 加强基地建设，支持技术创新：河北昌黎助力葡萄酒产业集群高质量发展 [N]. 中国质量报，2021-10-14（6）.
② 李凤虎，刘梦珂. 民权县：葡萄经济深发展 串起致富产业链 [N]. 河南日报，2023-08-11.
③ 刘家铭，卢海粼，黄硕. 通化葡萄酒"醉"美蓉城 [EB/OL].（2023-04-09）[2024-09-08]. https://www.thnews.net/news/show-56717.html.

城、莱山瀑拉谷三大核心产区，构建起以葡萄酒产业为主，配套产业为辅，教育培训、文化旅游、会展服务、传媒咨询等第一、第二、第三产融合发展的格局①。

（5）2004年，宁夏回族自治区人民政府将葡萄产业确定为优势特色产业，现已形成集葡萄苗木繁育、葡萄种植、葡萄酒酿造加工、科研开发、文化旅游、品牌营销、精深加工于一体的全产业链综合实体。截至2023年年底，宁夏酿酒葡萄种植和开发面积60.2万亩，年产葡萄酒1.4亿瓶②，拥有14家A级旅游景区酒庄③，其中玉泉国际酒庄、贺东庄园、志辉源石酒庄和龙谕酒庄为国家4A级旅游景区。

（6）2023年，陕西丹凤县有丹凤葡萄酒、安森曼、东凤、商山红等53个注册商标，软木塞企业4家、电商服务中心3家；主栽赤霞珠、夏黑、蓝玫瑰等葡萄品种1万多亩，全产业链总产值达50亿元④。

（7）2023年，河北张家口怀来产区共有41家葡萄酒加工企业，实现营业收入26.2亿元，实缴税额2.4亿元⑤，中国长城葡萄酒有限公司、长城桑干酒庄、张家口长城酿造集团等为产业集群中的领跑者。

（8）2023年，四川高山葡萄酒产区集聚着16家集种植、栽培、酿造、销售为一体的生产企业。

① 烟台市葡萄酒产业链速览［EB/OL］.（2023-10-30）［2024-09-08］. https://idb. yantai.gov.cn/art/2023/10/30/art_1357_2895512.html.
② 石羽佳，杨文汐. 探寻宁夏"六特"产业高质量发展"密码"［EB/OL］.（2024-06-28）［2024-09-08］. https://baijiahao.baidu.com/s?id=1803106053745321502&wfr=spider&for=pc.
③ 宽容，秦瑞杰，穆国虎. 宁夏：小小一串葡萄，大大紫色梦想［EB/OL］.（2023-06-07）［2024-09-08］.http://nx.people.com.cn/n2/2023/0607/c192493-40447167.html.
④ 丁舒怡. 丹凤县葡萄酒全产业链产值持续突破［EB/OL］.（2023-10-07）［2024-09-08］. https://www.danfeng.gov.cn/zjdf/qsyz/gyqy/28863.htm.
⑤ 河北省市场监督管理局. 对河北省第十四届人民代表大会第二次会议第1405号建议的答复［EB/OL］.（2024-05-24）［2024-09-08］. http://scjg.hebei.gov.cn/info/105426.

（9）新疆以形成四大产区：天山北麓、伊犁河谷、吐哈盆地和焉耆盆地。2019年，新疆葡萄酒产量17.5万千升，其中原酒占比近九成。获得生产许可证的葡萄酒生产企业134家，其中规模以上18家[①]。

在产业链条成员之间、集群内部成员之间以及不同集群之间形成协同联动，仍存在需要努力的方向。

（1）通过完善的法律法规并推出符合时宜的产业政策，从产区保护与分级、酒庄分级、产品分级、国家标准、团体标准等方面做出更多突破与实践，在顶层设计层面建立话语体系、强化产业指引功能。

（2）关注全产业链条的成本控制，也是加强国产葡萄酒竞争力的重要途径之一。近年来，中国酒业协会代表国内葡萄酒产业数次向相关政府部门提出建议，取消葡萄酒产品10%的消费税。在人工成本高居不下的情况下，部分企业还在产业链前端机械化和生产、流通智能化、供应链数字化管理方面获得了较为丰富的运营经验。关注产业链的成本控制，就是去设法降低消费者饮葡萄酒而付出的成本。

（3）转变利润分享和营销服务支持模式，让分销活动的主要参与者获得较为满意的利润回报，是保证葡萄酒品类在市场流通环节获得持续推力的根本。2016年之后，在酱香酒赚钱效应的作用下，国内经销商群体纷纷"红染酱"，加速了葡萄酒品类的下滑。在这种情况下，更考验的是葡萄酒企业如何为经销商提供营销服务支持、如何保证经销商获得可接受利润的运营理念。

（4）在移动互联推动下，跟随消费者信息接收媒介和购买场所的转变逻辑（如微信、抖音、快手、小红书、哔哩哔哩及这类平台上的直播带货、社区团购、小程序等），进而重视在新兴媒体的信息发布和新兴渠道的铺货与促销，考验的是葡萄酒企业在品牌信息和产品如何到达客户层面的营销模式创新能力。

---

① 新疆维吾尔自治区人民政府. 新疆维吾尔自治区葡萄酒产业"十四五"发展规划［Z］. 2021–06–02.

第二部分

产品质量：酒杯里的风土

中国传统文化哲学讲求"天地人和，道法自然"。天时、地利、人和，古人称之为三才。"天、地、人"三才，持续互动形成平衡，"天地人"之间才能和谐共生。在传统农学思想领域亦是如此。《吕氏春秋·审时》有记载："夫稼，为之者人也，生之者地也，养之者天也。"贾思勰在《齐民要术》中提出，农业生产须"顺天时，量地利，则用力少而成功多。任情返道，劳而无获"。天时有春夏秋冬、有晨午晚夜，地利有高低干湿、有肥瘠厚薄[①]，人在其中，识天熟地，顺时就利，"天、地、人"三者相宜，共生共长。

"风土"学说是中国传统农学思想体系的重要组成部分。元代王祯在《农书》中写道，"风行地上，各有方位，土性所宜，因随气化，所以远近彼此之间风土各有别也"。日本学者和辻哲郎在其所著的《风土》一书中指出，风土是对某一地方的气候、气象、地质、地力、地形、景观等的总称。风土，既代表由气候、气象构成的"天"，又代表由土壤、地形等形成的"地"，还代表由经验、技艺等组成的"人"。可以说，风土即"天、地、人"三才的完整统一。

"一方水土养一方人。"传统上，人的饮食习惯皆由所在地的自然环境所决定。风土对人们的性格、习俗和饮食等都会产生深刻的影响，与饮食相关的文化均扎根于当地的"风土"[②]。"一方水土育一方物。"作为被人们饮用的"杯中之物"，葡萄酒就是这样一种具有典型地域特色的地道风物，其恰是特定地区自然条件和人文因素相适应且融合之后所产生的一种特殊文化产品。

深具"风土"特质的产品质量是客观存在和主观认知的结合体，需要被感知，需要去表达。风土做根，文化为魂，方可让人驻足停留并产生共鸣。否则，就会遭遇"水土不服"的尴尬。充分重视、挖掘和传播"天、地、人"的酝酿理念，从中华优秀传统文化中源源不断地汲取营养和能量，将为中国葡萄酒质量表达提供不竭动力和持续活水。

---

① 齐文涛. 也谈中国农学思想史：内容与脉络——对黄颖与赵敏文章的补充[J]. 中国农史，2016，35（1）：41-48.
② 万中英. 风土孕育的日本饮食文化[D]. 上海：上海外国语大学，2012.

"民以食为天，食以安为先。"从清末到民国时期，清洁水源、流行疫病控制、肉类屠宰与检验和饮食卫生等逐步被纳入公共卫生的监管议题。上海租界在公共卫生事业方面领先全国，在污水排放、饮水卫生、食品卫生、传染病防治等方面率先突围，其他通商口岸和北京等城市先后仿效[①]，并逐步建立起公共卫生监管行政机构。以上海的清洁水源为例。19世纪70年代以前，上海居民主要就近取河浜、池塘或土井作为饮用水。但由于人口增加的压力和建筑、航运等污染了水源，饮用水的水源数量和水质受到严重影响。1883年，英商上海自来水公司开始向公共租界、法租界供应自来水。食品卫生是公共卫生领域的重要分支。其间，酒作为食品生产加工领域的一个分支，关乎人们身体健康以及日常的饮食卫生，自然也被纳入食品卫生监管范畴。而且，医学、生物学、化学、营养学等现代科学逐渐被引入并受到重视和应用，为安全食品的生产流通和卫生监管的操作实施提供了有力的科学技术保证。中华人民共和国成立之后，国内食品卫生与产品质量监管进入以"责任主体出现变化"和"法律法规体系完善"为两条发展主线的新时期[②]。

产品质量监管

1　食品卫生法律监督

1965年8月17日，国务院批转卫生部、商业部、第一轻工业部、中央工商行政管理局、全国供销合作总社联合制定的《食品卫生管理试行条例》。其中，第二条规定，"食品生产、经营（包括生产、加工、采购、贮存、运输、销售）单位及其主管部门，应当把

---

① 何小莲. 论中国公共卫生事业近代化之滥觞 [J]. 学术月刊, 2003（2）: 61–67.
② 王常伟, 顾海英. 我国食品安全保障体系的沿革、现实与趋向 [J]. 社会科学, 2014（5）: 45–56.

食品卫生工作纳入生产计划和工作计划，并且指定适当的机构或者人员负责管理本系统、本单位的食品卫生工作。卫生部门应当负责食品卫生的监督工作和技术指导"；第五条规定，"卫生部门应当根据需要，逐步研究制定各种主要的食品、食品原料、食品附加剂、食品包装材料（包括容器）的卫生标准（包括检验方法）"。该试行条例主要对食品生产经营做出了以下 3 方面的卫生规范要求：①生产、加工、贮存、销售食品的场所；②生产、加工、采购、贮存、销售、运输食品的工具、容器、食具；③酒类等包装食品须有检验合格证明，包装上需要注明产品名称、生产厂名称、生产日期及批号、食品保存期限和食用方法等必要信息。

1979 年 8 月 28 日，国务院颁布《食品卫生管理条例》，国务院 1965 年批转的《食品卫生管理试行条例》同时废止。其中，第二条规定，"一切全民所有制和集体所有制单位（包括集体食堂）所生产、经营的以及经工商行政管理部门准许上市的食品、食品原料、食品添加剂和食品包装材料，在生产、加工、收购、储存、运输、销售过程中的卫生状况，都属于本条例管理的范围"；第四条规定，"食品卫生标准，由卫生部门会同有关部门制订。食品卫生标准，分为国家标准、部标准和地区标准"；第十八条规定，"各级卫生部门要加强对食品卫生工作的领导，要充实加强食品卫生检验监督机构，负责对本行政区内食品卫生进行监督管理、抽查检验和技术指导，有贯彻和监督执行卫生法令的权利"。

在这一阶段，食品生产经营的卫生要求与标准主要受到政府行政法规的约束，具体的监督管理、抽查检验和技术指导部门为政府各级卫生行政部门。总体来看，食品生产经营被纳入了卫生部门监督管理的范畴，但与现今的管理严格程度相比，还存在很大的差距。

2　食品卫生许可制度

1982 年 11 月 19 日，全国人民代表大会常务委员会（以下简称

"全国人大常委会"）通过《食品卫生法（试行）》，自 1983 年 7 月 1 日起实施。《食品卫生管理条例》同时废止。其中，第二条规定，"国家实行食品卫生监督制度"；第二十六条规定，"食品生产经营企业和食品商贩，必须先取得卫生许可证方可向工商行政管理部门申请登记或者变更登记。卫生许可证的发放管理办法由省、自治区、直辖市卫生行政部门规定"；第三十条规定，"各级卫生行政部门领导食品卫生监督工作"。此外，该法还针对在食品生产经营过程所使用或者涉及的食品添加剂、食品包装与容器、包装用物料、食品用工具与设备等方面的卫生要求做出了相关规定。

1993 年施行的《产品质量法》，确立了国家对产品质量监督检查的抽查制度。1995 年 10 月 30 日，全国人大常委会通过《食品卫生法》，同日起施行，《食品卫生法（试行）》同时废止。其中，第二十七条规定，"食品生产经营企业和食品摊贩，必须先取得卫生行政部门发放的卫生许可证方可向工商行政管理部门申请登记。未取得卫生许可证的，不得从事食品生产经营活动"。此外，2000 年 12 月 19 日，原国家轻工业局发布《葡萄酒生产管理办法（试行）》，从发布之日起实施。这是中国首部关于葡萄酒生产管理的行政法规。其中对葡萄酒定义、酿酒葡萄、葡萄酒酿造、葡萄酒标签标识和葡萄酒贮存运输五个方面进一步做出了详细规定。这一时期，食品卫生方面法律法规的健全与专门针对葡萄酒行业的生产卫生管理规范的发布，共同构成了中国葡萄酒产业的生产经营管理制度体系。自 2005 年 1 月 1 日起，国务院将卫生部门负责的生产加工环节卫生监管的职责划归质检部门，工商部门负责食品流通环节的监管；卫生部门负责餐饮业、食堂等消费环节的监管①。

2009 年 2 月 28 日，全国人大常委会通过《食品安全法》，自

---

① 卫生部转发中编办《关于进一步明确食品安全监管部门职责分工有关问题的通知》（中央编办发〔2004〕35 号）[Z]. 2004–12–12.

2009 年 6 月 1 日起施行,《食品卫生法》同时废止。根据《食品安全法》及其相关配套法规《食品安全法实施条例》《食品流通许可证管理办法》和《食品生产许可管理办法》中的相关规定:食品生产、食品流通、餐饮服务须依法取得许可,有效期均为 3 年。自 2009 年 6 月 1 日起,卫生行政部门停止向食品生产经营企业发放食品卫生许可证,食品加工生产企业向国家各级技术监督管理部门申请食品生产许可证,食品流通企业向国家各级工商管理部门申请食品流通许可证,餐饮企业向国家各级食品药品监督管理部门申请餐饮服务许可证。至此,由国家卫生行政部门负责监督管理的食品卫生许可制度正式退出历史舞台。

3　食品质量安全市场准入制度

2002 年 7 月 9 日,原国家质量监督检验检疫总局发布《加强食品质量安全监督管理工作实施意见》,此举标志着中国开始实施一项新的食品质量监管制度——食品质量安全市场准入制度。2003 年 7 月 18 日,原国家质量监督检验检疫总局发布《食品生产加工企业质量安全监督管理办法》。其中,第四条规定"从事食品生产加工的企业(含个体经营者),必须按照国家实行食品质量安全市场准入制度的要求,具备保证食品质量安全必备的生产条件,按规定程序获取食品生产许可证,所生产加工的食品必须经检验合格并加印(贴)食品质量安全市场准入标志后,方可出厂销售"。由此,正式确立了国家对食品实施质量安全市场准入制度。

食品质量安全市场准入制度,由食品生产许可制度、强制检验制度、市场准入标识制度组成。在所有的饮料酒产品中,白酒是政府主管部门从 1999 年就开始实行生产许可管理的首个子品类。自2005 年 1 月 1 日起,对葡萄酒及果酒、啤酒、黄酒实施食品质量安全市场准入制度。至此,我国将全部二十八大类食品纳入食品质量安全市场准入制度,这也标志着中国葡萄酒行业从此进入生产许可证制度管理的新时期。

2015 年 4 月 24 日，全国人大常委会修订通过《食品安全法》，自 2015 年 10 月 1 日起开始施行。其中，第三十五条规定："国家对食品生产经营实行许可制度。从事食品生产、食品销售、餐饮服务，应当依法取得许可。但是，销售食用农产品，不需要取得许可"。2015 年 8 月 31 日，原国家食品药品监督管理总局修订通过《食品生产许可管理办法》和《食品经营许可管理办法》，自 2015 年 10 月 1 日起施行。其中，第二条规定："从事食品生产活动，应当依法取得食品生产许可；从事食品销售和餐饮服务活动，应当依法取得食品经营许可"。此外，食品生产经营许可的有效期也从原先的 3 年变为 5 年。食品生产经营许可证的申领监管部门也统一归口到国家食品药品监督管理部门。

经过修订的《食品安全法》实施之后，国家对食品监督管理机构进行了调整，《工业产品生产许可证管理条例》已经不能再作为企业办理食品生产许可的政策法规依据。2015 年 10 月 1 日，原国家食品药品监督管理总局决定正式启用新版《食品生产许可证》，并从 2015 年 11 月开始颁发首批新版《食品生产许可证》（SC 证）。食品生产企业原有的《全国工业产品生产许可证》（QS 证）被逐步替代。根据相关规定，旧版"QS 证"更换为新版"SC 证"存在 3 年的过渡期，2018 年 10 月 1 日之后，企业所生产的食品一律不准继续使用原先的包装、标签以及 QS 标志。2018 年，国家市场监督管理总局成立之后，原国家食品药品监督管理总局承担的食品监管功能随之转移。

根据国家市场监督管理总局于 2020 年 2 月 23 日发布的《关于修订公布食品生产许可分类目录的公告》，酒类产品在食品生产许可分类目录中的品种明细如表 2-1 所示。

表 2-1　食品生产许可分类目录（酒类）

食品类别	类别编号	类别名称	品种明细
酒类	1501	白酒	1. 白酒 2. 白酒（液态） 3. 白酒（原酒）
	1502	葡萄酒及果酒	1. 葡萄酒：原酒、加工灌装 2. 冰葡萄酒：原酒、加工灌装 3. 其他特种葡萄酒：原酒、加工灌装 4. 发酵型果酒：原酒、加工灌装
	1503	啤酒	1. 熟啤酒 2. 生啤酒 3. 鲜啤酒 4. 特种啤酒
	1504	黄酒	黄酒：原酒、加工灌装
	1505	其他酒	1. 配制酒：露酒、枸杞酒、枇杷酒、其他 2. 其他蒸馏酒：白兰地、威士忌、俄得克、朗姆酒、水果白兰地、水果蒸馏酒、其他 3. 其他发酵酒：清酒、米酒（醪糟）、奶酒、其他
	1506	食用酒精	食用酒精

　　酒类企业的生产许可证主管部门先后经历了国家质量技术监督局（1998 年成立）、国家质量监督检验检疫总局（2001 年成立）、国家食品药品监督管理总局（2013 年成立）、国家市场监督管理总局（2018 年成立）四个时期。

产品质量标准

　　我国的食品安全国家标准，主要包括通用标准（基础标准）、产品标准、生产规范标准和检验方法标准四个大类，涉及产品、生产、卫生、检验、计量、标签和企业建设等不同领域，各类标准之间有机衔接、相辅相成，从不同角度共同对食品安全风险进行管控。

　　葡萄酒产品质量的提高，除了国家政府部门针对食品行业制定相应法律法规的严格要求和生产企业的自律，同样也需要本行业的质量标准管理体系予以补充和完善。根据《标准化法》，中国的标准体系被分为国家标准、行业标准、团体标准、地方标准和企业标准，而根据约束力的不同，国家标准分为强制性标准和推荐性标准，行业标准、地方标准为推荐性标准。接下来，我们将围绕中国葡萄酒产品质量标准管理体系的发展进程，梳理出中国葡萄酒产业的产品质量标准管理演进历程。

1　行业标准与国家标准

　　中国葡萄酒质量标准管理体系的逐步建立与完善，主要是在改革开放之后完成的。1949—1978 年，这一时期主要产品为甜型葡萄酒和半汁葡萄酒，而且当时葡萄酒的主要特点为产量较少、品种较少、质量较差，主要执行的是企业标准。1978 年之后，随着质量标准管理体系的建立与完善，中国葡萄酒产品结构大致经历了以下四个发展阶段。

　　（1）1979—1994 年，中国葡萄酒产品结构迎来了以半汁葡萄酒为主的黄金发展时期。改革开放之后，国内民众生活水平逐步提高，葡萄酒作为一种象征生活品质的产品也被人们所接受。强制性轻工行业标准《葡萄酒及其试验方法》（QB 921—84）的发布实施，也为整个中国葡萄酒产业的发展提供了首部产品质量标准。该标准规定葡萄汁含量要在30%~70%，允许使用水及勾兑技术[①]。此外，基于提高国内葡萄酒产业技术研发水平与出口创汇等方面的需要，干型、半干型葡萄酒开始出现，例如 1978 年"长城牌"干白葡萄酒诞生；1980 年"王朝半干白葡萄酒"问世；1983 年"北戴河牌"赤霞珠干红葡萄酒诞生；等等。但在当时干型葡萄酒主要用于出口市场或国内星级酒店和驻华外国人的消费市场，例如 1996 年华夏长城葡萄酿

[①]　王光怀. 葡萄酒开启中国制造业国际合作第一窗［N］. 中国食品报，2018-12-06（1）.

酒公司的产品出口量为60%[①]，半汁、甜型葡萄酒（主要是可加入酒精、酸类物质和白砂糖的甜型配制酒）仍然是这一时期国内市场消费的主流。

（2）1995—2002年，中国葡萄酒产品结构进入了向全汁酒、干型酒转变的发展时期。随着推荐性轻工行业标准《半汁葡萄酒》（QB/T 1980—94）、《山葡萄酒》（QB/T 1982—94）和推荐性国家标准《葡萄酒》（GB/T 15037—94）的相继发布实施，中国葡萄酒产品质量标准进入了三个标准并行的时期。其中，《半汁葡萄酒》规定葡萄原汁含量大于或等于50%。很多大中型葡萄酒企业开始采用推荐性国家标准来生产葡萄酒，带动了整个行业的产品结构向全汁酒、干型、半干型酒转变。中国葡萄酒产业的产品结构再次实现换代升级。与此同时，半汁葡萄酒和具有中国地域特色的山葡萄酒仍然是市场的重要组成部分。以1997年为例，全国干型葡萄酒产量约占总产量的30%、全汁甜型葡萄酒约占20%、含汁量为50%的葡萄酒产量约占30%、含汁量低于50%的葡萄酒约占20%[②]。

（3）2003—2007年，中国葡萄酒产品结构进入了全汁酒、酒庄酒时代。2003年3月17日，《半汁葡萄酒》（QB/T 1980—94）行业标准被明令废止。但是，《葡萄酒》（GB/T 15037—94）为推荐性国家标准，致使市场上还存在部分按照低于国家标准的企业标准生产出来的葡萄酒产品。整个行业也在这个时期遭遇过几次较大的质量危机事件，例如，2002年的通化产区、2007年的民权产区和2010年的昌黎产区就曾被媒体曝光过较为严重的产品质量事件。值得一提的是，2001年之后，以高质量、低产量为特征的酒庄酒逐渐成为中国葡萄酒市场上的一支新生力量。

（4）2008年至今，中国葡萄酒产品结构进入了国产与进口葡萄

① 施健. 构筑华夏葡萄酒之长城［J］. 中国酒，1997（2）：34-35.
② 孙利强，王恭堂. 关于我国葡萄酒工业发展的问题［J］. 中外葡萄与葡萄酒，1999（1）：1-6.

酒竞争合作时期。自 2008 年 1 月 1 日起，强制性国家标准《葡萄酒》
（GB 15037—2006，该标准已于 2017 年变更为推荐性国家标准）开
始实施，直接促成了全行业的产品质量标准升级，整个行业的产品
质量标准开始逐步与国际接轨。推荐性国家标准《山葡萄酒》（GB/
T 27586—2011）取代了行业标准《山葡萄酒》（QB/T 1982—94）。
2009 年，进口瓶装葡萄酒的数量首次超过进口散装葡萄酒，并在之
后获得了大幅增长。目前，进口瓶装葡萄酒已经广泛出现在中国市
场，这也倒逼着国内葡萄酒生产企业用更高质量的产品来满足市场
上的多样化消费需求。

随着标准管理体系的逐步规范和完善，中国葡萄酒产品质量获
得了一次又一次质的飞跃。目前，中国葡萄酒产品与来自全球各个
产区的葡萄酒产品在为消费者提供多样化选择的同时，也通过高质
量的产品为消费者带来身心愉悦的消费体验。

2　地方标准与企业标准：特色葡萄酒产品

根据《食品安全法》第二十九条规定："对地方特色食品，没有
食品安全国家标准的，省、自治区、直辖市人民政府卫生行政部门
可以制定并公布食品安全地方标准，报国务院卫生行政部门备案"。
第三十条规定："国家鼓励食品生产企业制定严于食品安全国家标准
或者地方标准的企业标准，在本企业适用，并报省、自治区、直辖
市人民政府卫生行政部门备案"。

国内各个酿酒葡萄产区根据本区域的特定情况、特色品种或
者工艺围绕葡萄酒产品制定出了相应的食品安全地方标准。例如，
2016 年 1 月 1 日，宁夏回族自治区卫生和计划生育委员会发布《食
品安全地方标准　枸杞白兰地》（DBS 64/517—2016），自 2016 年 5
月 30 日起实施；2022 年 9 月 19 日，宁夏回族自治区市场监督管理
厅发布《宁夏"六特"产业高质量发展标准体系　第 1 部分　葡萄
酒》，自 2022 年 12 月 19 日起实施。

　　处于不同酿酒葡萄酒产区的国内葡萄酒生产企业在符合《食品安全法》及其配套法规相关规定的前提之下，均根据自身情况与市场环境变化，向国家各级卫生行政管理部门申请（修订、延续）备案或者申请撤销相关企业标准。企业标准备案有效期一般为 3 年，到期后可重新申请备案。山东产区部分葡萄酒生产企业的已备案企业标准如表 2-2 所示。

表 2-2　获得山东省卫生健康委员会备案的部分葡萄酒企业标准

企业名称	企业标准
烟台时代葡萄酒有限公司	加香葡萄酒 Q/YSD 0004S—2024
烟台嘉桐酒业有限公司	加气葡萄酒（葡萄汽酒）Q/YJT 0014S—2024
西夫拉姆酒业集团有限公司	葡萄酒系列（白藜芦醇型）Q/SAFLAM 0001S—2023
烟台安诺酒庄有限公司	葡萄蒸馏酒 Q/ZAN0001S—2023
烟台尼雅葡萄酒有限公司	葡萄蒸馏酒 Q/YZP 0002S—2023 利口葡萄酒 Q/YZP 0007S—2023 脱醇葡萄酒 Q/YZP 0005S—2023 加香葡萄酒 Q/YZP 0011S—2023 葡萄气酒 Q/YZP 0004S—2023
烟台水韵酒庄管理有限公司	葡萄蒸馏酒 Q/ZSY 0002S—2023
烟台海市葡萄酒有限公司	加香葡萄酒 Q/PHS 0003S—2023
烟台高升酒业有限公司	脱醇葡萄酒 Q/YGS 0011S—2023
烟台中信国安葡萄酒业有限公司	葡萄蒸馏酒 Q/YZP 0002S—2023 脱醇葡萄酒 Q/YZP 0003S—2023
中粮长城葡萄酒（蓬莱）有限公司	水果酒 Q/PZL 0001S—2022 低度葡萄酒 Q/YZL 0007S—2021 葡萄蒸馏配制酒 Q/YZL 0006S—2021 葡萄蒸馏酒 Q/YZL 0005S—2021
威龙葡萄酒股份有限公司	葡萄汽酒 Q/WLJ0001S—2023 原花青素葡萄酒 Q/WLJ0007S—2023 葡萄蒸馏酒 Q/WLJ0004S—2023 配制酒 Q/WLJ0005S—2023 果汁葡萄酒 Q/WLJ0008S—2023
君顶酒庄有限公司	葡萄蒸馏酒 Q/ZJD 0002s—2023
德州奥德曼葡萄酒庄有限公司	低度鲜酿葡萄汽泡酒 Q/ADM0001S—2021

数据来源：根据山东省卫生健康委员会截至 2024 年 7 月 1 日的查询结果综合整理

地理标志产品保护

　　有些产品的质量深受特定地理条件下的自然和人为因素影响，例如茶叶、酒、水产、中草药、水果、蔬菜、烟草、禽畜蛋、粮食油料、花卉、工艺品、调味品、丝绸、漆器、砂陶等种植、养殖或生产加工的产品。葡萄酒质量好坏，先天在于葡萄，后天在于工艺①。某一原产地的气候、地质、土壤和葡萄品种等自然因素，以及葡萄栽培管理措施和葡萄酒酿造工艺等人为因素，共同决定了该产地的葡萄酒质量及其特征和风格②。因此，葡萄酒产品的质量特性刻着某一产地的烙印，且可从地理标志产品的角度来分析。

　　在 1994 年签署的全球性知识产权多边条约《与贸易有关的知识产权协定》（TRIPs）中，主要包括著作权、专利、商标、工业设计、集成线路、未公开的信息和地理标志 7 个部分的内容③。从 1999 年开始，中国开始实施对地理标志产品实施保护，其产品主要具有以下三方面的典型特征：①产品原材料及生产加工来自特定地理地域；②产品按照传统工艺生产；③原产地域的地理特征决定了产品的质量或者特色。我国《商标法》也于 2001 年首次将地理标志作为知识产权予以保护。此后，地理标志的概念开始在国内被广泛接受。

　　地理标志产品产自特定地域，所具有的质量、声誉或其他特性本质上取决于该产地的自然因素和人文因素④。2002—2020 年，政府先后批准对昌黎葡萄酒、烟台葡萄酒、沙城葡萄酒等特定产区的葡

---

① 郭其昌. 新中国葡萄酒业 50 年［M］. 天津：天津人民出版社，1998.
② 李华. 我国原产地域产品与葡萄酒地理标志及保护［J］. 中国防伪，2004（8）：7–9.
③ 王咏梅，王显苏，王均光，等. 葡萄酒地理标志的立法［J］. 中外葡萄与葡萄酒，2008（3）：60–62.
④ 原国家质量监督检验检疫总局.《地理标志产品保护规定》［Z］. 2005–06–07.

萄酒产品实施地理标志保护（见表 2-3），同时对产地范围、酿酒葡萄品种、立地条件、栽培管理措施、采收、生产工艺、质量特色等关键要素或环节做了明确的规范性要求。继 2009 年干邑（Cognac）成为我国批准实施保护的国外首个地理标志产品之后，2012—2024年，我国政府部门还先后批准对纳帕河谷（Napa Valley）、香槟（Champagne）、波尔多（Bordeaux）、马孔（Mâcon）和哲维瑞 – 香贝丹（Gevrey-Chambertin）等国外葡萄酒实施地理标志产品保护。2020 年 9 月 14 日，中国和欧盟签署《中欧地理标志协定》，自 2021年 3 月 1 日起生效。在前两批双方互认的中国 275 个涉及酒类、茶叶、农产品、食品等地理标识产品清单中，包括烟台葡萄酒、沙城葡萄酒、贺兰山东麓葡萄酒、桓仁冰酒和戎子酒庄葡萄酒 5 种葡萄酒产品。

表 2-3　2002—2020 年我国政府批准实施地理标志产品保护的国内葡萄酒

地理标志产品	实施日期	原产地	地理标志产品	实施日期	原产地
昌黎葡萄酒	2002-08-06	河北	都安野生山葡萄酒	2013-12-10	广西
烟台葡萄酒	2002-08-28	山东	戎子酒庄葡萄酒	2013-12-23	山西
沙城葡萄酒	2002-12-09	河北	盐井葡萄酒	2014-12-11	西藏
通化山葡萄酒	2005-12-28	吉林	吐鲁番葡萄酒	2015-12-04	新疆
桓仁冰酒	2006-12-31	辽宁	和硕葡萄酒	2015-12-04	新疆
贺兰山东麓葡萄酒	2011-01-30	宁夏	郧西山葡萄酒	2017-05-31	湖北
河西走廊葡萄酒	2012-07-31	甘肃	东宁冰酒	2020-11-05	黑龙江

注：根据国家知识产权局、原国家质量监督检验检疫总局历次发布的公告信息综合整理

根据国家知识产权局于 2023 年发布的《地理标志产品保护办法》，地理标志产品保护范围内的葡萄酒生产者，可向省、自治区、直辖市知识产权管理部门提出使用"地理标志产品专用标志"申请，经审查由国家知识产权局注册登记后发布公告。

其他通过地方标准来实施保护的地理标志产品包括《地理标志产品　都安野生山葡萄酒》（DB45/T 2208—2020）、《地理标志产品

盐井葡萄酒（干型）》（DB 54/T 0118—2017）、《地理标志产品　郧西山葡萄酒》（DB42/T 1552—2020）、《地理标志产品　河西走廊葡萄酒》（DB 62/T 2294—2012）、《地理标志产品　吐鲁番葡萄酒》（DB 65/T 3780—2015）、《地理标志产品　和硕葡萄酒》（DB 65/T 3859—2016）和《地理标志产品　云南红葡萄酒》（DB 5325/T 108—2023）等。

产品质量表达，寻找"中国风土"

1　确定葡萄酒产品的质量维度

出厂之前，葡萄酒产品的质量在理化指标层面就会被确定下来，因此其质量就有了较为稳定的固有特性。在进入市场之后，葡萄酒产品所具有的固有质量特性需要被消费者感知，同时产品还可能被赋予多种社会文化属性，最终市场会形成对产品的综合质量感知。

1.1　产品的固有质量

1.1.1　葡萄酒产品的质量安全

对几乎所有产品来讲，质量安全是最起码要求，食品领域尤为如此。葡萄酒生产企业须按照各种强制性法律法规的相关要求，向市场提供安全的产品。

葡萄酒的质量安全风险主要存在于葡萄原料安全和葡萄酒酿造加工过程安全两个方面。前者包括葡萄理化指标、农药残留限量和重金属污染物限量；后者包括葡萄酒基本质量要求、加工中的食品添加剂及加工助剂、微生物及生物毒素限量[1][2]。这些风险因素可通

---

① 李华，杨晨露，王华. 葡萄酒质量安全风险与管理［J］. 食品科学技术学报，2021，39（5）：1-8.

② 杨晨露，曹佩佩，单文龙，等. 葡萄酒质量安全影响因素及酿造过程中的质量管理［J］. 食品安全质量检测学报，2019，10（6）：1573-1581.

过葡萄种植基地选择、栽培管理技术控制、酿造工艺改进和生产清洁卫生管理等综合手段进行防控①。此外，葡萄酒质量安全问题可能产生于从原料生产、加工、储运直到销售的食品链各个环节②。因此，葡萄酒企业需要从全产业链角度着手，才能全方位保证产品的质量安全。

1.1.2　葡萄酒产品的风土特性

葡萄酒质量好坏，先天在于葡萄，后天在于工艺③。葡萄酒产品所具有的质量及其特征和风格、声誉或其他特性本质上取决于某一原产地的自然因素和人文因素④⑤。这些影响葡萄酒质量的因素综合以来，可称为"风土"。

葡萄酒产品具有的风格与葡萄酒产区的风土特性息息相关。风土包括气候（大气候和微气候）、土壤（成分和结构）、地理位置（地形和地貌）和传统（栽培技术和酿造工艺）。葡萄酒的香气和风味会直接反映出葡萄园的风土特色⑥。在一个环境条件相对一致且适宜栽培葡萄的地理区域中，自然因素（气候、土壤、葡萄）的相互作用和人的知识与劳作，赋予产品以鲜明的具有原产地特征的和谐状态与潜在能力⑦。风土既是先天的、自然的、物质的，也是后天的、社会的、人文的。对于葡萄酒来说，风土既能反映特定产区的"自然禀赋"，还能折射出处于特定地理环境中的人在使用技术、

---

① 韩舜愈，李敏. 葡萄酒质量安全风险及其控制［J］. 食品科学技术学报，2016，34（2）：12–17.
② 张燕，冯韶辉，白忠勤，等. 对葡萄酒质量安全的探讨［J］. 酿酒科技，2010（7）：99–102.
③ 郭其昌. 新中国葡萄酒业 50 年［M］. 天津：天津人民出版社，1998.
④ 李华. 我国原产地域产品与葡萄酒地理标志及保护［J］. 中国防伪，2004（8）：7–9.
⑤ 原国家质量监督检验检疫总局. 地理标志产品保护规定［Z］. 2005–06–07.
⑥ 李记明. 葡萄酒技术全书［M］. 北京：中国轻工业出版社，2021.
⑦ 李巍. 风土——葡萄与葡萄酒业的精髓［J］. 中外葡萄与葡萄酒，2016（5）：150–151，155.

工艺、工具、设备等手段与自然条件进行互动的不同方式和努力成果。

因此，虽然先进的技术工艺和设备仪器在栽培、酿造、检验分析等领域获得了广泛的推广和普及，但世界各地的葡萄酒从业者还是会酿造出具有明显"风土"特性的产品。其主要原因包括：人们对特定产区内众多先天禀赋要素的理解存在差异，对传统作业方式的尊崇和改良程度不同，以及相对固化的经验积累与传承方式等。

1.1.3　葡萄酒产品的感官特征

一款仅达到质量安全要求的葡萄酒，被认为是"平庸的"或"没有特点的"。一款深具风土特性的葡萄酒，被认为是"有风格的"或"特色鲜明的"。而无论什么样的葡萄酒产品，均可从"看起来、闻起来、尝起来"三个方面来描述它，即从外观、香气与滋味、典型性等感官层面来界定葡萄酒的产品特征。

然而，不同的人在视觉、嗅觉和味蕾记忆方面存在明显差异，且表达能力因人而异。因此，基于已存在的"色、香、味"客观属性，葡萄酒产品质量在感官认知与主观表达方面肯定存在着差异。如果说质量安全和风土特性属于葡萄酒产品质量内在固有的、潜藏待发现的特质，那么感官特征就可被看作是产品质量外在的、直观的表现形式。

1.2　产品的感知质量

1.2.1　产品固有质量的认知差异

按照国际标准化组织（ISO）的界定，质量的含义可以分为两个层次：①产品质量指的是产品的一组固有特性满足要求的程度；②产品质量不仅包括其预期的功能和性能，而且还涉及顾客对其价值和受益的感知[1]。

---

[1]　国家质量监督检验检疫总局，国家标准化管理委员会. 质量管理体系 基础和术语：GB/T 19000—2016/ISO 9000：2015［S］. 北京：中国标准出版社，2016：12-30.

葡萄酒产品质量的风土特性为产品的差异化提供了多种多样的可能性。这在向企业的生产酿造工艺提出更高要求的同时，也让普通消费者的购买过程变得复杂起来。具体表现在：①受品种、年份、产地、工艺等多重因素的影响，即使在同一价格水平，也很难用统一的质量标准对来自不同厂商的葡萄酒产品做出判断；②受酿酒葡萄采收年份的影响，即使是来自同一厂商的同种葡萄酒产品（单品种或混酿），也很难保持质量的绝对一致性和稳定性；③受品类认知、品鉴能力等因素的影响，不同消费者对于同一款葡萄酒产品的质量判断可能有较大差异；④受企业品牌形象、顾客自我表达、特定消费场景等因素的影响，消费者对于葡萄酒产品的质量判断可能更多来自主观层面的认知。

可见，葡萄酒的产品质量具有典型的非标品属性。非标品的品质难以用统一、明确的标准来界定，且产品特性和服务形式相对个性化[1]。因此，来自不同国家、产区和企业的众多葡萄酒，产品的差异化程度较深是一种常态化的现象。作为一种典型的非标品，消费者在购买前或饮用过程中要对产品的质量判定标准和感知水平还可能会"因人、因时"而异。

1.2.2 产品质量能否让顾客满意

现代质量管理大师约瑟夫·M.朱兰（Joseph M.Juran）认为"质量就是产品的适用性"，即产品在使用期间能满足使用者需求的程度（见表2-4）。不是所有消费者都愿意为企业的工程技术人员眼中的"高质量产品"买单。企业向市场提供的产品质量也并非越高越好。企业应向市场提供"顾客满意"的产品。顾客满意，指的是顾客对其要求已被满足程度的感受[2]。顾客的要求可以理解为明示的、通常

① 刘士才. 探路非标品［J］. 销售与市场（管理版），2013（9）：92-94.
② 国家标准化管理委员会，国家市场监督管理总局. 质量管理 顾客满意 组织行为规范指南：GB/T 19010—2021/ISO 10001：2018［S］. 北京：中国标准出版社，2021.

隐含的或必须履行的需求或期望①。因此，"合适的"产品，即顾客乐于接受的产品，才是让"顾客满意"的产品。

表 2-4 管理学家对于质量的定义

管理学家	质量定义
约瑟夫·M. 朱兰（Joseph M.Juran）	质量就是适用性
菲利普·B. 克劳斯比（Philip B.Crosby）	质量就是符合所设定的要求
哈罗德·吉尔摩（Harold Gilmore）	质量是特定产品符合某种设计或规定的程度
罗伯特·A. 布罗（Robert A. Broh）	对于购买者来说，质量是在某一可接受价格情况下的产品性能卓越程度；对于生产者来说，质量是在某一可接受成本情况下的产品性能多样化控制
费根鲍姆（Feigenbaum）	质量就是产品能最好地满足特定的顾客购买情境，购买情境包括产品的实际用途和产品的售价
田口玄一（Genichi Taguchi）	质量就是企业提供与所想要实现的目标相一致的产品
劳伦斯·阿博特（Lawrence Abbot）	质量上的差异实际上就是顾客想要某种成分或属性在数量上的差异

在购买决策过程中，消费者会在品牌形象、包装设计、价格高低、产地风土、特色品种、酿造工艺、代言背书和渠道终端等方面对葡萄酒的产品质量做出综合的判断，最终选择出能最大限度地满足具体使用场景需求的产品。"适合的才是最好的。"只要能恰到好处地满足目标消费群体的场景需求和支付意愿的产品，都会被消费者认为是一款满意、质量好的产品。所谓"好酒"，可认为是适合于"此人、此时、此情、此景"的物质符号和情感载体。消费者购买的不是售价最高的或质量最好的产品，而是最合适的产品。对于

---

① 国家质量监督检验检疫总局，国家标准化管理委员会. 质量管理体系 基础和术语：GB/T 19000—2008/ISO 9000：2005［S］. 北京：中国标准出版社，2008.

消费者来说，葡萄酒的产品质量没有绝对的高低好坏之分，只有合适与否。

1.2.3　产品能否被赋予品牌意义

当消费者很难轻易地判断某个品类的产品质量，认为不同厂商的产品之间可能存在着较大差异，他们在购买决策过程中会变得复杂起来。英国广告公关集团 WPP 公司的斯蒂芬·金（Stephen King）认为，"工厂制造产品，顾客购买品牌。"品牌，不仅是一个名称、标识，还是企业对顾客做出的产品质量承诺。企业打造品牌的原动力，就是以保证产品质量为前提在品牌与消费者之前建立起信任关系。与竞争者相比，如果企业的品牌形象与个性能在自我表达、身份认可或阶层归属等层面与消费者产生共鸣，那么消费者的购买和使用行为就会变得更有意义——整个消费过程具有了某种强烈的象征意义。这也为更全面地理解葡萄酒产品及其质量的内涵提供了新的视角。

与具备标准质量特性的众多日常消费品不同的是，对于包括葡萄酒在内的非标品来说，当品牌被赋予了特殊的象征意义之后，产品在物理层面的质量属性可能就显得没有那么重要了。此时，消费购买决策行为变得"情感大于理智"。如果消费者认识、感知和接受了品牌想要传达的符号、形象和意义，那么就会在主观认知层面产生共鸣，并愿意为更高的品牌溢价买单。国内外众多葡萄酒企业致力于打造品牌形象，就是想赋予其产品和品牌更丰富、更深层次的含义。

葡萄酒生产企业既要在产品质量安全方面做到没有瑕疵，还要有选择地发掘特定产品的个性或风格，最后通过感官层面将不同产品的质量属性呈现出来。而这类物理层面的产品质量还需要被市场所认识、熟悉和认可，这样才能促成生产端与消费端的最终交易。因此，葡萄酒在物理层面和认知层面的产品质量相互依存、相得益彰，共同构成了葡萄酒产品的质量维度（见图 2-1）。

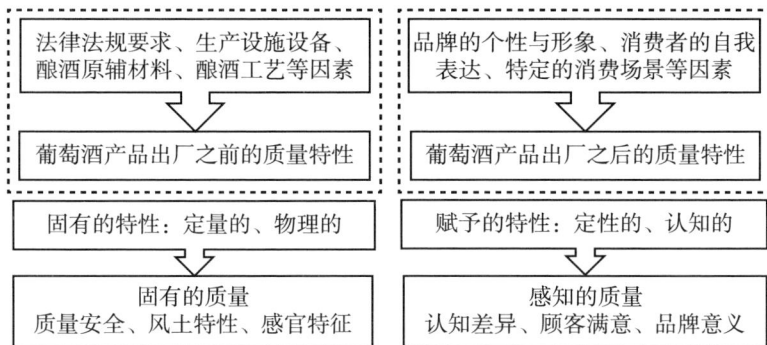

图 2-1　葡萄酒产品的质量维度

2　葡萄酒产品质量的市场表达体系

2.1　界定质量表达的目标受众

即解决"跟谁说"的问题——确保你在开始向外传递信息之前，知道你将要和谁"展开对话"。目前，根据受众对象不同，国内的葡萄酒产品质量表达场景大致可分为"技术导向型""品鉴导向型"和"消费导向型"三大类。"技术导向性"质量表达以工艺为主题，目的在于通过行业内部专业技术人员的交流、学习，共同推动栽培技术与酿酒工艺的完善和进步。"品鉴导向型"质量表达，面向的是懂酒且有购买力的中高端消费者群体或分销渠道成员群体，其中的部分人群还可充当意见领袖。"消费导向型"质量表达，面对的是更为广泛的普通消费者群体，他们对葡萄酒感兴趣并且愿接触更多的品类知识。

可见，根据目标受众群体的不同，企业的葡萄酒产品质量表达活动会设定相应的沟通目标。同时，这也将对后续的沟通媒介、沟通内容、沟通方法等一系列工作产生决定性影响。

2.2　选择质量表达的沟通媒介

即解决"在哪说"的问题——确保你将要发送的信息，能被目标受众比较容易地或精准地接收到。从 20 世纪 90 年代至今，国内传播媒介的流量变迁经历了电视为王时代、互联网络时代和移动互联时代。在不同时期，企业与市场沟通的媒介也发生了剧烈变化。例如，发端于 2015 年的网络才艺直播秀，其中的一个分支已经演变成了集信息发布、产品体验和品牌传播与产品销售于一体的网络直播带货阵地。现如今，互联网长、中、短视频平台已经成为流量聚合的新阵地，手机、平板和电脑等智能终端已成为国内民众获取各类信息的主流媒介。

传统上，无论是针对企业或商家用户（B 端）还是个人用户或终端用户（C 端），国内葡萄酒生产企业、流通企业、培训认证机构等通过以下三种方式来传递葡萄酒产品的综合质量信息。一是自行组织专场推介活动。例如品鉴会、产品发布会、答谢酒会等。二是以赞助方式与其他具有 IP 属性的事件相捆绑。例如高尔夫球赛、商务 / 政务峰会、国宴、影视作品植入等。三是借助传统媒体、新兴媒体广告开展的常规性广告宣传活动。原先的各类品鉴推广活动主要在线下展开，话语权掌握在酿酒师、品酒师、专业培训讲师等手中。现在，头部 / 腰部带货主播、网红、草根小白、明星、企业家等都可成为葡萄酒产品质量表达"种草者"。通过与网络连接的各类智能终端设备，几乎任何人都可以随时随地成为信息的创作者、传播者或接收者。在深度变化的国内媒体环境中，葡萄酒产品的质量表达途径须适应新的媒体环境：沟通媒介的分化、信息接收的碎片化、线上线下渐趋融合。

2.3 甄别质量表达的沟通内容

即解决"说什么"的问题——确保你想要说的信息，对于目标受众来讲是"有意义的"。葡萄酒产品质量表达信息可分为两类：品牌信息和产品信息。品牌信息主要包括原产地品牌（国家品牌、产区品牌）、企业品牌、产品品牌和服务品牌（如工业旅游）等，通过多个维度与市场建立信任关系。而产品信息可分为产品质量安全信息、风土特性信息、感官特征信息以及产品质量分级信息等。其中，葡萄酒质量分级，既可鼓励企业生产出更优质的葡萄酒，又可引导消费者理性消费[①]，主要表现形式为产区分级、酒庄分级和产品分级。

① 孙洪安, 赵永福, 孙金霞. 葡萄酒质量分级探讨［J］. 中国标准化, 2019(9):148–150.

需要明确的是，全世界主要的葡萄酒生产国并没有统一的、标准的葡萄酒产品质量分级制度或方法。一方面说明在物理层面看似可以量化的葡萄酒质量指标体系具有多样性和复杂性，另一方面也给很多消费者理解和接受葡萄酒产品的质量信息带来了挑战。

改革开放以来，中国葡萄酒市场经历了若干轮消费升级，并促使葡萄酒品类所代表的消费符号也发生了很大的转变。葡萄酒企业仍然沿用长期以来形成的沟通内容和场景"高大上"的做法，已不合时宜。同时，葡萄酒产品质量的表达内容，须分类别、分层次、分场景。例如，面向大众市场的入门级葡萄酒，竞争的焦点在于较低的价格、可接受的口感和便利的渠道。这时，企业的产品质量表达需要在葡萄酒品类的健康性、绿色性和品牌的广泛知晓度、信任度方面多下功夫。而中高端市场的葡萄酒消费群体，在重视产品风格的同时还关注品牌形象与个性，这就要求企业能为品牌注入某种具有鲜明、深刻社会文化属性的特殊意义。

2.4　确定质量表达的沟通方法

即解决"怎么说"的问题——确保信息被接收到之后，能被感知且是"令人信服的"。向目标受众来传递有关葡萄酒产品综合质量信息的方法有两种。一是基于数据和事实"理性地说"。可通过企业创建历史、行业地位、公司销售数据、单品市场表现、有机产品认证、地理标志产品保护、国内外大赛获奖等方面来向市场展开客观的陈述。二是围绕品牌及其意义"感性地说"。英国帝亚吉欧集团（Diageo）原CEO保罗·华尔士（Paul Walsh）曾讲过这样一句话："没有了品牌，再高档的酒，也只是一瓶变了味道的水。"诸如创始人传奇故事、产品开发故事、特色风土故事、生活方式倡导、品牌个性等都可以成为让品牌变得"更有意义"的抓手。

在与市场沟通葡萄酒产品质量的过程中，"说什么"（沟通内容）和"怎么说"（沟通方法）将决定市场对葡萄酒品类和特定产品、品牌的接受度和信任度。要让消费者相信你所说的，就得向他们提供一系列充足的证明或证据。

消费认知是葡萄酒产品质量的商业裁判。品牌的市场表现取决于消费者对产品质量形成的综合认知结果。葡萄酒产品的质量表达，通过持续互动方式在企业与市场、品牌与消费者之间搭建起了某种对话机制，如图 2-2 所示。因此，企业的葡萄酒产品质量表达既属于行业技术交流、市场消费培育与引导的工作范畴，也是企业对外品牌传播工作的重要组成部分。

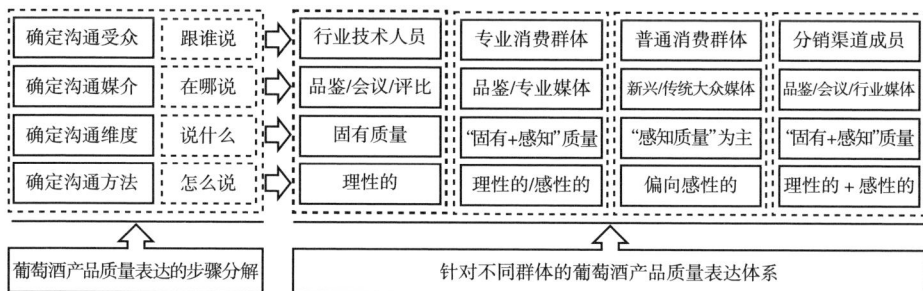

确定沟通受众	跟谁说	⇒	行业技术人员	专业消费群体	普通消费群体	分销渠道成员
确定沟通媒介	在哪说	⇒	品鉴/会议/评比	品鉴/专业媒体	新兴/传统大众媒体	品鉴/会议/行业媒体
确定沟通维度	说什么	⇒	固有质量	"固有+感知"质量	"感知质量"为主	"固有+感知"质量
确定沟通方法	怎么说	⇒	理性的	理性的/感性的	偏向感性的	理性的 + 感性的

葡萄酒产品质量表达的步骤分解　针对不同群体的葡萄酒产品质量表达体系

图 2-2　葡萄酒产品质量的市场表达体系

风土各别。葡萄酒的非标品属性为产品质量表达提供了广阔而丰富的空间，但并不等于无章可循。长期以来，国内市场的葡萄酒从业人员在与市场进行沟通时，对国外的风土、工艺、品种、年份、分级、配餐等烦冗复杂的内容大谈特谈，把葡萄酒产品讲得过于神秘且装腔作势，让消费者感觉葡萄酒高深莫测，从而望而生畏。这一做法华而不实，也缺乏扎实有效的互动基础，更直接制约了葡萄酒品类在国内市场的扩张空间。因此，葡萄酒产品的质量表达，只有根植于中国文化、中国风土、中国消费习俗，才能充分融入中国消费者的各类社会生活场景。例如，感官品质的表达用语要做到"中国人说中国话"；酒的口感与配餐要"符合中国人的口味"。挖掘并打造中国葡萄酒 IP，寻找"中国风土"并将之准确清楚地表达出来，用"中国语言讲中国故事"，实践"中国风土，世界品质"，已成行业共识。虽充满挑战，但前路并不算遥远。

第三部分

品类结构更迭：时光流转的轨迹

酒是大自然馈赠人类的美好礼物。远古时期，人们在采集野果或储藏粮谷的过程中，无意中发现了自然发酵现象，经品食后喜欢并认可其口感及美妙情绪体验，然后进行模仿，进而获得了酒。因此我们常说，人类"发现"了酒，而不是"发明"了酒。根据酒种的历史存续时长，黄酒、啤酒和葡萄酒这三种发酵酒被称"世界三大古酒"。黄酒和米酒，长期以来占据着国人餐桌的主导地位。1949年之后，在节约口粮的时代背景下，白酒逐渐取代黄酒成为主流饮料酒子品类，各项经济指标长期领先。1985年，由商业银行与地方政府共同推动的"啤酒专项工程"让啤酒厂在全国遍地开花。次年，啤酒首超白酒成为国内产销量最大的饮料酒子品类[①]，该纪录保持至今。白酒和啤酒是率先实现全国化的饮料酒子品类，且在各种消费场景中渗透率都较高。

葡萄酒作为一个单独子品类，其品类价值在国内消费升级进程中先后得到过数次确认，并推动着行业进入逐渐成长、成熟的发展期。2006年国内葡萄酒行业产量首次突破50万千升，2010年又首次突破100万千升，并在2012年达到138万千升的历史最高纪录。此外，黄酒虽未有效突破品类全国化瓶颈，但在江、浙、沪、闽、徽等省、市地区拥有较为扎实的消费基础，长期以来其与低度果酒、露酒等其他饮料酒子品类的经济指标较为稳定。

现今，整个行业都在积极地与市场发展做出呼应与互动，其目的就在于建立葡萄酒品类在中国市场的整个产品评价体系、市场建设体系和消费沟通体系，同时也为国产葡萄酒与其他饮料酒子品类、进口葡萄酒的竞争中争夺到更多的话语权。

① 杨柳. 中国白酒品牌五个世界的划分 [J]. 酿酒，2001（1）：85–86.

根据国家标准《饮料酒术语和分类》（GB/T 17204—2021），饮料酒被定义为"酒精度在 0.5%vol 以上的酒精饮料"，且按照生产工艺可进一步分为发酵酒、蒸馏酒、配制酒和露酒。其中，发酵酒主要包括啤酒、黄酒、葡萄酒和果酒等，蒸馏酒主要包括白酒、白兰地、伏特加、威士忌、朗姆酒、金酒和龙舌兰酒等。中国市场上饮料酒子品类众多且在不同的社会经济发展时期扮演着各异的角色。

近现代中国饮料酒品类结构更迭路径

1　近代中国，品类渐趋丰富

黄酒是中国独有的世界上最古老的酒种之一，至今已具有三千年以上的悠久历史。而关于白酒存在的历史时长虽有多种说法，但目前主流的观点认为，元代蒸馏技术应用于酿酒，白酒开始兴起。明代著名医药学家李时珍在《本草纲目》中就曾写道："烧酒非古法也，自元时始创其法。"此外，现今标准化的产品名称"白酒"在 1949 年之前被称为"高粱酒""白干""老白干""烧酒""烧锅酒"等。因此，也可以这样认为，在古代中国，主要存在的酒种是黄酒（用黍米、粟米、糯米等粮谷发酵而成的酒）、米酒（用糯米发酵而成的酒）和烧酒（用高粱、小麦、玉米、大米、糯米等粮谷蒸馏而成的酒）。

近代以来，中国的饮料酒品类逐渐丰富起来，其中表现最为突出的当属葡萄酒和啤酒。例如：1892 年，烟台张裕酿酒公司在山东烟台创建；1900 年，哈尔滨啤酒的前身乌卢布列夫斯基啤酒厂由俄国商人在哈尔滨创建；1903 年，英德啤酒有限公司（青岛啤酒厂的前身）在青岛投资设厂；1911 年，美利酿造公司在陕西丹凤成立；1912 年，青岛葡萄酒厂成立；1915 年，北平双合盛啤酒汽水厂（五星啤酒的前身）建立；1920 年，胶东醴泉啤酒工厂（烟台啤酒的前身）创立；1921 年，益华酿酒公司在山西清徐建立；1933 年，怡和啤酒厂在上海开办；1934 年，主产啤酒、汽水的广州饮料厂成立；1936 年，老爷岭葡萄酒厂在吉林创建；1937 年，通化葡萄酒酿造公司在吉林通化创立；1939 年，中国大喜葡萄酒股份有限公司在北京创建；等等。

根据徐珂（1869—1928）于 1916 年编撰出版的清代笔记汇编《清稗类钞》中的记载："葡萄酒为葡萄汁所制，外国输入甚多，有数种。"胡朴安（1878—1947）在其 1923 年编撰的《中华全国风俗志》中也曾有这样的记载："昔日喝酒，公推柳泉居之黄酒，今则非三星白兰地、啤酒不用矣。"可见，在近代中国，包括中国传统的烧酒、黄酒和来自外埠的葡萄酒、白兰地、啤酒等已经成为当时不同消费群体的餐桌常客。但全国酒产量仍以烧酒、高粱酒为主。例如，1912 年的全国酒产量，烧酒占 51%，高粱酒占 37%，黄酒 10%，果酒、药酒和其他酒占 2%[1]。

关于外来酒种的名称，在当时也是多种多样。例如，关于"Champagne"（香槟）一词的翻译，就有"三品""三宾""闪宾""香宾""香片""香边""香饼""香滨""香冰"等多种音译名称[2]。据《商务官报》载，张裕公司的品种可分为三大类：一为勃兰帝；二为葡萄红酒，也称"红兀勃""伯温酒"；三为葡萄白酒，又称"鹤酒"[3]。"勃兰帝"现译为白兰地（Brandy），当时又被音译为"拔兰地""佛兰地"。"红兀勃"为"Red Vivid Burgundy"三个单词的首字母音译，即色泽鲜亮的勃艮第红葡萄酒。"伯温酒"为"Port Wine"的音译，当时也被音译为"浦提万酒""巴德酒"。"鹤酒"为"Hock"的音译，又被译为"霍克酒"，泛指德国莱茵河白葡萄酒。

在 1913 年出版的《南洋劝业会报告书》中，将白兰地和葡萄酒归类为"仿酿洋酒"，且有对张裕展品的评价文字："烟台张裕公司仿

---

① 郭旭. 中国近代酒业发展与社会文化变迁研究［D］. 无锡：江南大学，2015.

② 陈耀明. 追寻中国第一瓶起泡酒［EB/OL］.（2019-08-12）［2024-09-08］. https://baijiahao.baidu.com/s?id=1641642912941522285&wfr=spider&for=pc.

③ 兰振民. 张裕公司志［M］. 北京：人民日报出版社，1999：81.

酿勃兰地酒，性味俱合。其葡萄白一种，系仿鹤酒，味较外洋优等。鹤酒过酸。葡萄红一种，系仿格黎勒，味较外洋优等。格黎勒酒过蔷[1]，尚须改良。惟吾国人嗜此二项洋酒尚少。仿酿葡萄酒，似以巴特温、香槟等类为最要。"[2] "格黎勒酒"为"Claret"的音译，又被译为"克拉雷"，指红葡萄酒；巴特温为"Port Wine"的音译，指的应该是张裕味美思酒之类的配制加强型葡萄酒。从"鹤酒过酸""格黎勒酒过蔷"的描述可以看出，当时国内已经出现了干型葡萄酒。

此外，除了传统的人参酒等保健酒、药酒，果酒、露酒等其他酒种在此期间也丰富起来。其中，就包括桂花陈酒、莲花白酒、宫桂酒、薄荷酒、香蕉酒、青梅酒、樱桃酒、山楂酒、苹果酒、茴香酒、薄荷酒、竹叶酒、橘子白兰地、樱桃白兰地、红枣酒、海棠酒、人参酒、梨酒和草莓酒等。我国生产露酒的历史由来已久。传统上，人们利用植物（根、茎、叶、花、果等）、动物（体、骨、鞭、尾、角等）作为香源或滋补成分来生产露酒[3]。这类酒种的增多，与药食同源这一传统养生文化在国内民众心目中根深蒂固的认知息息相关，而且还渗透到了葡萄酒领域。例如，丁香葡萄酒、人参葡萄酒、生姜葡萄酒（Ginger Wine，当时又被音译为"公望酒"）和罗木葡萄酒等就是常见品种。当时的酒厂亦开始生产威士忌、朗姆酒、白兰地和金酒等产品。例如，1914 年，青岛葡萄酒厂生产出威士忌，张裕公司的"可雅白兰地"正式面世。

抗日战争时期，由于沿海港口和陆地交通被切断或封锁，致使汽油等军用物资无法正常供应，以甘薯、甘蔗和杂粮为原料生产酒精作为动力燃料以代替汽油，从而保障交通运输。酒精在当时成为国防重要战略物资，变相刺激了西南地区的酒精工业发展。到 1941

---

① "蔷"为"涩"的异体字。

② 　转引自：陈耀明. 100 年前的张裕佳酿品酒笔记［EB/OL］.（2014–12–01）
　　［2024–09–08］. https://www.chinanews.com/wine/2014/12–01/6831022.shtml.

③ 　刘犁. 对改进我省配制酒生产几点意见［J］. 江苏食品与发酵，1985（4）：1–7.

年年底，四川已有大小酒精厂81家[1]。在战时液体燃料生产时期，四川酒精工业处于主导地位，云南、贵州分列其次。总体来看，民国时期的酒类生产地理分布，烧酒"北多南少、东多西少"，黄酒主要集中在浙江，啤酒和葡萄酒主要集中在东部沿海和内陆大城市[2]。

2 现代中国，品类结构分化

1949年的时候，白酒、啤酒和葡萄酒的产量分别为10.8万千升、7000千升、200千升。1949年，山葡萄酒的产量共计62千升，占当时全国葡萄酒总产量115.8千升的53.5%。而且自此之后，在苏联专家的指导帮助下，白酒对标伏特加，开始通过液态法或固液法酿酒以提高产量[3]。1953年，全国生产酒67万千升，从消费结构上看：白酒接近80%、黄酒12.6%、啤酒4.4%[4]。1978年的时候，中国饮料酒年产量146.85万千升，其中白酒143.74万千升、黄酒43.15万千升、啤酒40.38万千升、果露酒13.2万千升、葡萄酒6.38万千升[5]。1986年，中国啤酒年产量突破400万千升大关，超越白酒在所有饮料酒中占据首位。到1988年，啤酒年产量更是达到650万千升，几乎是1980年啤酒年产量的10倍[6]。以1989年拉萨啤酒厂成立为标志，全国各个省、市、自治区都已设立本地的啤酒生产企业。20世纪50—80年代，企业还生产以各种果酒为酒基的汽酒，常见酒有沙棘汽酒、山楂汽酒、橘子汽酒、猕猴桃汽酒和葡萄汽酒等。此外还有罗木葡萄酒、人参葡萄酒、桂花陈酒、味美思等多种加香型葡萄酒。20世纪80年代，

① 邵明亮. 酒精工业贡献大，支援抗战保运输［N］. 四川日报. 2020-01-02.
② 马相金. 民国时期我国酒业的发展及其分布特征［J］. 唐山师范学院学报，2011，33（3）：67-71.
③ 华夏酒报. 2019中国酒业白皮书［M］. 烟台：黄海数字出版社，2019：8-11.
④ 刘锦林. 对我国白酒工业发展的几点看法［J］. 中国酒，1996（5）：12-13.
⑤ 徐广涛. 浅议我国饮料酒工业的结构调整［J］. 中国食物与营养，1998（1）16-19.
⑥ 肖德润，袁惠民. 对我国啤酒工业的回顾与展望［J］. 食品与发酵工业. 1990（4）：67-75，53.

威士忌也是各类酒厂的常见酒种，如吉林长白山葡萄酒厂的"长白山牌"威士忌，茅台威士忌，五粮液的亚洲威士忌、安培纳斯威士忌等。

　　1984 年以后，外交部对于国宴改革做出了明确规定，其中涉及宴请用酒的是：国宴一律不再使用烈性酒，如茅台、汾酒等，根据客人的习惯上酒水，如啤酒、葡萄酒或其他饮料[①]。1987 年 3 月 22—26 日，由国家经委、轻工业部、商业部和农收渔业部联合主持的全国酿酒工业增产节约工作会议在贵阳召开。本次会议对全国酿酒行业 1987—1990 年的增产节约计划提出了明确要求：降度和低度白酒的产量占到白酒总产量的 40% 以上；啤酒、葡萄酒、黄酒、果酒等低度酒类要有较大幅度的增长[②]。这次会议由于对之后中国酿酒产业的发展起到重要的指引作用并产生了深远的影响，因此被称为"贵阳会议"。1988 年全国人大常委会颁布《野生动物保护法》，同年国务院批准《国家重点保护野生动物名录》，以及 1993 年我国加入联合国《生物多样性公约》，这对国内以犀牛角和虎骨等野生动物脏器为部分原料的传统药酒、保健酒生产产生抑制作用。1996 年 1 月 18 日，国家 23 个部委、局决定，在公务宴请特别是部级公务宴请中不喝白酒。

　　20 世纪 90 年代，白兰地和葡萄酒两个饮料酒子品类先后在国内市场迎来了消费热潮，至此葡萄酒板块在市场上崛起并成了新兴力量之一。1993—1994 年，在葡萄酒产品质量管理标准发生新旧更替之际，再加上诸多企业对市场培育与营销传播的重视，中国葡萄酒产业的产品结构进入了调整、转变阶段，国内消费者出现热烈追捧干白葡萄酒的现象，其中天津王朝和沙城长城是最主要的领导品牌。紧接着以 1995 年下半年为时间节点，国内饮料酒消费市场又出现干红葡萄酒的持续热销，中粮集团旗下的沙城长城和华夏长城、天津王朝也开

---

① 孙晓青. 国宴与礼宾变迁 [J]. 小康，2009（6）：72-74.
② 全国酿酒工业增产节约工作会议纪要 [J]. 酿酒，1987（4）：22-25，18.

始从 1995 年进行干红葡萄酒产品的大规模批量生产，此时干红葡萄酒也顺势取代干白葡萄酒，变为中国饮料酒消费市场的主要葡萄酒产品形式。在干白葡萄酒热销之时，其产量曾达到全国干型葡萄酒总产量的 90%，随着干红葡萄酒的热销，到 1998 年时干白葡萄酒总产量占比降低到了 30% 以下[①]。白兰地和干型葡萄酒消费热潮的先后到来，为中国葡萄酒生产企业提供了难得的良好发展机遇，例如 1996 年的时候，烟台张裕、天津王朝、沙城长城的产量分别为 27696 万千升、14012 万千升、10305 万千升；中粮集团旗下华夏长城的干型葡萄酒产量从 1995 年的 300 千升增长到 1998 年的 6200 千升，销售收入也从 1995 年的 453 万元增长到 1998 年的 14200 万元。

在白酒、啤酒和葡萄酒在国内市场取得大发展的过程中，黄酒、保健酒和果露酒也一直保持着稳步发展的态势，其中的保健酒龙头企业劲牌公司的销售收入更是在 2017 年首次突破了 100 亿元，而现在古越龙山、会稽山和金枫酒业也发展壮大成了黄酒领域的"三驾马车"。根据中国酒业协会的数据显示，2023 年，全国酿酒行业累计完成产品销售收入首破万亿元大关达 10802.6 亿元，利润总额达到 2628.2 亿元。如今，中国饮料酒行业已经形成了这样的品类结构：白酒在销售收入和利润总额方面以绝对优势处于领导者地位，啤酒的产量在所有子品类中占比最高，黄酒和葡萄酒等作为重要力量与其他子品类齐头并进（见表 3–1）。

与国产酒相比，尤其是烈酒和啤酒进口酒类商品，依然扮演着"锦上添花"的补充角色（见表 3–2、表 3–3）。白兰地为进口烈性酒的最大品类，主要来源国为法国、西班牙、澳大利亚、亚美尼亚和格鲁吉亚。威士忌在进口烈性酒品类中位列第二，主要进口来源地为英国、日本、美国、中国台湾和爱尔兰。

---

① 王秋芳. 1998 年葡萄酒市场回顾［J］. 中国酒，1999（1）：24–25.

表 3-1　2023 年中国酿酒行业经济运行情况

产品类别	产量（万千升）	销售收入（亿元）	利润总额（亿元）
白酒	629	7563	2328
啤酒	3789	1963	260
葡萄酒	30	91	2
黄酒	190	210	20
其他酒	120	190	12

数据来源：中国酒业协会

表 3-2　2023 年中国市场的酒类商品进口情况

商品名称	进口量（千升）	进口额（万美元）
烈酒	124072	280251
葡萄酒	248981	116030
啤酒	421820	58316
其他酒类	14399	9750
乙醇	9041	2293

数据来源：根据海关总署、中国食品土畜进出口商会酒类进出口商分会公开发布的数据综合整理

表 3-3　2022—2023 年中国市场的烈性酒进口情况

商品名称	2022 年		2023 年	
	进口量（千升）	进口额（万美元）	进口量（千升）	进口额（万美元）
白兰地	37540	141726	43321	175180
威士忌	32820	55820	32622	58464
白酒	2751	16986	3525	32251
利口酒及科迪尔酒	30511	8119	31158	8226
龙舌兰酒	1676	1445	1757	2156
伏特加酒	5854	1965	5995	1805
朗姆酒	2660	894	3456	1107
杜松子酒	2820	1260	2237	1062

数据来源：根据海关总署、中国食品土畜进出口商会酒类进出口商分会公开发布的数据综合整理

影响中国饮料酒品类结构的主要因素

1 财税改革，兴建酒厂的助推剂

1979—1993 年，中央与地方财政之间的关系从之前的"统收统支"转变为"分灶吃饭"，即进入了财政大包干制时期，地方政府获得了独立的财政和经济发展权①。在财政税收承包制政策调整的促动下，各级政府和财政部门改变了过去"只管花钱，不管效益"的做法，转变为"广开财源，增收节支"的财政管理思路②。与此同时，国有企业改革也在稳步推进。1983 年之后，国有企业通过利润包干、利润递增包干等措施取得初步成效，到 1987 年全面推行企业承包制。1990 年，全国 95% 左右的全民所有制工商企业都已实现了各种形式的承包经营责任制③。在新的中央与地方、国家与企业之间的财税利益分配机制之下，由于酒类生产和销售能够为地方政府带来较大比重的利税收入，因此在全国各地出现了各类酒厂遍地开花的现象。例如汾酒厂 1987 年利税首次突破亿元大关，成为当年山西省的第二利税大户。而在 20 世纪八九十年代盛行的"当好县长，办好酒厂"说法，也成为当时各地政府乐于兴办酒厂的深刻时代印记。

1994 年分税制改革，中央和地方在财政收入分配方面完成了"重新切割蛋糕"，中央政府重新获得了主动权。这项税制改革在很大程度上直接促成了两大结果：①地方政府逐渐开始重视建设进一步公开、透明的良好营商环境进而实现地方财政的增收、创收，而营商环境的

① 张光. 中国政府间财政关系的演变（1949—2009）［J］. 公共行政评论. 2009（6）：26–57，202–203.
② 秦凤翔. 论财政包干体制的得失及其改革的现实选择［J］. 财政研究. 1990（6）：32–35.
③ 苏炎灶. 企业承包制的利弊与完善对策［J］. 福建学刊. 1990（2）：8–12.

改善同时也间接为各地产业结构的调整和优化创造了外部条件；②改革开放的持续深入推动了各行各业的经济快速增长，饮料酒在全国各地政府的财政占比出现分化。那些在市场经济浪潮中成功创出品牌的酒企，依然为当地财政收入做着积极的、较大的贡献。而在国内产业结构调整和优化较为充分的地区，酿酒行业的利税贡献总体上呈现出逐步弱化趋势。而且在 1994 年之后，政府对饮料酒开始征收消费税和增值税，并历经 3 次调整（见表 3-4）。每一次调整都对中国饮料酒行业的品类结构产生过较大影响，例如 2001 年白酒从量税的加征就加速了国内企业在接下来 10 年的产品、品牌中高端化进程。

表 3-4　饮料酒产品的消费税政策变化 ①②③④

时间	白酒	黄酒	啤酒	其他酒	酒精
1994 年	粮食白酒为 25% 的从价税；薯类白酒为 15% 的从价税	240 元 / 吨的从量税	220 元 / 吨的从量税	10% 的从价税	5% 的从价税
2001 年	粮食白酒为 25% 的从价税；薯类白酒为 15% 的从价税 另加征 0.5 元 /500 克（毫升）的从量税	240 元 / 吨的从量税	220 元 / 吨的从量税	10% 的从价税	5% 的从价税
2006 年	粮食白酒与薯类白酒的税率统一调整为 20% 另加征 0.5 元 /500 克（毫升）的从量税	240 元 / 吨的从量税	220 元 / 吨的从量税	10% 的从价税	5% 的从价税
2009 年	粮食白酒与薯类白酒的税率均为 20% 另加征 0.5 元 /500 克（毫升）从量税	240 元 / 吨的从量税	甲类啤酒为 250 元 / 吨的从量税；乙类啤酒为 220 元 / 吨的从量税	10% 的从价税	5% 的从价税

① 国务院.《中华人民共和国消费税暂行条例》(国务院令第 135 号）[Z]. 1993-12-13.

② 财政部，国家税务总局.《关于调整酒类产品消费税政策的通知》(财税〔2001〕84 号）[Z]. 2001-05-11.

③ 财政部，国家税务总局.《关于调整和完善消费税政策的通知》(财税〔2006〕33 号）[Z]. 2006-03-20.

④ 国务院.《中华人民共和国消费税暂行条例》(国务院第 34 次常务会议修订）[Z]. 2008-11-05.

2 产业政策，指引产能合理分布

1986 年啤酒异军突起，年产量首次超过白酒，位居全国第一。这跟当时的产业政策息息相关。1985 年，"啤酒专项贷款计划"为中国啤酒厂大规模的扩建、新建项目提供了直接的推动力[①]。其间，中国建设银行出资 8 亿元、地方政府自筹 26 亿元，对国内啤酒厂和麦芽厂进行建设和改造，再加上国家用以购买国外先进设备的 2000 万美金作为资金支持，实施"啤酒设备一条龙"工程[②]，全国各地中小啤酒厂在这一产业政策的推动下呈现星火燎原态势。"一城一啤"成了国产啤酒产业的常态。中国啤酒行业的年产量从 1978 年的 40 万千升提高到 600 万千升，仅用了 10 年的时间[③]。到 1995 年的时候，中国啤酒年产量超过 1500 万千升，产量跃居世界第二。2002 年，中国啤酒年产量位列全球第一，并保持至今。

1995 年以来，国家和政府部门通过发布"产业目录"的方式就国内外资本在产业投资方面做出指引和调整（见表 3-5）。其对中国饮料酒行业的主要影响主要表现在 5 个方面：①白酒生产线在经历了持续限制之后，其管制政策于 2019 年被取消；②在外商投资领域，黄酒、名优白酒生产在经过 20 年的政策管制之后，于 2015 年被彻底放开；③ 2000 年之后，受到产业政策支持，中西部酿酒葡萄种植与葡萄酒产区逐步崛起和壮大，使得国内葡萄酒产区分布更加趋于合理；④ 2011—2019 年，对特定啤酒灌装生产线的限制或淘汰产业政策，为国内啤酒企业在治理过剩产能、淘汰落后技术装备方面指明了方向；⑤部分中西部地区的饮料酒产业受到产业政策支持，企业可在所得税、基建和环评等方面享受政策优惠。值得注意的是，

① 秦凤翔.论财政包干体制的得失及其改革的现实选择［J］.财政研究.1990（6）：32–35.

② 肖德润.中国啤酒工业的发展历史及并购趋势［J］.食品工业科技，2002（10）：7–9.

③ 陈建昭.浅析我国啤酒工业的发展趋势［J］.食品科学，1990（2）：5–7.

涉及国内产业结构调整和优化的产业目录，虽经历次修订，但均没有对葡萄酒领域的生产和投资做出限制或禁止，葡萄酒产业的部分产业或在部分地区的葡萄酒产业甚至还会受到发展鼓励。

表 3-5　影响中国饮料酒行业的相关国内产业政策

相关产业政策	主要内容
《产业结构调整指导目录》	
《产业结构调整指导目录（2005 年本）》	限制类：白酒生产线；酒精生产线（燃料乙醇项目除外）
《产业结构调整指导目录（2011 年本）》	限制类：白酒生产线；酒精生产线 淘汰类：生产能力 12000 瓶 / 小时以下的玻璃瓶啤酒灌装生产线
《产业结构调整指导目录（2011 年本）》2013 年修正版	限制类：白酒生产线；酒精生产线；生产能力小于 18000 瓶 / 小时的啤酒灌装生产线 淘汰类：生产能力 12000 瓶 / 小时以下的玻璃瓶啤酒灌装生产线；3 万吨 / 年以下酒精生产线（废糖蜜制酒精除外）
《产业结构调整指导目录（2019 年本）》	限制类：酒精生产线 淘汰类：3 万吨 / 年以下酒精生产线（废糖蜜制酒精除外）
《产业结构调整指导目录（2024 年本）》	鼓励类：酿酒葡萄等特种经济作物收获机械 限制类：酒精生产线 淘汰类：3 万吨 / 年以下酒精生产线（废糖蜜制酒精除外）
《西部地区鼓励类产业目录》	
《西部地区鼓励类产业目录（2014 年本）》	优质酿酒葡萄种植与酿造（甘肃省）；优质酿酒葡萄种植与酿造（宁夏回族自治区）；优质酿酒葡萄种植与酿造（新疆维吾尔自治区）
《西部地区鼓励类产业目录（2020 年本）》	果酒制造，糯红高粱种植（四川省）；优质酿酒葡萄种植与酿造，青稞种植与食品深加工（云南省）；酒、饮料和精制茶制造（西藏自治区）；优质酿酒葡萄种植与酿造（甘肃省）；优质酿酒葡萄种植与酿造（宁夏回族自治区）；葡萄酒和饮料生产、啤酒花种植及精深加工（新疆维吾尔自治区）
《中西部地区外商投资优势产业目录》	
《中西部地区外商投资优势产业目录》（2000 年发布）	保健酒的生产（内蒙古自治区）；优质酿酒葡萄基地建设、优质葡萄酒酿制（甘肃省）；葡萄的种植与酿酒（宁夏回族自治区）；优质葡萄的种植与酿造生产（新疆维吾尔自治区）
《中西部地区外商投资优势产业目录（2004 年修订）》	优质酿酒葡萄基地建设及优质葡萄酒酿制（陕西省）；优质酿酒葡萄基地建设及优质葡萄酒酿制、优质啤酒原料种植 / 加工（甘肃省）；优质酿酒葡萄基地建设及优质葡萄酒酿制（宁夏回族自治区）；优质酿酒葡萄基地建设及优质葡萄酒酿制（新疆维吾尔自治区）
《中西部地区外商投资优势产业目录（2008 年修订）》	优质酿酒葡萄基地建设、优质啤酒原料种植 / 加工（甘肃省）；枸杞、葡萄等种植及深加工（宁夏回族自治区）；优质酿酒葡萄基地建设（新疆维吾尔自治区）
《中西部地区外商投资优势产业目录（2013 年修订）》	优质酿酒葡萄基地建设（内蒙古自治区）；葡萄酒及特色水果酿酒（四川省）；优质酿酒葡萄基地建设、优质啤酒原料种植 / 加工（甘肃省）；枸杞、葡萄等种植及深加工（宁夏回族自治区）；优质酿酒葡萄基地建设及葡萄酒生产（新疆维吾尔自治区）

续表

相关产业政策	主要内容
《中西部地区外商投资优势产业目录》	
《中西部地区外商投资优势产业目录（2017年修订）》	葡萄酒及特色水果酿酒（四川省）；优质酿酒葡萄基地建设、优质啤酒原料种植/加工（甘肃省）；优质酿酒葡萄基地建设及葡萄酒生产（新疆维吾尔自治区）；枸杞、葡萄、马铃薯等种植及深加工（宁夏回族自治区）
《外商投资产业指导目录》	
《外商投资产业指导目录》（1995年发布）	限制外商投资产业目录：黄酒、名牌白酒生产
《外商投资产业指导目录》（1997年修订）	限制外商投资产业目录：黄酒、名牌白酒生产
《外商投资产业指导目录》（2002年发布）	限制外商投资产业目录：黄酒、名优白酒生产
《外商投资产业指导目录（2004年修订）》	限制外商投资产业目录：黄酒、名优白酒生产
《外商投资产业指导目录（2007年修订）》	限制外商投资产业目录：黄酒、名优白酒生产（中方控股）
《外商投资产业指导目录（2011年修订）》	限制外商投资产业目录：黄酒、名优白酒生产（中方控股）
《外商投资产业指导目录（2015年修订）》	无
《外商投资产业指导目录（2017年修订）》	无
《鼓励外商投资产业目录》	
《鼓励外商投资产业目录（2019年版）》	**全国鼓励外商投资产业目录**：酿酒葡萄育种、种植、生产；啤酒原料育种、种植、生产 **中西部地区外商投资优势产业目录**：优质酿酒葡萄基地建设及葡萄酒生产（新疆维吾尔自治区）
《鼓励外商投资产业目录（2020年版）》	**全国鼓励外商投资产业目录**：酿酒葡萄育种、种植、生产；啤酒原料育种、种植、生产 **中西部地区外商投资优势产业目录**：优质酿酒葡萄基地建设及葡萄酒生产（新疆维吾尔自治区）
《鼓励外商投资产业目录（2022年版）》	**全国鼓励外商投资产业目录**：酿酒葡萄育种、种植、生产；啤酒原料育种、种植、生产；6万瓶/小时及以上啤酒灌装设备 **中西部地区外商投资优势产业目录**：啤酒制造产业（吉林省、广西壮族自治区、重庆市、四川省、云南省），优质麦芽生产基地建设及啤酒生产（辽宁省），制酒、制茶用生产设备的制造（贵州省），高原葡萄育种、种植、生产及葡萄酒酿制（云南省），优质酿酒葡萄基地建设及葡萄酒生产（新疆维吾尔自治区）

数据来源：根据《产业结构调整指导目录》《中西部地区外商投资优势产业目录》《外商投资产业指导目录》《西部地区鼓励类产业目录》首次发布内容及其历次修订版本中的相关内容综合整理

注：《鼓励外商投资产业目录（2019年版）》，自2019年7月30日起施行。《外商投资产业指导目录（2017年修订）》鼓励类和《中西部地区外商投资优势产业目录（2017年修订）》同时废止

3　技术进步，促使品类创新成长

1949 年之后，白酒之所以发展为中国饮料酒子品类中的绝对龙头板块，除了国内民众的消费习惯使然，持续的技术研发与突破也功不可没。烟台试点（1955 年）、永川试点（1958 年）、泸州老窖试点（1957 年、1964—1966 年）、汾酒试点（1964—1965 年）、茅台试点（1964—1966 年）、西凤试点（1964—1965 年）以及涿县试点（1956 年）等科研攻关项目，为国内白酒企业生产能力和产品质量水平的根本性提升奠定了非常坚实的基础[①]。

1975 年，河南张弓酒厂在国内率先成功研制出了 38% 张弓酒，开创了低度白酒的先河。1978 年，轻工业部在长沙召开全国名优白酒会议，张弓低度酒做了经验介绍并印发了经验材料。之后，在轻工业部的大力倡导之下，全国白酒企业纷纷向张弓酒厂学习，开始研发各自的低度白酒[②]。再加上 1987 年在贵阳召开的全国酿酒工业增产节约工作会议上明确提出的四个转变——"高度酒向低度酒转变，蒸馏酒向酿造酒转变，粮食酒向果类酒转变，普通酒向优质酒转变"，不仅为白酒低度化提供了方针指引，也为 20 世纪 90 年代葡萄酒消费热潮的到来埋下了伏笔。在此期间，1979 年、1984 年和 1989 年先后举办的第三届、第四届和第五届全国评酒会上，也鼓励将更多的降度、低度白酒纳入"全国名优白酒"阵营，这也极大地激发了全国白酒企业开发和生产低度酒的积极性。

而从 20 世纪 50 年代开始研发的"新工艺白酒"（用液态发酵的酒精生产白酒），在节约粮食、降低成本等方面取得突破性的成

[①] 李大和. 中国白酒"三大试点"研究回顾 [J]. 酿酒科技，2017（6）：17–28.

[②] 孙西玉，梁邦昌. 中国低度白酒的历史沿革与白酒发展趋势 [J]. 酿酒科技，2007（6）：73–76.

绩，到 1990 年新工艺白酒已占到全国白酒产量的三分之一[1]。白酒从 1949 年的 10.8 万千升增长到 1978 年的 143.74 万千升，到 1996 年 801.33 万千升[2]。虽然自改革开放以来白酒受到国家产业、税收政策调整和公务消费政策限制等影响，在产量、产值等方面也经历过三轮深度调整（1989—1992 年、1996—2004 年、2012—2016 年），但至今依然在国内各类消费场景中扮演着非常重要的角色。

葡萄酒、黄酒、保健酒等子品类也在技术上不断取得进步甚至突破。但与白酒相比，它们在品类文化认知与归属、产品与国内酒桌文化相匹配等方面尚有差距，尤其在高端消费市场的表现更是如此。

4 国际竞争，市场的多样化选择

进入 21 世纪以来，中国深度融入国际社会经济的步伐越来越快，这直接影响到了国内民众的饮料酒消费理念和习惯。文化是特定社会消费结构的压舱石，像酒类产品这样的消费品更是如此。白酒、黄酒和保健酒三大酒种属于中国特有的饮料酒品类，并具有深厚的消费文化基础，因此虽然中国市场已经向国外资本开放许久，但这三大饮料酒品类所遭遇到的替代性消费现象并不算多。而啤酒和葡萄酒领域却呈现出另一番景象。

目前，在中国饮料酒各大子品类中，啤酒和葡萄酒是国际化竞争程度最高的两个种类，但表现形式不尽相同。啤酒领域：受制于空瓶回收成本、产品运输半径较短和渠道高周转率等因素影响，本地设厂已成为全球啤酒企业生产经营的常规做法。百威英博、嘉士伯、喜力啤酒等国际巨头早在 20 世纪 80 年代起就通过合资或并购的方式深入中国市场，持续地开展本土化经营，并与雪花啤酒、青

---

① 熊子书. 中国白酒的科研成就 [J]. 中国酒，2003（1）：54-56.
② 杨柳，张雪彬. 中国白酒历史回顾与思考 [J]. 酿酒，2018（11）：9-12.

岛啤酒和燕京啤酒等国内知名品牌共同构成现今中国啤酒市场的主流阵营。葡萄酒领域：长期以来由于国内市场的产品高毛利、西式消费文化市场培育和进口关税持续走低等因素的推动，进口葡萄酒在中国市场攻城略地、一路向前。2018—2023 年，进口瓶装葡萄酒数量已连续领先于国产葡萄酒年产量。此外，法国酩悦轩尼诗集团、法国拉菲罗斯柴尔德集团、法国保乐力加集团、法国人头马君度集团等也通过投资设立生产厂或贸易分销的方式深度进入中国市场。

除白酒、黄酒、啤酒、葡萄酒和保健酒之外，就其他的饮料酒子品类而言，其在中国市场基本上以满足较为小众的市场需求为主要存在形式。当然，某些酒种也会出现类似于 2014 年预调鸡尾酒突然爆发的消费小高潮时段。自 2017 年 12 月 1 日起，白兰地和威士忌的进口关税均从之前的 10% 降至 5%，同时这两种酒类商品在进口环节的综合税率由 43% 下降到 36.5%。在企业寻找新增长点和其他子品类产量增长较为乏力的大背景之下，带来了国内市场对于白兰地和威士忌的一个投资和消费小热潮，一直持续至今。例如2019—2020 年，江苏洋河、怡园酒庄、法国保乐力加、英国帝亚吉欧、百润股份和劲牌公司等企业纷纷通过合资、独资、收购方式进入国内威士忌生产领域，就连青岛啤酒也修订了公司章程，将"苏打水等饮料和威士忌、蒸馏酒"纳入公司经营范围。

综合来看，政治法律（产业政策、税制、食品安全法等）、社会文化（消费习惯、民众自我认知的变化等）、经济发展（消费能力提高、消费理念和行为升级等）和技术进步（设备机械化、包装、质量标准等）等共同成为中国饮料酒行业品类结构更迭和变迁的主要推动力或影响因素，这也使中国饮料酒的品类结构呈现出分属不同时代背景的明显阶段化特征。而在这个过程中，还出现了对行业影响深远的一系列重大事件（见表 3-6）。

表 3-6　1980 年至今影响中国饮料酒行业的重大事件

时间	中国酒类行业主要事件及其影响
1980—1989 年	1980 年之后推进的中央地方政府之间分税制改革，带来"当好县长、办好酒厂"说法的盛行，"一县（市）一酒厂"成为普遍现象；1981 年，国产葡萄酒年产量首次突破 10 万千升；1984 年，比利时英博啤酒公司通过与国内啤酒厂合作方式进入中国市场；1986 年，啤酒年产量首次超过白酒，跃居中国酿酒行业第一；1986 年张裕公司成功试制 VSOP 白兰地；1987 年，贵阳会议倡导白酒向低度化发展，并鼓励葡萄酒、果酒发展；1988 年，政府放开名烟名酒价格，名酒价格体系开始分化；1988 年，清香型汾酒成为"第一代酒王"；1989 年，宏观经济治理整顿，几乎所有酒厂经营陷入困境，从而也促使各地酒厂主动搭建市场分销网络
1990—1999 年	1993 年，央企华润进入啤酒行业，雪花啤酒通过并购走上扩张之路；1993 年，啤酒年产量跃居世界第二；1994 年，"孔府家酒，叫人想家"广告语传遍全国；1994 年，以青岛啤酒首次对外收购为标志，啤酒行业启动第一轮并购浪潮；1994 年，五粮液启动 OEM 系列酒市场开发模式，之后引发行业广泛效仿；1994 年，浓香型五粮液成为"第二代酒王"；1995 年，五粮液首开专卖店，促成行业之后的名烟名酒店模式；1995—1996 年，山东秦池酒厂连续两年中标央视广告标王；1995 年，百威在武汉设立工厂，正式进入中国市场；1996 年，干红葡萄酒销售火爆，吸引业内外资本在国内新建、扩建酒厂；1998 年，山西朔州假酒案爆发，直接促成了酒类生产许可证管理制度的诞生
2000—2009 年	2001 年中国入世之后，国内啤酒行业迎来第二轮整合并购大潮；2002 年，"进口洋垃圾葡萄酒"事件引发市场热议；2002 年，中国啤酒年产量跃居世界第一；2002 年，张裕卡斯特酒庄开幕，中国葡萄酒行业进入"酒庄时代"；2005 年，葡萄酒、啤酒、黄酒实施食品质量安全市场准入制度；2005 年，国产葡萄酒年营业收入首次突破 100 亿元；2007 年，葡萄酒行业爆发"三精一水勾兑门"；2007 年，散装葡萄酒年度进口数量首次突破 10 万千升；经过持续增长，瓶装葡萄酒年度进口量于 2009 年首次超过散装进口葡萄酒；2008 年之后，国内企业跨国收购海外葡萄酒企业成为常态
2010 年至今	2010 年，"昌黎葡萄酒假酒案"爆发；2012 年，"白酒塑化剂事件"爆发；2012 年，中央八项规定引发中高端酒类消费市场的深度调整；2013 年，以工坊啤酒为代表，啤酒行业出现明显消费升级；2013 年，酱香型茅台成为"第三代酒王"；2013 年，"雪花啤酒"主品牌年销量突破 1000 万千升；2013—2019 年，张裕公司共在海外收购了 6 个酒庄；2014 年，以锐澳为代表，预调鸡尾酒迎来市场消费小高潮；2017 年，保健酒龙头劲牌公司的营收首次突破 100 亿元；2014—2020 年，白酒、啤酒、葡萄酒年产量出现连续下滑，啤酒厂出现明显的关停现象；2016—2020 年，以茅台酒为首的中高端白酒销售屡屡创新高，且酱香型白酒受到业内外资本的热捧；2019 年，酒鬼酒爆发"甜蜜素事件"；2019 年，茅台集团、五粮液集团营收均首次突破 1000 亿元；2019 年，张裕公司销量在全球葡萄酒企业中位列第四；2020 年，商务部裁定对原产于澳大利亚的进口大麦、进口瓶装葡萄酒征收反倾销税和反补贴税；2024 年，商务部决定对原产于欧盟的进口瓶装白兰地发起反倾销调查

整体来看，我们认为中国饮料酒行业品类结构的更迭路径主要是在 6 种力量的共同作用之下而形成并发展演进。

（1）1949 年之后，受国内经济发展和消费水平等多种因素制约，中国饮料酒行业在较长时间之内保持着稳步恢复和扩产的发展主基调，而且白酒生产由于耗粮较多还受到国家的严格管制。

（2）1978 年改革开放以来，农村联产承包责任制使得国内粮食产量增加，在人们充分解决口粮问题之后，富余出来的粮食为中国饮料酒行业尤其是白酒品类的产能进一步释放提供了稳定的原料供给。

（3）20 世纪 90 年代，社会主义市场经济体制的确立为全社会注入了新的活力，消费能力的提高和城镇化的推动还共同带来了国内餐饮行业的大发展，更多的人走出家门用餐的同时也带动了对饮料酒的消费需求增长，同时饮料酒品类结构得以丰富。

（4）21 世纪的第一个十年，随着中国加入世界贸易组织，国内经济增长迎来了的"黄金十年"。其间，商务政务交流频繁、城镇化促使更多人口跨区域流动和消费水平的进一步提高，共同促成了国内饮料酒行业的中高端化浪潮。

（5）21 世纪的第二个十年，中国综合国力的增强和民众消费理念与意识的转型，"少喝酒、喝好酒"成了许多国内消费者所信奉的健康消费理念。

（6）国内产业结构的持续调整和优化，促使饮料酒行业在全国各级政府财政收入中的占比呈现出分化趋势。中国饮料酒品类结构在不同时期的更迭与变化，反映了国内市场上消费水平和消费理念的持续升级现象。

葡萄酒品类价值，中国市场遭遇挑战

2016 年以来，随着供给侧改革、去产能化和环保治理等宏观政策的实施和严格执行，以及国际市场大宗商品价格强劲上涨，工业品、农业品等领域的成本持续上升从产业链上游迅速传导到中下游，进而引发几乎所有下游的消费品行业成本上涨和人工成本上升。在这段时间，大到住房和家电、小到调味品和榨菜等国内众多行业都出现了明显的价格上涨。具体到中国酒类行业，这一时期企业的能源动力成本、物料成本、酿酒原料成本、物流运输成本、人力资源成本以及渠道促销成本等均在上升，最终导致了产品价格的持续走高。其间，白酒价格持续涨价和啤酒高端化市场行为可以看作是企业在提升经营业绩和应对成本上涨双重压力之下自然而然的商业选择。值得注意的是，一直关注大众饮料酒市场的啤酒品牌，其高端化动向也十分明确。如果 2015 年工坊啤酒产品的出现意味着国内啤酒市场进入高端化浪潮，那么以雪花啤酒、青岛啤酒和百威啤酒的单品冲击千元价格带来的市场动作，可以将 2021 年定义为中国啤酒行业超高端化的元年。

因此，我们基本可以得出这样一个结论：2016 年至今是中国酒类行业继 2002—2011 年之后的又一轮高端化浪潮。与上一轮相比，本轮高端化浪潮有以下特点：①这两轮高端化浪潮的直接动因都是企业为了应对成本显著上涨的压力而采取的商业行为，上一轮的诱因是白酒消费税调整带来的成本上涨压力，本轮的诱因是产业链中上游成本骤增；②上一轮高端化，国内所有的饮料酒子品类都获得了量价齐升的全面增长，而本轮的高端化量跌价升，各个子品类基本呈现出向头部、腰部品牌聚集的显著趋势；③葡萄酒品类并没有获得本轮高端化的上车机会，国产葡萄酒和进口葡萄酒均是如此。

1 年产量品类占比仍较小

据中国酒业协会的数据，2020 年，中国酿酒行业规模以上企业共实现产量 5400.74 万千升，实现销售收入和利润总额分别为 8353.31 亿元、1792.00 亿元。其中，白酒和啤酒的产量分别占行业总产量的 13.72%、63.16%，二者的销售收入分别占行业总收入的 69.87%、17.59%，仅白酒的利润总额即占行业总利润的 89.98%。总体上葡萄酒品类价值在中国市场上并不算高（见表 3-7），与其他饮料酒子品类相比，葡萄酒处于较为明显的弱势竞争地位。如果再将行业数据进行综合比较：国产葡萄酒的年产量、销售收入和利润总额在国内饮料酒行业（不包括发酵酒精）占比已分别从 2015 年的 1.79%、5.49%、3.98%，下降到 2020 年的 0.92%、1.29%、0.15%。即使是在 2012 年国产葡萄酒产量达到 138 万千升的顶峰时期，也只占到当年饮料酒总产量的 2.16%。与白酒和啤酒相比，国产葡萄酒行业主要经济指标剧烈下滑（见表 3-8）。年收入 2000 万以上规模的国内葡萄酒生产企业，2017 年为最高峰，有 244 家。2019—2023 年逐年减少，分别为 155 家、130 家、116 家、119 家、104 家。

表 3-7　2012—2023 年中国市场的葡萄酒品类年产量占比

年份	国内葡萄酒产量（万千升）	瓶装葡萄酒进口量（万千升）	全国饮料酒产量（万千升）	葡萄酒品类占比（％）
2012	138	27	6382	2.59
2013	118	29	6600	2.23
2014	116	29	6544	2.22
2015	115	40	6413	2.42
2016	114	48	6274	2.58
2017	100	55	6050	2.56
2018	63	53	4985	2.33
2019	45	47	4899	1.88
2020	41	33	4476	1.65
2021	27	30	4599	1.24
2022	21	22	4559	0.94
2023	14	16	4758	0.63

数据来源：根据海关总署、国家统计局、中国酒业协会和中国食品土畜进出口商会公开发布的数据综合整理

注：饮料酒产量为年度酿酒总产量扣除发酵酒精产量之后的数值

表 3-8　2015—2022 年中国酿酒行业规模以上企业经济运营指标

	年份	企业数量（家）	产量（万千升）	销售收入（亿元）	利润总额（亿元）
白酒产业	2015	1563	1315.9	5565.3	739.8
	2016	1578	1121.2	4942.0	757.4
	2017	1593	844.6	4751.9	962.0
	2018	1445	792.0	5190.1	1225.9
	2019	1176	786.0	5617.8	1404.1
	2020	1040	740.7	5836.4	1585.4
	2021	965	715.6	6603.5	1701.9
	2022	963	671.2	6626.5	2201.7
啤酒产业	2015	470	4509.6	1856.7	142.6
	2016	468	4430.7	1726.7	143.2
	2017	447	3793.1	1377.0	115.4
	2018	415	3724.9	1509.0	121.7
	2019	373	3765.3	1581.3	133.9
	2020	346	3411.1	1468.9	133.9
	2021	331	3562.4	1584.8	186.8
	2022	334	3568.7	1751.1	225.5
葡萄酒产业	2015	219	116.1	466.1	52.1
	2016	240	105.7	463.0	47.8
	2017	244	67.9	318.8	33.8
	2018	212	50.2	175.9	12.7
	2019	155	45.2	145.1	10.6
	2020	130	41.3	100.2	2.6
	2021	116	26.8	90.3	3.3
	2022	119	21.4	91.9	3.4

数据来源：根据国家统计局、中国酒业协会公开发布的数据综合整理

　　葡萄酒品类价值在中国市场上的首次大规模提升发轫于 20 世纪 90 年代的干酒消费热潮；之后经由 2002—2011 年的"中国经济黄金十年"强力推动，国产葡萄酒和进口葡萄酒同台竞技，且均取得了较大的发展。2012 年，国产葡萄酒年产量也达到创纪录的 138 万千升，之后在中央八项规定中限制高档酒类消费的导火索效应影响之下，开始出现持续下跌。在此期间，虽然进口葡萄酒与国产葡萄酒之间出现了此消彼长的态势，但近几年进口葡萄酒的表现也不算太好。据海关总署的信息，2020 年，进口葡萄酒总量（瓶装和散

装）43.02万千升，相比最高峰时期2017年的74.59万千升，降幅达42.32%；2023年，进口葡萄酒总量约为24.31万千升，进口额为10.82亿美元，两个数值依然处于下滑通道。而按照行业惯例，部分进口散装葡萄酒经调配之后会以国产瓶装葡萄酒的形式进入中国市场。如果这样再来测算，国产葡萄酒的产量可能会更不容乐观。

2　酒类产品定价权的缺失

现如今，在中国酒类行业，白酒的销售收入和利润总额稳居行业第一，啤酒的产量高居榜首，其他饮料酒子品类作为行业基本盘的补充板块一直没能获得持续有效的根本性突破。以年营业收入来计算，长期以来白酒企业高居榜首，且"中国酒王"还发生过三次易主：① 1988—1993年，清香型汾酒是中国酒业的绝对王者，产销量和销售收入均领先于竞争对手，当时被形象地称为"汾老大"；② 1994年，浓香型五粮液成为新一代的行业翘首，并获得了"中国酒业大王"的称号，还于2009年成为首家营业收入突破100亿元的中国白酒上市公司；③ 2013年，酱香型贵州茅台开始持续超越五粮液，在中国酒业称王，销售收入更是于2021年突破1000亿元。而且，贵州茅台集团和四川五粮液集团的年销售收入均在2019年首次突破千亿元大关。

"中国酒王"在国内三家白酒企业之间的轮替同时也代表着定价权的转移。尤其是在2016年之后，53度飞天茅台酒的市场价格持续强劲上涨为其他白酒企业打开了同步的价格上涨空间，同时也促成了酱香酒在国内市场的消费升级热潮。从目前来看，国内酒类产品的定价权牢牢地掌握以贵州茅台酒为首的头部白酒品牌手中。国产葡萄酒虽然在21世纪的第一个十年，以中高端的酒庄酒为产品形式实现了一次品类价值在市场上的跃升，但这一走势在2012年之后并没有持续下去。而且，长期以来，从特色酿酒葡萄品种培育、性价比产品开发、品牌个性塑造和消费文化培育等方面来看，国产葡萄酒都没能在国内消费者心中建立起充分的品类自信，以至于在与国外葡萄酒的竞争过程中也逐步丢失了定价权。

齐心助力，提升葡萄酒品类市场价值

1 分层推进，重视消费文化培育

从国内市场的饮料酒子品类结构来看，黄酒、白酒和保健酒可以说是中国的传统特色品类，而啤酒和葡萄酒可以看作是具有异域风格的酒种。啤酒品类从 1900 年开始进入中国市场，葡萄酒品类从 1892 年开始在中国进入工业化生产时期。啤酒和葡萄酒两个品类规模化进入中国市场的时间相当，之后的发展方向却截然不同。当然，啤酒品类在全世界范围之内都发展比较成熟，行业集中度也很高。在很多国家，用低价格来撬动高销量都是啤酒企业的重要营销策略。中国市场拥有的庞大人口基数，再加上啤酒极具亲民性的单瓶酒价格，推动着该品类在市场上实现了深度渗透。自 2002 年中国首次超越美国成为全球最大的啤酒生产国之后，这一状况至今没有发生改变。2020 年，全球的啤酒销量为 18770 万千升，其中中国的啤酒销量为 4269 万千升。2015—2020 年，受国内产销量下滑的影响，中国啤酒销量全球占比 24.5% 下降到了 22.7%[1]。再来看白酒品类，五粮液、汾酒、泸州老窖、洋河等主流品牌都是通过多品牌或多品系的市场区隔方式，向消费者提供单瓶酒价格从百元以内到千元之上的产品组合。而且，中低端白酒、啤酒在日常的家庭消费、亲朋社交等消费场景中出现频率较高，而高端、超高端白酒又是商务宴请场景的常客。

---

[1] 前瞻产业研究院. 2021 年全球啤酒行业市场现状及区域分布情况分析：中国为全球啤酒消费大国［EB/OL］. 前瞻网. 2022-01-07.https://bg.qianzhan.com/report/detail/300/220107-e2545388.html.

与白酒、啤酒等其他饮料酒子品类相比，葡萄酒在中国市场由于无法出现在更多的消费场景，导致其长期以来的品类价值不能获得显著的提升。这对于葡萄酒品类来讲是一个非常大的挑战。那么，我们就应该重新审视一下葡萄酒品类的消费文化培育与引导问题。

（1）就饮料酒这种消费品来说，大众市场是整个产业的底座。大众市场的消费者可能仅仅认为葡萄酒就是一瓶含有酒精的饮料，且在注重质量安全的前提下更加关注口感、价格和饮用后酒精作用下的消费体验。那么，企业将向他们提供一种怎样的葡萄酒产品——是普通干酒还是甜型酒，是半甜酒还是半干酒，甚至是以葡萄酒为基酒的配制酒？产品处于什么价格带？具备规模化生产能力和较强市场推广能力的葡萄酒企业须在产品质量水准、具体的产品形式、包装设计、品牌口号和市场零售价格设置方面做出更多的大胆尝试。

（2）不是每一个葡萄酒企业都有能力在中高端市场站稳脚跟，但这确实是小批量、精品化葡萄酒庄的发展定位方向。精品酒庄不仅要在产品品质上出彩，也需要在品牌建设上做足文章，更要去培养更多的意见领袖进而影响到更多的消费群体。中高端市场比拼的是品牌对品质、价格的支撑能力，需要建立起品牌与市场沟通的一整套话语体系。

（3）在高、中、低端不同的目标市场培育出大单品群体，以点带面地带动葡萄酒的整体市场消费。俗话说"火车跑得快，全靠车头带"，市场消费氛围营造和品类价值的再次确立都需要更多类似于张裕解百纳这样年销量超过 3000 万瓶的市场大单品。这类大单品不仅能够为企业带来稳定的销售量，还能够代表整个葡萄酒行业的形象，也能为品类的市场销售烘托好的氛围。

（4）消费文化培育是一个说服和劝导的沟通过程，主要内容为行业/企业与市场对话的形式、内容和频率，目的在于激发互动、共鸣，最终引发购买行为。行业常见的品鉴/品饮宣讲固然重要，但须针对目标市场的消费特征加以调整。

消费文化培育不仅要注重形式，更要注重内容。其实，无论是进口葡萄酒还是国产葡萄酒，让人们找到"喝起来"的理由更重要。而不关注消费诉求究竟是什么，过度强调产品的工艺、质量，企业通过自说自话来培育消费文化显然也是"营销近视症"的一种表现。

2　中外竞争合作，共推品类成长

根据国际葡萄与葡萄酒组织（OIV）发布的数据，2020年全球葡萄酒产业整体运营状况如下：①全球葡萄酒生产量为2600万千升，消费量为2340万千升，国际贸易出口量为1060万千升；②意大利、法国和西班牙三个国家的葡萄酒年产量均超过400万千升，美国年产量超过200万千升，阿根廷、澳大利亚、南非和智力四个国家年产量达到100万千升（见表3-9）；③全球排名前五的葡萄酒出口国（意大利、西班牙、法国、智利和澳大利亚）的年度出口量分别为208万千升、202万千升、136万千升、85万千升、75万千升；④全球范围内，葡萄酒年人均消费量超过20升的国家有15个（见表3-10）。2014—2023年全球葡萄酒国别产量见表3-11。另据OIV发布的2023年全球葡萄酒消费量统计数据显示，中国消费者的年人均消费量已从2022年的0.63升下降至0.6升，远低于2016年的1.34升。

表3-9　2020年全球十大葡萄酒生产国和消费国（单位：万千升）

序号	生产国	年产量	序号	消费国	年消费量
1	意大利	491	1	美国	330
2	法国	466	2	法国	247
3	西班牙	407	3	意大利	245
4	美国	228	4	德国	198
5	阿根廷	100	5	英国	133
6	澳大利亚	100	6	中国	124
7	南非	100	7	俄罗斯	103
8	智利	100	8	西班牙	96
9	德国	84	9	阿根廷	94
10	中国	66	10	澳大利亚	57

数据来源：国际葡萄与葡萄酒组织（OIV）

表 3-10 2020 年全球葡萄酒主要消费国的年人均消费量（单位：升）

序号	国家	年人均消费量	序号	国家	年人均消费量
1	葡萄牙	51.9	12	西班牙	23.9
2	意大利	46.6	13	罗马尼亚	23.5
3	法国	46.0	14	车臣	23.2
4	瑞士	35.7	15	英国	22.2
5	奥地利	29.9	16	加拿大	13.9
6	澳大利亚	27.8	17	美国	12.2
7	阿根廷	27.6	18	俄罗斯	8.6
8	德国	27.5	19	南非	7.4
9	瑞典	27.0	20	日本	3.1
10	比利时	26.9	21	巴西	2.6
11	荷兰	24.2	22	中国	1.1

数据来源：国际葡萄与葡萄酒组织（OIV）

表 3-11 2014—2023 年全球主要葡萄酒生产国产量（单位：万千升）

年份	2014	2015	2016	2017	2018	2019	2020	2021	2022	2023
法国	465	470	452	366	491	422	467	376	460	480
意大利	442	500	509	425	548	475	491	502	498	383
西班牙	395	377	397	325	444	337	409	353	358	283
美国	231	217	237	233	239	256	228	241	224	243
澳大利亚	119	119	131	137	129	120	109	148	131	96
南非	115	112	105	108	95	97	104	108	103	93
阿根廷	152	134	94	118	145	130	108	125	115	88
智利	99	129	101	95	129	119	103	134	124	110
德国	92	88	90	75	98	82	84	84	89	88
罗马尼亚	37	36	33	43	52	38	38	45	38	46
俄罗斯	48	56	52	47	43	46	44	43	50	45
葡萄牙	62	70	60	67	53	65	64	74	68	75
新西兰	32	23	31	29	30	30	33	27	38	36
巴西	26	27	13	36	30	22	23	29	32	36
中国	116	115	114	108	93	78	66	59	47	32
匈牙利	24	26	25	25	34	24	26	24	25	24
奥地利	20	23	20	25	30	25	24	25	25	24
格鲁吉亚	12	15	12	13	20	21	21	19	19	19
摩尔多瓦	16	16	15	18	20	15	9	14	14	18
希腊	28	25	25	26	22	24	22	24	21	14
瑞士	9	9	11	8	11	10	8	6	10	10
全球总量	2710	2744	2670	2550	2923	2630	2600	2660	2580	2370

数据来源：根据国际葡萄与葡萄酒组织（OIV）、华夏酒报公开发布的数据综合整理

　　我们至少可以看到两大趋势。一是在中国葡萄酒市场，国际化竞争已是常态。国内消费者在产品、品牌方面具备了更为丰富的选择，国内外葡萄酒企业对市场的争夺也将更为激烈。谁获得了包括产业链成本控制、产品质量评判标准和品牌个性强度等指标在内的话语权，谁就能在中国市场赢得充分的定价权并取得更大的市场份额。二是中国市场的年人均葡萄酒消费量仍然处于较低水平，整个葡萄酒品类价值依然具有很大的提升空间。就这点来讲，国产葡萄酒与进口葡萄酒应齐发力，通过技术交流、文化交融、产品开发等多样化的合作方式，实现多元的品类消费文化培育与建设，并对中国市场逐步渗透，最终共同推动品类价值的增长和扩张。例如，专注于中国市场的西班牙原瓶进口葡萄酒"奥兰小红帽"（KnockKnock），自 2018 年创立以来一直围绕"一款入门级别的高性价比红酒""年轻人首选的葡萄酒入门产品""年轻人喝的红酒"的品牌定位，在品牌年轻化与 IP 化、社交媒体种草拔草、线下主题活动、跨界联名、传统电商平台、生鲜电商平台和直播带货等领域做得有声有色，充分运用互联网思维成了"潮酷网红品牌"。2021 年以来，"奥兰小红帽"的运营团队奥兰中国还与中信国安葡萄酒业公司合作推出深具国潮国风特色元素的"奥兰·葡萄姑娘干红"和"奥兰·蓬莱姑娘干红"两大国产葡萄酒系列，建发集团旗下的美酒汇继续为其供应链合作伙伴 ①②。

① 　奥兰·葡萄姑娘干红飘香［EB/OL］.（2021-11-23）［2024-09-08］. http://www.cnfoodnet.com/index.php?c=show&id=1465.

② 　奥兰·蓬莱姑娘惊艳亮相，加速国产葡萄酒发展进程［EB/OL］.（2022-01-25）［2024-09-08］. https://baijiahao.baidu.com/s?id=1722892592677906351&wfr=spider&for=pc.

第四部分

进口酒：勇敢者的游戏

　　所谓"洋货"，是属于时代的产物，因海外物品须经漂洋过海而进口到中国而得名。因此，进口酒俗称"洋酒"，与国产的烧酒、黄酒、米酒、药酒等"土酒"相区别。早在清末民初，除啤酒之外，葡萄酒、威士忌、白兰地、伏特加和朗姆酒等这类外国人惯常消费的酒类商品，无论进口还是国产，均被人们赋予了一个新的称呼——洋酒。当时，洋酒的售卖场所主要集中在西式饭店、舞厅、酒吧、饮冰室等，主要消费人群为在华外国侨民和国内商绅阶层。

　　自鸦片战争至清末，进口的洋酒很少，主要满足在华外国侨民的需求。1899 年，进口额才突破 100 万两[①]。1911 年之后，进口额上升，1912年为 325 万两，1928 年为 818 万两[②]。自 1843 年《海关税则》至 1928 年南京国民政府颁布《国定进口税则》，中国关税皆为协定关税，进口税率长期保持在"值百抽五"水平[③]。1929 年，南京国民政府开始实施关税自主政策，进口商品关税税率逐步提高[④]。根据 1929 年南京国民政府公布的《洋酒类税暂行章程》，在国内销售的洋酒（包括华人仿制及外国人制造的或进口的洋酒），从价征税 30%。酒类进口关税逐步提高到 1934 年的从价约 80%，之后基本稳定在这一水平。20 世纪 20 年代，是洋酒在近代国内市场最畅行的时期，而每年由上海一个口岸输入的洋酒，约占进口洋酒的 60% 以上，且酒种以威士忌、金酒和啤酒为主[⑤]。

　　如今，一提到洋酒，主要指的是从国外进口的烈性酒、蒸馏酒，而每一种洋酒，背后都代表着一种异域文化。目前，从总金额和总量方面来看，进口烈性酒和啤酒与国内同品类相比，其占据的份额依然很低，但进口葡萄酒在全国葡萄酒消费总量中占据着较大份额。全球化的交融与竞争，为国内消费者带来福利的同时，也给国产葡萄酒带来较大的挑战。

① 杨大全. 现代中国实业志 [M]. 商务印书馆民国二十七年版，第 755 页. 转引自：李志英. 近代中国传统酿酒业的发展 [J]. 近代史研究，1991（6）：143-155.
② 杨大全. 现代中国实业志 [M]. 商务印书馆民国二十七年版，757-758. 转引自：李志英. 近代中国传统酿酒业的发展 [J]. 近代史研究，1991（6）：143-155.
③ 杨敬敏. 1928—1936 年南京国民政府进口关税政策保护性与成效再研究 [J]. 上海经济研究，2017（12）：103-115，124.
④ 刘愿，陈子聪. 通商开埠、条约联系与中国近代贸易 [J]. 经济科学，2024（2）：217-236.
⑤ 郭旭. 中国近代酒业发展与社会文化变迁研究 [D]. 无锡：江南大学，2015.

1978 年，中国粮油食品进出口总公司与美国施格兰公司签署产品寄售协议，首次将进口酒引入中国的流通市场。但进口酒的关税长期处于较高水平（见表 4-1、表 4-2），以至于消费群体并不广泛。而且，一直到 20 世纪 90 年代初，进口酒在经营资质、销售网点等市场准入方面都受到严格管制，主要表现为：①进口酒寄售业务，由中粮总公司独家经营；②旅游饭店、宾馆、友谊商店等进口酒零售网点须有寄售经营权，且须从中粮总公司及其委托的有寄售批发经营权的单位进货[1]；③外商投资的宾馆、饭店、餐饮业为营业自用的进口酒，可凭进口许可证自行进口，但不得在其附设的商品部开展出售、批发业务[2]；④除已批准寄售进口和已实行进口许可证管理的两种情况之外，不再新批进口酒业务；⑤进口酒不准流入国内市场，且严禁个体、私营企业经营[3]。进口酒零售网点仅限于少量特定的涉外场所或部门，主要销售对象为来华或驻华的外国人、华侨、港澳台同胞以及国内涉外工作人员等（见表 4-3）。另外，为了换取外汇，当时在这类销售点购买进口酒等商品须用外币或经外币兑换的外汇券、侨汇券来完成支付。

表 4-1　1951—1978 年酒类商品进口税率

号列	货名	进口税率	
		最低	普通
103	黄酒、白酒、烧酒	200%	400%
104	啤酒	200%	400%
105	红白葡萄汁酒、葡萄酒、甜葡萄酒	200%	400%
106	香槟及他种汽酒	200%	400%
107	伏特加酒	200%	400%

① 国家工商行政管理局. 关于对寄售经营进口外国酒、啤酒、饮料加强管理有关问题的通知（工商市字〔1991〕第 305 号）〔Z〕. 1991-09-02.
② 海关总署. 关于外商投资的宾馆、饭店、餐饮业进口自用洋酒问题的批复（署监〔1991〕1122 号）〔Z〕. 1991-08-12.
③ 国务院办公厅. 关于寄售进口洋酒、啤酒、饮料有关问题的复函（国办函〔1991〕22 号）〔Z〕. 1991-05-08.

续表

号列	货名	进口税率	
		最低	普通
108	白兰地酒、威士忌酒	200%	400%
109	甜酒	200%	400%
110	药酒	200%	400%
111	未列名酒	200%	400%

表 4-2　1988—1989 年酒类商品进口税率

税则号列	货品名称	进口税率	
		最低	普通
22·03	麦芽酿造的啤酒	120%	150%
22·04	葡萄汁，在发酵中的或非用酒精抑制发酵的	70%	90%
22·05	鲜葡萄酒：加酒精抑制发酵的葡萄汁	150%	180%
22·06	苦艾酒（味美思酒）及其他加香的葡萄酒	150%	180%
22·07	其他发酵饮料（如苹果酒、梨酒、蜂蜜酒）	150%	180%
22·09	蒸馏酒、甜酒及其他酒精饮料	150%	180%

表 4-3　20 世纪 90 年代之前专供特定涉外人群的进口酒零售网点[1][2]

经营单位	服务对象	商店（场）名称
中国免税品公司等单位	离境旅客、外国驻华机构常驻人员、外商投资企业外方人员	友谊商店、华侨商店、免税商场、外轮供应公司、国际友人服务部、出国人员服务中心、海关调剂品商店、台胞购物公司，以及涉外定点宾馆、饭店、餐馆附设的商品部和经批准可收取外汇券或侨汇券出售旅游商品的商店
中国出国人员服务公司等单位	因公出国人员、劳务人员、进出境运输工具服务人员	
中国华侨旅游侨汇服务总公司	因私出国人员、来华探亲的台湾同胞、华侨、外籍华人	
各经济特区试办	港澳台同胞、华侨、外国人和境外员工	

　　1992 年之后，随着改革开放的逐渐深入，营商环境得以改善、优化，消费升级逐轮展开，进口葡萄酒的市场主体及其分销模式也紧跟时代步伐在创新中持续演进。

---

[1] 国务院. 关于设立外币免税商店（场）有关问题的通知（国办发〔1993〕21 号）〔Z〕. 1993-03-27.

[2] 国家物价局. 友谊商店商品价格管理试行办法（〔91〕商财价联字第 364 号）〔Z〕. 1991-12-20.

探索期：深化改革开放为渠道建设赢先机

1992 年，党的十四大明确提出，中国经济体制的改革目标是建立社会主义市场经济体制。此后，对外开放的广度、深度以及整体性、系统性都得到加强[1]。东南沿海的外向型经济发展迅速与多种所有制经济成分共同繁荣，激发国内城镇、农村经济释放出新的活力，频繁的人口流动、教育水平的提高和上升的购买力水平为住房、交通、餐饮等消费提供了充足的动力，整个国内社会迎来了新一轮的消费升级。于 1995 年推行的"5 天工作制"和 1999 年执行的"黄金周"，更是为国内消费活力的释放提供了新的通道。在葡萄酒消费领域，继 1992 年开始出现干白消费热之后，1995 年年末至 1996 年年初深圳、广州掀起干红消费热潮，并逐渐由南往北向全国蔓延[2]，国产酒和进口酒迎来了改革开放之后的首轮增长期。

1 贸易壁垒处在较高水平

1.1 进口关税经历数轮减让

中国于 1986 年正式提出申请"复关"，并在 1992 年以结束对中国的贸易制度审查为转机，让谈判进入了实质性阶段。1992—1997 年，中国先后完成了 4 轮的进口关税大幅度减让[3]。其间，葡萄酒进口关税也进入了下降通道，如表 4-4 所示。2001 年之前，瓶装、散装葡萄酒的进口关税相同。1998 年，这两种商品的进口关税先后从 1992 年的 150%、1995 年的 80% 降低到 65%。再加上进口环节须缴

① 王跃生，边恩民，张羽飞. 中国经济对外开放的三次浪潮及其演进逻辑［J］. 改革，2021，327（5）：76–87.
② 杨兰举. 中国葡萄酒业：花开花落知多少［J］. 经济论坛，1999（4）：23.
③ 张国梅，宗义湘. 中国对其他金砖国家农产品出口贸易的影响因素分析［J］. 统计与决策，2019，35（7）：149–153.

纳的增值税和消费税，瓶装、散装葡萄酒 1997 年和 2000 年的进口综合税率分别为 114.5%、134%。

表 4-4　1992—2000 年酒类商品进口税率

税则号列	货品名称	1992—1994 年 进口税率（%）		1995 年 进口税率（%）		1996—1997 年 进口税率（%）		1998—2000 年 进口税率（%）	
		优惠	普通	优惠	普通	优惠	普通	优惠	普通
2203.0000	麦芽酿造的啤酒	120	150	#80	150	70	150	*	*
22.04	鲜葡萄酿造的酒，包括加酒精的：税号 20.09 以外的酿酒葡萄汁								
2204.1000	——汽酒；其他酒：加酒精抑制发酵的其他酿酒葡萄汁	150	180	#80	180	70	180	65	180
2204.2100	——装入 2 升及以下容器的	150	180	#80	180	70	180	65	180
2204.2900	——其他	150	180	#80	180	70	180	65	180
2204.3000	——其他酿酒葡萄汁	70	90	70	90	60	90	60	90
22.05	味美思及其他加植物或香料的用鲜葡萄酿造的酒								
2205.1000	——装入 2 升及以下容器的	150	180	#80	180	70	180	65	180
2205.9000	——其他	150	180	#80	180	70	180	65	180
2206.0000	其他发酵饮料（如苹果酒、梨酒、蜂蜜酒）	150	180	#80	180	70	180	65	180
22.08	蒸馏酒、利口酒及其他酒精饮料								
2208.2000	——蒸馏葡萄酒制得的烈性酒	150	180	#80	180	70	180	65	180
2208.3000	——威士忌酒	150	180	#80	180	70	180	65	180
2208.4000	——朗姆酒及其他甘蔗蒸馏酒	150	180	#80	180	70	180	65	180
2208.5000	——杜松子酒	150	180	#80	180	70	180	65	180
2208.9000	——其他	150	180	#80	180	70	180	65	180

注：①表 4-4 中，带 # 号税率从 1995 年 3 月 1 日起执行，3 月 1 日前按 1994 年税率执行。作为中国自主降税进程的一个步骤，根据国务院关税税则委员会发出的通知，调整烟、酒进口关税税率，将原先税则中进口优惠税率高于 80% 的烟、酒进口税率降为 80%，该规定于 1995 年 3 月 1 日起执行。
②有 * 的进口商品实行从量关税。
③根据 1996 年中国对美贸易反报复清单细则：2204、2205、2206、2208 税目项下的所有酒类进口商品征收 100% 的特别关税

1.2　进口许可证、配额管制放松

1987 年，海关总署正式将烟、酒列入"限制进境物品"清单[①]，此后葡萄酒的进口业务进入进口许可证和进口配额制双重管理时期。1992

---

① 海关总署. 关于发布禁止、限制进出境物品表的公告［Z］. 1987-11-01.

年，瓶装、散装葡萄酒的进口量分别为 109 千升、30 千升。20 世纪 90 年代中期之后，葡萄酒商品进口管制开始放松。1995 年，取消对进口瓶装酒的进口配额、进口许可证管理。1996 年，取消对进口散装酒的进口配额管理。2002 年，取消对进口散装酒的进口许可证管理。

2 对外贸易权与国内分销权管制放松

2.1 对外贸易权向各市场主体下放

改革开放之前，我国的对外贸易完全由各大国营贸易公司垄断经营。20 世纪八九十年代，外贸经营权被先后下放给外贸系统内的企业和部分国有生产企业、外商投资生产企业、私营生产企业。烟台张裕公司、河南民权葡萄酒厂、山西汾酒公司、贵州茅台公司均是首批获得自营进出口权的企业。与专业的流通型国营外贸企业不同的是，生产型的外资企业、国有企业和私人企业所获得的对外贸易权仅限用于各自生产所需原料、设备等的进口和自产商品的出口。

1990 年，上海外高桥保税区首次允许外资企业在区内注册贸易型公司①，但不具有对外贸易权。1997 年，上海浦东新区和深圳特区正式设立全国首批中外合资外贸公司，须由具有外贸经营权的中方公司控股②。贸易型外资企业的对外贸易权得以间接松绑。1997 年，西班牙桃乐丝家族在上海外高桥保税区成立上海桃乐丝葡萄酒贸易有限公司（简称"桃乐丝中国公司"），除销售本公司产品外，还代理美国、智利等其他国家的进口葡萄酒③。

2.2 国内分销权向民资、外资开发

以 1982 年国家在流通领域提出的"三多一少"（多种经济成分、多条流通渠道、多种购销形式、少流转环节）改革目标为标志，原先由国营糖酒副食公司和供销合作社垄断的三级批发酒类流通体系被打

---

① 上海市人民政府. 上海市外高桥保税区管理办法［Z］. 1990–09–10.
② 对外贸易经济合作部. 关于设立中外合资对外贸易公司试点暂行办法［Z］. 1996–09–30.
③ 田怡琴，李攀. 桃乐丝：新老世界的辩证法［J］. 21 世纪商业评论, 2005（12）: 116–117.

破，之后跨区域异地采购、越级向生产企业直接进货成酒类流通新形式，集体、民营、个体酒类流通商也开始涌现并快速成长。直至 1988 年国家放开 13 种名白酒价格，标志着国内统购统销的酒类流通政策基本宣告结束，这成了酒类企业进行全国性分销渠道网络建设的前奏，市场上也开始出现名烟名酒店。但当时的国内分销权并未对外资开放。1992—1999 年，中国流通领域的对外资开放经历了从零售业务逐渐转向批发业务的过程（见表 4-5），合资零售企业获得进出口经营权的同时也进入国内流通领域。之前在特定场所使用的准货币侨汇券、外汇券先后于 1992 年、1995 年停止在市面流通。原先只对外宾、华侨开放的友谊商店等涉外餐饮、零售场所逐渐向国人开放，但进口酒的批发业务仍受制约。例如，1994 年广东省的进口酒批发业务仅限涉外经营机构和县级以上国营糖烟酒公司 ①。1997 年，国家正式明确允许进口酒进入国内市场的批发、零售领域 ②。之后，进口酒被分销至更多一线城市的高端餐饮和合资商超等终端，但总体规模尚小。

表 4-5　1992—1999 年中国流通领域对外开放时间表 ③④⑤

年份	对外资的开放政策
1992	允许在 6 个城市（北京、上海、天津、广州、大连、青岛）和 5 个经济特区（深圳、珠海、汕头、厦门、海南岛），试办合资商业零售企业。享有自营商品的进出口经营权，但不得从事商业批发、代理进出口业务。之后，北京燕莎友谊商城、北京赛特购物中心、上海第一八佰伴有限公司等成立
1995	允许在北京或上海开办由中方控股的中外合资连锁商业企业。之后，家乐福、麦德龙、沃尔玛、大润发、欧尚等进入中国
1999	合资商业零售企业开放试点范围限定在省会城市、自治区首府、直辖市、计划单列市和经济特区，且允许有条件地从事商业批发业务

① 广东进口酒市场管理有新规定 [J]. 酿酒科技，1994（6）：84.
② 国家经济贸易委员会，国家工商行政管理局，海关总署，等. 进口酒类国内市场管理办法 [Z]. 1997-09-09.
③ 国务院. 关于商业零售领域利用外资问题的批复 [Z]. 1992-07-14.
④ 商业部. 关于对外试办外商投资商业零售企业中外合营者进行资格审查的通知 [Z]. 1992-09-15.
⑤ 国家经济贸易委员会，对外贸易经济合作部.《外商投资商业企业试点办法》[Z]. 1999-06-25.

3 外商投资企业成市场分销的探路者

3.1 生产型外商企业投资葡萄酒领域

1992 年之后，利用外资的主要方式从先前的对外借款转向外商直接投资①，外国葡萄酒生产企业开始在国内设立合资企业。与当时其他行业的"三来一补"外向型生产加工模式不同的是，部分的葡萄酒合资生产企业通过进口原酒在国内灌装，然后在中国市场销售产品。例如：法国人头马公司于 1992 年在上海创建合资公司并销售"皇轩"葡萄酒；1997 年西班牙桃乐丝集团与长城酿造集团成立合资公司，销售"桃乐丝斗牛士"系列葡萄酒；2000 年法国卡思黛乐公司控股成立廊坊红城堡酿酒有限公司；等等。此外，法国人头马公司早于 1980 年在天津合资成立中法合营王朝葡萄酿酒公司；1987 年法国保乐力加合资成立北京龙徽酿酒公司；1999 年，施华洛世奇家族在河北昌黎创立朗格斯酒庄。这三家外国投资商属于采用中国本土原料酿造葡萄酒的早期代表。

3.2 进口散装酒经国内灌装进入市场

面对国内葡萄酒消费热潮，从 1996 年年底开始，原有的葡萄酒企业开始改建、扩建和新建产能，部分白酒企业通过收购、联营或合资方式进入葡萄酒领域②，而无酿酒葡萄原料的粤闽浙一带的企业则通过兴建大量小型灌装厂来灌装散装进口酒③。此外，市场消费热潮引发国内酿酒葡萄原料不足，大量散装进口酒在 1996 年之后涌入。国内厂商直接装瓶或通过与国内原酒按比例调配，然后以国产酒或进口酒形式向国内市场销售。1995—2000 年，中国葡萄酒市场瓶装酒和散装

---

① 刘建丽. 新中国利用外资 70 年：历程、效应与主要经验［J］. 管理世界，2019，35（11）：19–37.
② 唐人. 红酒，"虚火"正旺［J］. 中国市场，1997（12）：50–51.
③ 高锋. 走向世界宜早谋——思辨葡萄酒业面临的几个转变，呼唤葡萄酒革命［J］. 中国酒. 2000（1）：20–23.

酒累计进口量分别为 2.43 万千升、13.76 万千升，散装酒占到进口总量的 85%（见图 4-1）。1998 年，进口散装葡萄酒的数量超过 4 万千升，为 1995 年的 159 倍，而这一数据在 1992 年时才仅仅为 30 千升。

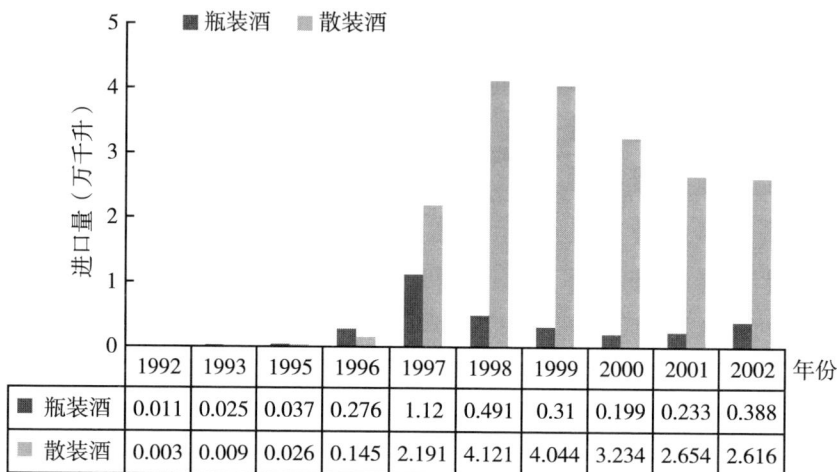

年份	1992	1993	1995	1996	1997	1998	1999	2000	2001	2002
■ 瓶装酒	0.011	0.025	0.037	0.276	1.12	0.491	0.31	0.199	0.233	0.388
▨ 散装酒	0.003	0.009	0.026	0.145	2.191	4.121	4.044	3.234	2.654	2.616

图 4-1　1992—2002 年中国市场的进口葡萄酒数量 [①]
数据来源：根据海关总署、国家统计局公开发布的数据整理

3.3　贸易型外资企业为市场分销先锋

在贸易壁垒逐渐降低与干酒消费热潮的共同推动下，一批专注于运营瓶装进口葡萄酒的贸易型外资企业先后在国内北上广等一线城市创建。1993—1999 年，名特酒业（Montrose Fine Wines）、圣皮尔精品酒业（ASC）、富隆酒业（Aussino）、桃乐丝中国公司（Torres China）、骏德酒业（Jointek）和美夏国际酒业（Summergate）等先后成立。2001 年，法国保乐力加和英国帝亚吉欧均在上海成立洋酒贸易公司。它们成为进口葡萄酒开拓中国市场的先行者。但由于消费人群少、价格高、销量低，贸易型外资企业的瓶装进口葡萄酒业务开展状况并不乐观。例如，圣皮尔精品酒业虽在成立首年的销售量

[①]　缺失 1994 年相关数据，特此说明。

达 2.5 万瓶，但还是先后两次从施华洛世奇家族获得投资以缓解经营压力，对方占股也从先前的 49% 提高到 2001 年的 63%[①]。

4　小结

1992—2002 年，国有、外资、民营等市场主体先后进入连锁商超、大卖场、专卖店、特许经营等领域，再加上大量全国性、区域性的综合类或专业类批发市场的涌现，全国性的酒类批发、零售网络已然成形。同时，全国范围内工业化与城镇化的启动使得各地流动人口增加且社交活动增多，除之前的涉外酒店餐厅、国有宾馆食堂之外，社会餐饮进入快速发展期。且 20 世纪 90 年代中后期酒吧、KTV、夜总会等夜场消费场所兴起，并成为酒类商品的独立流通渠道。酒类商品的分销进入"渠道建设，终端为王"时代。国内市场也涌现出一批具有深刻市场认知和丰富渠道操作经验的国有、民营酒类流通大商。

其间，贸易型外资公司成为瓶装进口葡萄酒在中国市场的主力分销商。受当时政策开放进程和国内消费水平等因素影响，进口酒与国产酒在价格、渠道层面形成了错位竞争，主要表现为：①通常设立在保税区，须与区内具有进出口权的某外贸企业同时签订进口代理协议、国内贸易合同以绕开没有对外贸易权和国内分销权的政策障碍；②产品销售区域以直辖市、省会城市、自治区首府、计划单列市和经济特区为主；③销售渠道以星级宾馆酒店、高端餐厅为主，也进入了部分面向中高端客户的零售终端；④目标顾客主要为来华或驻华的外国人、华侨和部分具有高消费能力的国内人群等小众人群。而且，由于业务基数小，贸易型外资公司在渠道建设上未能获得国外生产企业的支持。1997—1999 年进口葡萄酒因受欧洲疯牛病影响而遭到渠道和消费者质疑，其间进口量还出现过下滑现象。而在这一时期，国产葡萄酒凭借较短的产品供货周期、较好的渠道

---

① 岳淼，杨冰新. 环球企业家：中国红酒潮 [EB/OL].（2011-04-08）[2024-09-08]. http://finance.sina.com.cn/leadership/jygl/20110408/16559659464.shtml.

客情关系而拥有了快速市场反应能力，获得了不断崛起的国内民营流通大商和传统的国有糖酒副食公司的渠道资源支持，从而初步搭建起了餐饮、零售、团购等在内的全国性分销渠道网络。

扩张期：消费升级促动全国分销网络建设

2001 年，中国以第 143 个成员国的身份正式加入世界贸易组织，对外开放从之前的政策型、区域性、局部性开放进入规则型、全方位开放阶段[①]。2002—2011 年，被称为中国经济"黄金十年"。其间，住房、旅游、餐饮、教育、服装、汽车等领域出现了明显的消费升级。在城镇化与工业化加速发展的背景下，国内餐饮市场迅速扩张。例如，全国餐饮零售额 2006 年首次突破 1 万亿元，2011 年又突破 2 万亿元[②]，且经济强劲增长推动高端餐饮消费需求呈现旺盛局面，由此也带来各类酒种终端价格的普遍性持续上涨。2002 年，张裕卡斯特酒庄正式开业，标志着国内葡萄酒市场出现明显的中高端化趋势。在酒类消费市场，价格空间被充分打开，进口葡萄酒也在这一浪潮中进入了新一轮快速发展期。

1 进口关税壁垒逐步降低

1.1 中国进口关税再减让

2001—2004 年，瓶装、散装葡萄酒商品的进口关税再次经历减让，但减让幅度开始分化（见表 4-6）。自 2005 年 1 月 1 日起，瓶装酒和散装酒的进口关税分别降至 14% 和 20%。2006 年进口葡萄酒

---

① 杨丽花，王跃生. 建设更高水平开放型经济新体制的时代需求与取向观察 [J].
改革，2020（3）：140–149.

② 于干千，赵京桥. 改革开放四十年来中国餐饮业发展历程、成就与战略思考
[J]. 商业经济研究，2020，798（11）：5–8.

国内市场应缴消费税可用进口环节已纳的消费税抵减[①]。这些政策的落地极大地降低了进口葡萄酒的成本，也推动着进口葡萄酒尤其是瓶装酒在中国市场持续快速增长。2005 年进口瓶装酒数量首次突破 1 万千升。2009 年，瓶装葡萄酒进口量以微弱优势首次超越散装原酒，两者的进口数量分别为 9.10 万千升、8.02 万千升。之后，进口瓶装葡萄酒的数量呈现出了快速增长态势。

表 4-6　2001—2004 年酒类商品进口税率

税则号列	货品名称	2001 年进口税率（%）		2002 年进口税率（%）		2003 年进口税率（%）		2004 年进口税率（%）	
		最惠国	普通	最惠国	普通	最惠国	普通	最惠国	普通
2203.0000	麦芽酿造的啤酒	*	*	*	*				
22.04	鲜葡萄酿造的酒，包括加酒精的：税号 20.09 以外的酿酒葡萄汁								
2204.1000	——汽酒；其他酒：加酒精抑制发酵的其他酿酒葡萄汁	55	180	34.4	180	24.2	180	14	180
2204.2100	——装入 2 升及以下容器的	65	180	34.4	180	24.2	180	14	180
2204.2900	——其他	65	180	38	180	29	180	20	180
2204.3000	——其他酿酒葡萄汁	55	90	45	90	40	90	35	90
22.05	味美思酒及其他加植物或香料的用鲜葡萄酿造的酒								
2205.1000	——装入 2 升及以下容器的	65	180	65	180	65	180	65	180
2205.9000	——其他	65	180	65	180	65	180	65	180
2206.0000	其他发酵饮料（例如，苹果酒、梨酒、蜂蜜酒）	63	180	58.2	180	55.9	180	53.6	180
22.08	蒸馏酒、利口酒及其他酒精饮料								
2208.2000	——蒸馏葡萄酒制得的烈性酒	56	180	37.5	180	28.3	180	19.2	180
2208.3000	——威士忌酒	56	180	37.5	180	28.3	180	19.2	180
2208.4000	——朗姆酒及其他甘蔗蒸馏酒	56	180	32	180	21	180	10	180
2208.5000	——杜松子酒	56	180	37.5	180	28.3	180	19.2	180
2208.6000	——伏特加酒	56	180	37.5	180	28.3	180	19.2	180
2208.7000	——利口酒及柯迪尔酒	56	180	37.5	180	28.3	180	19.2	180

注：有 * 的进口商品实行从量关税

① 国家税务总局. 葡萄酒消费税管理办法（试行）［Z］. 2006-05-14.

1.2 香港地区进口关税降为零

香港地区的葡萄酒进口关税继 2007 年从 80% 降至 40% 之后，又于 2008 年被全面取消，这为中国内地市场带来了两方面的影响：一方面是先前在语言、商旅、贸易磋商等方面存在的障碍得以消除，众多中国内地地区贸易商借机入市；另一方面是经由香港转口到内地的进口瓶装葡萄酒须按 48.2% 的综合税率来缴税，因此还出现了人员夹带、客车偷运、与其他货物混装夹带等灰色转运渠道。这也催生了 2008—2012 年内地酒商涌入香港采购海外名庄酒的现象：其间香港葡萄酒进口量从 3 万千升增至 5 万千升，而经香港转口的葡萄酒也从 0.6 万千升增至 1.8 万千升[1]。同时，富隆酒业等内地大型流通商、贸易商在香港设立贸易公司，作为进口酒进入国内市场的前置仓库。

2 外资分销权和内资外贸权全面开放

2.1 外资企业国内分销权获"国民待遇"

向外资企业开放对外贸易权与国内分销权是中国履行入世承诺的一项重要内容。2003 年，通过在上海外高桥、天津港、深圳和厦门象屿等 4 个保税区开展试点[2]，长期以来保税区内的外资贸易型企业没有进出口经营权的制约因素得以消除。2004 年，从事批发、零售的外商投资商业企业不再受地域限制，且允许独资[3]。2005 年，保税区、保税物流园区内的企业和个人可依法取得对外贸易权和国内分销权[4]。

---

① 梁今，卢哲. 综述：外引内销，香港葡萄酒贸易成倍扩张 [EB/OL].（2013–10–31）[2024–09–08]. http://www.chinanews.com.cn/ga/2013/10–31/5449559.shtml.

② 商务部，海关总署. 关于在上海外高桥等四个保税区开展赋予区内企业进出口经营权试点工作的通知 [Z]. 2003–04–29.

③ 商务部. 外商投资商业领域管理办法 [Z]. 2004–04–16.

④ 商务部，海关总署. 关于保税区及保税物流园区贸易管理有关问题的通知 [Z]. 2005–07–13.

2.2 内资、外资企业"零门槛"获外贸权

根据修订后的《对外贸易法》，自 2004 年 7 月 1 日起，外贸经营权全面放开，由先前的审批制改为备案登记制，包括个体工商户、外商投资企业、外国企业均可申请外贸权且不再设定资格条件[①]，并且自 2004 年 12 月 11 日起，允许设立外商独资贸易公司[②]。

至此，内资、外资企业获得了近乎"零门槛"的对外贸易权，外资企业在国内分销权领域享受到了"国民待遇"。再加上葡萄酒进口关税的降低，这些因素共同促成了进口葡萄酒在 2005 年之后进入迅猛发展时期。2005—2012 年，瓶装酒进口量增长超 26 倍，散装酒进口量增长近 3 倍（见图 4-2）。

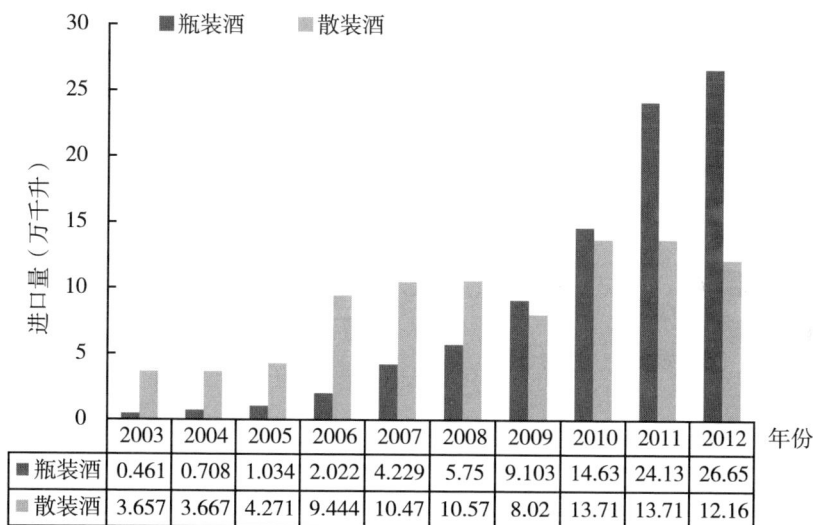

年份	2003	2004	2005	2006	2007	2008	2009	2010	2011	2012
瓶装酒	0.461	0.708	1.034	2.022	4.229	5.75	9.103	14.63	24.13	26.65
散装酒	3.657	3.667	4.271	9.444	10.47	10.57	8.02	13.71	13.71	12.16

图 4-2 2003—2012 年中国市场的进口葡萄酒数量
数据来源：根据海关总署、国家统计局公开发布的数据整理

---

① 第十届全国人民代表大会常务委员会第八次会议修订. 对外贸易法［Z］. 2004-04-06.

② 商务部. 外商投资商业领域管理办法（商务部令 2004 年第 8 号）［Z］. 2004-04-16.

3 各类渠道商推动产品向全国市场分销

3.1 国内酒类流通大商进入分销领域

瓶装酒进口量之所以在 2009 年超越散装酒，很大程度上得益于国内酒类大商在 2005 年之后加速进入该领域。2005 年，南浦食品成为加州乐事的中国总代理，龙程酒业成为西班牙"金蝴蝶"的全国总经销。2006—2008 年，法国卡思黛乐公司与上海建发酒业、广州卡聂高、北京东海鑫业、深圳南宇、江苏元丰和天津裕隆等共同组建十大分销商联盟，并达成分品牌、分品种全国独家代理协议。之后，浙江商源、福建吉马、广东粤强、河南银基等也陆续入市。国内酒类流通大商的典型渠道运营思路为：采用全国化、品牌化运营模式，通过健全的经销商体系将产品分销到全国各地的餐饮、零售网点，并将成熟的啤酒、白酒终端操作思路复制到了进口酒领域。

3.2 国内葡萄酒生产企业代理进口酒

国内葡萄酒生产企业也改变了之前"中外有别"的竞争策略，开始涉足进口酒业务。2002 年，北京龙徽公司成为澳大利亚哈迪公司全系产品的中国市场总经销。2006 年，张裕成立专注于进口葡萄酒业务的先锋酒业公司。2009 年，王朝酒业与法国吉赛福酒业（GCF）签署了独家销售协议。2010—2011 年，旗下拥有国产酒品牌"长城"的中粮集团收购了两家海外酒庄。传统葡萄酒生产企业利用原有渠道分销进口酒，并与圣皮尔精品酒业等贸易型外资企业和国内流通大商一同成了进口酒的主要运营商。2012 年，圣皮尔精品酒业的销售收入达 14.5 亿元。

3.3 保税区进口酒供应链型交易平台

2008—2011 年，珠海、上海、厦门、广州、宁波等沿海港口城市的保税区内先后成立国际酒类交易中心，其目标是在国外生产商与国内渠道商之间搭建起专业的进口葡萄酒交易服务平台。其间，深圳怡亚通、厦门优传、深圳腾邦物流、宁波云海方舟等入驻保税区，并发展为供应链管理模式。这种新兴力量呈快速扩张态势。例如，宁波保税区内的葡萄酒进口企业从 2008 年的 3 家急速增长到 2012 年的 220 家[①]；建发酒业等部分酒类大商也采用此模式进而实现转型。它们为进口酒分销渠道的全国化扩张起到较强的助推作用。

3.4　连锁专卖、电商成新型零售终端

美夏、富隆等贸易型外资分销企业在建设传统经销、批发渠道的同时，也重视起了连锁、直营渠道。富隆于 2006 年首次涉足专卖店领域，并在 2010 年形成了酒膳（酒水 + 餐饮）、酒窖（会所 + 堂饮）、酒屋（专卖店）、酒坊（终端专柜）4 种线下连锁、零售模式（经营业绩见表 4–7），同时也进入了第三方电商平台。桃乐丝、美夏、南浦、中粮、建发均于 2009 年试水葡萄酒专卖店，布局直营业务。此外，以白酒为主营业务的华致酒行、名品世家、壹玖壹玖等专业酒类连锁机构快速崛起并引入进口葡萄酒，将其作为产品组合的有益补充。

表 4-7　2009—2011 年部分代表性国内特许酒类连锁

分销企业	年度	总店（家）	加盟店（家）	销售收入（万元）
名品世家	2009	350	250	9600
	2010	607	541	40120
	2011	653	581	53515
富隆酒业	2010	224	185	47273
	2011	275	226	51781
名庄传奇	2009	52	47	9500
	2011	85	79	15690

数据来源：中国连锁经营协会，2009—2011 年中国特许连锁 120 强榜单

2003 年之后，在以淘宝、京东等为代表的电商平台促动下，国

---

① 万鲁宁. 宁波保税区进口葡萄酒市场"境内关外"优势凸显——从永裕酒业写起［J］. 宁波通讯，2012，349（21）：26-27.

内的电商生态逐渐成熟：便利的电子支付手段、完善的快递物流网络、消费者养成线上购物习惯、退换货制度的形成等。2008—2011年，也买酒、酒美网、网酒网、品尚汇、红酒世界网、酒仙网等酒类垂直电商先后成立，并与传统进口酒运营商一同入驻淘宝、天猫、京东等第三方电商平台，进口葡萄酒全国性 B2C 电商渠道网络初现格局。

4 小结

2002—2012 年，进口酒在充分巩固国内一线城市渠道建设成果的同时，又稳步进入了二线和部分发达的三线市场。尤其在 2005—2008 年，建发酒业等大量国内流通大商涌入以寻求新的利润增长点，渠道形成合力促使进口酒的全国性餐饮、零售分销网络初步成型。而且，2008—2010 年的 4 万亿元基建投资拉动内需的同时也间接为国内高端酒类消费需求提供了较强支撑，如建发酒业在 2011 年的营收达 10 亿元。在以政商攻关型公务消费、民间社交型消费为主要形式的中高端餐饮、礼品赠送、团购的支撑下，酒类产品终端价格高企，进口酒与国产酒共享市场增长红利且竞争集中于中高端市场。进口酒渠道商也因此在消费者品鉴、新品上市路演、团购市场开发等方面得到了国外生产企业的广泛支持。法国保乐力加公司从北京龙徽退出股权，法国卡思黛乐公司与张裕"分手"，加码进口瓶装酒运营业务。此外，2008 年青岛龙海贸易公司收购法国拉图拉甘酒庄标志着国内资本的海外收购开始呈星火燎原之势。

这一时期，还有两个现象值得关注。一是由于坚定看好高端葡萄酒的未来走势，建发酒业等国内大商除了在流通市场运营进口酒，还深度涉足了波尔多期酒交易。在中国买家的强劲推动下，法国名庄酒期酒交易价格及其国内市场终端价格持续上扬，从 2009 年到 2012 年初各级名庄酒、精品酒具备了典型的资产证券化特征。这不仅促使进口商有了囤积货物的需求，也吸引了行业外的热钱涌进市场。二是除了从香港地区通过私人夹带、偷运等走私行为，部分国内的进口酒贸易商还与境外公司合谋或在境外、中国香港成立专门公司，通过低报清关价格来偷逃关税。例如，2008 年下半年，全国 17 个关区开展的进口葡萄酒打击走私专项行动中，案值 1.7 亿元，涉税额 4678 万元[①]。部分进口酒大商还因此遭到海关部门调查并受到处罚。

调整期：市场持续调整引发分销模式变革

　　无论是对于国产葡萄酒还是进口葡萄酒而言，2012 年都是一个分水岭。以 2012 年党的十八大"三公消费"严格限制高档酒为导火索，占据 80% 以上份额的餐饮和团购等高端公务消费市场大幅萎缩，行业进入深度调整期。同时，全球金融危机余波蔓延致使消费不振，国内人口结构、供需矛盾、国际贸易关系等出现显著变化，市场消费随之转向多元。2013—2022 年国产葡萄酒经历连续 10 年下滑，跌至 2000 年的水平。海外名庄酒国内市场价格于 2012 年暴跌，2016 年之后缓慢回升。瓶装葡萄酒进口量在 2017 年达到创纪录的 55 万千升，经连续 5 年下滑至 2022 年的 22 万千升，已与 2011 年持平。

1　自贸协定实施与双反调查

1.1　自贸协定实施利好部分出口国

　　2012—2019 年，按中国与相关国家签订的双边自贸协定，原产于新西兰、智利、格鲁吉亚和澳大利亚的葡萄酒进口关税先后降为零，其瓶装酒、散装酒进口综合税率从先前的 48.2%、56% 统一降低到 30%。按照自贸协定，中国自澳大利亚进口的酒类商品关税减让进程，如表 4-8 所示。另外，2018—2019 年按政府增值税改革

---

① 蔡岩红. 进口葡萄酒遭遇"关税门"［J］. 酒世界，2009，50（2）：20-22.

表4-8 中国关于澳大利亚原产酒类货物的关税减让时间表

编码	描述	2014年	2015年	2016年	2017年	2018年	2019年	结束日期
22030000	麦芽酿造的啤酒	0.0	0.0	0.0	0.0	0.0	0.0	2015年
22041000	葡萄汽酒	14.0	11.2	8.4	5.6	2.8	0.0	2019年
22042100	小包装的鲜葡萄酿造的酒	14.0	11.2	8.4	5.6	2.8	0.0	2019年
22042900	其他包装的鲜葡萄酿造的酒	20.0	16.0	12.0	8.0	4.0	0.0	2019年
22043000	其他酿酒葡萄汁	30.0	24.0	18.0	12.0	6.0	0.0	2019年
22051000	小包装的味美思酒及类似酒	65.0	52.0	39.0	26.0	13.0	0.0	2019年
22059000	其他包装的味美思酒及类似酒	65.0	52.0	39.0	26.0	13.0	0.0	2019年
22082000	蒸馏葡萄酒制得的烈性酒	10.0	8.0	6.0	4.0	2.0	0.0	2019年
22083000	威士忌酒	10.0	8.0	6.0	4.0	2.0	0.0	2019年
22085000	杜松子酒	10.0	8.0	6.0	4.0	2.0	0.0	2019年
22086000	伏特加酒	10.0	8.0	6.0	4.0	2.0	0.0	2019年
22087000	利口酒及柯迪尔酒	10.0	8.0	6.0	4.0	2.0	0.0	2019年
22089010	龙舌兰酒	10.0	8.0	6.0	4.0	2.0	0.0	2019年
22089020	白酒	10.0	8.0	6.0	4.0	2.0	0.0	2019年
22089090	其他蒸馏酒及酒精饮料	10.0	8.0	6.0	4.0	2.0	0.0	2019年

要求，葡萄酒在进口环节缴纳的增值税经两次调整，从17%、16%降到13%[1]。来自以上4国的瓶装酒、散装酒进口综合税率又降低至25.56%。而原产于其他普通最惠国的瓶装酒、散装酒进口税率也随之分别降为43.13%、50.67%。其中，原产于智利、澳大利亚的葡萄酒成最大受益者。根据海关总署的数据显示，2010—2016年，来自

① 财政部，税务总局，海关总署. 关于深化增值税改革有关政策的公告［Z］. 2019-03-20.

智利的瓶装酒、散装酒进口量分别增长了 5.7 倍、1.9 倍，且近 15 年以来其散装酒进口量在中国市场一直居于首位。2015—2019 年，澳大利亚向中国出口的瓶装酒由 5.67 万千升增至 12.08 万千升，瓶装、散装酒进口总额（包括中国香港和中国澳门）在 2019 年达到 12.8 亿澳元，中国连续成为澳大利亚葡萄酒的最大进口国。2019 年，澳大利亚首次在进口量、进口额两项指标上同时超越法国成为中国市场进口葡萄酒的最大来源国。根据澳大利亚葡萄酒局（Wine Australia）发布的数据，至 2020 年 11 月对中国内地的出口商达 2720 家。

2017 年，中国市场的进口瓶装酒数量达到了 55.22 万千升的历史峰值，是散装葡萄酒进口量（18.06 万千升）的 3 倍。也是在 2017 年，进口葡萄酒以 73.28 万千升的总量首次超越了国产葡萄酒产量（69 万千升）。2017—2023 年，进口酒数量连续 7 年超过国产酒（见图 4-3），其中散装酒年度进口量维持在 10 万 ~ 18 万千升。

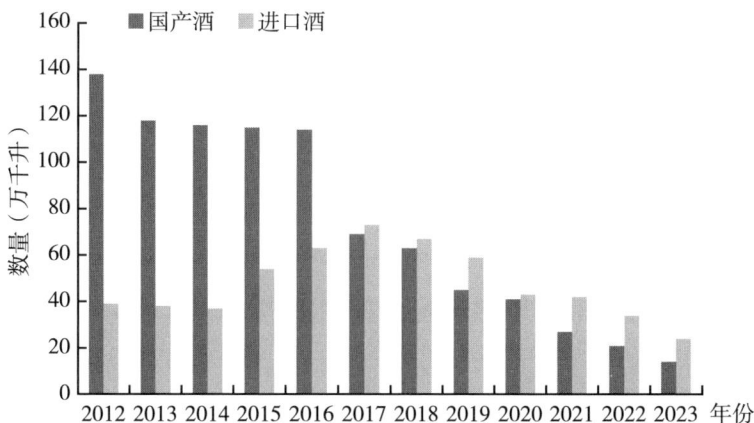

图 4-3　2012—2023 年国产葡萄酒与进口葡萄酒数量
数据来源：根据海关总署、国家统计局公开发布的数据整理
注：进口葡萄酒数量为瓶装酒与散装酒之和

1.2　对欧盟、澳大利亚的双反调查

长期以来，法国、智利、意大利、澳大利亚和西班牙为中国市

场主要的进口葡萄酒来源国。受国际贸易关系的影响，2013 年 7 月
1 日至 2014 年 3 月 24 日，商务部对原产于欧盟的进口葡萄酒进行
双反调查。经中欧双方业界磋商并达成谅解备忘录，该双反调查被
终止。商务部于 2020 年 8 月发起了对原产于澳大利亚的进口瓶装
葡萄酒双反调查，并于 2021 年做出最终裁定：自 2021 年 3 月 28 日
起，对该类产品征收税率为 116.2% ~ 218.4% 的反倾销税，实施期
限为 5 年，为避免双重征税，决定不征收反补贴税①。之后，澳大利
亚瓶装酒失去因中澳自贸协定而享受到的成本优势。根据澳大利亚
葡萄酒局（Wine Australia）的数据显示，2021 年澳大利亚葡萄酒对
华（含香港和澳门）出口额减少 81%，为 2.23 亿澳元。与 2019 年
的最高峰相比，2022 年出口额下降 85% 至 1.92 亿澳元，其中对香
港出口 1.67 亿澳元。2022—2023 年，以富邑集团为代表的企业曾
尝试通过引入非原产于澳大利亚的瓶装酒、进口澳大利亚散装酒在
烟台装瓶或推出原产地为宁夏和云南的瓶装酒等方式以应对中国市
场的变化。2024 年 3 月 29 日，商务部决定终止对原产于澳大利亚
的进口相关葡萄酒征收反倾销税，并停止征收反补贴税。之后，澳
大利亚葡萄酒在中国市场卷土重来。2024 年 1—6 月，来自澳大
利亚的进口瓶装葡萄酒出口额以 1.66 亿美元位于法国之后，位居
第二。

2 进口酒通过更多形式进入中国市场

2.1 国内资本频繁进行海外收购

2012—2016 年，受行业深度调整驱动，部分白酒企业开始运
营进口葡萄酒。例如，2012 年江苏洋河开始经营进口葡萄酒（见
表 4-9），并于 2018 年收购智利第二大葡萄酒集团 VSPT12.5% 股权；
泸州老窖、贵州茅台集团和青青稞酒均在 2013 年完成海外酒庄收购；

---

① 商务部. 关于对原产于澳大利亚的进口相关葡萄酒反倾销调查最终裁定的公告
　［Z］. 2021-03-26.

2016 年，山东花冠集团收购澳大利亚贝尔维德尔酒庄。2012 年之后，国内业外资本、体育明星、演艺人士、企业家个人也加入了收购海外酒庄的行列。仅 2012—2014 年就有新华联、完美、宁夏红、泰丰、开元旅业等公司完成了海外酒庄收购。据不完全统计，2010 年至今，来自中国的投资者已在波尔多购买了 175 个酒庄。2013—2019 年，烟台张裕公司先后在法国、西班牙、澳大利亚和智利等国收购了 6 家酒庄。这些被收购的海外酒庄，其多数产品通过相关企业的内部招待用酒和外部客户的团购等形式进入了国内市场。根据《饮料商务》杂志（*Drinks Business*）发布的数据显示，2016 年中粮名庄荟以 6 万千升的进口量与圣皮尔精品酒业并列十大瓶装酒进口商的榜首，张裕先锋酒业以 5.4 万千升的进口量位列第二。

表 4-9　2013—2022 年洋河股份的进口葡萄酒业务收入

年度	收入（亿元）	年度	收入（亿元）
2013	2.45	2018	2.74
2014	3.29	2019	1.94
2015	3.33	2020	1.82
2016	2.83	2021	1.98
2017	2.85	2022	1.61

数据来源：洋河股份 2013—2022 年年报

2.2　经香港转口的产品持续涌入

2010—2017 年，经香港输往内地的进口葡萄酒获得通关征税便利措施安排（见表 4-10），以吸引更多进口商入市。2016 年仅在深圳海关登记备案的葡萄酒进口商就超过 3800 家。根据香港特区政府统计处数据显示，2007—2016 年，香港葡萄酒进口量增长 2.6 倍，进口额增长 7.4 倍。2008—2021 年，从事进口酒批发的公司由 310 家增至 790 家，酒的销售专门店也由 140 家增至 470 家。截至 2023 年 1 月 31 日，经香港特区政府核定的香港"备案葡萄酒出口商"数量为 60 家。法国为进口酒最大来源国，2015—2021 年香港地区法国葡萄酒的进口额占比维持在 60%~65%。2021 年，法国、澳大利亚的进口额位居前两位，合计占比 79.4%。

表 4-10　经香港输往内地的进口葡萄酒通关征税便利措施 [1][2][3][4][5]

年度	便利措施
2010	广州海关辖下 3 个指定口岸为首批试点。以"三定"原则为基础：香港出口商须经香港工贸署核定登记为"备案葡萄酒出口商"；内地进口商须经内地海关核定登记为"备案葡萄酒进口商"；内地海关在指定进口口岸为经香港输往内地的葡萄酒提供通关征税便利措施
2012	深圳海关辖下 6 个指定口岸为新增试点
2014	取消内地葡萄酒进口商须经登记备案的条件限制，取消内地海关的价格预审核制度
2015	实施范围扩大到北京、天津、上海、广州和深圳海关关区内所有口岸
2017	实施范围扩大至全国 42 个海关关区内所有口岸

受中国内地市场消费持续不振影响，近几年香港的葡萄酒进口业务也随之下滑，部分中小型大陆葡萄酒进口商被淘汰出局（见图 4-4）。经香港转运出口的葡萄酒，大部分流向了内地，其次为中国澳门、中国台湾、越南和新加坡等。2016 年香港进口葡萄酒总货值 120 亿港元，约 50% 的货值经转口贸易流出且其中流入内地市场的货值为 52 亿港元。2021 年，约有 26% 的货值转口至亚洲市场，中国（含澳门）约占转口总额的 66%。由于澳门也在 2008 年取消

① 海关总署，香港海关. 为经香港特别行政区输往内地的葡萄酒提供通关征税便利措施合作安排［Z］. 2010-02-09.
② 广州海关. 关于公布经香港输往内地葡萄酒通关征税便利措施的公告［Z］. 2012-11-15.
③ 海关总署，香港海关.《为经香港特别行政区输往内地的葡萄酒提供通关征税便利措施合作安排》补充协议［Z］. 2014-09-18.
④ 海关总署. 关于扩大为经香港输往内地葡萄酒提供通关征税便利措施实施口岸的公告［Z］. 2015-10-19.
⑤ 海关总署. 关于经香港输往内地葡萄酒全面实施通关征税便利措施的公告［Z］. 2017-11-08.

了葡萄酒进口关税并与内地海关签署了通关征税便利措施合作安排,因此也不排除转口澳门地区的进口酒可能通过其他灰色方式进入内地市场。近年也有经中国香港转口至新加坡再试图进入中国内地市场的走私大案被查获。

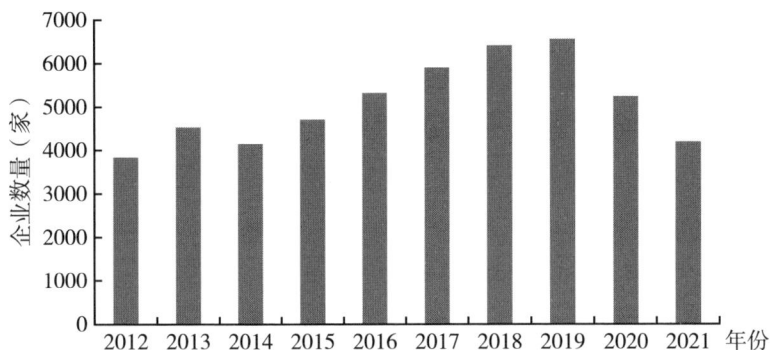

图4-4 2012—2021年中国市场的瓶装葡萄酒进口企业数量

3 复合型分销渠道渐成市场主流模式

3.1 大品牌打破独家代理分销模式

随着更多国外品牌、更多价位段的进口酒进入中国市场,原先主流的独家代理分销模式向分品种、分区域代理模式转变。2016—2019年,奔富与美夏、加州乐事与南浦、拉菲罗斯柴尔德集团与圣皮尔精品酒业之间均解除了全国市场独家经销商模式,转而根据产品系列、渠道类型重新划分了代理权限,分销商阵营也得以扩容。例如,南浦和深圳怡亚通、广东施乐富、上海海博供应链、汇泉洋酒同时成为加州乐事在区域市场的合作伙伴或部分产品的全国代理商;拉菲罗斯柴尔德集团旗下品牌由圣皮尔精品酒业、保乐力加、北京奥比安和上海百联优安来分产品、全渠道独家代理。同时,获得大品牌代理权限的分销商,还通过终端直供、渠道招商和供应链管理服务等业务,转变为平台型渠道综合运营商。进口酒的分销进入渠道全覆盖、终端精细化建设阶段。例如,骏德酒业现拥有160

家品牌专卖店，1000 余家经销商，12000 余家包括星级酒店、主题餐厅、大型连锁卖场与超市在内的直供终端系统。2020 年，美夏国际酒业不同渠道销售占比分别为酒店餐饮 40%、经销商 25%、商超 25%、私人客户 10%。

3.2 中小分销商选择"小标酒"模式

2012—2015 年，国家先后出台政策，将原有保税区整合优化为"综合保税区"，并支持中西部、东北地区的大中城市设立综合保税区。之后，许多二线、三线城市设立保税区并推出房租补贴、贷款贴息、固定资产投资奖补、物流补贴等多种招商优惠政策。入驻保税区的供应链管理型公司数量增加并升级服务，突破原先的进口代理、展示交易、保税仓储等服务模式，将品鉴培训、产品发布、品牌推广、赛事举办、文化传播、拼箱分拨、国内仓储配送等纳入服务范围。在此推动下，2012—2017 年进口酒数量和金额在国内市场仍保持快速增长态势，但进口均价在 2014 年之后出现明显下跌。国内保税区也成为继香港地区之后的第二类"国外酒庄前置仓库"。

其间，在宁波、青岛、深圳等地的保税区或自贸区内，出现了集"提货周期短、多频次采购、小批量订货、定制化酒标"特点为一体的"小标酒"产品形式：①葡萄酒在国外装瓶，并贴有具备基本信息的小型简易标签，等进入中国保税区之后再按国内客户定制要求加贴正标；②进口散装葡萄酒，在保税区内完成装瓶和定制化贴标[1][2]。小标酒模式下，大量三线、四线城市中小型分销商入市并大量采购价格低廉的欧盟餐酒（VCE）。这不仅让进口散装酒有了新出路，也间接助推进口酒加速下沉到了中小型商超、酒店以及电商、直播带货等面向国内中低端市场的流通渠道。

---

① 吕咸逊. 小标签酒，重构大众进口葡萄酒市场的新模式 [J]. 新食品，2016（38）：24.

② 刘岩. 悄然走红的小标酒可以走多远 [J]. 中国食品，2018，756（20）：84–85.

3.3 "海外直采+终端直供"成趋势

2012—2016年，张裕在全国开设312家先锋国际酒业专卖店，2014—2018年，中粮名庄荟店建设500余家连锁门店，两者均引入自行进口或代理的进口酒。2012年，上海糖酒公司收购法国葡萄酒分销商DIVA公司70%股权，将进口酒引入旗下的零售渠道。2015年，永辉超市与澳大利亚富邑集团达成直采协议，首批订单金额超6000万元。2016年，酒仙网与澳大利亚10多家葡萄酒庄达成直采协议，并于2018年收购法国梦特骑士葡萄酒庄。2016年，广中外名酒城在广州开设进口葡萄酒超市，依托海外直采的价格优势，向消费者提供高性价比产品。2016年，进口葡萄酒进入《跨境电子商务零售进口商品清单》。国内买家在满足单次购买金额和年度交易金额的条件下，免征进口关税，增值税、消费税按70%征收[①]，这为中小酒商实现进口葡萄酒的小批量海外直采提供了途径。值得注意的是，酒类连锁、海外直采、终端直供等业态的出现，使得传统的单体名烟名酒店渐显颓势。

3.4 渠道数字化建设已成广泛共识

2012年，微信的推出促成微商群体的形成，也是国内社交电商的雏形。同时，手机等智能终端渗透率提高带动了App、公众号等兴起，用户流量实现了从电脑网页端向智能移动端大面积迁移，移动互联时代的到来对酒企的渠道数字化提出了新要求。2014年之后，华致酒行、壹玖壹玖、华龙酒业、酒便利等线下酒类连锁专卖体系通过入驻第三方电商平台或自建微商城、微信小程序、社群等方式将业务向线上延伸，实现了O2O销售闭环。2016—2022年，快手、抖音等在线直播短视频平台迅速崛起并发展为直播带货的主阵地。尤其在新冠肺炎疫情期间，线下消费场景的缺失让更多进口

---

① 财政部，海关总署，国家税务总局. 关于跨境电子商务零售进口税收政策的通知［Z］. 2016-03-24.

酒运营商把销售阵地转移到了线上。自播,邀请头部关键意见领袖(Key Opinion Leader,KOL)、明星和达人引流成网络直播带货的常用手段。例如,葡萄酒内容电商于 2014 年首推售价 28.2 元的"智利原酒 + 国内灌装"产品,之后成为头部带货达人,2020 年销售额 3.5亿元;2020 年,澳大利亚法老葡萄酒与网红主播在抖音开展直播合作;2020 年,西班牙奥兰与头部主播合作,单场 4 小时的销售额超过 1000 万元[①]。

在社交电商和直播带货的助推下,进口酒触达了国内城镇级别的消费者。除了能引流的大单品,市场价格不透明的非知名品牌或非大流通货是直播电商的主销产品,部分贴牌酒、套牌酒也以"全网最低价"的形式进入市场。而根据《海关进出口商品规范申报目录(2021年版)》中的相关规定,进口酒标签管理将会更加规范,这也将把更多游走在灰色地带的小标酒、贴牌酒产品挡在门外。此外,平台型运营商加速业务数字化。2020 年,也买酒已变为集线下连锁门店、国外品牌代理、线上平台引流拓客为一身的酒类 O2O 大型运营商。

4 小结

2012—2024 年,进口酒与国产酒的分销渠道都经历了深度全国化的过程且已高度重合,并在线上线下全渠道、高中低端各价格带展开全面竞争,两者也均在持续推进渠道下沉和数字化建设。2023 年的葡萄酒进口数据如表 4-11、表 4-12 所示。大型进口酒渠道商已搭建起商超卖场直供、社会流通渠道经销、自营与加盟专卖连锁、电商平台与 O2O 协同等为一体的复合型分销系统。国外的行业组织和生产企业设立中国市场分支机构,并与国内渠道商在品牌传播、消费者培育、终端促销等方面已展开全方位合作。进口葡萄酒也在此背景下

---

① 卢岳. 奥兰酒业:抓住葡萄酒业机遇,持续发力直播带货 [N]. 消费日报,2021-01-13 (B4).

出现了许多大单品，例如：小标酒领域走快消品路径的西班牙"奥兰小红帽"；天鹅庄生肖系列酒；智利干露酒庄聚焦红魔鬼、魔神、魔爵红三大品牌；桃乐丝旗下西班牙"公牛血"年销 300 万瓶；智利葡萄酒形成"十八罗汉"产品矩阵；富邑集团旗下奔富 Bin389、奔富 Bin407、奔富麦克斯洛神山庄成市场畅销品。此外，国外企业在中国的本地化投资加快。例如，法国酩悦轩尼诗酒业集团投资的夏桐酒庄（宁夏）和敖云酒庄（云南）、法国拉菲罗斯柴尔德集团投资的珑岱酒庄（烟台）正式开业，朗格斯酒庄经股权转让成为酒钢宏兴旗下全资子公司等，这些企业均以当地酿酒葡萄原料开发"中国风土"产品。

表 4-11　2023 年中国市场进口葡萄酒的主要来源地

来源地	进口量（千升）	进口额（万美元）	均价（美元/升）
法国	64002	55972	8.75
智利	110619	22410	2.03
意大利	17860	11722	6.56
西班牙	20779	6699	3.22
美国	5258	5107	9.71
新西兰	2908	2869	9.86
德国	4384	2444	5.57
南非	8371	2141	2.56
阿根廷	2548	1704	6.69
格鲁吉亚	3185	1167	3.66
葡萄牙	2296	924	4.02
加拿大	343	622	18.14
摩尔多瓦	2067	482	2.33

数据来源：海关总署、中国食品土畜进出口商会酒类进出口商分会

表 4-12　2023 年中国市场进口瓶装葡萄酒的主要来源地

来源地	进口量（千升）	进口额（万美元）
法国	56126	49329
智利	38996	17351

续表

来源地	进口量（千升）	进口额（万美元）
意大利	14109	10253
西班牙	15187	5445
美国	5225	5101
新西兰	2903	2861
德国	4170	2373
南非	5524	1940
阿根廷	2546	1702
格鲁吉亚	3148	1153

数据来源：海关总署、中国食品土畜进出口商会酒类进出口商分会

　　其间，还形成了渠道去库存的重压，主要成因有以下几点。①2012年，法国波尔多名庄酒价格暴跌，之前热炒期酒的国内进口商均被套牢。如建发酒业2012—2013年的亏损额达2.8亿元，进口酒库存约6亿元。②八项规定推出之后，部分运营商和经销商误判了政策可持续性，在价格下跌通道中逆势囤货名庄酒、精品酒，库存高压致资金链紧张而不时引发市场低价抛售行为。③市场调整导致高端酒销售不畅，2012—2017年渠道商大量引入包括小标酒在内的低价产品，再加上部分运营商采取捆绑方式向渠道搭售中低端产品，进口酒与国产酒从先前的错位竞争转为在所有价格带的正面竞争。④全球金融危机背景下受主业增长乏力的影响，众多房地产、保健品、钢铁、石化、饮料、IT等业外资本进入进口酒分销领域。还有部分人通过收购酒庄或购买特定金额的进口葡萄酒以满足移民条件。⑤2016年之后，以茅台为首的高端白酒价格进入持续上涨通道，吸走渠道资金，导致进口葡萄酒失去了渠道推力。⑥2020—2022年，受新冠肺炎疫情影响，国内酒类消费场景大幅减少，成为库存压力加大的又一催化剂。⑦葡萄酒走私情况依然不容乐观。例如：2013—2018年，珠海某公司从境外采购葡萄酒等，从广州等口岸以价格低报30%～60%的形式走私，查证涉案货值超过2亿元，涉嫌偷逃税款5000余万

元 [1]；2022 年上海海关联合多地海关查获案值 3.68 亿元的名庄葡萄酒走私案，涉嫌偷逃税款 1.27 亿元 [2]；2022 年香港海关查获两宗葡萄酒走私案，查获 3.9 万瓶，大部分为奔富产品 [3]。中高低端各类进口酒持续涌进中国市场且渠道库存高企，挤压了国产酒的市场空间，降低了葡萄酒品类整体利润率，也加大了市场走出调整的不确定性。

1992 年至今，进口葡萄酒在中国市场的分销渠道演进大致经历了 3 个典型阶段：由外资型贸易商在部分一线城市发挥主导作用；国内酒类流通大商深入参与并推动渠道全国化和各类大中小型运营商建设线上；线下复合型渠道。1992 年至今，进口葡萄酒在中国市场的分销渠道建设经历了由封闭到开放、由集中到分散、由线下到线上的过程，现已具有品牌化、数字化、平台型、复合型的典型特征。综观其演进模式，可得出以下结论：①国内营商环境的逐步完善与优化，让各个市场主体在对外贸易权与国内分销权等领域获得了市场准入资格，还享受到进口税费降低与通关便利安排等带来的改革开放政策红利；②数轮国内城镇化、工业化浪潮促进经济增长并推动消费持续升级，以及通信网络、仓储物流、快递网络、移动支付等基础设施的建设，使得市场经营与消费环境愈发成熟，进口酒分销渠道建设得以由点到面地铺陈开来；③进口酒分销渠道模式在时间、空间上的演进与创新，折射出的是国内消费群体及其购买行为的迭代和各级渠道商为满足顾客的需求而作出的持续有效努力；

---

① 白若雪，刘频，朱文尧. 厦门海关大数据分析显威，2 亿元葡萄酒涉嫌走私被查获［EB/OL］.（2018–05–11）［2024–09–08］. https://news.xmnn.cn/xmnn/2018/05/11/100361372.shtml.

② 海关查获 3.68 亿元名庄酒走私大案，有酒商被要求协助调查［Z/OL］.（2022–09–15）［2024–09–08］. https://baijiahao.baidu.com/s?id=1744023187205524740&wfr=spider&for=pc.

③ 锁定两艘远洋船！香港海关查获 9000 瓶奔富、酩悦香槟等走私酒［Z/OL］.（2022–12–30）［2024–09–08］. https://baijiahao.baidu.com/s?id=1753617776472202633&wfr=spider&for=pc.

④进口酒渠道运营商的分销角色从早先单纯的贸易商先后向分销商、供应链管理公司、平台服务商转型，并愈发关注数字智能化建设，充分说明其为上、下游合作伙伴创造价值的逻辑在随商业环境的变化而进化。进口酒要恢复到合理的渠道库存水平尚需时日，其与国产酒之间的激烈渠道争夺和价格战仍不可避免，这也将推动葡萄酒品类在国内市场获得更广泛的大众消费群体，从长远来看也有利于推动行业走向稳根固基的发展壮大之路。

第五部分

香港市场：闪亮的东方之珠

1757 年，乾隆在紫禁城下旨："口岸定于广东，洋船只准在广东收泊贸易。"自此，广州成为全国唯一的对外通商口岸。1757—1842 年，是属于广州的"一口通商"时代，对外贸易由清政府专门指定的垄断性商行经营，俗称"广州十三行"。怡和行、广利行、同孚行、宝顺行等是其中的代表。当时另一个重要的对外贸易港口为被葡萄牙占领的澳门。

鸦片战争后，英国于 1841 年在香港实行"自由港"政策。1842 年上海开埠，港口贸易开始兴起。19 世纪 50 年代，香港和上海同时崛起，逐渐取代了广州原有的贸易中心与航运中心地位。1841—1941 年，受太平天国运动、义和团运动、辛亥革命等社会动荡影响，大量内地人迁入香港，截至 1937 年全面抗战爆发，香港人口首次突破 100 万。近代香港的人口具有多种族、多国籍的特点，但华人仍居绝对多数，例如 1941 年华人总人口数量占比为 98.5%，其他人口来自英国、葡萄牙、美国、法国、德国、西班牙、印度和日本等国家[1]。在此期间，美国和澳大利亚发现金矿而引发的苦力贸易、猖獗的鸦片贸易，以及作为西方列强对华市场倾销商品和中国商品出口世界市场的中转站，香港的航运、金融等功能发展迅速，城市化基础设施逐渐完备。

香港是亚太地区的重要贸易转口通道，也是全球金融、航运、贸易中心，众多跨国品牌通常都将香港视为进入亚洲市场的门户。此外，香港本地市场规模较小，这就决定了香港的开放型、外向型、平台型市场发展模式。酒类市场也是如此。20 世纪七八十年代，香港成为"亚洲四小龙"之一。受经济持续快速增长的推动，市场出现了以白兰地为主，威士忌和葡萄酒为辅的高端洋酒消费热潮，并形成由洋酒、中式酒和啤酒组成的酒类消费结构。之后，还凭借与珠三角地区的密切经济合作与文化交流直接带动了内地在 20 世纪 90 年代前半期由南到北蔓延开来的白兰地和干型葡萄酒消费热潮。1997 年香港回归之后，香港与内地经贸合作加深，各类酒的市场消费也持续上涨。尤其在 2008 年取消包括葡萄酒在内的低度酒酒税之后，香港逐渐发展并定位为亚太地区的葡萄酒和烈性酒贸易、分销中心。

---

① 徐曰彪. 近代香港人口试析（1841—1941 年）[J]. 近代史研究，1993（3）：1-28.

依托便利的区位交通优势和长期奉行的自由经济政策，香港在国际航运、贸易、金融等领域逐渐积累了较为突出的竞争优势。香港不仅具有"背靠祖国、联通世界"的独特发展优势①，还是全球贸易在亚太区域的重要转口通道。粤港澳同属岭南文化的辐射区域，在地理、气候、语言、习俗和饮食等方面具体诸多相似之处，香港市场也因此一直有着消费产自本地或广东等地的双蒸米酒、玉冰烧等酒类产品的习惯和偏好。此外，香港国际化程度较高，人口结构上华洋杂处，这也使得其饮食文化等领域具有多元和包容特征。在对外经贸合作加深和中西文化逐渐交融的过程中，啤酒、葡萄酒、白兰地、威士忌和朗姆酒等也渐被香港市场接受和认可。由于本地产的饮料酒并不多，白兰地、威士忌、葡萄酒等多种酒类商品主要依靠进口。其市场表现也随社会经济发展经历了不同阶段并呈现出相应特点，尤其是自 20 世纪 80 年代之后，香港酒类市场进入了一个持续跃升的发展阶段。而且，香港酒类市场无论是在本地消费还是面向东南亚、亚太区域的转口贸易和分销等方面都具有鲜明特点。

经济腾飞，形成多样化酒类消费结构

香港市场的白兰地、威士忌和葡萄酒等酒类商品因主要依靠进口而致价格较高，因此这类洋酒的早期市场消费仅限于少数群体。早在 1919 年香港《华字日报》上就刊登了张裕的售酒广告。与其他市场相似，啤酒因量大价低率先成为改变消费结构与习惯的最大销量酒种。菲律宾生力啤酒于 1914 年开始出口香港市场，并于 1948 年在当地设厂投产，之后长期占据 50% 的市场份额。1954 年，

---

① 阎小骏. 携手同行 共建共赢——香港参与共建"一带一路"成果丰硕［N］. 光明日报，2023–10–17（12）.

青岛啤酒开始出口香港市场。20世纪80年代初，丹麦嘉士伯、德国卢云堡在香港当地设厂并加大市场投入，逐渐打破了生力啤酒一家独大的市场局面。

1 地区经济增长，带动中高端酒类消费

20世纪七八十年代，中国香港、中国台湾、新加坡和韩国陆续承接来自发达国家和地区的劳动密集型加工产业，推行出口导向经济发展战略，进而实现经济腾飞，被称为"亚洲四小龙"。受香港经济增长和消费能力提高的驱动，马爹利、人头马、轩尼诗等烈性洋酒品牌在20世纪70年代大规模进入香港市场，并形成了以白兰地为主，威士忌和葡萄酒为辅的高端洋酒消费热潮，现今著名的兰桂坊酒吧街也自此有了雏形。香港著名词曲作家黄霑创意出的"人头马一开，好事自然来"经典广告语就出现在这一时期。据不完全统计，1981—1995年，马爹利的品牌代言人就囊括了黄元申、杨群、陈欣建、谢贤、万梓良、石修、李修贤、吕良伟、任达华、郑浩南、梁家辉等众多影视明星。其间，金牌马爹利采用的广告口号为"饮得高兴，心想事成"，而马爹利XO以"干邑艺术，似火浓情"为传播诉求。

直至20世纪80年代，香港市场已形成由洋酒（白兰地、威士忌、葡萄酒等进口酒）、中式酒（白酒、米酒、黄酒、保健酒、露酒等国内传统酒种）和啤酒（本地产、进口兼有）组成的酒类消费结构。1980年，香港各类酒总销量为113626千升（见表5-1）。1984年，香港进口白兰地840万瓶，排名世界第五。1993年，香港进口的苏格兰威士忌约500万瓶[1]。此外，各种进口啤酒也蜂拥而至，香港本地产啤酒的市场份额也从1988年的70%降到1994年的50%[2]。

---

① 桂祖发. 法国干邑白兰地及苏格兰威士忌概况 [J]. 食品工业，1995（4）：10-11.
② 香港啤酒市场竞争激烈 [J]. 技术经济信息，1994（12）：30.

改革开放之后，内地出口到香港的酒类商品渐趋增多。1979—1984年，来自内地的酒类产品在香港市场的年销量由1.47万千升增加到1.60万千升，其中广东的双蒸米酒和玉冰烧年销量近万千升①。1980年，天津王朝创立，其香港代理商当年就向香港市场推出了主题为"一代王朝酒，佳酿献饮家"的广告宣传活动。

表5-1 1980年香港市场的酒类消费 ②

酒种	消费量（千升）	品牌/品类市场占有率
啤酒	105000	香港本地产生力啤酒65%，美国蓝带16%，内地产（青岛啤酒为主）啤酒11%，丹麦嘉士伯3%~4%
蒸馏酒	6276	白兰地73%、威士忌18%，白酒约10%（600千升）
果酒	2350	占总销量的2%，其中葡萄酒200千升
药酒	1800	基本为内地出口至香港的产品，其中山东的三鞭酒占到28.6%

2 两地合作交流，催生内地葡萄酒市场热潮

20世纪80年代中期至90年代初期，中国香港和内地的经贸合作迎来了重要发展时期。香港为抵消劳工、厂房租金等成本压力，将大量劳动密集型产业转移到内地③，特别是以广东为首的珠江三角洲地区，而将总部、研发、产品推广、销售服务留在香港④。1986—1991年，由港商投资"三资"企业和"三来一补"企业达17余万家⑤。截至1988年，港商的投资额占到了内地所吸引外资总额的70%

① 董业声. 国产酒在香港市场畅销［J］. 酿酒科技, 1985（2）: 27-28.
② 黔青辈. 1980年香港酒类的消费［J］. 酿酒科技, 1981（4）: 33-32.
③ 张守谦. 九十年代香港经济展望及对内地经济的影响［J］. 亚太经济, 1990（6）: 50-54.
④ 张伟泽, 植蕴诗. RCEP将是香港出口的巨大推力［N］. 21世纪经济报道, 2023-12-07（5）.
⑤ 陈齐烽, 张超. 内地与香港经济合作关系的历史演变与展望——基于区域合作制度形态转变的视角［J］. 特区实践与理论, 2023（3）: 100-107.

左右[①]。1984—1991年，港商在广东省的直接投资占到其在国内直接投资总额的66.4%[②]。广东作为中国改革开放初期吸引外资的桥头堡，不仅聚集了一批先富起来的人，同时也成了内地与香港经贸合作的重镇和中西文化交流的窗口。在此期间，港台消费文化在较短时间之内得以在内地传播，并对服装、饮食、语言、音乐和影视等领域产生了广泛影响。

在酒类消费领域，香港对内地也产生了较强的消费引导和示范效应。20世纪90年代初，进口白兰地、威士忌和葡萄酒通过香港地区的经销商在内地市场进行推广[③]。例如，1992年在香港的洋酒代理商将加州乐事葡萄酒正式引入内地市场。此外，当时包括通过多种渠道融入内地市场的香港影片等文化产品中均有法国干邑或名庄葡萄酒的出境场景，也潜移默化地影响着两地的消费文化。例如，1989年首映的卖座电影《赌神》中周润发的一句台词"给我开瓶1982年的拉菲！"，能迅速流行起来，就是当时港台文化对内地产生深刻影响的明证。香港地区的酒类消费习惯以广东、福建等地为跳板，由南往北向全国蔓延，并直接促成了内地市场20世纪90年代前半期的白兰地消费热和干酒消费热。

1993年，包括香港在内的中国市场共消费VSOP以上级别的法国干邑白兰地133.9万箱，共1606.8万瓶，法国干邑白兰在中国大陆市场年销售70万箱[④]。1997年，进口酒被明确允许进入内地市场的批发、零售领域[⑤]，在此之前进口酒在内地市场的主要销售网点为华侨饭店、友谊商店等涉外免税的餐饮、零售场所，而主要供货渠道之一就是来自总部设在香港的洋酒商行，如马爹利远东公司、保

---

① 郭伟峰. 九十年代香港与内地经济合作展望 [J]. 中国工商, 1990 (8): 11–12.

② 香港与内地产业合作概论 [J]. 经济研究参考, 1999 (79): 11–20.

③ Linn, kook. 轨迹: 葡萄酒市场在中国的20年 [J]. 葡萄酒, 2016 (9): 36–37.

④ 齐眉. 洋酒: 不宣而战 [J]. 中国对外服务, 1996 (2): 29–30.

⑤ 袁园. 看看洋酒这道风景线 [J]. 决策探索, 1996 (9): 46–47.

乐力加亚洲公司、怡和洋行、仁记洋行、人头马香港寰盛公司、五丰行、捷成洋酒等。

　　1997 年香港回归之后，香港与内地的经贸合作进入新阶段。一方面内地各类酒竞相进入香港市场，另一方面各类酒消费持续上涨。1997 年 1—6 月，香港进口葡萄酒 1.49 万千升，货值 1.47 亿港元 [1]。1997 年香港进口酒类商品总值 57.95 亿港币，比上年增加 18% [2]。1997 年香港从内地进口的保健酒总量为 1846 千升 [3]。此外，少部分通过采购进口原酒在香港灌装的企业出现，面向本地餐厅和零售商供货。例如，创立于 1997 年的八号酒庄（The 8th Estate Winery）。屈臣氏酒窖于 1998 年在香港开业，随后发展成为本地区拥有 30 家门店的最大进口酒连锁零售机构。

管制放松，定位亚太贸易及分销中心

　　香港低税政策起源于 20 世纪 40 年代，以税种少、税率低、税基窄为主要特征 [4]。香港仅对本地生产或进口且供本地消费的少量特定商品征税，也不征收增值税等。长期以来，香港仅对 6 种商品征税。非酒类饮品和化妆品两类商品分别于 1992 年、1993 年被取消征税，自此香港的应课税品从 6 种变为 4 种：酒类、烟草、碳氢油类和甲醇。根据《应课税品条例》，应课税品的经营者除按规定缴纳相应税款之外，还须向政府相关部门申请牌照或许可证：进出口牌照、保税仓牌照和制造商牌照。而对于出售酒类商品的零售或即饮（食

[1]　朱林. 香港的葡萄酒市场 [J]. 葡萄栽培与酿酒，1998（2）：59-60.
[2]　刘东. 香港的酒类市场 [J]. 中国酒，2000（2）：64-65.
[3]　新世纪的张裕，新世纪的传奇——张裕至宝三鞭酒热销探因 [J]. 瞭望新闻周刊，2001（10）：62-63.
[4]　陈镜先，周伟信. 香港低税政策：演进、挑战与前景 [J]. 港澳研究，2023（2）：60-73，95-96.

肆、酒吧及会所）终端，须向相关政府部门申领酒牌。

1 顺应情势，全面取消葡萄酒税及行政管制

香港一贯对酒类商品以从量方式征税，且政府根据财政状况适时调整税率。受石油危机引发全球经济低迷的影响，香港为弥补财政赤字在 1983 年、1984 年连续两次上调酒税。1983 年，上调从量税。1984 年，在从量税减征 10% 的同时，对酒类商品统一加征 20% 的从价税[1]。香港酒税自此进入"从量税＋从价税"的混合征收时期（见表 5-2）。之后，酒价高企导致大量低价的免税酒从深圳和澳门等地的过境免税店流入香港市场，还促使海关部门在 1985 年规定人员入港时只准带入一支 750 毫升装的葡萄酒[2]。受酒税调整影响，香港的葡萄酒消费量在 1985 年超过了白兰地和威士忌[3]。1988 年，从价税从 20% 增至 30%[4]。

表 5-2　1987 年的香港酒税[5]

商品名称	从价税	从量税
白兰地酒	20%	67.00 港元 / 升
力娇酒、威士忌酒、金酒、朗姆酒、伏特加酒及其他含酒精类酒	20%	48.00 港元 / 升
香槟酒及其他葡萄汽酒	20%	30.00 港元 / 升
酒精含量 15% 以上的不含气体果汁酒	20%	20.00 港元 / 升
酒精含量不超过 15% 的不含气体果汁酒	20%	17.00 港元 / 升
苹果酒与梨酒以及其他类似饮品	20%	128.00 港元 / 百升
原来比重不超过 7.55°P 的啤酒	20%	128.00 港元 / 百升

① 香港市场酒的经营与税收 [J]. 酿酒科技，1984（4）：28-29.
② 董业声. 1985 年香港洋酒市场掠影 [J]. 酿酒科技，1986（2）：24-25.
③ 丁匀成. 世界三大酒类的市场动态与趋势 [J]. 酿酒科技，1986（4）：36-39.
④ 香港烟酒等项目加税 [J]. 涉外税务，1988（2）：60.
⑤ 香港立法局.《应课税品条例》[Z]. 1987-09-15.

续表

商品名称	从价税	从量税
非欧洲式果汁酒	20%	830.00 港元 / 百升
中国式酒及其他含酒精酒类、日本米酒、烧酒	20%	430.00 港元 / 百升

注：烈酒浓度以容量计超过 45% 者，每超出 1% 加收 1.30 港元 / 升；凡超出原来比重 7.55°P 的啤酒，每一度加收 4.30 港元 / 百升；酒精浓度以容量计超过 30% 者，每超出 1% 加收 14.30 港元 / 百升。

1994 年，香港再次改变酒税征收方式，按酒精度划分酒种且由"从量税 + 从价税"混合征收制改为单一从价税。经本次调整后的酒税为：酒精度超过 30% 的酒类商品、酒精度低于 30% 的酒类商品、葡萄酒分别按 100%、30%、90% 征收从价税，取消从量税①②。白兰地、威士忌等高端烈性进口酒市场售价随之升高，同时葡萄酒、啤酒、香槟酒等低酒精度或低价产品迎来了市场渗透和扩张期。1994—2006 年，香港酒税率虽经若干次调整，但总体处于较高水平。其间，为应对 1997—2003 年亚洲金融风暴叠加"非典"疫情对经济的不利影响，还分别调高了低度酒和葡萄酒的酒税（见表 5-3）。

表 5-3　1994—2008 年香港酒类商品税率调整

酒类商品名称	1994 年	1997 年	2001 年	2002 年	2007 年	2008 年
酒精度高于 30% 的酒类商品	100%	100%	100%	100%	100%	100%
酒精度低于 30% 的酒类商品（葡萄酒除外）	30%	30%	40%	40%	20%	0%
葡萄酒	90%	60%	60%	80%	40%	0%

数据来源：根据香港立法会历年发布的《公共收入保障（收入）令》及其他资料综合整理

① 黄智幼. 1994—1995 年度香港财政预算案的税收建议 [J]. 涉外税务，1994 (9)：24-26.
② 江文. 洋酒在香港销量税减 [J]. 酿酒科技，1994 (4)：58.

2005 年之后，受益于进口关税降低和外贸经营权全面放开的双重利好，再加上经济持续高增长，中国内地市场对中高端进口葡萄酒产生了旺盛消费需求。而且内地买家在国际贸易和伦敦、纽约高端葡萄酒拍卖市场表现活跃，但香港均无法从中获益①。此外，由于香港当时的酒税较高，部分人士为避税选择先将高端酒进口至当时酒税较低的澳门地区并赴当地完成品饮消费，且可带一瓶免税酒入港。这使得香港在税收、酒类零售和餐饮消费方面都遭受损失。

在业界的减税呼吁和建议下，香港自 2007 年 2 月 27 日起降低两种酒类商品的税率：①葡萄酒税率由 80% 降至 40%；②酒精度不高于 30%vol 的酒类商品，税率由 40% 降至 20%。自 2008 年 2 月 27 日起，又将这两种酒类商品的税率降至零。自 2008 年 6 月 6 日起，相关行政管制措施也被撤销，即这两种酒类商品在制造、运输、贮存、进出口等环节无须再申领牌照或许可证②。而酒精度高于 30%vol 的酒类商品在税率和牌照 / 许可证管制措施方面维持原状。

1998–1999 财政年度，香港政府的含酒精饮品税项收入为 7.99 亿港元。2008 年，葡萄酒和酒精度低于 30%vol 的酒类商品税率削减至零之后，税收出现较为明显的减少之后又缓慢回升（见表 5–4）。2007 年之后，碳氢油类（汽油、飞机燃油和轻质柴油）、酒精浓度以量计多于 30% 的饮用酒类、甲醇（归属于其他酒精产品）和烟草（除了无烟烟草产品和另类吸烟产品）四类应课税品的税项收入在香港特区政府一般收入占比在 2.3%~2.7% 之间。2022—2023 财政年度，这四类应课税品为香港特区政府带来的实际税收为 119.82 亿港元，其中碳氢油类和烟草的税收分别为 33.29 亿港元、79.31 亿港元，饮料酒以 7.15 亿港元的数值仅占总额的 6%。

① 陈晓钟. 香港红酒税有望月底取消 [N]. 中国质量报，2008–02–26（010）.
② 香港海关应课税品科. 撤销有关葡萄酒和酒精浓度不多于 30% 的酒类的牌照 / 许可证安排 [Z]. 2008–06–02.

表 5-4　2003—2023 年香港财政年度含酒精饮品的应课税品税收收入

（单位：亿港元）

财政年度	收入	财政年度	收入
2003 — 2004	7.67	2013 — 2014	4.15
2004 — 2005	8.17	2014 — 2015	4.06
2005 — 2006	8.80	2015 — 2016	4.31
2006 — 2007	9.27	2016 — 2017	4.49
2007 — 2008	6.87	2017 — 2018	5.23
2008 — 2009	2.36	2018 — 2019	5.67
2009 — 2010	2.56	2019 — 2020	5.64
2010 — 2011	2.98	2020 — 2021	5.53
2011 — 2012	3.64	2021 — 2022	7.14
2012 — 2013	3.83	2022 — 2023	7.15

数据来源：根据香港历年公布的财政年度预算案综合整理

注：香港特区政府的财政年度起止日期为每年的 4 月 1 日至次年的 3 月 31 日

2　多头突破，渐成区域性葡萄酒交易中心

免除葡萄酒税虽然让香港减少了税收收入，但也让产品售价随之下跌进而促进了本地市场和旅游市场的餐饮消费。与此同时，行政管制措施的取消也让更多的贸易商、分销商进入此领域。还有部分来自内地的运营商在香港新设分支机构以扩充业务。例如，富隆国际酒业、ASC 精品酒业均于 2008 年在香港设立分公司。这给香港的拍卖、会展、仓储、酒店、餐饮、旅游、品酒与侍酒和教育培训等服务领域带来了更多商业机会，同时也增加了相关领域的就业人口。2008—2009 年，与葡萄酒有关的香港公司增加了 850 家左右，总数增至 3550 家，与葡萄酒相关的从业人员增加 5000 余人，总数增至近 4 万人。2009 年，与葡萄酒有关的总收入为 55 亿港元，与 2007 年的 41 亿元相比增长超 30%[1]。2007—2009 年，与葡萄酒相关的人力及专业培训课程从 21 个增至 86 个，修读人数从 2400 人增至 8500 多人。

---

[1]　立法会十五题：取消遗产税和葡萄酒税的效益［EB/OL］.（2010-12-15）［2024-09-08］.https://sc.isd.gov.hk/gb/www.info.gov.hk/gia/general/201012/15/P201012150146.htm.

在香港特区政府、非政府机构和行业组织等共同协作下（见表 5-5），香港已围绕葡萄酒产业确立"贸易、储存、拍卖"三大突破口，同时形成了"会展驱动区域市场开拓""转口带动仓储物流""餐饮 + 旅游 + 批发 + 零售齐发展"的产业生态。2008 年，香港葡萄酒的进口额 28.62 亿港元、进口量 3.04 万千升，分别比上年增长 79.51%、29.89%。2015 年进口额首次突破 100 亿港元，并在 2016—2018 年连续三年达到 120 亿港元（见表 5-6）。

表 5-5　香港各界在建设葡萄酒贸易 / 分销中心方面的协同措施

时间	政府 / 非政府机构	主要措施
2010—2017 年	香港特区政府与内地政府	根据 CEPA 框架条款先后签订 5 个协议，经香港转运至内地的进口葡萄酒享受便利清关措施，适用范围现已扩展至内地全部 42 个关区内的所有口岸。"葡萄酒须由内地备案进口商进口"和"内地海关的价格预审核制度"这两条限制性条款也于 2014 年被取消，且经香港备案的出口商可通过网上申报系统预先向内地海关递送报关资料
2008—2017 年	香港商务及经济发展局（CEDB）	中国香港先后与法国（波尔多、勃艮第及香槟地区）、西班牙、澳大利亚、意大利、匈牙利、新西兰、美国及其俄勒冈州和华盛顿州、葡萄牙、智利、德国、罗马尼亚、斯洛文尼亚和阿根廷等主要葡萄酒生产国及产区签订相关合作协议，主要合作内容为清关便利、贸易分销、市场推广、教育培训、行业投资、旅游服务和打击假冒等
2012 年	香港工业贸易署	香港企业或非营利性组织拓展内地以及与香港签订自贸协定和投资协定的经济体，可获得"发展品牌、升级转型及拓展内销市场的专项基金"（BUD 专项基金）或"中小企业市场推广基金"的补贴或资助
2008 年	香港贸易发展局（HKTDC）	主办年度展览"香港国际美酒展"，为生产商、贸易商和分销商搭建交流、洽谈与合作平台。2008—2023 年，已举办 15 届"香港国际美酒展"
2008 年	香港经济贸易办事处（HKETO）	在海外的宣传推广工作则交由官方代表机构香港经济贸易办事处在境外的全球分支机构来完成。香港特区政府在北京、广东、上海、成都和武汉设立的 5 个经济贸易办事处及 11 个联络处来宣传、促进和协助香港与内地在葡萄酒领域的经贸合作
2008 年	行业协会 / 民间组织	香港酒类行业协会、香港酒吧业协会、香港酒业总商会。香港专业品酒师协会、香港葡萄酒评审协会、香港葡萄酒商会、香港红酒协会和香港葡萄酒及烈酒行业联盟等行业机构在组织展览、拓展市场和向政府部门沟通并提出政策建议等方面起到积极作用
2009 年	香港旅游发展局（HKTB）	每年举办"香港美酒佳肴巡礼"，与各葡萄酒产区及企业合作，并联合香港的餐厅和酒吧等餐饮机构，通过美食嘉年华等系列活动促进酒与美食文化的传播并刺激本地餐饮、旅游消费

续表

时间	政府/非政府机构	主要措施
2009年	香港品质保证局（HKQAA）	推出"葡萄酒储存管理体系认证计划"，起初主要为储存葡萄酒的酒窖、仓库等达到认可标准的商家提供认证服务，之后进一步扩展到运输、零售和即饮终端等商业机构，现已为92家签发认证
2011年	香港优质葡萄酒交易所（WINE-EX）	是与伦敦葡萄酒交易所（LIV-EX）直接连接的在线葡萄酒交易平台。平台中的供应商均为LIV-EX会员，而购买方须为WINE-EX会员。平台收取会员费、交易佣金、航运费和仓库存储费等
2013年	香港品质保证局（HKQAA）	推出"香港葡萄酒注册计划"，目的在于帮助消费者识别葡萄酒的原产地来源及其优质供应商。香港贸易发展局、香港旅游发展局和香港品质保证局均为非政府机构

数据来源：根据公开资料综合整理

表5-6　2008—2023年香港葡萄酒进口与转口

时间	进口量（千升）	进口额（亿港元）	转口量（千升）	转口额（亿港元）
2008年	30427	28.62	6989	6.90
2009年	34854	40.30	8512	7.61
2010年	40007	69.82	12336	13.36
2011年	48203	97.90	18494	19.13
2012年	50553	80.61	18679	17.68
2013年	50165	80.26	19116	15.98
2014年	52429	84.36	22153	24.32
2015年	63367	107.62	27252	47.62
2016年	62939	120.44	27044	51.98
2017年	60880	119.51	24539	44.22
2018年	51215	119.68	16607	34.26
2019年	41194	88.06	11138	15.08
2020年	34676	75.11	6605	8.99
2021年	38983	106.02	10179	15.95
2022年	34978	79.88	8156	23.16
2023年	31211	75.88	11011	29.19

数据来源：香港政府统计处《香港贸易统计》

据国际葡萄酒烈酒展会（Vinexpo）和国际葡萄酒及烈酒研究所（International Wine & Spirits Research，简称IWSR）的研究报告显示，2007—2011年，中国香港的葡萄酒消费量由182万箱增至300万箱

（9升/箱），位列亚洲第三位。2012年，中国香港的葡萄酒消费量
达348万箱，年人均消费量从2008年的3.3升增至5.3升，居亚洲
首位，日本和新加坡分别以2.7升、2.3升排在其后。目前，来自全
球主要葡萄酒生产国的产品均已进入香港市场（见表5-7、表5-8）。
在进口金额方面，法国和澳大利亚长期以来稳居前两位。2023年，
中国香港自法国、澳大利亚进口的葡萄酒金额分别为46.95亿港元、
14.41亿港元，合计占比80.9%。在进口量方面，2014年，中国香港
自法国、澳大利亚进口的葡萄酒量占比分别为32.9%、16.6%，之后
来自澳大利亚的葡萄酒进口量逐步上升并于2021年以微弱优势超越
法国，位居第一，且保持至今。

表5-7　2018—2023年香港进口葡萄酒主要来源国的数量占比

2018年(%)		2019年(%)		2020年		2021年		2022年		2023年	
来源国	占比	来源国	占比	来源国	占比	来源国	占比	来源国	占比	来源国	占比
法国	32.1	法国	30.3	法国	32.2	澳大利亚	32.7	澳大利亚	33.7	澳大利亚	37.1
澳大利亚	24.6	澳大利亚	25.0	澳大利亚	29.3	法国	32.5	法国	32.9	法国	30.6
美国	13.0	美国	13.9	美国	10.5	意大利	7.5	意大利	8.2	意大利	8.6
智利	8.5	智利	8.6	意大利	6.9	美国	7.3	美国	6.7	智利	5.6
意大利	6.2	意大利	6.6	智利	5.5	智利	4.7	智利	5.9	美国	5.5
西班牙	5.9	西班牙	5.7	西班牙	4.3	西班牙	4.7	西班牙	4.5	西班牙	4.2
英国	2.2	新西兰	2.5	新西兰	3.3	新西兰	3.1	新西兰	2.9	新西兰	2.9
新西兰	2.1	英国	2.1	英国	2.2	英国	1.9	德国	1.5	德国	1.2
南非	1.2	德国	1.1	德国	1.8	德国	1.7	南非	0.9	南非	0.9
德国	1.1	南非	0.9	南非	0.8	南非	1.1	英国	0.9	英国	0.8

数据来源：香港特区政府统计处《香港贸易统计》

表5-8　2017—2022年香港进口葡萄酒主要来源国的金额占比

2017年(%)		2018年(%)		2019年(%)		2020年(%)		2021年(%)		2022年(%)	
来源国	占比	来源国	占比	来源国	占比	来源国	占比	来源国	占比	来源国	占比
法国	59.5	法国	65.1	法国	62.9	法国	64.9	法国	61.4	法国	61.7

续表

2017年（%）		2018年（%）		2019年（%）		2020年（%）		2021年（%）		2022年（%）	
来源国	占比	来源国	占比	来源国	占比	来源国	占比	来源国	占比	来源国	占比
澳大利亚	18.5	澳大利亚	13.3	澳大利亚	10.5	澳大利亚	11.0	澳大利亚	18.0	澳大利亚	15.0
英国	7.3	英国	8.7	英国	9.3	英国	9.1	英国	8.0	英国	8.9
美国	5.1	美国	4.1	美国	7.1	美国	5.3	美国	3.2	美国	4.0
意大利	2.9	意大利	2.4	意大利	2.7	意大利	2.8	意大利	2.7	意大利	3.2
智利	1.5	智利	1.4	智利	1.7	智利	1.1	西班牙	1.0	智利	1.5
西班牙	1.1	瑞士	1.2	西班牙	1.5	西班牙	0.9	智利	0.8	西班牙	1.2
德国	0.9	西班牙	0.9	瑞士	0.9	德国	0.9	德国	0.7	德国	0.6
新西兰	0.7	德国	0.7	德国	0.8	瑞士	0.7	瑞士	0.6	瑞士	0.6

数据来源：香港特区政府统计处《香港贸易统计》

2008年之后，香港葡萄酒零售市场之前由屈臣氏酒窖、少数超级市场和专卖店主导的市场局面渐被改变，并涌现出骏德（Jointek）、皇冠酒窖（Crown Wine Cellars）、宝泰酒窖（Ponti Wine Cellars）、美酒汇（Major Cellar）和麦迪森酒业（Madison Wine）等各类专业仓库、专卖零售和俱乐部等业态。根据香港特区政府统计处公布的数据显示，2008—2022年，从事进口酒的批发商由310家增至740家，酒类专卖店由140家增至480家。目前，香港有1300余家葡萄酒进口商和零售商，持有酒牌的餐饮、娱乐、食肆和会所等即饮场所约8600家。截至2023年10月31日，已向工业贸易署登记的香港"备案葡萄酒出口商"数量为60家。

战略调整，持续发挥区域性竞争优势

继2010年超越美国纽约之后，香港又于2013年超越英国伦敦成为全球最大的洋酒拍卖中心。2013年勃艮第产区委员会将亚洲办事处从新加坡迁至中国香港。苏富比于 2014 年在中国香港开设全球第二家洋酒零售店。2016 年英国葡萄酒及烈酒教育基金会（WSET）在中国香港开设英国以外首个国际办事处。现今，中国香港已是白兰地、威士忌、葡萄酒和啤酒的成熟消费市场，并出现了新消费趋势。据香港酒业总商会于 2023 年公开场合透露的信息，香港年轻人饮酒偏好以葡萄酒为主，但近 3 年清酒的消费量上升很快，已成日本清酒最大的海外出口单一地区。目前，中国香港已在亚太地区葡萄酒贸易、分销、拍卖领域扮演着重要角色。但要依托转口贸易进而成为名副其实的亚太葡萄酒和烈酒分销、贸易中心，仍需做出转型努力。

1 关注环境变化，应对潜在对手的竞争挑战

内地市场一直是香港葡萄酒贸易分销的最大转口目的地，充当国际酒类商品进入内地市场的前置仓功能。2012 年之后，内地沿海及内陆城市逐渐崛起的保税区和自由贸易区以及区内设置的各类"国际酒类交易中心"，而且在国内部分机场和旅游景区还开设出更多的免税店，这对香港的进口酒前置仓角色形成部分替代效应。除上述挑战之外，香港至少还面临着 3 个潜在竞争对手的威胁。

其一是虎视眈眈的新加坡。在自由贸易政策、营商环境和转口贸易区位优势等方面，新加坡一直是中国香港在东南亚的强力竞争对手。在葡萄酒转口贸易额方面，1999—2009 年新加坡占据着亚洲市场超过50%的份额①。目前，新加坡对酒、烟草、石化产品和汽车4 种产品征收关税，其中酒类商品根据酒精度征收从量税。1998—2018 年，世界顶级酒展之一 VINEXPO 在香港举行过 8 次"亚太区国际葡萄酒及烈酒展览会"（VINEXPO Asia-Pacific）。2020—2022年受新冠疫情影响而暂被搁置的 VINEXPO 于 2023 年重启，"Vinexpo

---

① 陈代，战吉宬. 近十年来亚洲国家葡萄酒产业格局变化及主要国家葡萄酒竞争力的演变分析 [J]. 酿酒科技，2011（6）：122-130.

Hong Kong"也更名为"Vinexpo Asia"，并从每两年举办一次改为每年举办一次——奇数年在新加坡，与中国香港互补服务亚洲客户尤其是东南亚客户；偶数年在中国香港，侧重于服务中国内地市场。

其二是日渐活跃的中国澳门。为了应对香港取消酒税带来的竞争压力，澳门自 2008 年 8 月 26 日 2 起将啤酒、葡萄酒、米酒和酒精度低于 30% 的饮料酒等 4 种商品的进口从价税税率和特定税率均定为零，其中葡萄酒的进口税率从 15% 降至零（见表 5-9）。国家"十二五"规划正式将澳门定位为"世界旅游休闲中心"。仅在 2023 年，澳门就举办了"CMS 侍酒大师公会侍酒师认证课程""亚洲顶级侍酒师峰会2023"。这充分显示出澳门在围绕葡萄酒旅游、休闲和消费所做出的努力。

表 5-9 2008 年取消葡萄酒进口关税之前的澳门酒税

酒类商品名称	从价税	特定税
啤酒	无	1 元 / 公升
葡萄酒	15%	无
酒精强度以容积计低于 30%（即 20 度以下）的饮料	10%	10 元 / 公升
米酒	10%	无

其三是等待崛起的中国海南自贸港。根据《海南自由贸易港建设总体方案》，海南将在 2025 年年底之前实时启动全岛封关。届时白兰地、威士忌、葡萄酒等进口饮料酒进入海南将免征进口关税、消费税和增值税。而内地的酒类产品进入海南将享受增值税和消费税的退税优惠[1]，岛内注册企业及个人可享受所得税方面的优惠。年满 16 周岁的旅客可享受从指定免税店购买合计不超过 1500 毫升各类饮料酒的离岛免税政策[2]，这一系列政策的实施落地也将对香港的竞

---

[1] 全国人民代表大会常务委员会.《海南自由贸易港法》[Z]. 2021-06-10.
[2] 财政部，海关总署，税务总局. 关于海南离岛旅客免税购物政策的公告 [Z]. 2020-06-29.

争地位带来新的挑战。2020—2023 年，帝亚吉欧、保乐力加、路威酩
轩等世界烈酒巨头均已通过入驻海南免税渠道的方式提前布局市场。

2 积极调整战略，充分拓展亚太地区市场

现在，亚太市场除了是新兴的葡萄酒消费区域，还是白兰地、
威士忌等烈酒的重点市场。例如，泰国在 2022 年进口葡萄酒货值
为 1.2 亿美元，并于 2024 年年初宣布大幅降低烈酒、葡萄酒的进口
关税和消费税以促进旅游消费经济的发展。法国国家干邑行业管理
局（BNIC）发布的出口统计数据显示，2018 年 7 月 31 日至 2019 年
8 月 1 日，新加坡、中国内地、中国香港分别以 2660 万瓶、2468 万
瓶、430 万瓶的进口量在全球十大干邑市场中位列第二位、第三位、
第七位。另据苏格兰威士忌协会（SWA）的数据显示，2022 年苏格
兰威士忌全球出口市场中，亚太地区以 18.18 亿英镑位居第一，占全
球出口 29% 的份额。在苏格兰威士忌的全球十大出口市场中，来自
亚太市场的国家或地区独占 5 席（见表 5-10）。2024 年 10 月 16 日，
香港特区政府决定从即日起调整烈酒税率：进口价格超过 200 港元
以上部分的税率由 100% 减至 10%，200 港元及以下部分的税率维持
不变；进口价格在 200 港元或以下的烈酒，税率维持不变。随着此
项政策落地，香港或将成为面向亚太市场的干邑白兰地、威士忌等
烈酒转口贸易分销平台，而且还有利于促进内地高端白酒在香港市
场的消费或提振经香港转口至其他国家和地区的贸易。

表 5-10 2022 年苏格兰威士忌全球十大出口市场

序号	国家 / 地区	2022 年（亿英镑）	2021 年（亿英镑）
1	美国	10.53	7.90
2	法国	4.88	3.87
3	新加坡	3.16	2.12
4	中国台湾	3.15	2.26
5	印度	2.82	1.46

续表

序号	国家/地区	2022年（亿英镑）	2021年（亿英镑）
6	中国	2.33	1.98
7	巴拿马	2.03	0.77
8	德国	2.02	1.48
9	日本	1.75	1.33
10	西班牙	1.73	1.18

数据来源：苏格兰威士忌协会（SWA）

内地与香港签署的自由贸易协议 CEPA，内地与东盟、香港与东盟的自由贸易协议，以及《区域全面经济伙伴关系协定》（RCEP）不断为香港带来商机[①]。只有不断加强与深化合作才能提升香港在亚太区域价值链的竞争地位[②]，在酒类竞争领域也是如此。根据香港统计处发布的数据显示，2014—2019 年，虽然转口目的国也包括美国、英国、瑞士、澳大利亚、意大利等，但这些国家的份额总和最大时也没超过 3%。而经香港转运的葡萄酒以数量来计几乎全部集中在亚洲市场，且转口至内地和澳门的数量占比基本保持在 90% 以上（见表 5-11）。目前，内地葡萄酒消费市场持续调整导致进口葡萄酒的渠道库存巨大，这也对香港主要以内地为转口目的地的葡萄酒贸易和分销带来了压力。因此，将目光转向东南亚、东盟及日韩酒类市场已成为香港的竞争新方向（见表 5-12）。

香港商务及经济发展局公布的统计数据显示，2023 年 1—12 月，作为葡萄酒经中国香港转口的目的地市场之一，中国澳门无论在转口金额和转口数量上均居于首位，占比分别为 36.8%、49.1%。中国和新加坡市场以 24.3%、15.4% 的占比位居转口量的第二位、第三位，越南、中国台湾地区、韩国、泰国、澳大利亚、美国和柬埔寨

① 赵觉理. 香港可成为对接"双循环"的桥头堡［N］. 环球时报，2023-11-10（010）.

② 钟韵，洪铠邦. 全球价值链视角下香港贸易物流业发展研究［J］. 港澳研究，2023（1）：28-40，93-94.

等市场转口数量占比之和为 11.2%。

表 5-11　2014—2019 年经香港转运至亚洲市场的葡萄酒数量占比（%）

转口市场	2014 年	2015 年	2016 年	2017 年	2018 年	2019 年
中国	78.2	87.1	88.1	90.4	86.1	81.0
中国澳门	8.1	6.6	7.3	6.3	7.8	13.1
中国台湾	0.2	—	0.2	0.2	0.3	0.5
新加坡	0.2	0.3	0.2	0.2	3.6	0.7
越南	5.6	3.4	2.2	1.8	0.7	0.6
马来西亚	—	—	—	0.1	0.3	0.2
日本	5.6	0.4	—	0.1	—	0.3
柬埔寨	—	—	—	—	0.1	0.3
泰国	0.4	0.5	—	0.1	0.3	0.4
合计	98.3	98.3	98.0	99.2	99.2	97.1

数据来源：香港特区政府统计处《香港贸易统计》

表 5-12　2014—2023 年经香港转运至亚洲主要市场的葡萄酒金额占比（%）

转口目的地	2014 年	2015 年	2016 年	2017 年	2018 年	2019 年	2020 年	2021 年	2022 年	2023 年
中国	60.6	84.0	85.9	83.1	84.4	52.0	40.2	33.4	28.0	15.1
中国澳门	21.0	7.9	9.2	10.4	8.3	29.3	29.3	32.7	41.3	36.8
中国台湾	1.1	0.4	0.4	0.6	1.1	3.0	7.0	7.8	4.0	4.7
新加坡	0.9	0.4	0.4	0.6	1.3	2.3	5.1	5.2	3.7	26.3
合计	83.6	92.7	95.9	94.7	95.1	86.6	81.6	79.1	77.0	82.9

数据来源：香港特区政府统计处《香港贸易统计》

此外，在国内酒类商品进入国际市场方面，香港也可以发挥积极的推动作用。例如，仅在 2023 年，香港酒业总商会就与贵州仁怀白酒产区、泸州古蔺白酒产区和天山北麓葡萄酒产区围绕海外市场开发等方面先后达成了战略合作，但成效仍有待未来时间检验。根据宁夏海关的信息显示，2023 年，宁夏产区葡萄酒出口至香港地区的金额占全年总额的 35.35%。2024 年 1—8 月宁夏产区的葡萄酒出口量为 7.7 万升，其中出口至香港地区的葡萄酒占总出口量的 52.9%。香港经济增长的"三驾马车"分别是出口、固定资产投资和消费，且在货币、资金、人才、货物、资讯流通等方面都具有优势①。如何借助这些优势来推动其成为亚太地区的葡萄酒和烈酒的贸易、分销中心，依然是不可回避的话题。而且，国内葡萄酒行业和企业通过借助中国香港的平台功能来开拓亚太地区市场，对于缓解国内葡萄酒市场消费持续不振和国产葡萄酒市场销售不畅等问题，也不失为一种可以尝试的选择。

还有一点值得注意。2008 年，香港和澳门先后全面取消葡萄酒关税之后，使得内地与香港、澳门的进口葡萄酒完税价格之间出现了较大利差，由此还出现走私酒活动猖獗的现象。尤其在 2003 年内地与港澳地区实施"自由行"以来，随着内地旅客赴港澳地区人数增加，零售业、旅游业、酒店业和餐饮业等诸多行业均在此过程中受益颇多。但同时也出现了有组织、集团化运营的"港澳居民 + 内地居民"专兼职水货客群体。除了通过水货客群体的单人"少量多次"、多人"集体行动"等形式滥用个人可携带入境的免税酒政策，车辆夹带、伪报品名、低报价格等都是常见的走私方式。虽然三地海关部门针对走私活动展开协力打击，但在珠海拱北口岸、深圳罗湖和皇岗口岸等进出境旅客较多的陆路口岸出现的酒类商品非法走私行为依然频繁。而且，香港酒类进口商品尤其是高端产品绕道中国澳门或新加坡辗转通过灰色渠道进入内地市场的走私案件更是时有发生。这对正常的市场秩序造成了不小的挑战。

①　白云怡，陈青青，邢晓婧. 借助 APEC 平台拓展香港"朋友圈"［N］. 环球时报，2023-11-17（010）.

　　香港酒类市场经历的不同发展时期及其特征，与香港自身的产业结构特点以及其与中国内地、亚太地区乃至世界的经贸格局紧密相关。本地市场消费空间相对较小，以及特定的区位交通优势和在全球贸易长期形成的竞争地位，必然使得香港酒类市场的建设思路与竞争格局是国际化、外向型的平台类发展模式。现今，在与贸易伙伴全面参与和共建"一带一路"和粤港澳大湾区（GBA）的趋势背景下，不论是香港酒类市场的监管者还是从业者都须从服务理念迭代与运营模式创新方面寻求突破，找准自身在亚太区域的酒类市场价值链分工与角色，才能切实提升竞争地位。

第六部分

消费文化培育：细雨如丝润无声

　　酒是一种深具文化属性的产品，不仅是呈现原料、工艺和产地等多元要素完美结合的风土载体，还是企业能否向市场索取溢价的品牌符号。杯中的酒，似乎相同但又迥异。长期以来，国内消费市场的培育和建设将葡萄酒牢牢贴上"贵族文化、精英文化"的身份标签，而在侍酒、品鉴领域又过度模仿和遵从国外制定的标准或规范，致使这一品类在各种充满仪式感的宣教之下变得"高高在上"，进而脱离了最广泛的大众消费人群。曲高和寡之下，突围之路依旧困难重重。消费文化培育，需应时而变。

　　文化是社会消费的压舱石，酒类消费更是如此。文化能否有效地为国内葡萄酒市场消费赋能，需要深思，也值得反思。与葡萄酒相关的文化不但需要消费者通过各类接触来习得和体验，更重要的是需要获得消费者的感知并加以认同。持续的消费文化建设能够促进某一品类的市场价值不断提升。中国葡萄酒消费市场的逐步升级也对消费文化建设提出了新的要求。葡萄酒消费文化体系的建设与表达，解决的是品类、品牌、产品在市场上的"人设"问题，即要和哪类群体沟通、用什么话语体系和他们沟通、到哪里和他们沟通。

　　因地制宜、因势利导，适时调整、顺势而为，这是国内市场葡萄酒消费文化培育的行动基石。所有的葡萄酒消费文化培育活动，都是为了达成三个目标：①酿出更多的好酒，在生产端促进企业稳步提高产品质量；②让更多的人喝起来，在品类端培育更广范围的消费群体；③让人们更好地喝下去，在消费端让葡萄酒成为人们美好生活的一部分。葡萄酒产品的消费文化培育，其实也是一个产品质量综合信息的传递和沟通体系。更充分、更清晰、更合理的葡萄酒产品质量表达，使企业与消费者之间的产品质量信息变得更加对称，可帮助企业定义葡萄酒品类与消费市场之间的关系、葡萄酒品牌与消费者之间的关系。葡萄酒产品的质量表达体系的构建，可让企业在向市场讲述产品质量时讲得"更清楚"，也可让消费者在购买或饮用时变得"更简单"。

　　现今，具有中国味道、深刻中国风土的精品葡萄酒群体已然涌现，根植于中国文化的消费培育也在路上。假以时日，中国葡萄酒必"当惊世界殊"。

消费既是一种经济行为，又是一种文化形态①。社会经济发展不同时期所倡导和推崇的主流消费文化对消费观念的构建起着决定性的作用②。同时，市场上消费结构和消费理念的升级也要求行业、企业的消费文化建设作出与时俱进的互动与回应。作为中国酿酒行业的子品类，葡萄酒的市场价值屡次获得国内外、业内外资本的认可。在此过程中，国内葡萄酒消费文化也一直在经历着逐轮迭代的演变。目前，国内葡萄酒市场正深处产业周期波动与经营震荡的特殊发展阶段。那么，如何建设符合时代发展节奏的消费文化培育体系，已成为保障葡萄酒品类价值在中国市场上获得稳固和提升的必选项。

国内经济持续快速增长，推动葡萄酒消费逐渐升级

改革开放既是制度和思想上的松绑，也成了消费主义在中国兴起的前提条件③。1978 年之后，改革开放政策的持续深入推动着中国经济的持续稳健增长。2003 年、2006 年和 2008 年，中国人均 GDP 先后突破 1000 美元、2000 美元和 3000 美元，到 2019 年顺利跨过 1 万美元大关。而根据国际经验，某国的人均 GDP 超过 3000 美元之后，整个社会将会出现持续的、明显的消费升级现象。而数轮的国内消费升级，也让民众综合生活水平和消费水平有了稳步上升。其间，葡萄酒产业也收获了 4 轮消费升级的市场红利。

---

① 林楠. 中国消费文化演进的逻辑轨迹及其与经济发展的互动研究［D］. 武汉：武汉大学，2010.
② 刘军智. 当前中国消费文化观念的影响因素研究——基于消费文化的角度［D］. 兰州：兰州大学，2011.
③ 李凡. 消费文化的兴起与生态问题［J］. 社会科学辑刊，2012（6）：49-53.

1 第一轮消费升级（1978—1989年）

本阶段国内市场的葡萄酒消费升级特征如下。

（1）产品形式：以甜型葡萄酒和半汁葡萄酒为主要产品形式。

（2）市场流通：①个体经济和私营经济活动重新被认可和接受，民营资本在"吃穿住行"流通领域获得了恢复性发展；②酒类专卖制度被取消。除传统的百货商场占据主流位置之外，日常消费品的流通渠道逐渐多样化。

（3）传播媒介：广告业得以恢复，传媒行业获得新的发展动力。报刊、广播、电视和户外媒体逐渐成为企业向市场传递信息的主要阵地。

（4）消费场景：基于健康诉求，在更多的场合人们开始选择葡萄酒。

（5）整个社会消费热点：粮食消费占比开始下降，而食品烟酒、服装类和生活日用品类等轻工产品消费显著增加。

2 第二轮消费升级（1990—1999年）

本阶段国内市场的葡萄酒消费升级特征如下。

（1）产品形式：以全汁葡萄酒和干型葡萄酒为主要产品形式，出现过"白兰地热""干型葡萄酒热"。

（2）市场流通：①在价格市场化和餐饮服务供不应求的背景下，更多国有、民营资本和外资进入餐饮市场；②中国零售业对外资实行定点试验，众多国内零售商掀起了向外资零售商学习的热潮；③大、中、小型零售商在市场上百花齐放，专卖店业态、商超连锁化出现并成为趋势。

（3）传播媒介：中央电视台系列频道和各个省级卫视全部实现上星传播，电视成了企业向市场传递信息的第一媒体，并带领传统媒体占据着统治地位。

（4）消费场景：在不同场合的餐桌上，葡萄酒开始成为时尚、健康的代名词。

（5）整个社会消费热点：本阶段前期，"老三件"（自行车、手表、收音机）和"新三件"（冰箱、彩电、洗衣机）分别是温饱和小康时期的标志性消费品；本阶段后期，家用电器等耐用消费品向高档化发展。此外，电话、空调、家用电脑等进入城镇家庭①②③。

3　第三轮消费升级（2000－2010 年）

本阶段国内市场的葡萄酒消费升级特征如下。

（1）产品形式：以全汁葡萄酒和酒庄酒为主要产品形式，出现过酒庄酒消费热潮，国内企业的跨国投资和收购行为较为频繁。

（2）市场流通：①城市化进程推动餐饮业快速发展，社会化餐饮需求呈现全面爆发态势，且餐饮连锁化成为主流业态之一；②中国零售业在开店数量、股权占比和选址方面对外资全面开放④；③零售业由于饱和出现兼并和整合，专卖店业态获得快速发展⑤；④以淘宝、京东等为代表的电商平台开始崛起，网络零售商开始分享消费市场成长红利。

（3）传播媒介：新浪、百度、网易等公司的创立，民众信息获取进入互联网时代。网络媒体开始从传统媒体分流受众，但总体上传统媒体依然占据主流地位。

（4）消费场景：在加大固定资产投资背景下，中高端政务、商

---

① 陶金. 消费升级如何影响中国经济周期［EB/OL］.（2017-08-11）［2024-09-08］. http://opinion.caixin.com/2017-08-11/101129090.html.

② 贾肖明. 笑看未来三十年［N］. 南方日报，2010-08-09.

③ 姜超. 中国消费升级的三大主线［N］. 佛山日报，2018-12-07.

④ 万后芬. 中国零售业的对外开放进程及全面开放背景下零售企业的经营之道［C］. 湖北省市场营销学会 2005 年学术年会论文集，武汉，2005.

⑤ 于干千，赵京桥. 改革开放四十年来中国餐饮业发展历程、成就与战略思考［J］. 商业经济研究，2020（11）：5-8.

务葡萄酒消费蓬勃发展。

（5）社会消费热点：住房商品化和城市化两大进程，推动了乘用车、住房、家具家电、交通通信等消费增长，同时文化教育、娱乐、交通旅游、通信、医疗保健等方面的消费也快速增长[1][2]。

4　第四轮消费升级（2011—2024 年）

本阶段国内市场的葡萄酒消费升级特征如下。

（1）产品形式：以国产葡萄酒和进口葡萄酒产品共同竞技为主要特征，国内外资本进一步深耕市场。

（2）市场流通：①除了传统的线下零售渠道，线上虚拟电商平台网购逐渐成了国内民众购买日用消费品的新选择；②餐饮渠道休闲化、个性化成为潮流，且业态更加多元；③以零售商 O2O 线上线下融合、微信小程序、线上商城、社群和直播带货为代表的数字化新零售模式涌现。

（3）传播媒介：以智能手机为代表的移动终端的普及，让微信、微博、长 / 短视频在线平台等新媒体成了企业对外发布信息的崭新阵地；传统媒体的数字化、在线化转型渐成常态。传播环境的互动性、数字化和在线化成常态。

（4）消费场景：政务消费受到抑制，葡萄酒消费向商务消费和民间消费转变。

（5）整个社会消费热点：食品消费讲求膳食均衡和健康，水产品、鲜果类和乳制品等消费增长显著；以智能家电和智能家居为代表的耐用品消费讲求舒适度和智能化；此外，出境旅游、医疗保健、文娱教育等消费需求旺盛[3][4]。

---

① 贾肖明. 笑看未来三十年 [N]. 南方日报，2010-08-09.
② 姜超. 中国消费升级的三大主线 [N]. 佛山日报，2018-12-07.
③ 同①.
④ 同②.

消费升级涵盖的范畴主要包括：消费总量增加、消费结构优化、消费品质提升、消费形式多样和消费环境优化等[①]。现今，中国的消费升级呈现出以下主要特征：消费层次由小康型转向富裕型、消费形态由物质型转向服务型、消费品质由中低端转向中高端、消费行为由模仿型转向个性化和多样性、消费方式由线下转向线上线下融合[②]。在经历数轮消费升级之后，中国葡萄酒市场也在消费总量、产品结构、购买渠道和信息获取等领域不断呈现出了新的消费特征。

消费渐次升级，推动国内市场的消费价值符号变迁

1 消费价值符号，折射时代发展的烙印

中国的消费文化大体经历了 3 个发展阶段：①计划经济时期——"抑制消费"的文化；②计划经济向市场经济转型时期——"适度消费"的文化；③市场经济时期——"鼓励消费"的文化[③]。影响消费文化观念的内在要素包括满足个体具体欲望的物质需要和通过消费获得社会认同的精神需要[④]。法国社会学家让·波德里亚（Jean Baudrillard）认为，消费文化强调的不是商品的实际使用价值，而是其代表的符号价值[⑤]。在消费时代，物的差别不是由人的差别所

---

① 叶菁菁. 中国居民消费升级水平的地区差异、分布动态及收敛性研究［J］. 经济问题探索，2021（4）：12–26.
② 陈新年. 顺应居民消费升级趋势 加快构建新发展格局［J］. 宏观经济管理，2021（3）：24–29.
③ 林楠. 中国消费文化演进的逻辑轨迹及其与经济发展的互动研究［D］. 武汉：武汉大学，2010.
④ 刘军智. 当前中国消费文化观念的影响因素研究［D］. 兰州：兰州大学，2011.
⑤ 让·波德里亚. 消费社会［M］. 刘成富，全志刚，译. 南京：南京大学出版社，2000.

界定，而是人的差别需要借助物的区分加以界定[①]。消费可以达到建构身份、建构自身以及建构与他人关系等目的[②]。

现代消费社会，物品与其功能失去了联系，而成为某种象征性、符号性的存在物。个体可以通过其购买行为获得某种身份标识[③]。在特定社会经济发展时期，人们日常所消费的产品中总会出现一些社交货币型产品来表达自我，并借此提升自身的社交形象或者加强自我认同。

2000 年，中国 GDP 突破 10 万亿元人民币；2010 年，中国成为全球第二大经济体；2020 年，中国 GDP 突破 100 万亿元人民币。根据 2022 年《财富》世界 500 强排行榜，中国有 145 家企业入围（含香港、台湾地区），进入本年度排行榜的企业年度营收门槛为 286 亿美元。总的来看，改革开放以来，中国社会经济发生了翻天覆地的变化，不仅反映在国内民众的衣食住行等所有方面，而且在不同时期能承载消费价值符号的商品也出现了与时俱进的更迭态势，并呈现出深具时代烙印的各种社会经济现象（见表 6-1）。

表 6-1　1980 年至今的典型消费价值符号与社会经济现象

时间	不同时期的消费价值符号与社会经济现象
1980—1989 年	露天电影院、小人书、公共澡堂、蜂窝煤、军大衣、煤油炉、万元户、福利分房、电报、喇叭裤、霹雳舞、卡式磁带、录像带、呼啦圈、永久 / 飞鸽 / 凤凰自行车、缝纫机、西服、气功、流行歌曲、下馆子、录像厅、双卡录音机、招待所、袖珍收音机、黑白 / 彩色电视机、金庸小说、港台歌曲、计划生育、粮票布票、友谊商店、福利房、自助餐、毕业生包分配、子女顶替接班、联产承包责任制、民工潮、个体户、乡镇企业、独生子女、双职工家庭、铁饭碗、供销社、糖酒副食供应站、供应粮、武打片、朦胧诗、女排五连冠、"天之骄子"大学生

① 荣鑫，郗戈. 消费文化与社会秩序的变迁 [J]. 山东社会科学，2016（7）：123-128.
② 包亚明. 游荡者的权力 [M]. 北京：中国人民大学出版社，2004：7.
③ 陈帅，林滨. 论消费文化视域下个体身份认同的异化 [J]. 福建论坛·人文社会科学版，2017（5）：76-83.

续表

时间	不同时期的消费价值符号与社会经济现象
1990—1999 年	亚运会、南方讲话、伊妹儿、互联网、大哥大、BP 机、甲 A、CD、随身听、台式电脑、VCD、门户网站、央视标王、歌舞厅、游戏厅、香港四大天王、西餐厅、洋快餐、瑞士表、大屏幕彩电、家庭影院、私人固定电话、KTV、迪厅、酒吧、五一／十一黄金周、摩托车、银河号事件、进口大片、贺岁片、摇滚乐、住房改革、大学扩招、大学生毕业取消分配、亚洲金融危机、下海、打工、下岗、传销、电磁炉、微波炉、连锁超市、购物中心、春运、琼瑶剧、卫星电视台、NBA、校园民谣、筒子楼、打的、住房按揭贷款、私营经济
2000—2009 年	入世、存款实名制、电子商务／网购、网吧、影剧院、支付宝、"非典"、超级女声、快乐男声、海选、2008 北京奥运会、私家车、商品房、MSN、博客、电动车、笔记本电脑、路由器互联网接入、IPHONE 手机、微博、淘宝双十一／京东 618 网络购物节、整体橱柜、广场舞、杀马特、平板电视、家用空调、出国留学热、经济型酒店、全球金融危机、三聚氰胺奶粉、哈日哈韩族、网游、民工／技工荒、跨国公司、外资企业、温州炒房团、房奴、CEO、MBO、世界工厂、消费升级、自主品牌、贴牌生产、自驾游、出境游、民营经济
2010—2024 年	世博会、智能手机、微信、移动互联网、网络"大 V"、直播、八项规定、长／短视频网站、网络大电影、新能源、微博头条、数字货币、比特币、选秀电视综艺节目、网综节目、明星真人秀节目、中国大妈、考公考研热、创业、中国企业海外收购、佛系、丧文化、躺平、网剧、网红、外卖、跨境电商、国潮风、智能家居、O2O、互联网大厂、全面二孩／三孩生育政策、民工回流潮、网贷、高铁／动车、新能源车、特高压、PM2.5、街舞、嘻哈、辽宁号航母、北斗七星系统、智能穿戴、城中村改造、拆迁户、房住不炒、天价学区房、六个钱包、网约车、世界第二大经济体、人口老龄化、延迟退休、车厘子自由、光盘行动、2022 北京冬奥会、2023杭州第 19 届亚运会、无人驾驶网约车试运营

改革开放之前，由于国内民众生活水平普遍较低，因此喝甜型葡萄酒可以补充糖分，弥补通过食物获取热量的不足[①]。从总量上来看，非全汁的甜型葡萄酒是当时国内市场消费的绝对主流，而且消费场景较少。1980 年至今，就葡萄酒在中国市场所承载的消费价值符号，大体经历了四个阶段。

（1）20 世纪 80 年代，以王朝、长城、张裕为代表，干型、半

---

① 王恭堂. 我国葡萄酒发展的新形势与新思维［J］. 葡萄栽培与酿酒. 1997（3）：
4-11.

干型、半甜型葡萄酒开始在国内市场崭露头角,但消费者对具有"酸、涩、苦"口感的干型葡萄酒的接受度并不高。以至于在当时,国内不少企业为了提高市场接受度而推出了"干红兑雪碧"之类的促销活动,这一做法甚至持续到了 20 世纪 90 年代。此时,专注于葡萄酒产品功能层面的"养生、健康、保健"成了绝大多数国内民众选择葡萄酒的主要原因之一。

(2)20 世纪 90 年代,改革开放进一步深入,国内民众对于西化的产品或者生活方式普遍抱有欢迎甚至追捧的态度。因此,在这一时期,西餐厅(牛排、沙拉、咖啡等)、洋快餐(肯德基、必胜客、吉野家、麦当劳、味千拉面等)和洋酒(白兰地、威士忌、香槟酒等)等任何能够让一个人在其他人眼中变得"洋气"的产品或服务,都让国内民众趋之若鹜。在这样的消费背景之下,葡萄酒确实能成为"时尚、成功、优雅、品味"的代名词。对于很多消费者来说,口感不习惯、价格高高在上、零售终端并不广泛的葡萄酒,还真的有不小的"神秘感"。

(3)21 世纪的第一个十年,中国经济疾速融入世界经济。这一时期,也是消费主义在国内盛行的时候,由于人们对于未来充满着良好的预期,敢于消费、勇于尝鲜。进口葡萄酒的价格也随着关税降低和更多运营商加入竞争抢夺市场而逐渐变得"亲民",进而促使葡萄酒的消费场景也越来越多。同时,发端于 20 世纪 90 年代的"葡萄酒品鉴会"等市场培育方式也大行其道。这一时期,中国葡萄酒行业与中国经济黄金十年产生共振,消费高端化是产业发展的关键词之一。只不过国内民众开始变得"见多识广",企业很难凭借原先的"信息不对称"优势来长时间主导甚至操控市场认知和消费理念。

(4)进入 21 世纪的第二个十年之后,整个中国社会的经济发展基本已经同步于世界,这在消费结构、消费行为等方面都有多体现。在进口葡萄酒的大举压境之下,葡萄酒产品的零售价格进一步出现了明显的持续下跌,更为广泛的消费群体开始将葡萄酒看作是一种普通的社交产品，先前横亘在葡萄酒与消费者之间的"神秘面纱"已经被摘掉。经过之前好几轮大规模的"概念营销"洗礼，原先的不少消费者已经从"懵懂菜鸟"变为了"品鉴高手"。"故弄玄虚"或"矫揉造作"式的宣传说教和市场推广，已经很难奏效，或者已经成了厂商为完成关键业绩指标（Key Performance Indicator，KPI）的自娱方式。

2　赋予葡萄酒多元化的消费价值符号

1980 年至今，中国葡萄酒行业已经陆续或正在经历产业结构升级、产品形式升级、营销沟通方式升级、渠道终端升级，国内市场的葡萄酒消费文化也伴随着物质丰富和视野开放而变得更为多元、成熟。如果说在 2010 年之前，国内葡萄酒企业可以通过聘请国外酿酒师或宣扬西式的生活方式来获得市场噱头，引发消费者共鸣，那么现如今这一套市场运营思路已经不合时宜了。现今，物质的极大丰富促使国内民众消费品位升级，无论是中国造还是外国造，都能获得他们的认可和欢迎[1]。

当然，整个国内葡萄酒消费市场还是需要培育和引导，国内外葡萄酒运营商在面对渠道、消费者的品鉴推介形式在 1990—2010 年对市场起到了很强的推动作用，而后日渐式微。其主要效果或结果为：①培养出了一大批的专业品鉴人士、葡萄酒普通爱好者和发烧友，他们逐渐成了引导并扩大国内市场葡萄酒消费的意见领袖群体，这一作用非常值得肯定；②在产区风土、原料种植、产品风格、酿酒/陈酿设备等产业链各个关键环节，长时间有意或无意的"言必称法国"等自我矮化行为，降低了国产葡萄酒的整体形象，间接打击了从业者和消费者对于国内葡萄酒产业的自信心，同时让消费根基本就不算牢固的国内行业逐渐将定价权拱手相让于国外竞争者；

① 李光斗. 国潮崛起，从文化自信到品牌自信 [J]. 中国商界. 2021（Z1）：30–31.

③葡萄酒作为非标品，其口感偏好、味觉敏感度和品评表达能力等本来就具有因人而异、因时而异的特点，但在各类品鉴宣讲和培训场所的各种强烈明示或心理暗示的作用之下，成为一整套席卷全行业的教条式"屠龙术"；④对于大量国内大众消费群体来讲，在不少葡萄酒消费场合，"究竟喝什么、怎么打开它、怎么倒出来、怎么喝下去、拿什么杯子喝、按什么顺序喝"等，有时候成了一件很伤脑筋的事情，可见很多消费者与葡萄酒之间的心理距离仍然不小。

2000 年之后，国外葡萄酒经过持续的价格、渠道和传播战争，不断抢夺着国产葡萄酒的份额。而综合国家统计局和海关总署的数据，葡萄酒品类（包括国产葡萄酒和进口葡萄酒）在中国酿酒行业（不包括发酵酒精）的年度产量占比已经从 2012 年的 2.59% 下降到 2020 年的 1.65%。如果说国产葡萄酒、进口葡萄酒在中国的市场份额呈现此消彼长的态势，那么两者都需要面对的是一个共同的难题：如何扩大葡萄酒品类在中国饮料酒市场的总体份额。

相较白酒、啤酒、保健酒等其他饮料酒来讲，葡萄酒缺乏的是整个品类在国内市场上赖以生存和发展的强大底座：大众市场的强力支撑。大众市场要求葡萄酒品类不要总是"端着不想下来"甚至是"装着高高在上"，它代表着行业所能获得的最起码的市场规模和现实的消费习惯养成状况。而且，近年来国内市场上白酒酒庄、工坊啤酒的兴起，也对葡萄酒品类形成了"以其道还治其身"的竞争态势。从这个角度来看，整个行业需要发掘和推广能够代表产业的几款大单品（无论是国内品牌还是国外品牌），而且在每一个层次的细分市场都需要涌现出几款大单品。此外，产区、企业和产品的宣传推介须接触到更为广泛的消费群体，摆脱一贯的热衷甚至痴迷于通过各种"说不清道不明"技术性推广操作模式，主动为扩大国内消费群体基数降低"门槛"，才是拥抱市场发展趋势的良策。

在不同的消费场景，特定产品或服务所承载的价值符号代表着某种被消费者关注、认可的属性。这类属性对于该场景下的消费者来说，有着特殊的意义且需要某种载体来顺畅地向外实现传递。在中国市场上，葡萄酒要在高端市场"上得去"、在大众市场"下得来"、在中档市场"立得稳"，就需要关注不同消费场景中消费者所注重的功能、属性或意义（见表6-2），即明确其所承载的消费价值符号。也只有这样，中国市场上的葡萄酒营销才能走得更稳，行得更远。

表6-2　葡萄酒在不同消费场景中所承载的消费价值符号

不同消费场景	消费价值符号
公务宴请	认可葡萄酒作为社交语言的功能属性；注重"品牌、品质、价格"之间的强对应关系；讲求身份、阶层象征意义；高端、超高端消费水平
民间宴请	注重品牌形象及声望；讲求社会地位的对外传递；关注主流品牌的主流价格带产品；中档、中高端、次高端消费水平
亲友聚餐	属社交场合消费，但比较关注产品的性价比；可能是时尚、潮流的追随者；可呈现出个性化消费特点；习惯型或冲动型消费；中档消费水平为主
礼品赠送	认可葡萄酒保健功能；注重名牌效应；促销活动可以转化为购买行为；关注价格梯度；注重产品包装；中档、中高端消费水平
居家自饮	注重葡萄酒健康、养生属性；可能对葡萄酒相关知识了解较多；习惯型消费或偶然型消费；消费水平因人而异，可以触及各个价格带

关注市场、消费者、品类价值，这是中国葡萄酒产业发展过程中始终不可偏离的战略发展轨道。而国内市场葡萄酒消费价值符号的更迭与变迁，更为我们提出了全新的挑战和要求。在此过程中，特别需要明确的有3个关键点：①消费价值符号是消费文化的载体，消费文化会随着整个社会经济的不断向前发展而出现相应的变迁逻辑；②葡萄酒在国内社会经济发展不同阶段所呈现的消费价值符号更迭，要求中国葡萄酒市场须与时俱进地培育和建设消费文化；③关注和明确葡萄酒在不同消费场景中所承载的消费价值符号，才能进一步推动葡萄酒品类在中国市场真正扎下根来、长成参天大树。

欲提升葡萄酒品类价值，消费文化建设需应时而变

1 消费价值符号，已逐渐改变

在消费时代，人与人之间的差别需要借助物的区分逻辑来加以界定，人们参照消费逻辑进而实现社会认同[1]。人们的具体消费选择不仅是一种经济行为，更是一种文化现象，代表着其所认同的价值观念和生活方式[2][3]。法国社会学家皮埃尔·布尔迪厄（Pierre Bourdieu）在其著作《社会资本论》（*Social Capital Theory*）中曾提出了社交货币（Social Currency）概念。就像使用货币可买到商品或服务，人们可使用社交货币从亲朋好友、同事甚至陌生人那里获得更多的正面评价和更积极的个人印象。[4]

法国社会学家让·波德里亚（Jean Baudrillard）认为，消费文化强调的是商品代表的符号价值[5]。在符号编码和逻辑的作用之下，商品才被赋予了意义[6]。物质的丰富与占有不仅仅改变了人们的衣食住行等日常生活，同时也改变了人们的社会关系和生活方式，以及人们对外部世界和自己的看法与态度[7]。社会经济发展的不同时期，总

① 荣鑫，郗戈. 消费文化与社会秩序的变迁［J］. 山东社会科学，2016（7）：123–128.

② 马军，孟华玉. 消费文化的批判与建构［J］. 理论导刊，2014（6）：46–48.

③ 张小帆. 消费文化语境中的消费美学［J］. 西安电子科技大学学报（社会科学版），2019，29（1）：108–113.

④ 乔纳·伯杰. 疯传：让你的产品、思想、行为像病毒一样入侵［M］. 刘生敏，廖建桥，译. 北京：电子工业出版社，2014.

⑤ 让·波德里亚. 消费社会［M］. 刘成富，全志刚，译. 南京：南京大学出版社，2000.

⑥ 李静. 1990 年代以来中国的消费文化与媒介空间［J］. 文化学刊，2015（9）：99–103.

⑦ 李西建. 当代中国消费意识形态的构建——对消费文化理论的思考［J］. 福建论坛·人文社会科学版，2016（4）：81–86.

会有一些产品或服务以其代表的符号价值能在人们的生活、工作或者社交场景扮演特定的角色，向消费者自身或外部世界传递出特定的意义——社交货币型产品能帮助消费者表达自我，成了在社交场景中获得认同感或优越感的符号标签，让自己看起来或听起来"更强大"。同样，同一种产品或服务在社会发展的不同阶段，其所代表的符号价值也会随着消费环境的变化而发生改变——或得到强化，或出现弱化，或被重新定义，甚至会消失殆尽。

很长时间以来，在国内很多消费场合中，葡萄酒似乎就成了这样一种产品，除了有力充当着社交场景表情达意时的"杯中之物"，还是提升个人社交形象的可靠道具。然而，在经济发展和消费能力获得极大提升的情况下，国内民众的吃穿住行用已经向着更好、更高、更理性的层面转化，人们对美食、好酒、美好生活的定义也随着时代的发展出现了一轮又一轮的更迭。简单来说，如今的国内消费者早已告别了通过购买国外品牌或与外来文化紧密捆绑的消费品来彰显社会地位、生活方式，属于上一轮或前几轮消费升级阶段的主流消费品形式已经无法在新时期承载起新的消费标签符号。因此，国内市场消费的持续升级力量已经破坏、重塑甚至彻底改变了葡萄酒产品曾经所代表的符号价值——葡萄酒已不是"西式高尚优雅生活方式"的典型代表，更不是高不可攀的奢侈品标签，它已成为国内众多民众各种消费场景中的常客。

2　消费文化培育，需因时而变

在消费升级的过程中，随着国内葡萄酒市场消费符号价值发生的深刻变化，国内外企业在不同时期对消费文化的主流培育和引导做法也发生了改变。其间，大体经历了 3 个阶段。第一个阶段：1980—1999 年，以保健属性为诉求，类似"法国悖论"（French Paradox）等理论广受推崇并获得消费者认可。在当时总体消费水平不太充足且西式生活方式渐趋流行的背景下，葡萄酒作为较为小众的产品被认为是健康、优雅生活方式的构成要素之一，受到认可和追捧。第二个阶段：2000—2012年，以强社交属性为诉求，中高端消费热情被持续推高。在这段普遍被誉为中国经济的黄金发展时期，政务/商务消费和民间消费能力获得极大提升，葡萄酒被赋予自信成功、人生成就、高端典雅等意义，尤其是中高端葡萄酒消费行为更是提升个人社交形象的有力载体。第三个阶段：2013年至今，以消费者自我表达为诉求，在市场分化中寻找方向。这一时期，政务消费受到极大压制，深度的全球化进程让国内更广泛群体的消费观念变得更开放、理性，同时消费者主权意识崛起让市场需求变得更加多元化。葡萄酒之前被赋予的诸多符号意义都很难再点燃市场消费热情。国内葡萄酒产业似乎进入了一个"不上不下，左冲右突"的尴尬境地——在高端市场无法获得消费群体的充分认可，在大众市场又不具有广泛的消费人群支撑，同时在中端消费市场也无法获得有效、持久的突破。

如果说国产葡萄酒在与进口葡萄酒竞争过程中逐渐失去了话语权和定价权，那么这与国内市场长期盛行的消费文化培育方式不无关系，例如牵强附会地依傍国外概念来做品牌传播、产区/产品知识烦冗细碎而消费者难于认知、刻意模仿甚至矫揉造作式的品鉴推介与餐酒配菜等。国外葡萄酒采用类似做法尚可理解，而国产葡萄酒这样做就显得用力过猛，过犹不及。因此，长时间以来为行业所热衷的诸如"产区＋品种＋年份＋酿酒师＋品鉴＋配餐"的宣贯方式，似乎成了一种无人喝彩的"行为艺术"——看上去听起来装腔作势、矫揉造作、故弄玄虚。这种把葡萄酒变得"神神秘秘""高高在上"或"烦冗复杂"的做法，反而把很多准消费者给吓跑了。"假装高大上""大师遍地走"和"强行酒配菜"等方式已经显得不合时宜[1]。葡萄酒具有

---

[1] 火兴三. 坚定信心，下定决心，保持恒心，应对中国葡萄酒的春天 [Z/OL]. (2021-04-07) [2024-09-08]. https://mp.weixin.qq.com/s/JRG92Obru49UU5LADIjClw.

典型的非标品特性，要向消费者"讲清楚、说明白"本来就不是一件容易的事情。而国内从业者言必称"法国、意大利、澳大利亚"酿酒工艺，动辄"牛排、奶酪、鹅肝、蛤蜊"式的酒配餐宣讲，无形中就透出自我矮化式的产业文化不自信。消费文化的培育和建设是否能与时俱进，也深刻影响着葡萄酒在整个中国酿酒产业的品类价值变化趋势。

关注国内市场消费培育，建设全维度消费文化体系

1　消费文化体系的构成要素

从社会学角度来看，消费文化是人们用来确定和展示自身社会身份的各种消费符号。处于不同阶层的人在衣食住行、休闲娱乐等方面会表现出各自的特征[①]。消费文化以消费者为主体，反映了需求过程中所表现出来的价值观念，具有民族性、多样性、整体性和相对性[②]。文化需要消费者去习得、去体验、去感知、去认同。而很多酒类企业在与用户持续的深度沟通过程中，发现了沟通的内容不能击中用户痛点从而无法获得认可或激发共鸣[③]。因此，针对特定的群体，找到恰当的沟通内容，就成为搭建葡萄酒消费文化体系的重要工作（见图6-1）。

酿造葡萄酒的最高境界是平衡。消费文化体系建设达到理想状况，也应在沟通对象和沟通内容之间达到平衡。一是消费群体不同，话语体系不同。国内地区之间经济发展水平差异较大和国内阶层分

---

① 纪江明. 消费文化的社会意义及消费文化阶层机构的形成 [J]. 上海管理科学，2010，32（5）：49-53.

② 赵吉林. 中国消费文化变迁 [D]. 成都：西南财经大学，2009.

③ 林枫. 重形式、轻内容，酒企的用户教育都搞错了？[Z/OL]. （2021-04-18）[2024-09-08]. https://baijiahao.baidu.com/s?id=1697350129947135554&wfr=spider&for=pc

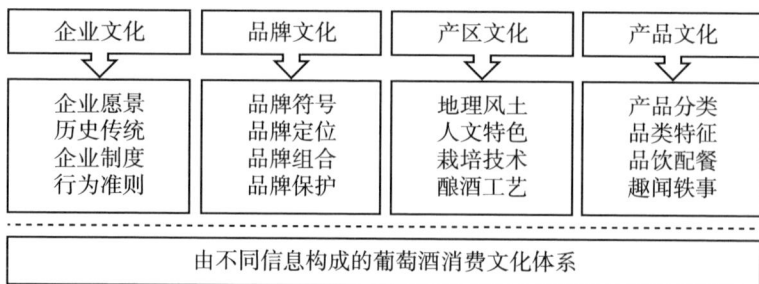

图 6-1　葡萄酒消费文化体系的构成要素

化，导致同质化、异质化市场同时存在且消费诉求更加个性化、碎片化。二是消费者喜欢简单，拒绝复杂。消费者并不拒绝遵循特定仪式或程序规则的葡萄酒消费文化，只是不喜欢那类生搬硬套、形式大于内容的强推式宣讲。此外，国内饮料酒的消费场景大致可以分为公务宴请、民间宴请、亲友聚餐、礼品赠送、餐馆自饮和家中小酌等。切忌不分消费场景所而用同一套话语体系和不同市场进行简单粗暴式的沟通。

2　消费文化体系的表达路径

消费文化是一个不断发展和变迁的过程。在不同社会经济背景下，消费文化所呈现的形态和表现的特征都不一样[1]。葡萄酒消费文化体系的内容建设要在沟通内容广度及深度之间作出取舍，做到"因人而异、因时而异"，表达路径也要随着时代的发展而做出改变（见表 6-3）。

在葡萄酒消费文化体系的表达过程中，还要平衡 4 方面的关系。①消费文化与文化消费的关系。消费不仅代表物质层面的占有，还能让人感受到产品内含的文化气息和体验到产品所折射的审美情趣[2]；饮酒的过程其实是在消费某种特定文化，这一点是肯定的。

---

[1] 王蕾. 中国高端白酒消费文化变迁研究 [D]. 武汉：武汉大学，2011.

[2] 郭景萍. 现代消费文化的"二律背反"析论 [J]. 学习与实践，2012（11）：115-121.

表 6-3 葡萄酒消费文化体系的信息传播媒介

媒介类型 （Media type）	媒介特点 （Media features）	媒介具体表现方式 （Specific expressive modes of media）
他媒体	企业通过购买或租用第三方资源获得的信息发布平台	传统媒体：电视、广播、报刊、户外等 新兴媒体：网站、微博、微信、小红书、快手、抖音、哔哩哔哩（B站）、直播等长/短视频、直播、社交媒体平台
自媒体	企业对于内容和形式具有完全掌控权的信息发布平台	传统媒体：针对员工、分销商或最终用户的企业内刊 新兴媒体：企业官方网站、企业官方微博、企业官方微信公众号、快手/抖音短视频官方账号
非媒体	并非典型媒体形式但可间接实现信息传播的各种载体	跟产品相关：酒窖、品饮杯、滗酒器、酒刀、葡萄园、橡木桶等 跟人员相关：外貌着装、音量音调、口吻语速等 跟活动相关：赞助、代言、KOL、工业旅游、品酒会、展览会、终端陈列/促销等

②酒文化与酒桌文化的关系。文化需要融合和变通，酒究竟怎么喝完全取决于特定社会酒桌文化的礼仪规则和饮酒者的心情与意愿。③俗文化与雅文化的关系。"雅"不代表晦涩难懂、拒人于千里之外，"俗"并不代表低端丢范儿。需要找到雅俗共赏的沟通内容和表达方式。④饮食文化和配餐文化的关系。关注国内不同地域的饮食文化差异，绘制出一幅符合国内消费者的酒配餐消费路线图谱，让更多消费者更好地体验到美酒与美食能带来的视觉、味蕾双重享受。

坚持民族和文化自信、回归产品和品质、重视和呼应消费升级，是中国葡萄酒市场的消费文化体系建设的起点。在这个过程中，还需恪守3个原则：①消费文化建设要以稳步提升品类价值为使命，奉行长期主义；②国内消费市场的分化，要求建设多层次、全维度的消费文化体系；③消费文化建设的最终目标，是要让行业、企业、品类和品牌与消费者搭建起深度信任的紧密型关系。同时代齐共振、随消费共升级，中国葡萄酒市场的消费文化体系建设正当时。

第七部分

行业大事：记录闪耀时刻

中国的近代工业化起步于 1861 年创办的安庆内军械所。进入 19 世纪 70 年代之后，民用工业和交通运输业的工业化开始起步[1]。1895—1937 年，中国近代工业化发展经历三次浪潮。1895 年之前，中国的近代工业化以重工业为主，尤其是军工。1895—1927 年，纺织、面粉、缫丝、橡胶、玻璃、制碱等以民间私人投资为主的轻工业发展迅速[2]。其间，国内的众多传统手工行业引入手工机械或动力机械设备，逐步向现代工业转型。市场开放、技术进步和设备升级，以及企业群体和新兴利益集团的形成，必然推动制度、立法领域的完善与健全，以规范其行为、保障其权益。20 世纪初，西方的工厂制度、公司制度和系列配套的经济制度以立法形式被正式引入中国[3]。

工业化代表工业产值在整个国民经济总产值中占比不断提升的过程，占比多寡反映特定国家或地区工业化程度的高低。工业化必然对特定行业的产业化进程产生推动作用，具体表现在：①经营方式的组织化，即工厂制度的采用；②产品生产的规模化，即以机械化代替手工制，实现产能增加、效率提升和成本下降；③产品质量的标准化，即生产工艺、分析检测和质量控制等摆脱口传面授，变为书面化、制度化的规范性行为；④市场销售的品牌化，即大规模生产与产品质量标准化，辅之以传播、运输等基础设施的完善，使得在更大地理范围内开展产品销售成为可能。企业的品牌化运营是必由之路。

1892—2024 年，中国葡萄酒产业化进程经历四个阶段：初创期、壮大期、提速期和跃升期。不仅形成了完整的第一、第二、第三产融合的全产业链，出现了明显的产业集群效用，还在法律法规、质量标准、技术进步、人才培养、教育培训和消费文化培育等领域进步显著。跨越三个世纪，从近代到现代一路走来，中国葡萄酒产业顺应时代变迁，在不断传承与创新的进阶之路上探索、沉淀和突破。

---

① 左峰. 制度变迁、技术进步与中国近代工业化研究［J］. 黄海学术论坛，2010（1）：216–230.

② 王春雷，王梅春. 中国近代工业化发展的三次浪潮及启示（1895—1937 年）［J］. 河北经贸大学学报，2008（2）：91–95.

③ 刘佛丁. 制度变迁与中国近代的工业化［J］. 南开经济研究，1999（5）：64–72.

产业化发展初创期（1892—1948 年）

• **1892 年，张裕酿酒公司在山东烟台创建。**

该公司由马来西亚华侨张弼士（1841—1916 年）在烟台投资。张裕酿酒公司的创立开创了中国工业化生产葡萄酒的历史先河。1895 年，张裕酿酒公司获得开办准照。1896 年，开始试制酒。1899 年，酿出第一瓶葡萄酒。1914 年，酿出第一瓶白兰地。1914 年，注册为有限公司——烟台张裕酿酒有限公司，并正式对外发售"麟球牌"葡萄酒和"可雅牌"白兰地，年产量 200 余千升。

1914 年正式对外出品时，公司三大系列共计 15 个品种：白兰地注册品名为高月白兰地和可雅白兰地 2 个品种；葡萄红酒有品丽珠、红玫瑰、夜光杯、正甜红、樱甜红、醉诗仙、玛瑙红 7 个品种；葡萄白酒则有大宛香（号称中国香槟）、佐谈经、益寿浆、白玫瑰、贵人香、琼瑶浆 6 个品种[1]。根据 1932 年的张裕葡萄酿酒公司四十周年纪念册记载：金奖牌白兰地、金星高月白兰地和红星高月白兰地的酒龄分别为 40 年、38 年、16 年[2]。

1952 年，公司改为地方国营。1954 年，公司首次出口葡萄酒 1.06 千升。烟台市档案馆保管的 1963 年《烟台张裕酿酒公司名牌产品资料调查》中记载："我公司有五种名酒，是金奖白兰地、红玫瑰葡萄酒、味美思葡萄酒、白玫瑰葡萄酒、金星白兰地。此外还有雷司令白葡萄干酒和解百纳红葡萄干酒两种，国内不习惯，外国经常指名来要。"

1966 年，张裕葡萄酿酒公司更名为烟台葡萄酿酒公司，商标由

---

① 兰振民. 张裕公司志［M］. 北京：人民日报出版社，1999：81-83.
② 兰振民. 张裕公司志［M］. 北京：人民日报出版社，1999：86.

"麟球""星盾"改为"支农"。1968年，试制成功至宝三鞭酒，全部用于出口。1972年，特质灵芝酒上市。1976年，公司产量从1967年的2285千升增长至7056千升[①]。1982年烟台葡萄酿酒公司更名为烟台张裕葡萄酿酒公司（简称"张裕"）。1985年，张裕下设4家分公司：龙口分公司、招远分公司、福山分公司、蓬莱分公司，产量为14800千升。1983年，中国粮油进出口公司山东分公司、烟台张裕葡萄酿酒公司、日本甲州园株式会社和兼松江商株式会社四方合资设立中日友谊葡萄酒有限公司，生产珠穆朗玛峰牌和蓬莱阁牌干白葡萄酒、半甜白葡萄酒、干红葡萄酒。该合资公司于1992年申请撤销。1986年，张裕"VSOP"白兰地产品试制成功。1987年，组建烟台张裕葡萄酿酒总公司（企业集团），张裕与各分公司、分厂产品共达128个，其中全汁葡萄酒21个、半汁葡萄酒32个、不足半汁酒62个、白兰地类产品6个、药酒类7个，占全市葡萄酒产量的90%以上[②]。1988年，张裕葡萄酿酒总公司兼并了成立于1981年的烟台香槟酒厂。1990年，烟台张裕葡萄酿酒总公司（企业集团）更名为烟台葡萄酿酒总公司（企业集团），同时蓬莱、招远、龙口三个分公司退出。1994年，全民所有制企业烟台葡萄酿酒总公司按照《公司法》改制为国有独资企业——烟台张裕集团有限公司。1996年，烟台张裕集团有限公司利税首次突破亿元。1997年，烟台张裕葡萄酿酒股份有限公司成立，下设4家子公司和8家分公司，烟台张裕集团有限公司持股61.4%。2002年，烟台张裕集团有限公司利税首次突破4亿元。

2005年，在剥离张裕集团辅助性产业的基础上烟台市政府将所持有的88%国有股权转让，烟台张裕集团有限公司完成改制：公司从国有独资企业变为国有参股的民营企业，同时也成为中外合资企业。烟台张裕集团有限公司的股权结构变为：国内民营资本裕华投

① 烟台市一轻工业志（1892—1985）[M]．北京：中国轻工业出版社，1991：90．
② 王恭堂．走向世界的烟台葡萄酒[J]．葡萄栽培与酿酒，1988（1）：29-30．

资持股 45%、外资意大利意利瓦隆诺投资公司（ILLVA）持股 33%、外资国际金融公司（IFC）持股 10%、烟台国资委持股 12%。2007 年，首次进入全球十大葡萄酒企业榜单。2010 年，烟台张裕集团有限公司销售收入和利税分别突破 100 亿元和 30 亿元。

2014 年，烟台市国资委将持有张裕集团 12% 的国有股权无偿划转给烟台国丰投资控股有限公司（烟台国资委设立的全资子公司）。同时，意利瓦由于与母公司意迩瓦合并后被依法注销，其原先持有张裕集团33%的股权也随之转让给意迩瓦萨隆诺控股股份公司①。根据《饮料商务》杂志（*Drinks Business*）发布的“2016 年度全球十大葡萄酒品牌排行榜”，张裕以 2015 年 1500 万箱的年销售量排名第四。2018 年，烟台张裕集团有限公司实现销售收入 117.2 亿元，利税 26 亿元，缴纳税金 12.42 亿元。

目前，烟台张裕集团有限公司（注册商标：张裕）已入选商务部的“中华老字号”名单。2013 年，始建于 1894—1905 年的“张裕公司酒窖”被国务院列为“全国重点文物保护单位”。

• 1900 年，俄国人柴可夫斯基在黑龙江哈尔滨开办柴可夫斯基酒精厂。

同年，另一家酒精厂由俄国人西里利夫和库兹涅佐夫洋行在黑龙江省宁安县（今宁安市）合伙开办，此为中国工业化生产酒精的开端。

• 1904 年，清政府颁布《钦定大清商律》。

1904 年 1 月 21 日，由《商人通例》（共 9 条）和《公司律》（共 131 条）构成。其中，对公司的界定为“凡凑集资本共营贸易者，名为公司”，并将公司类型分为四种：合资公司、合资有限公司、股份公司和股份有限公司。

---

① 烟台张裕葡萄酿酒股份有限公司．关于控股股东的股东发生变更的公告［Z］．2014-05-06.

1914 年 1 月 13 日，北洋政府颁行《商人通例》和《公司条例》。之后，制定了公司法配套法规:《公司条例施行细则》《公司注册规则》《公司保息条例》《证券交易所法》和《破产法草案》等。

1929 年 12 月 26 日，南京国民政府颁布《公司法》，自 1931 年 7 月 1 日起施行。其中，将公司定义为"谓以营利为目的而设立之团体"①。1946 年，修订公布《公司法》，引进有限公司制度，并首次增设外国公司章节。

• 1906 年，哈尔滨中国酿酒厂成立。

这是由俄国人鲁布列夫所创建的酒精生产工厂;之后，先后易名为勃罗金高田酒精厂、大同酒精厂;1950 年，收归国有并改建为哈尔滨酒精二厂;1979 年，更名为哈尔滨中国酿酒厂。"红梅牌"五加白露酒是该酒厂的代表性产品之一。

2006 年，哈尔滨中国酿酒有限公司成立，由黑龙江农垦北大荒商贸集团有限公司的子公司肇东北大荒生物科技有限公司控股。

• 1909 年，张裕公司玻璃瓶厂创办。

张裕公司玻璃瓶厂投资额为 50 万两白银，主要生产玻璃酒瓶、汽水瓶和花蝶等玻璃器皿。此外，张弼士还于 1907 年在广东惠州创立平海福惠玻璃公司。

1916 年，李东山在山东烟台建立玻璃料器厂，主要供应钟表用玻璃。1927 年，收购张裕玻璃瓶厂。1930 年，更名为同志料器厂。1952 年，更名为烟台玻璃厂。1953 年，划归张裕公司，并更名为张裕公司制瓶厂。1954 年，复名烟台玻璃厂。1977 年，烟台玻璃厂灯泡车间分立为烟台灯泡厂并于 1981 年更名为烟台第二玻璃厂②，工厂主要供应罐头瓶等。

1990 年，烟台玻璃厂与美国中萃发展有限公司合资创立烟台中

---

① 张忠民. 清末民国公司法变迁史 [J]. 管理学家，2013（11）：63–69.
② 烟台市一轻工业志（1892—1985）[M]. 北京：中国轻工业出版社，1991：20，202–203.

萃包装有限公司，由烟台玻璃厂控股 67%。2003 年，烟台新中萃玻璃包装有限公司成立。2016 年，烟台玻璃厂、烟台中萃包装有限公司依法宣告破产，同年予以注销。烟台新中萃玻璃包装有限公司现为中国玻璃瓶罐制造业大型骨干企业，主要产品为啤酒瓶、葡萄酒瓶、白酒瓶和印花饮料瓶等。

1999 年，张裕集团全资收购烟台第二玻璃厂，并成立烟台张裕玻璃制品有限公司。2004 年，张裕集团将其所持烟台张裕玻璃制品有限公司所有权益转让给第三方，公司改制为民营企业。2008 年、2009 年，该公司先后更名为烟台长裕玻璃制品有限公司、烟台长裕玻璃有限公司。现为国内最大的葡萄酒瓶专业供应商，主要产品为 250~6000 毫升葡萄酒瓶、香槟酒瓶，以及各种饮料瓶、油品瓶和调味品瓶等。2012 年，全资设立栖霞长裕玻璃有限公司，该公司于 2022 年更名为山东长裕玻璃有限公司。

2020—2023 年，美国自中国进口的玻璃酒瓶（Glass Wine Bottles）金额分别为 7605.1 万美元、6782.5 万美元、8230.7 万美元和 1.38 亿美元。2024 年 1 月 19 日，美国商务部对自中国进口的玻璃酒瓶发起反倾销调查和反补贴调查，对自智利和墨西哥进口的玻璃酒瓶发起反倾销调查。2024 年 5 月 29 日，美国商务部对自中国进口的玻璃酒瓶作出反补贴初步裁定：①强制应诉企业山东长裕玻璃有限公司税率为 21.14%；②宝利国际有限公司、深圳市柏莱特玻璃制品有限公司、山东鼎新电子玻璃集团有限公司、文登市文胜玻璃有限公司、无锡华众玻璃有限公司、厦门均昕贸易有限公司、秦皇岛方圆包装玻璃有限公司和淄博瑞格玻璃制品有限公司等未配合应诉企业适用 202.7% 的惩罚性税率；③其他生产商 / 出口商的税率为 21.14%[①]。2024 年 8 月 5 日，美国商务部对原产于中国的进口玻璃酒

---

① 美国作出玻璃酒瓶反补贴初裁［EB/OL］. 2024-06-14. 山东省商务厅. http://commerce.shandong.gov.cn/art/2024/6/14/art_21445_10341455.html.

瓶作出反倾销初裁：①出口商为秦皇岛睿泉玻璃制品有限公司，生产商分别为广东华兴玻璃股份有限公司、佛山华兴玻璃有限公司、秦皇岛方圆包装玻璃有限公司和秦皇岛索坤玻璃容器有限公司，征收 17.34% 的现金保证金；②出口商和生产商均为山东长裕玻璃有限公司、烟台长裕玻璃有限公司、烟台长裕玻璃彩印有限公司，征收 11.14% 的现金保证金；③对部分出口商 / 生产商征收 11.96% 的现金保证金（a 出口商为重庆玖汇格拉斯包装有限公司，生产商为重庆览亚玻璃有限公司；b 出口商和生产商均为重庆昊晟玻璃股份有限公司；c 出口商和生产商均为徐州汇和国际贸易有限公司；d 出口商为淄博创友国际贸易有限公司，生产商分别为山东华鹏石岛玻璃制品有限公司、山东晶玻集团有限公司、烟台新中萃玻璃包装有限公司；e 出口商为淄博晟菲国际贸易有限公司，生产商分别为山东晶玻集团有限公司和烟台新中萃玻璃包装有限公司）；④其他出口商 / 生产商，征收 207.52% 的现金保证金[①]。

2024 年 8 月 20 日，美国商务部对进口自中国的玻璃葡萄酒瓶作出反补贴肯定性终裁。之后，美国国际贸易委员会（ITC）投票对进口自中国的玻璃葡萄酒瓶作出反补贴否定性产业损害终裁：美国商务部终裁裁定存在补贴行为的涉案产品并未对美国国内产业造成实质性损害或实质性损害威胁。

2024 年 12 月 26 日，美国商务部对进口自中国的玻璃葡萄酒瓶作出反倾销终裁，裁定中国享有单独税率生产商 / 出口商的倾销税率为 29.31%-31.24%，其他出口商 / 生产商的税率统一为 218.15%。之后，美国国际贸易委员会投票对进口自中国的玻璃葡萄酒瓶作出反倾销否定性产业损害终裁。

2024 年，国产玻璃葡萄酒瓶全年实现 219.11 亿元的出口总额，其中对美国的出口额为 39.39 亿元。

---

① 美国对华玻璃酒瓶作出反倾销初裁［EB/OL］.（2024-08-06）［2024-08-06］. http://cacs.mofcom.gov.cn/article/ajycs/ckys/202408/181371.html.

•1910 年，北京葡萄酒厂成立。

1910 年，法国圣母天主教会开始在北京颐和园北面的黑山扈种植葡萄，并在阜成门外马尾沟创建教堂酒坊，生产红、白葡萄酒，产品专供天主教圣母文学会总院及全国各地的天主教堂用于弥撒、祭祀和教徒饮用，年产量 5~6 千升[①]。1912 年，马尾沟教堂酒坊购进法国气泡酒砸塞机和摇瓶架等设备，并生产出第一瓶香槟酒[②]。当时的教堂酒坊被称为"上义学校酿造所"。

1933 年，教堂酒坊开始以"栅栏"商标面向内部教徒销售产品。1946 年，教堂酒坊注册为北平上义洋酒厂，商标为"楼头"，并正式对外出售葡萄酒。销售渠道扩大到驻京使领馆、饭店和外轮公司，销售区域拓展到上海、武汉、长沙等地[③]。

1950 年，"中国红葡萄酒"（含糖量 12%，酒精度 18%vol）正式诞生。1953 年，北平上义洋酒厂改名为北京上义酿酒厂。1956 年，北京上义酿酒厂完成公私合营，更名为公私合营上义果酒厂，迁址至北京市海淀区玉泉路 2 号。1959 年，变为地方国营，更名为北京葡萄酒厂，注册商标为"中华"（注册号 115507），主要酒种有玫瑰香葡萄酒、桂花陈酒、莲花白酒、宫桂酒、薄荷酒、香蕉酒、青梅酒等，还生产大香槟酒、公望酒、浦提万酒、樱桃白兰地、威士忌酒和金酒。1959 年，中华牌桂花陈酒问世。

1987 年，北京葡萄酒厂与法国保乐力加集团合资成立北京龙徽酿酒有限公司，并选择河北怀来作为葡萄园基地。1988 年，生产出第一瓶葡萄酒，时值中国龙年，取"龙采徽印"之意命名为"龙徽"。1993 年，北京葡萄酒厂的桂花陈酒产量达 6000 千升，出口创

① 文君. 东方巾帼话龙徽——访北京龙徽酿酒有限公司总经理刘春梅女士［J］.中外食品，2006（6）：8-12.

② 张弛，肖滔滔. 龙徽酿酒有限公司的文化传承与创新［C］./北京文化发展报告（2009—2010 年）.［出版者不详］，2010：9.

③ 龙徽葡萄酒［J］. 时代经贸，2015（16）：80-87.

汇 200 多万美元 ①。1994 年，双方成立第二个合资企业——北京保乐力加酿酒有限公司。该公司于 1996 年实现销售收入 5466 万元，完成产量 5600 千升。1996 年，龙徽推出"怀来珍藏"葡萄酒。1998 年，北京葡萄酒厂许可北京保乐力加酿酒有限公司使用"中华"商标。2001 年，北京葡萄酒厂以 3068 万元回购法国保乐力加集团在两个合资企业持有的全部股权 ②。

2003 年，北京龙徽酿酒有限公司和北京顺兴葡萄酒有限公司合资创立北京桂花陈酒业有限公司，双方各持股 50%。2004 年，福建吉马集团以 49% 的持股比例成为北京龙徽酿酒有限公司第二大股东。2004 年，"夜光杯"品牌并入北京龙徽酿酒有限公司。2005 年，北京葡萄酒厂将"中华"商标转让给北京龙徽葡萄酿酒有限公司。2007 年，怀来龙徽庄园葡萄酒有限公司成立。2018 年，酒厂的生产功能迁至河北怀来。2022 年，位于北京市海淀区玉泉路 2 号原北京葡萄酒厂厂房被改建为龙徽 1910 文化创意产业园。

目前，北京龙徽葡萄酿酒有限公司（注册商标：中华）已入选商务部的"中华老字号"名单。

• **1911 年，美利酿造公司在陕西丹凤成立。**

1911 年，意大利传教士安西曼与天主教徒华国文等人共同创立陕西省龙驹寨美利葡萄酒公司，取名为美利酿造公司，生产"共和牌"葡萄酒，成为西北地区最早创立的葡萄酒生产厂家。1916 年，企业改名为协记美利酿酒公司，生产"葡萄牌"葡萄酒。1924 年，更名为大芳葡萄酒酿造公司，生产"蜜蜂牌"葡萄酒。1934 年，更名为西北葡萄酒股份有限公司，生产"四皓牌""丹凤朝阳牌"葡萄酒。抗战胜利后，先后以"渊明牌""大芳牌""东坡牌""天马牌"等生产葡萄酒。

① 石理. 国优葡萄果酒质量检评十年小结［J］. 酿酒，1994（6）：48-49.
② 北京市一轻控股公司调研组. 国企控股经营的发展之路——北京一轻控股公司的探索与实践［J］. 中外企业文化，2002（19）：4-9.

1951年，公私合营，成立丹凤县工农葡萄酒厂，生产"工农牌"葡萄酒。1952年，转为地方国营，年产量近100千升。1959年，更名为陕西丹凤葡萄酒厂。1964年，核准"丹江牌"葡萄酒商标。1970年，建设酒精车间。20世纪70年代末，除生产甜型红葡萄酒和葡萄白兰地等传统产品之外，还生产苹果酒、樱桃酒、山楂酒、山茱萸酒等，年产量超过1000千升。1980年，试产干红、干白葡萄酒。

1996年，陕西丹凤葡萄酒厂依法宣告破产。1997年，与陕西海润股份有限公司合作成立陕西丹凤葡萄发展有限公司，但2002年该公司清算注销。2003年，以陕西丹凤葡萄酒厂为基础改制成立陕西金丹凤葡萄酒有限公司，2006年该公司解散。2007年，延安嘉瑞工贸有限责任公司在通过拍卖取得陕西丹凤葡萄酒厂全部资产之后，设立陕西丹凤葡萄酒有限公司。2010年，公司生产葡萄酒2000千升，实现销售收入8716万元。2021年，丹凤葡萄酒庄项目落户商洛市丹凤县棣花镇。

目前，陕西丹凤葡萄酒有限公司已入选商务部的"中华老字号"名单。

- **1912年，青岛葡萄酒厂成立。**

起初该酒厂为德国杂货商克劳克创立的葡萄酒作坊。1914年，生产威士忌。数年后，转入德商福昌洋行名下。1930年，又转至德商美最时洋行（Melcher & Co.）名下，被命名为美口酒厂（MelCo），之后研发出薄荷酒等产品。1941年，酒厂主要产品有香槟酒、味美思、露酒、白兰地等，拥有158只不同容量的橡木桶，生产能力为100千升①。1947年，齐鲁公司收购美口酒厂和啤酒厂等后，美口酒厂的管理归属于青岛啤酒厂，时年产白兰地9千升。

---

① 青岛葡萄酒的前世今生，曾与青啤相映生辉的行业龙头［Z］. 青岛城市档案论坛维斯公众号，2024-06-28.

1949 年后，美口酒厂成为青岛啤酒厂的果酒车间，对外称为国营青岛美口酒厂。1954 年，青岛美口酒厂为参加日内瓦会议的我国政府代表团生产香槟酒。1956 年，开始生产蜜橘酒、甜杏酒、玫瑰酒、薄荷酒、红果酒等配制酒，时年产量 319 千升。1959 年，美口酒厂更名为青岛葡萄酒厂，原来的美口菱形商标改用青岛啤酒厂的"灯塔牌"黑色商标。1960 年，以"夜光杯"商标出口白葡萄酒。1964 年，脱离青岛啤酒厂，成为独立核算企业，时年产量 1560 千升。1977 年，建成露酒生产车间。1978 年，原轻工业部食品发酵工业研究所与青岛葡萄酒厂合作开展罐式发酵香槟科研项目。1979 年，建成俄得克生产车间。使用的商标为"青岛牌"（内销）和"葵花牌"（外销）。

1985 年，青岛葡萄酒厂、中国粮油食品进出口公司山东省分公司和香港百利太平洋有限公司合资成立青岛华东葡萄酿酒有限公司，并开始运营青岛华东百利酒庄，主要生产青岛莎当妮和青岛意斯林，用于出口市场。1985 年，在山东省的平度县大泽山、莱西县大望城和即墨县移风乡设三处发酵站，葡萄酒产量 23705 千升，露酒 1296 千升，外销量为 113 千升[①]。

1993 年，青岛华冠酒业总公司成立，并在青岛葡萄酒厂挂牌。1996 年，青岛葡萄酒厂与青岛华冠酒业总公司宣告破产。1999 年，青岛益青国有资产控股公司接手华东葡萄酿酒有限公司的外资股份。2005 年，青岛华东葡萄酿酒有限公司收购青岛葡萄酒厂，并注册成立嘉海（青岛）葡萄酒有限公司。2006 年，嘉海（青岛）葡萄酒有限公司与青岛崂山矿泉水有限公司、青岛华东葡萄酿酒有限公司、青岛联合包装有限公司、青岛可口可乐饮料有限公司等 8 家企业组建青岛饮料集团，青岛牌系列葡萄酒复出市场。2007 年，嘉海（青岛）葡萄酒

---

① 青岛一轻工业志［EB/OL］. 2019-11-21.青岛市情网. http://qdsq.qingdao.gov. cn/szfz_86/slqdsz_86/yqgyz_86/dspsp_86/202204/t20220414_5491029.shtml.

有限公司更名为青岛葡萄酿酒有限公司。2012年，青岛饮料集团有限公司将所持31%股权售予香港隆利集团有限公司，青岛华东葡萄酿酒有限公司成为香港隆利集团持股100%的港资企业。2018年，华东葡萄酒成为上海合作组织青岛峰会指定用酒。2022年，华东葡萄酒大股东由香港隆利集团变更为青岛饮料集团，持股比例为100%。

2023年，华东葡萄酒（宁夏）有限公司成立。2024年，华东·尚贺酒庄在宁夏青铜峡鸽子山奠基。

目前，青岛华东葡萄酿酒有限公司（注册商标：青岛牌）已入选商务部的"中华老字号"名单。2008年，青岛葡萄酒厂旧址被列入青岛市级文物保护单位名单。

•1914年，广州永利威公司成立。

1905年，永利威在香港成立，同年注册"双鹤牌"商标。1914年，成立广州永利威公司，主营自产酒永利威五加皮和永利威玫瑰露。

•1914年，北洋政府公布《贩卖烟酒特许牌照税条例》。

1914年1月11日，北洋政府公布《贩卖烟酒特许牌照税条例》。凡贩卖烟酒者，开业之前必须领取特许牌照，按年缴纳牌照税。纳税标准分为整卖、零卖两种。第一种是整卖营业，每年纳税40元。第二种是零售营业。零售营业又分三种：甲种，设店，专营或大部分营业烟酒，每年纳税16元；乙种，设店，兼售烟酒，每年纳税8元；丙种，在路旁或沿户零售，每年纳税4元（后改为年纳税2元和年纳税1元两种类型）[1]。

1933年，南京政府公布《土酒定额税稽查章程》。在苏、浙、皖、豫、鄂、赣、闽七省试办土酒定额税，取消除关税、烟酒牌照税、地方附税外的一切土酒税收[2]。

---

[1] 引自：熊希龄. 大总统令（中华民国三年一月十一日）：贩卖烟酒特许牌照税条例［J］. 中国商会联合会会报，1914（5）.

[2] 雷家琼，毛嘉艺. 1930年代宁波土酒税抗捐风潮［N］. 团结报（文史周刊），2024–03–14（08）.

• **1915 年，张裕酿酒公司的 4 款产品在巴拿马太平洋万国博览会上获金奖。**

1914 年，张裕酿酒公司的"佛兰地酒、白葡萄酒、红葡萄酒"在山东全省物品展览会上获得最优等褒奖金牌，并被选送参加 1915 年巴拿马太平洋万国博览会。

1915 年，张裕酿酒公司的可雅白兰地、味美思、红玫瑰葡萄酒和雷司令白葡萄酒在巴拿马太平洋万国博览会（第 14 届世博会）上获得 4 枚金奖。

据 1939 年《酿造杂志》第二期刊登的《张裕葡萄酒之分析与各国葡萄酒之比较》一文显示，雷司令白葡萄酒的糖分为 0.111 克 / 百方厘米，换算为今天的通用单位是 1.11 克 / 升。按照现行的国家标准《葡萄酒》（GB/T 15037—2006），张裕雷司令属于干白葡萄酒。

• **1915 年，在北京农商部国货展览会上，"张裕"白兰地和葡萄酒获特等奖、张裕玻璃器皿获得"褒奖"、天津三星酿酒厂的三星牌葡萄酒获一等奖。**

• **1915 年，北洋政府公布《全国烟酒公卖暂行简章》。**

1915 年 5 月 30 日，北洋政府公布《全国烟酒公卖暂行简章》，共 21 条。烟酒商品从特许经营制度变为专卖制度。其中，第四条规定，"各省设烟酒公卖局，酌量烟酒产销情形，划分区域，设置分局，名曰某省第几区烟酒公卖分局"；第十条规定，"烟酒销售应由公卖局核计其成本利益及各税厘捐等项外，体察产销情形，酌量加收十分之一以上至十分之五，定为公卖价格，随时公布之。"[①]

1927 年，南京国民政府公布《烟酒公卖暂行条例》，共 16 条。其中，第七条规定："烟酒销售。应由公卖局规定价格。暂以定价百分之二十，为烟酒公卖费率。所有从前征收之半卖捐、开瓶捐通过

[①] 法规：甲、通行法规：全国烟酒公卖暂行简章（五月三十日呈准公布）[J]. 税务月刊，1915（19）.

税以及销场等税。一律废止之。"1929 年 8 月 12 日，南京国民政府颁布修订后的《烟酒公卖暂行条例》，自公布之日起施行。其中，第七条规定："烟酒销售应由各该省局规定价格，暂以定价百分之二十为烟酒公卖费率。"①

1941 年 7 月 8 日，国民政府财政部公布《国产烟酒类税暂行条例》，自 9 月 1 日起施行。其中，第三条规定："酒类税按产地核定完税价格征收百分之四十。"

1946 年 8 月 16 日，国民政府公布《国产烟酒类税条例》，自公布之日起施行。其中，第三条规定："酒类税按照产区核定完税价格征百分之八十。"

• **1915 年，《烟酒杂志》创刊。**

该刊物由全国烟酒公卖总局创办，为月刊。1919 年停刊。

• **1917 年，裕华葡萄酒股份有限公司在河北怀来县沙城成立。**

该公司由王兴文与其他教育界人士合办。酿酒原料为当地产白牛奶葡萄。1923 年停办。

• **1917 年，中华农学会成立。**

中华农学会由农学家王舜臣、陈嵘、过探先等发起，会所设在南京。1918 年，出版《中华农学会报》，至 1948 年共出刊 190 期。1951 年，经内务部核准备案，中华农学会改名为中国农学会。学会业务主管机关为中国科学技术协会，学会办事机构设在农业部。

1994 年，中国农学会葡萄分会成立。前身为全国庭院葡萄协作组。1994—2010 年，五届常务理事会名单如下。

第一届常务理事会（1994 年）：费开伟任会长，姜英、张大鹏、杨承时、李世诚任副会长。晁无疾兼秘书长、修德仁兼副秘书长。

第二届常务理事会（1998 年）：费开伟为会长，姜英、罗国光、杨承时、李世诚、晁无疾、修德仁、孔庆山任副会长。晁无疾兼任

① 烟酒公卖暂行条例［J］. 财政日刊，1929（522）：法规第 522 号.

秘书长。

第三届常务理事会（2002年）：罗国光任会长，孔庆山、王延才、严大义、李世诚、邹瑞苍、杨承时、修德仁、晁无疾、高孝德任副会长。晁无疾任秘书长。

第四届常务理事会（2006年）：修德仁任会长，晁无疾、刘俊、李华、刘凤芝、沈玉杰、刘崇怀、李巍任副会长。田淑芬任秘书长。

第五届常务理事会（2010年）：晁无疾任会长，刘俊、李华、李巍、刘凤之、刘崇怀、沈玉杰、常永义、骆强伟、石雪晖、王世平、白先进任副会长，田淑芬任秘书长。

秘书处设在天津市农业科学院天津市设施农业研究所。

1994—2024年，中国农学会葡萄分会共主办28届"全国葡萄学术研讨会"。

- **1920年，福建实业股份有限公司酒精厂成立。**

以甘薯干为原料生产酒精。

- **1921年，益华酿酒公司在山西清徐建立。**

1921年，山西人张治平创立山西清源县益华酿酒有限公司，注册商标为"三十字"，主要酒种为炼白酒、高红酒、白兰地、玫瑰酒、茴香酒、薄荷酒和葡萄醋等。1949年，公司更名为华北露酒公司清源制造厂。1952年，清源县与徐沟县合并为清徐县，企业更名为山西清徐露酒厂。1954年，启用"曙光"商标，酒厂主要产品有葡萄酒、露酒、白酒和果脯罐头。1979年，更名为太原清徐露酒厂。

1996年，太原清徐露酒厂破产重组，并于1998年成立山西青徐葡萄庄园有限公司。

- **1921年，北京工业专门学校已开设有制糖、酿造等课程。**

- **1922年，山东溥益糖厂酒精厂在山东济南成立。**

以甜菜制糖副产物糖蜜为原料生产酒精。该厂1929年停产。

- **1922年，大华利卫生食料厂成立。**

大华利卫生食料厂由德国商人创立，专门生产酵母。采用"双怪兽"商标，产品为含水量 70% 的压榨酵母。中华人民共和国成立后，改名为地方国营上海酵母厂，商标改为"健康牌"。1974 年，上海酵母厂首制面包活性干酵母 ①。

- **1922 年，黄海化学工业研究社成立。**

1939 年,《黄海发酵与菌学特辑》创刊，为国内创办的第一个发酵微生物学学术期刊。1952 年，黄海化工研究社发酵与菌学研究室被划入中国科学院。

- **1923 年，昆仑酿酒股份有限公司在无锡成立。**

其主要产品为："英雄牌"白兰地、红葡萄酒、白葡萄酒和大红玫酒。

- **1925 年，江苏、河南率先在国内征收洋酒贩卖税。**

根据 1858 年中英《天津条约》第二十八款和中国与英、法、美三国分别签订的《通商章程善后条约》第七款规定：凡从通商国进口洋货运销中国内地，除在口岸海关完纳 5%（值百抽五）的进口税外，另按价格缴 2.5%（值百抽二点五）的子口税，不再纳厘金税（即"值百抽一"的税制）。洋货的子口税代替了省际之间货物流通途所经各内地关、卡应征的税、捐和厘金。但华商（包括经手洋货运输的华商）并不享有享受子口税特权。根据 1876 年中英《烟台条约》规定，华商外商均可在行销洋货时享受子口税特权。根据 1895 年中日《马关条约》规定，子口税适用范围进一步扩大到外商在通商口岸设置的工厂所生产产品和外商在中国内地采购的原料。

1925 年，江苏、河南先后拟定关于洋酒税或洋酒特种捐的管理办法，以平衡洋酒与土酒税负。

1926 年，直隶烟酒事务总局颁布《天津洋酒税征收处暂行试办条例》，税率按洋酒的价值征收 15%，购贴印花粘于酒瓶封口处。

---

① 长风街道. 穿梭百年历史，一起来长风探寻这些老厂房的背后故事⋯⋯［EB/OL］.（2022-12-04）［2024-09-08］. https://www.shpt.gov.cn/cfjd/cfjd-sqd/20221207/877351.html.

1926 年，全国烟酒事务署（设立于 1915 年）公布《征收机制酒类贩卖税条例》，规定凡从外国运入及中外商人在华仿制的洋酒，均应征收机制酒类贩卖税。

1929 年，南京国民政府公布《洋酒类税暂行章程》。在国内销售的洋酒（包括华人仿制及外国人制造的或进口的洋酒），从价征税 30%。

1931 年，南京国民政府宣布废止子口税与厘金制度。

• **1926 年，中国酿酒有限公司在上海成立。**

中国酿酒有限公司由桂信佐、桂信佑兄弟二人创办。起初生产"象头牌"白兰地、朗姆酒、威士忌、葡萄酒等。1956 年，公私合营，公司更名为中国酿酒厂，主产五加皮酒等补酒和药酒。1958 年，注册"熊猫牌"，并推出"乙级大曲"白酒，其他产品有绿豆烧、五加皮、太岁补酒等配制酒。1963 年起，先后并入上海蓬莱酒厂、上海庄源大酒厂、裕庆永酒厂、上海江宁酒厂等，并成为上海糖业烟酒公司旗下的 6 家酒厂之一。产品为竹叶酒、橘子白兰地、白玫瑰酒、五加皮酒、青梅酒、朗姆酒、葡萄酒、白兰地、金酒、红枣酒、玉液香、特制威士忌、熊猫大曲，注册商标为"熊猫牌"和"象头牌"。

1988 年，施格兰（中国）有限公司和中国酿酒厂共同组建上海施格兰酿酒有限公司，投资比例各占 50%。之后，中国酿酒厂向合资方转让 10% 的股权。2003 年，施格兰（中国）有限公司将其所持 60% 股权转让于上海市糖业烟酒（集团）有限公司，上海施格兰酿酒有限公司更名为上海隆樽酿酒有限公司。

2005 年，中国酿酒厂将其所持 30% 股权转让于国际快速消费品投资有限公司。2006 年，中国酿酒厂注销，并将其在上海隆樽酿酒有限公司剩余所持的 10% 股权转让于上海市糖业烟酒（集团）有限公司。2008 年，上海隆樽酿酒有限公司实现营收 1926 万元，其中果露酒（青梅酒、杏露酒、桂花酒等）和洋酒（白兰地、威士忌、起泡葡萄酒等）两大业务板块在出口市场的营收分别为 736 万元、

1190 万元①。

2011 年，上海金枫酒业股份有限公司受让上海市糖业烟酒（集团）有限公司持有的上海隆樽酿酒有限公司 70% 的股权，剩余 30% 股份由国际快速消费品投资有限公司持有。

• 1928 年，南京国民政府内政部设立卫生司，掌管全国卫生行政事务，并于当年裁司设部——卫生部，与内政部同隶属于行政院。

• 1929 年，《中华民国卫生条例》颁布。

• 1929 年，《种葡萄法》（作者：夏诒彬）由商务印书馆出版发行。

• 1929 年，中国园艺学会成立。

1934 年，出版第一期《中国园艺学会会报》。1956 年，在北京召开中国园艺学会成立大会，选出第一届理事会，理事长曾宪朴、副理事长沈隽、章文才，秘书长哈贵增、副秘书长翁心桐。

1985 年，国家体改委批准中国园艺学会恢复为一级学会，挂靠在中国农科院蔬菜花卉研究所。

• 1930 年，《发酵的生理学》[作者：（法）巴士特；译者：沈昭文]由商务印书馆出版发行。

• 1930 年，中央工业试验所在南京成立。

中央工业试验所最初设化学组和机械组。1932 年，设立酿造试验室②。化学组下设分析、酿造、纤维和窑业 4 个试验室，机械组下设木工、锻工、机工 3 个试验室。1937 年迁到重庆，之后，设立胶体、油脂、制糖、盐碱、纺织、材料、动力、电气等试验室。1946年，中央工业试验所总部从南京迁往上海，商人及工厂可将商品或原料送至化学分析试验室或酿造试验室代为试验③。

1949 年，中央工业试验所更名为轻工业部上海工业试验所。

① 上海金枫酒业股份有限公司关于意向受让上海隆樽酿酒有限公司 70% 股权暨关联交易公告 [Z]. 2011–03–22.
② 王俊明. 民国时期的中央工业试验所 [J]. 中国科技史料，2003（3）：31–42.
③ 中央工业试验所成立 [J]. 化学世界，1946（2）：15.

1958 年迁往北京后，组建轻工业部科学研究院发酵研究所。

• **1931 年，烟台光华葡萄酿酒实业社成立。**

烟台光华葡萄酿酒实业社由名医刘福民等合资创办，于 1943 年停业。

• **1931 年，张裕公司推出"解百纳"葡萄酒产品。**

1904 年 8 月 4 日，清政府正式对外发布《商标注册试办章程》。后在外国势力干预之下虽经三次修改，但未能正式实施[①]。1923 年 5 月 4 日，北洋政府颁布《商标法》。1924 年，晋裕汾酒股份有限公司的"高粱穗汾酒"商标获准注册。1930 年 5 月 6 日，南京政府颁布《商标法》，自 1931 年 1 月 1 日起施行。1926 年，"Louis Roederer"（路易王妃香槟）获准注册的中文商标名为"鲁易洛特雷"。1934 年，"Bollinger"（堡林爵香槟）获准注册的中文商标名为"薄林治"。1946 年，"Hennessy"（轩尼诗干邑）获准注册的中文商标名为"海内斯"。1938 年，"Johnnie Walker"（尊尼获加威士忌）获准注册的中文商标为"琼尼华格"。

1931 年，张裕公司将以蛇龙珠葡萄作为主要原料酿造出的葡萄酒命名为"解百纳"。同期命名的酿酒葡萄品种有赤霞珠、品丽珠、蛇龙珠、雷司令、琼瑶浆、贵人香、长相思、玫瑰香、梅鹿辄、魏天子、紫北塞等。

1937 年 6 月 28 日，张裕公司的注册商标"解百纳"正式获"中华民国实业部商标局"批准，注册证书编号为第 33477 号。

据 1939 年《酿造杂志》第二期刊登的《张裕葡萄酒之分析与各国葡萄酒之比较》一文显示，解百纳葡萄酒的糖分为 0.03 克／百方厘米，换算为今天的通用单位是 0.3 克／升。按照现行的国家标准《葡萄酒》（GB/T 15037—2006），张裕解百纳属于干红葡萄酒。

1941 年，张裕京津总代理立昌盛公司在《庸报》发布的广告中所

---

① 左旭初. 我国第一部商标法规诞生始末［J］. 中华商标，2004（4）：61-63.

列酒款有 6 种：四十年金奖白兰地、三十年金星白兰地、樱甜红葡萄酒、解百纳清红葡萄酒、大宛香清白葡萄酒、佐淡经甜白葡萄酒。

1959 年，张裕"解百纳"商标向中央工商行政管理局申请注册，并准予备案使用。1982 年《商标法》颁布后，1985 年和 1992 年张裕公司先后向国家商标局申请注册"解百纳"商标，但仅获准备案，未正式注册。2001 年 5 月，张裕集团有限公司向国家工商总局商标局提出"解百纳"商标的注册申请。经商标局初步审定通过后予以公告，商标局于 2002 年 4 月予以核准注册。

由于受到行业若干家企业的异议与反对，国家工商总局国家商标局于 2002 年 7 月撤销"解百纳"商标注册。烟台张裕集团有限公司向国家商标评审委员会提出复审申请。经过国家商标评审委员会复审并于 2008 年 5 月做出裁定："解百纳"商标仍归烟台张裕集团有限公司所有。2008 年 6 月，中粮酒业有限公司、中粮长城葡萄酒（烟台）有限公司、烟台威龙葡萄酒股份有限公司和中法合营王朝葡萄酿酒有限公司等 4 家企业以国家商标评审委员会为被告，就该商标争议向北京市第一中级人民法院提起行政诉讼。2010 年，根据北京市第一中级人民法院、北京市高级人民法院的一审和二审判决：撤销国家商标评审委员会《关于第 1748888 号"解百纳"商标争议裁定书》，国家商标评审委员会就该商标争议重新做出裁定。

2011 年 1 月，经国家商标评审委员会调解，"解百纳"商标诉讼及评审案件的结果为：①烟台张裕集团有限公司仍为"解百纳"商标的合法持有人；②烟台张裕集团有限公司许可中粮酒业有限公司、中国长城葡萄酒有限公司、中粮华夏长城葡萄酒有限公司、中粮长城葡萄酒（烟台）有限公司、中法合营王朝葡萄酿酒有限公司和烟台威龙葡萄酒股份有限公司等 6 家公司无偿、无限期使用"解百纳"商标；③其他葡萄酒生产经营企业不得再使用"解百纳"商标[1]。

---

[1]　烟台张裕葡萄酿酒股份有限公司. 关于"解百纳"商标诉讼及评审事宜结果的公告［Z］. 2011-01-18.

1931—2023 年，解百纳已升级到第九代产品，累计销量超 6 亿瓶，并成为亚洲最大的葡萄酒单品。

• **1931 年，上海晶华玻璃厂成立。**

1934 年，上海晶华玻璃厂从美国引进供料机和自动制瓶机，是我国首家采用自动机生产瓶罐的玻璃企业。1951 年公私合营后，迁往青岛。

2001 年，原青岛晶华玻璃厂和原青岛光华玻璃厂组建青岛晶华玻璃有限公司。

• **1933 年，中国酒精厂在上海成立。**

中国酒精厂由印尼华侨黄宗孝创建，1935 年正式开业，以甘蔗糖蜜为原料生产酒精。参与中国酒精厂筹建的中方专家有：工业微生物学家陈騊声（1899—1992 年），工业微生物学家魏喦寿（1900—1973 年）和化学工程学家顾毓珍（1907—1968 年）等。1943 年，改名为大陆酒精厂。1954 年，公私合营，定名为公私合营上海溶剂厂。1955 年，更名为上海溶剂厂。

2002 年，上海溶剂厂建筑群被浦东新区人民政府列为浦东新区文物保护单位。

• **1933 年，《食品微生物学》（作者：陈同白）由商务印书馆出版发行。**

• **1933 年，《酒精制造学》（作者：方乘）出版发行。**

• **1935 年，《发酵工业》（作者：陈騊声）由中华书局出版发行。**

陈騊声（1899—1992 年），微生物工业发酵科学家，中国近代工业微生物学奠基人和开拓者之一。1922 年，毕业于国立北京工业大学应用化学科。1932—1934 年，赴美留学进修。1934 年，陈騊声回国并受聘于中央工业试验所和中国酒精厂。1950—1985 年，先后在江南大学、复旦大学、上海第二医学院、上海第一地方工业局、上海轻工业研究所、上海工业微生物研究所和上海科技大学等机构担任专职教授、兼职教授或技术顾问。陈騊声先生的代表性著述包括《世界各国之糖业》（商务印书馆，1928 年）、《酒精》（商务印书馆，1935 年）、《酿造学总论》（上、下册，商务印书馆，1940 年）、《酿造学分论》（上、下册，商务印书馆，1941 年）、《酒精发酵研究》（科学出版社，1959 年）、《中国微生物工业发展史》（北京轻工业出版社，1979 年）和《近代工业微生物学》（上海科学技术出版社，1979 年）等。

• 1936 年，《酿造微生物学大纲》（作者：何庆云）由上海黎明书局出版发行。

• 1936 年，《唐宋元明酒词》（作者：王云五）由商务印书馆出版发行。

• 1936 年，老爷岭葡萄酒厂在吉林创建。

老爷岭葡萄酒厂由日本人饭岛庆三创建。自此，国内开始利用山葡萄资源并通过工业化手段酿制山葡萄酒。

1949 年，厂名改为吉林省百货公司果实酿酒厂。1953 年，更名为地方国营吉林省葡萄酒厂。1954 年，将"金星牌"商标改为"长白山"商标。1958 年，更名为地方国营蛟河县长白山酒厂。1955 年，"越桔酒"和"海棠酒"投产。1959 年，改名为吉林市长白山葡萄酒厂，当年投产新品"五味子酒"。1960 年，试制成草莓酱罐头、人参酒。1961 年，"果子露"产品投产，1961—1970 年，除葡萄酒之外，还生产人参酒、玫瑰酒、蜜酒、山楂酒、红果酒、海棠酒、梨酒、草莓酒和青梅酒等。1964 年，更名为吉林省新站葡萄酒厂。1966 年，更名为吉林市葡萄酒厂，当年试制成葡萄啤酒。1968 年，更名为蛟河县长白山葡萄酒厂。1973 年，恢复为吉林市长白山葡萄酒厂。1973 年成立啤酒车间，并于 1982 年将产能扩建为 8750 千升。1974—1984 年，酒厂增加的新品有：北芪酒、人参鹿茸大补酒、长寿酒、北山楂酒、伏特加酒、威士忌酒、白兰地酒、人参可乐（饮料）、人参白兰地、人参兰姆酒、人参五味子酒等。

1997 年，浙江台州市野山葡萄酒有限公司收购通化天池葡萄酒厂（1985 年建厂，注册商标为"野山"），并成立通化天池葡萄酒有限责任公司。2000 年，收购吉林市长白山葡萄酒厂，重组创建民营企业长白山酒业集团有限公司。

目前，长白山酒业集团有限公司（注册商标：长白山）已入选商务部的"中华老字号"名单。2014 年，老爷岭葡萄酒储酒窖被吉林省政府列入"吉林省重点文物保护单位"。

- 1936 年,《酿造工业》(作者：金培松) 由正中书局出版发行。

《酿造工业》1943 年为第 6 版。金培松先生的其他著述包括：《食品工业》(正中书局，1940 年)、《微生物学》(中国财经出版社，1961 年)、《发酵工业分析》(中国财经出版社，1962 年) 和《工业发酵》(北京轻工业学院，1963 年) 等。

金培松（1906—1969 年），中国近代发酵工业的先驱之一。1931 年毕业于上海劳动大学农艺化学系。1946 年获美国威斯康星大学生物化学系硕士学位。曾任上海中央工业试验所发酵室主任。中华人民共和国成立后，先后在上海科学研究所兼沪江大学（上海理工大学前身）、复旦大学、北京轻工业学院（1999 年，北京轻工业学院与北京商学院合并为北京工商大学）、河北轻工业学院（天津科技大学前身）任教。

- 1937 年,《酿造研究》(作者：实业部中央工业试验所) 由商务印书馆出版发行。
- 1937 年，通化葡萄酒酿造公司在吉林创建。

通化葡萄酒酿造公司由日本人木下溪司创建。1940 年，通化葡萄酒酿造公司获得营业执照，公司首款产品"T 牌"甘味通化葡萄酒上市，原料来自通化、临江、集安和柳河。1941 年，公司与其他公司联合成立通化葡萄酒株式会社。1942 年，公司生产出第一批山葡萄白兰地 300 千升。1943 年，葡萄酒停产，并推出"T 牌"波特酒。1945 年，由通化酒石酸厂更名为通化市葡萄酒公司[①]。1948 年，更名

---

① 注：未查到公司何时更名为通化酒石酸厂.

为通化市光华葡萄酒厂，产品为葡萄酒和葡萄露。1959年，公司为中华人民共和国成立十周年生产"国庆酒"。

1952年，厂名由沈阳光华酿造总厂通化葡萄酒分厂更改为地方国营通化葡萄酒厂。1954年，为日内瓦会议提供国礼用酒，"红梅牌"中国通化葡萄酒首次销往日本、朝鲜、苏联、中国香港等国家和地区，其中向苏联出口370千升。1957年，通化葡萄酒全年出口1726千升，创汇金额224万美元。1958年，成立啤酒车间，并开始以山梨砣子、山里红干和元枣子为原料生产散装果酒。1959年，以野生山葡萄为原料、经陈酿的甜型"通化葡萄酒"问世，且人参葡萄酒投产。1964年，更名为吉林省葡萄酒厂，并成功研制人参露酒和通化红葡萄酒。1982年，啤酒车间剥离后独立为通化啤酒厂。1984年，更名为通化葡萄酒公司，当时的知名产品"红梅牌"中国通化红葡萄酒，"天池牌"人参葡萄酒、味美葡萄酒，"向阳牌"人参露酒、公主红半甜葡萄酒等，此外还有人参海马酒、人参双补酒、鞭尾强身酒等。1986年，产量达1.2万千升。

公司的传统产品为"天池牌"红葡萄酒、"红梅牌"中国通化葡萄酒、"林海牌"人参露酒等。1996年，公司推出"通化牌"干红葡萄酒，原料为山葡萄。"通化牌"爽口山葡萄酒和原汁葡萄酒于1997年底投放市场。1998年、1999年通化葡萄酒股份有限公司的葡萄酒和果露酒产量分别为9258千升、11522千升。1999年，公司的干红葡萄酒、爽口山葡萄酒、原汁葡萄酒、高级红葡萄酒的产量分别为617千升、2383千升、3747千升、3164千升[①]。2001年，推出"雅士樽牌"冰葡萄酒。

1994年，更名为通化葡萄酒总公司。1997年，通化葡萄酒总公司联合通化长生农业经济综合开发公司等4家企业共同出资设立通化葡萄酒有限责任公司。1998年，通化葡萄酒有限责任公司整体

---

① 通化葡萄酒股份有限公司招股说明书［Z］. 2001–03–07.

变更设立通化葡萄酒股份有限公司。2001 年，公司总产量达 3.7 万千升。

2004 年，通化长生农业经济综合开发公司与新华联控股有限公司签订股权转让协议，后者成为通化葡萄酒股份有限公司的第一大股东。2012 年，吉祥嘉德投资有限公司成通葡股份的第一大股东。2012 年，公司全资创立集安市通葡酒庄有限公司。

2014 年，公司实现营收 1.1 亿元。2015 年，通化葡萄酒股份有限公司（以下简称通葡股份）收购北京九润源电子商务有限公司的 51% 股权，公司实际控制人变为自然人。九润源公司成立于 2009 年，是一家专业互联网 B2B 电商公司，主要业务为向互联网平台销售以白酒为主的酒类商品。2020 年，公司以威代尔葡萄为原料生产出酒精度为 58 度的葡萄烈酒"参见新高度"。2021 年，通葡股份完成对九润源公司剩余 49% 股权的收购。

2023 年，通葡股份的葡萄酒、白酒业务实现营业收入分别为 1.07 亿元、6.59 亿元，葡萄酒销售量为 1900 千升，公司通过电商平台实现的营业收入 7.93 亿元[①]。

目前，通化葡萄酒股份有限公司（注册商标：通化）已入选商务部的"中华老字号"名单。2013 年，始建于 1937—1940 年的通化葡萄酒厂地下贮酒窖被国务院列为全国重点文物保护单位。

• 1937 年，桦南县山葡萄酒厂成立。

桦南县山葡萄酒厂当时生产"弥荣牌"山葡萄酒。1949 年之后，收归国有并定名为桦南县山葡萄酒厂。2004 年，更名为黑龙江小兴安岭山葡萄酿酒有限公司。小兴安岭全汁红山葡萄酒和小兴安岭原汁山葡萄酒。

• 1938 年，日本人樱井安藏在沙城开办葡萄酒公司，并于 1941 年始酿葡萄酒。

---

① 通化葡萄酒股份有限公司 2023 年年度报告［Z］. 2024-04-27.

● 1939 年，中国酿造学社《酿造杂志》创刊。

1939 年，徐望之（1889—1956 年）与朱宝镛（1906—1995 年）共同发起创办中国酿造学社，并出版我国酿造行业最早的学术期刊——《酿造杂志》。1939 年 1 月 1 日在上海出版的《酿造杂志》为创刊号，由徐望之任主编，为季刊。1941 年 4 月，《酿造杂志》出版至第 7 期之后停刊。

1934 年，张裕公司因资不抵债将公司抵押给中国银行烟台支行。同期被中国银行接管的还有烟台醴泉啤酒厂（烟台啤酒厂的前身）。时任烟台支行经理徐望之先生担任了两个公司的总经理。1935 年，朱梅在法国、比利时专攻酿造学之后留学归国，被徐望之聘请到烟台担任烟台醴泉啤酒厂厂务主任和酒师。1937 年，朱梅先后在意大利、瑞士、法国、比利时、英国、德国、奥地利和捷克等国深入考察酒厂。1937 年 6 月，朱宝墉和张勉新离职后，朱梅受聘为张裕公司副经理，任期至 1945 年。

朱梅（1909—1991 年），我国现代酿酒技术奠基人之一，我国采用国际现代化酿酒技术的第一代专家。1935—1948 年，历任烟台醴泉酿酒公司（现烟台啤酒厂）厂务主任兼酿酒师，兼任张裕葡萄酿酒公司副经理，台湾省酒业公司总经理兼台北啤酒厂厂长、青岛啤酒厂经理兼厂长。1950 年，任山东专卖公司工程师。1953 年，调任轻工业部烟酒局。朱梅主持了北京东郊葡萄酒酒厂的兴建工作，组织了第一届、第二届全国评酒会。第三届全国人大代表和第五届、第六届全国政协委员，原轻工业部教授级高级工程师。

朱宝镛（1906—1995 年），我国发酵科学的著名教育家、科学家，著名酿酒专家。1927—1936 年先后留学日本、法国和比利时。1937 年 1 月回国，受聘张裕公司。1937 年夏日本大举侵华，朱宝镛从张裕公司辞职返回上海。先后在上海东南医学院、西北联大工学院、西康技艺专科学校、四川金堂铭贤农工学院、四川乐山中央技艺专科学校、重庆中央大学和四川大学等任教。1952 年，在南京工学院（东南大学的前身）创建国内首个发酵工学专业。1958 年，作为负责人之一筹建中国酿酒工程师的摇篮——无锡轻工业学院（现江南大学）。1962 年，无锡轻工业学院开设食品学科研究生教育，朱宝镛先生招收我国第一位发酵工学的硕士研究生。曾任国务院学位委员会第一届（工学）学科评议组成员、无锡轻工业学院副院长、轻工业部发酵教材编审委员会主任委员、《无锡轻工业学院学报》主编等。

• 1939 年,《葡萄酒及果酒酿造法》[作者:（日）下濑川一郎；译者：曹沉思] 由商务印书馆出版发行。

　　该书主要内容包括：葡萄酒及果酒之意义、葡萄酒及果酒之成分、酿造工程概要、葡萄酒酿造法、红葡萄酒酿造法、白葡萄酒酿造法、家庭酿造葡萄酒法、果酒、苹果酒酿造法、枇杷酒酿造法、榅桲酒酿造法、梨酒酿造法、梅酒酿造法、混成葡萄酒酿造法等。

• 1939 年,《最新葡萄栽培法》(作者：孙云蔚) 由中华书局出版发行。

　　该书主要内容包括：总论、品种、繁殖法、栽植、管理、肥料、采收及贮藏、病虫害等。该书于 1949 年再版。

　　孙云蔚（1908—1996 年），又名孙华，果树学家、园艺教育家。1932—1936 年期间，两度赴日本留学，从事园艺学习和研究。回国后，先后在青岛、上海、北京等地从事园艺果树试验研究与教学工作。1949 年，重返西北农学院任教。出版有《果树园艺通论》《果树繁殖法》《果树学总论》《中国果树史与果树资源》等 60 余部著作、译著或教材。

• 1939 年,《古今酒事》(作者：胡山源) 由世界书局出版发行。

• 1939 年，张裕公司首次试制出烟台香槟酒。

　　20 世纪 60 年代初，张裕公司重新试制了大香槟酒，但未投产。1980 年，经烟台张裕公司和烟台啤酒厂、烟台酿酒厂三方合作，成功试制罐式发酵苹果香槟酒。

　　1985 年，中国加入《保护工业产权巴黎公约》。1989 年 8 月 2

日，商标局发布《关于整顿酒类商标工作中几个问题的通知》："香槟"是法国原产地名称，不能作为商品通用名称使用。1989 年 10 月 26 日，原国家工商行政管理局发布《关于停止在酒类商品上使用香槟或 Champagne 字样的通知》：我国企业、事业单位和个体工商户以及在中国的外国（法国除外）企业不得在酒类商品上 Champagne 或香槟、大香槟、小香槟、女士香槟等字样。1996 年 7 月 29 日，商标局发布《关于依法制止在酒类商品上使用香槟或 Champagne 字样行为的批复》：香槟是法文 "Champagne" 的译音，指产于法国香槟省的一种起泡白葡萄酒，既属于原产地名称，又属于公众知晓的外国地名。

2013 年 3 月 21 日，"香槟" 商标（第 11127267 号）、"Champagne" 商标（第 11127266 号）被核准注册，商标类型为集体商标，申请注册人为法国香槟酒业行业委员会（CIVC）。2013 年 4 月 11 日，原国家质检总局发布《关于批准对香槟实施地理标志产品保护的公告》，"香槟 Champagne" 作为地理标志产品在中国获得保护。2016 年 3 月 28 日，国家质检总局发布《国外地理标志产品保护办法》。2021 年 3 月 1 日，《中欧地理标志协定》正式生效。来自法国的香槟（Champagne）葡萄酒属于首批获得双方保护的地理标志产品。

就广州市雪蕾公司与法国香槟酒业行业委员会地理标志集体商标 "香槟（Champagne）" 侵害商标权纠纷一案。2022 年 3 月 14 日，北京知识产权法院一审认定：地理标志集体商标 "香槟" 和 "Champagne" 构成驰名商标[1]。2023 年 11 月 30 日，北京市高级人民法院做出终审判决：一审法院的相关认定并无不当，予以确认[2]。

---

[1] 北京知识产权法院民事判决书（2020 京 73 初民 731 号）［Z］. 2022-03-14.
[2] 北京市高级人民法院民事判决书（2022 京民终 453 号）［Z］. 2023-11-30.

• **1939 年，中国大喜葡萄酒股份有限公司在北京创建。**

中国大喜葡萄酒股份有限公司由爱国将领杨虎城将军的秘书长耿寿波创立。该公司修建有地下贮酒窖、水泥发酵池和水泥葡萄酒贮存池，15 个贮存容器 250 余千升，北京总厂有贮酒小木桶 450 多个，并在河北、天津设立分厂。北京总厂设备有破碎机、压榨机、蒸馏锅、蒸馏塔、香槟机一套等①。1949 年，华北酒业专卖公司实验厂筹建，中国大喜葡萄酒股份有限公司、北平上义洋酒厂和石家庄黄酒厂被收编合并。1959 年，华北酒业专卖公司实验厂改为北京酿酒厂。

在 1951 年一份经国家领导人批示的《关于招待外国使节工作的改进办法》草案中，有文字显示："酒用国产葡萄酒、绍兴酒、啤酒、烟台张裕公司制的白兰地、北京大喜公司制的香槟酒。如需用烈性酒，则用汾酒"②。其中提到的国产葡萄酒被标注为"通化"。

• **1943 年，《发酵学》（作者：郭质良）由正中书局出版发行。**

• **1943 年，晋冀鲁豫边区政府决定"酿酒业一律改为政府经营"。**

1943 年 12 月 9 日，晋冀鲁豫边区政府下发《关于酿酒业一律改为政府经营的通令》，要求："兹为根绝以好粮食酿酒及限制消耗起见，各专署各地酿酒事业一律改为政府经营，现在私人经营者应一律限制结束，不准再行酿造，军队经营者应即双方接洽收归政府经营，各专区酿酒房不得多设，最多以四家为限。"

1945 年，晋冀鲁豫边区政府公布《关于造酒的规定》《关于统一造酒决定》和《造酒业完全由政府直接经营》等命令。

---

① 陈玉庆. 中国葡萄酒五十年的成就［J］. 酿酒，1999（5）：28-30.

② 国家机关事务管理局. 机关事务工作要永葆艰苦奋斗的本色（一）［EB/OL］.（2020-10-26）［2024-09-08］. http://www.ggj.gov.cn/ztzl/whzl/202010/t20201026_31129.htm.

产业化发展壮大期（1949—1977 年）

● **1949 年，中国主要葡萄酒企业仅有 7 家，产量不足 120 千升。**

这 7 家葡萄酒生产企业分别是山东烟台张裕葡萄酒公司、北京葡萄酒厂、山东青岛葡萄酒厂、山西清徐露酒厂、吉林市长白山葡萄酒厂、吉林通化葡萄酒厂、陕西丹凤葡萄酒厂。

● **1949 年，沙城酒厂在河北张家口成立。**

沙城酒厂的葡萄酒业务始于 1917 年怀来沙城镇创建的裕华葡萄酒公司。1949 年，怀来当地 6 家手工酿酒缸房被政府接收，成立华北第四十六公营酒厂。1950 年，更名为沙城酒厂。1959 年，新建果酒车间，开始酿造葡萄酒。1977 年，扩建万吨葡萄酒车间。1978 年，以龙眼为原料试制成葡萄汽酒。1981 年，更名为张家口长城酿酒公司，下设白酒、酒精、葡萄酒三个厂①。"沙城老窖""龙潭大曲""青梅煮酒"等为传统产品，亦有华北最大酒企之称号。

1996 年，张家口长城酿酒公司通过资产重组改建成立张家口长城酿造（集团）有限责任公司，改建后为国有独资企业。2005 年，全资设立张家口沙城酒庄葡萄酒有限公司。2019 年，张家口长城酿造（集团）有限责任公司改制为民营企业。

张家口长城酿造公司是大曲酒、成品白酒、植物露酒、葡萄酒综合酿造企业。2020 年，集葡萄酒、白酒和青梅煮酒三个品类酿造为一体的"张家口沙城酒厂项目"入选工信部第四批"国家工业遗产名单"。

目前，张家口长城酿造（集团）有限责任公司（注册商标：沙城）已入选商务部的"中华老字号"名单。

---

① 汪德明. 沙城葡萄酒厂发展史略［J］. 酿酒，1983（1）：40-41.

• **1949 年，华北酒业专卖总公司成立。**

1952 年，华北酒业专卖总公司改称华北区专卖事业公司。1952年，根据《专卖事业暂行条例草案》，在财政部内成立了中国专卖事业公司，同年划归商业部。1953 年，华北区专卖事业公司并入中国专卖事业公司。1956 年，中国专卖事业公司被移交城市服务部，全面实现工商业社会主义改造并建立起国营商业批发零售网络——商业部下属的各省、市、县对口的国营各类商业公司，全国供销合作总社下属的各省、市、县对口的集体商业的各级供销社和基层合作商店。1957 年，撤销中国专卖事业公司，改设烟酒专卖局。1962 年，烟酒经营重归商业部，成立包括卷烟流通业务在内的糖业烟酒公司。

• **1949 年，华北酒业专卖总公司北平酒业分公司成立。**

华北酒业专卖总公司北平酒业分公司是北京市糖业烟酒公司的前身。2013 年，北京市糖业烟酒公司经改制更名为北京糖业烟酒集团有限公司，简称"京糖"。现为北京首农食品集团有限公司全资控股的国有企业，旗下拥有"京酒""京糖""华都"等自有品牌，是全国性的酒类流通大商和品牌运营商。

• **1949 年，涿鹿酿酒总厂成立。**

1958 年，涿鹿酿酒总厂开始生产葡萄酒。1998 年，该厂与矾山葡萄开发公司合资建立了张家口华龙葡萄酒有限公司，主要生产干红、干白葡萄原酒，同时生产桑干河牌和华西村牌干红葡萄酒（与江苏华西集团合作生产）。2003 年，张家口华龙葡萄酒有限公司向法院申请破产，2004 年，经国企改制成立张家口华源葡萄酒有限公司。2008 年，中粮集团有限公司旗下中粮华夏长城葡萄酒有限公司独资收购张家口华源葡萄酒有限公司，并成立张家口金冠葡萄酒有限公司。2011 年，张家口金冠葡萄酒有限公司更名为中粮长城葡萄酒（涿鹿）有限公司。

2002 年，涿鹿酿酒总厂改制重组为河北省涿鹿酿酒有限公司。2008 年，更名为河北三祖龙尊酿酒集团，同年被吉庆矿业并购并再次更名为张家口吉庆酿酒有限公司。主要生产白酒、葡萄酒、果露酒、酒精、饮料等。

• **1950 年，《商标注册暂行条例》开始施行。**

1950 年 8 月 28 日，原政务院公布《商标注册暂行条例》。其中，第二条规定，"一般公私厂、商、合作社对自己所生产、制造、加工或拣选的商品，需专用商标时，应依本条例的规定，向政务院财政经济委员会中央私营企业局申请注册"；第十八条规定，"商标从注册之日起，注册人即取得专用权，专用权的期限为二十年，期满得申请继续专用"。

1954 年，中央工商行政管理局成立，为商标行政管理机关。1954 年 3 月 9 日，中央工商行政管理局发布《未注册商标暂行管理办法》，要求一切国营、公私合营、合作私营、私营的大型企业，凡是使用商标，则实行当地登记备案。1957 年后，相关商标管理的行政措施要求出口商品须使用商标，无论在国内或国外注册时，统一由外贸公司掌握办理[①]。

1963 年 4 月 10 日，国务院公布《商标管理条例》，自公布之日起施行，《商标注册暂行条例》同时废止。1979 年 11 月 1 日，设立于 1978 年的工商行政管理总局开始办理全国商标的注册工作。

1982 年 8 月 23 日，全国人大常委会通过《商标法》，自 1983 年 3 月 1 日起施行，《商标管理条例》同时废止。1983 年 8 月 11 日，隶属于国家工商行政管理总局商标局的商标评审委员会成立，负责处理商标争议事宜。1985 年，我国加入《保护工业产权巴黎公约》。1989 年，我国成为《商标国际注册马德里协定》成员国。1996 年，原国家工商行政管理局发布《驰名商标认定和管理暂行规定》。

• **1950 年，《货物税暂行条例》开始实施。**

1950 年 1 月 30 日，政务院公布《货物税暂行条例》，自公布之

---

① 崔守东. 新中国七十年商标工作回顾与展望［J］. 中华商标，2019（11）：4-16.

日起实施。其中，第二条规定，"货物税以应税货物之产制人或购运人为纳税义务人"；第九条规定，"凡国外输入之应税货物，由进口商于交纳关税时，一并交纳货物税"。酒类应税货物从价计征，分为六类。甲类酒（洋酒、仿洋酒）税率100%；乙类酒（白酒、黄酒）税率80%；丙类酒（啤酒、改制酒、果木酒、漏水酒）税率40%；丁类酒（药酒）税率30%；普通酒精税率80%；改制酒精税率20%。

1952年12月31日，政务院公布《商品流通税试行办法》，自1953年1月1日起施行。酒类商品流通环节纳税由"货物税"改为"商品流通税"。白酒、黄酒，税率55%；配制酒，税率45%；泡制酒、土甜酒、果木酒、漏水酒，税率35%；药酒，税率30%；啤酒，定额税率。普通酒精，税率50%；改制酒精，税率20%。

1958年9月13日，国务院发布《工商统一税条例草案》，自公布之日起实施。酒类商品流通环节纳税由"商品流通税"改为"工商统一税"。白酒、黄酒，税率60%；啤酒、土甜酒，税率40%；果木酒、复制酒，税率30%；代用品酿酒，税率20%；粮食酒精，税率30%；代用品酒精、木酒精，税率20%。

1972年3月30日，国务院批转《工商税条例（草案）》，自1973年1月1日起试行。酒类商品流通环节纳税由"工商统一税"改为"工商税"。将原工商统一税、盐税、屠宰税、城市房地产税、车船使用牌照税合并为工商税。工商税划分为增值税、产品税、营业税三种税。对国有企业只征工商税，对集体企业征收工商税和工商所得税。

1984年9月18日，国务院发布《关于产品税等六个税收条例（草案）和调节税征收办法的通知》（国发〔1984〕125号），自1984年10月1日起试行。酒类商品流通环节纳税由"工商税"改为"产品税"。其中，《产品税条例（草案）》第三条规定："从事工业品生产的纳税人，应分别根据产品销售收入的金额和规定的税率或者产品的数量和规定的税额计算纳税"。酒类商品作为工业品，应缴纳产品税。白酒类：粮食白酒税率 50%、薯类白酒税率 40%、糠麸白酒税率 28%、其他原料酒 15%。黄酒税率 50%。土甜酒税率 38%。啤酒税率 40%。复制酒（泡制酒、配制酒、滋补酒）税率 30%。果木酒税率 15%。汽酒税率 15%。药酒税率 13%。酒精税率 10%。

1985 年 1 月 21 日，财政部颁发《酒类产品税征税办法》，自颁发之日起实施。其中对各类酒的说明如下：复制酒是指以白酒、黄酒、酒精为酒基，加入果汁、香料、色素、糖、调料等配制或泡制的酒；果木酒是指以各种果品为主要原料，经发酵后，采用过滤方法酿制的酒，其原汁含量不得低于 50%，酒精含量（酒度）不得高于 20 度；汽酒是指以果汁、香精、色素、酸料、酒（或酒精）等调配，冲加二氧化碳，酒度在 8 度（含）以下，1 度（含）以上的酒。根据该办法，主要酒类产品的税率分别为：粮食白酒 50%；薯类白酒 40%；糠麸白酒 28%；其他原料白酒 15%；黄酒 50%；啤酒 40%；果木酒（以各种果品为主要原料，经发酵过滤之后原汁含量不低于 50%、酒精含量不高于 20 度的酿制酒）40%；汽酒 15%；药酒 13%；酒精 10%。1997 年 9 月 8 日，财政部发布《关于公布废止和失效的财政规章目录（第六批）的通知》，《酒类产品税征税办法》被废止。

1993 年 12 月 13 日，国务院发布《中华人民共和国消费税暂行条例》，自 1994 年 1 月 1 日起实施。酒类产品流通环节纳税由"产品税"改为"消费税"和"增值税"。其中，不同酒类产品的消费税税率／税额为：对粮食白酒（包括以粮食白酒为酒基的配置酒、泡制酒）征收 25% 的从价税；对薯类白酒征收 15% 的从价税；对黄酒征收 240 元／吨的从量税；对啤酒征收 220 元／吨的从量税；对其他酒征收 10% 的从价税；对酒精征收 5% 的从价税。

2001 年 5 月 11 日，财政部和国家税务总局发布《关于调整酒类产品消费税政策的通知》，自 2001 年 5 月 1 日起执行。其中，粮食白酒、薯类白酒消费税税率由比例税率调整为定额税率和比例税率，征收从价税基础之上，另外加征 0.5 元 /500 克（毫升）的从量税。

2006 年 3 月 20 日，财政部和国家税务总局发布《关于调整和完善消费税政策的通知》，自 2006 年 4 月 1 日起实施。其中，将粮食白酒与薯类白酒的税率统一调整为 20%。

2008 年 11 月 5 日，国务院修订通过《消费税暂行条例》，自 2009 年 1 月 1 日起施行。其中，白酒在 20% 从价税的基础上，另外征收 0.5 元 /500 克（毫升）的从量税；黄酒征收 240 元 / 吨的从量税；甲类啤酒和乙类啤酒分别征收 250 元 / 吨、220 元 / 吨的从量税；其他酒征收 10% 的从价税；酒精征收 5% 的从价税。

● **1951 年，《专卖事业暂行条例草案》颁布，实行酒类产品专卖制度。**

1951 年 5 月 5 日，中央财政部颁发《专卖事业暂行条例草案》，自公布之日起施行。其中，第二条规定，"专卖品定为：酒类、卷烟用纸两种"；第三条规定，"专卖事业由中国专卖事业总公司所属各级专卖机构经营管理"；第四条规定，"专卖品以大行政区为产销单位，各区间的供销关系，由专卖总公司计划调度"；第五条规定，"专卖品以国营、公私合营、特许私营及委托加工四种方式经营，其生产计划由专卖总公司统一制订之"。

1954 年 6 月 30 日，中国专卖事业公司发布《关于加强调拨运输工作的指示》。其中要求：白酒和黄酒，各大区公司本着地产地销的原则，确定大区内的调拨供应计划，省市之间的调拨任务通过合同约束来完成；全大区购销计划不能平衡时，上报总公司研究调整之后由双方大区公司根据计划签订具体的供应合同；酒精和国家名酒为计划供应之商品，由总公司掌握，统一分配。

1963 年 8 月 22 日，国务院发布《关于加强酒类专卖管理工作的通知》。其中要求：酒类的生产由轻工业部统一安排；所有酒厂生产的酒，必须交当地糖业烟酒公司收购；酒的批发由糖业烟酒公司经营；酒的零售由国营商店、供销合作社以及经过批准的城乡合作商店、合作小组和其他一些代销点经营；各级专卖事业管理局亦为同级糖业烟酒公司，实施"一个机构，两块牌子"。

1978年4月5日，国务院批转商业部、国家计委、财政部《关于加强酒类专卖管理工作的报告》。其中要求：现有的国营专业酒厂，产、销全部纳入计划；今后新增设国营专业酒厂，必须经省级主管部门审查；公社、生产大队、生产队等集体所有制单位办的酒厂，必须坚持不准用粮食酿酒的原则。生产的酒类，要全部纳入省、市、自治区的计划。产品要符合国家规定的标准，并全部交当地糖业烟酒公司收购，一律不得自销产品；酒类的批发业务，由糖烟酒公司经营；酒类的零售业务，由专卖部门批准的国营商店、供销社和城乡合作商店、代销点经营。

1966—1976年，酒类专卖基本处于停顿状态。1980年，商业部向国务院建议取消专卖。

1981年6月26日，《国务院批转全国商业厅局长座谈会汇报提纲的通知》中提出：稳步地继续进行商业体制的改革，逐步完善多种经济成分，多种经营形式，多渠道，少环节的商品流通体制。俗称商业流通体制改革的"三多一少"。

1984年7月14日，《国务院批转商业部关于当前城市商业体制改革若干问题的报告的通知》中提出：建立城市贸易中心，逐步形成开放式、多渠道、少环节的批发体制；可以建立综合贸易中心，也可以有综合的和专业的贸易中心；贸易中心是商品批发交易市场，实行开放式经营；商业、工业企业，全民、集体、个体企业，本地、外地企业，计划外、非计划商品，都可以进入贸易中心，自由购销。

1985年，商业部将54种名牌产品列为计划管理，其中名酒为：贵州茅台、董酒、山西汾酒、竹叶青、安徽古井、四川五粮液、剑南春、泸州大曲（其中：特曲和头，二，三曲）、全兴大曲、郎酒、江苏洋河大曲、陕西西凤、绍兴黄酒、福建沉缸酒、北京中国红葡萄酒、武汉特制黄鹤楼酒、山东金奖白兰地、烟台味美思、烟台红葡萄酒、青岛啤酒。

1988 年 2 月 27 日，国务院发布《全民所有制工业企业承包经营责任制暂行条例》，自 1988 年 3 月 1 日起施行。其中，第四十三条规定："交通、建筑、农林、物资、商业、外贸行业的全民所有制企业实行承包经营责任制的，可参照本条例执行。"根据 2024 年 3 月 10 日国务院令（第 777 号），本条例自 2024 年 5 月 1 日起废止。

1988 年 7 月 16 日，国务院发布《关于做好放开名烟名酒价格提高部分烟酒价格工作的通知》，决定放开 13 种名烟和 13 种名酒价格，同时提高部分高中档卷烟和粮食酿酒的价格。13 种名白酒的定价由之前的国家统一规定改为由生产、经营企业按市场供求，自主定价。

• 1951 年，《葡萄栽培法》（作者：张勋新）出版发行。

该书由上海中国科学图书仪器公司出版发行。主要内容包括：葡萄的品种、葡萄园场地的选择、栽培葡萄适宜的气候、葡萄的繁殖、苗圃的管理、开园、定植、垣篱和棚架的建立、葡萄是怎样结果的、葡萄的修剪、葡萄的病害虫害和防除的方法和葡萄的成熟和收获[1]。1934—1937 年，张勋新在张裕公司担任农艺师。张勋新原是山东大学园艺系助教，被张裕公司请来管理葡萄园，后任园艺部主任[2]。

• 1951 年，吉林省农科院果树所以玫瑰香做母本、山葡萄做父本杂交育成抗寒葡萄品种"公酿一号"。

• 1951 年，安丘市轻工机械厂成立。

安丘轻工机械有限公司是我国酿酒饮料机械行业中的重点企业，是原轻工业部非充气饮料灌装生产线定点生产厂。2002 年，安丘轻工机械有限公司成立。2003 年，安丘轻工机械有限公司与美国施贝

---

① 1930 年代张裕技师张勋新的《葡萄栽培法》[EB/OL].（2014–10–20）[2024–09–08]. http://www.jiaodong.net/wine/system/2014/10/20/012458960.shtml.

② 朱梅. 古今酒事（47）——71. 关于张裕葡萄酿酒公司的几件往事 [J]. 酿酒，1992（1）：40–42.

尔国际有限公司合资成立安丘瑞贝轻工机械有限公司，由安丘轻机公司控股经营。

• **1952 年，商业部设立，并成立酒类商品流通管理部门。**

1949 年，设立中央贸易部。1952 年，撤销中央贸易部，组建对外贸易部和商业部。

1982 年，商业部与全国供销合作总社和粮食部合并，组建新的商业部。1994 年，根据国务院机构改革方案（国办发〔1994〕33 号），撤销商业部、物资部，组建国内贸易部。1998 年，国内贸易部被改组为国家国内贸易局，由国家经济贸易委员会管理。2001 年，撤销国家国内贸易局，有关行政职能并入国家经济贸易委员会。2003 年，对外贸易经济合作部、国家计划委员会、国家经济贸易委员会的部分职能司局合并成立商务部。

• **1952 年，《葡萄加工法》（作者：张勔新）出版发行。**

该书由上海中国科学图书仪器公司出版发行。主要内容包括：酒厂和地窖建设的计划、发酵桶、酒池和酒桶的建造、应用器材的准备/原料的选择和处理、葡萄果实的分析、白葡萄酒的酿造法、红葡萄酒的酿造法、其他不同名称葡萄酒的酿造法、东北产葡萄酒的制法、香槟酒的制法、白兰地的制法、葡萄酒的败坏和预防法、葡萄酒的品定和葡萄酒的包装等。《葡萄加工法》编写于其江南大学任教期间[1]。张勔新先生的其他著述有：出版的《果树繁殖法》（中国科学图书仪器公司，1951 年）、《怎样栽培葡萄》（江苏人民出版社，1956 年）和《中国主要果树图说》（上海科学技术出版社，1960 年）。

• **1952 年，第一届全国评酒会在北京举办。**

获得"全国名酒"称号的葡萄酒产品为：玫瑰香红葡萄酒（葵花牌，酒精度 18%vol，烟台张裕酿酒公司）、味美思（葵花牌，酒

---

[1] 1930 年代张裕园艺部主任张勔新的《葡萄加工法》[EB/OL].（2017-09-10）[2024-09-08]. https://www.chinanews.com/wine/2017/09-10/8327090.shtml.

精度 18%vol，烟台张裕酿酒公司）、金奖白兰地（葵花牌，酒精度 40%vol，烟台张裕酿酒公司）。

由中国专卖事业总公司主持组织。主持评酒工作专家为朱梅、辛海庭。

• **1953 年，全国税法会议上提出"限制高度酒、提倡低度酒、压缩粮食酒、发展葡萄酒"政策，葡萄酒享受免税待遇。**

• **1953 年，长兴酒厂在浙江长兴县雉城镇成立。**

长兴酒厂后改名为长兴葡萄酒厂，1985 年投产"欢众牌"蜜思醇。1995 年，长兴酿酒总厂、长兴白酒厂和长兴葡萄酒厂合资成立湖州欢众酿酒集团有限公司。

• **1953 年，黑龙江省密山葡萄酒厂成立。**

1959 年，黑龙江省密山葡萄酒厂与白酒厂合并为密山果酒酿造厂。1962 年，分立并改名为密山葡萄酒厂，注册商标"兴凯湖牌"。1963 年，开始生产山楂酒、葡萄酒。1976 年，年产 2000 千升 30 余种果酒，并建立罐头车间。1985 年，生产山葡萄、味可思、双瑰、雷司令、橘子酒等 126 种果酒，其中，"双瑰酒"为加香开胃葡萄酒[1]。

2002 年，改制更名为密山市兴凯湖酒业酿造有限公司。

• **1953 年，新乡市轻工业机械制造厂成立。**

新乡市轻工业机械制造厂为原轻工业部定点生产酿酒、饮料等机械的骨干企业。1997 年，新乡轻机股份有限公司成立，是国内生产葡萄酒设备的专业厂家。

• **1954 年，中国科学院植物研究所北京植物园以玫瑰香为母本、山葡萄为父本杂交育出"北醇"。**

• **1954 年，西安市糖业烟酒公司成立。**

1993 年，该公司更名为西安市糖业烟酒副食品总公司。1997 年，

---

[1] 密山工业游：密山果酒厂 [EB/OL].（2019-09-22）[2024-09-08]. https://www.sohu.com/a/193941420_748478.

更名为西安市糖业烟酒副食集团公司。2006 年，该公司与其他 5 个单位合并重组，设立西安市糖业烟酒副食品集团有限公司。2008 年，变更为西安市糖酒集团有限公司。

- **1954 年，萧县葡萄酒厂在安徽成立。**

　　1956 年，生产葡萄酒 4.22 千升，当时的主要设备为 4 台手摇泵、2 部手摇车和自制的 12 个木桶。1963 年，萧县葡萄酒厂与建于 1951 年的萧县园艺总场合并，后者作为前者的原料基地。萧县葡萄酒厂生产"双喜牌"甜红葡萄酒、葡萄汽酒，"古泉牌"红葡萄酒等。1965 年，试制糖水葡萄罐头。1966 年，建成酒精车间。1978 年，建成罐头车间。1980 年，萧县葡萄酒厂与其他公司成立萧县葡萄酒罐头联合公司，为安徽省内最大的果品加工企业[①]。下属单位有葡萄酒厂、罐头厂和汽酒厂等。1984 年，萧县葡萄酒厂与萧县园艺总场分离。1996 年，萧县葡萄酒厂投资设立安徽双喜葡萄酒酿造总厂，并将"双喜"商标转让给后者。1996 年，安徽古井集团兼并安徽双喜葡萄酒酿造总厂，并合资成立安徽古井双喜葡萄酒有限公司，由古井公司控股 80%。"古井""双喜"两大品牌，其主要产品有干红、干白、白兰地、桃红、大香槟、甜红甜白葡萄酒、桂花酒和果露酒。1999 年，该公司实现营收 1452 万元[②]。

　　2003 年，向古井集团转让所持有的古井双喜 80% 股权。2005 年，安徽古井双喜葡萄酒有限责任公司成为安徽省第一家通过 QS 认证的葡萄酒生产企业。2008 年，古井集团剥离安徽古井双喜葡萄酒有限责任公司。

　　2003 年，萧县葡萄酒罐头联合公司下属的萧县葡萄酒总厂和萧县莱斯特葡萄酒厂停产，萧县葡萄酒总厂进入破产程序。2005 年，萧县园艺总场下属葡萄酒厂——萧县红双喜葡萄酒庄园有限责任公

① 邱炜. 肖县葡萄生产发展前景初探 [J]. 葡萄栽培与酿酒，1984（4）：26-28.
② 安徽古井贡酒股份有限公司 1999 年年度报告 [Z]. 2000-03-31.

司改制为民营企业。2022 年，萧县园艺总场从安徽双喜葡萄酒酿造总厂手中受让"双喜"注册商标。

• **1954 年，一面坡葡萄酒厂在黑龙江省尚志县设立。**

建厂基础为成立于 1925 年的"俄斯克"酒工厂。一面坡葡萄酒厂于 1956 年建成，1957 年投产，是中国最早的果酒生产厂之一。其传统的果酒产品：山葡萄酒、砵酒、紫梅酒、香梅酒、金梅酒、迎宾葡萄酒、参味酒和五加参酒，也被誉为该厂的"八大名酒"。其中，以草莓、树莓、黑醋果为原料酿成的"三梅酒"（金梅酒、香梅酒、紫梅酒）是其代表性产品。1966 年，研制出以山葡萄、莎贝拉维葡萄和黑穗醋果为原料的红梅牌甜型葡萄酒"中国砵酒"。

1993 年，一面坡葡萄酒厂依法宣告破产。2002 年，黑龙江鑫城集团与自然人孙成岩共同出资注册成立民营企业黑龙江一面坡葡萄酒有限公司，并收购原一面坡葡萄酒厂。

• **1954 年，《葡萄酒》（作者：朱梅）出版发行。**

该书由轻工业部烟酒工业局出版发行，主要内容包括：葡萄制造概述、葡萄组织解剖、葡萄汁分析、葡萄采收与压碎、酵母与发酵、病菌危害与酵母培养、红葡萄酒制造实际操作法、白葡萄酒制造实际操作法、如何改良葡萄酒、葡萄酒酒窖主要工作、葡萄酒储藏方法、葡萄酒厂卫生和葡萄酒病害处理与怪味处理等。1959 年，该书经作者修订，由轻工业出版社再版并定名为《葡萄酒酿造》。

朱梅先生的其他著述有《白酒酿造》《配制酒酿造》《啤酒酿造》《果酒酿造》《葡萄酒工艺学》《世界名酒》《世界啤酒工业概况》《世界葡萄酒工业概况》等[1]，其中《葡萄酒工艺学》（作者：朱梅，李文庵，郭其昌）由轻工业出版社 1965 年出版发行，1985 年再版。

• **1954 年，北京东郊葡萄酒厂成立。**

北京东郊葡萄酒厂建立基础为樱井安藏 1941 年在怀来县沙城所

---

① 朱梅同志生平［J］. 酿酒，1991（4）：92-93，5.

建的葡萄酒厂。1954年，夜光杯牌中国红葡萄酒诞生。1955年北京东郊葡萄酒厂建成后划归为北京酿酒厂果酒车间。1965年，北京酿酒厂果酒车间恢复厂的建制，北京东郊葡萄酒厂复名。1965年，以国营北京酿酒厂为基础，将北京五星啤酒厂、北京啤酒厂、北京葡萄酒厂、北京东郊葡萄酒厂、北京酒精厂和酿酒机修厂等合并为北京酿酒总厂。1966年，王秋芳成为北京东郊葡萄酒厂首任厂长。北京东郊葡萄酒厂曾生产的产品有：夜光杯牌北京白兰地、玫瑰香葡萄酒、燕宾酒、红星牌玫瑰酒、红星牌山楂酒、夜光杯牌半干桃红葡萄酒、鹿头牌人参白兰地、夜光杯牌味美酒、北京龙眼葡萄酒、夜光杯牌赤霞珠半甜红葡萄酒、丰收牌中国白葡萄酒等。

1987年，北京酿酒总厂将北京酒精厂、北京东郊葡萄酒厂、北京葡萄酒厂、北京啤酒厂、北京双合盛五星啤酒厂等5厂上交至北京市一轻局。1991年，北京东郊葡萄酒厂更名为北京夜光杯葡萄酒厂。1992年，北京红星酿酒集团公司组建，同时北京夜光杯葡萄酒厂与北京酿酒总厂合建制合并。之后，以"北京红星酿酒集团公司北京夜光杯葡萄酒厂"名义生产产品。出口产品使用"丰收""鹿头"商标。2004年，"夜光杯"品牌转让给北京龙徽酿酒有限公司。2005年，北京酿酒总厂注销，由北京红星酿酒集团公司整体吸收合并，并承接其债权债务。

• 1955年，第一轻工业部发酵工业科学研究所在北京成立。

1955年，第一轻工业部发酵工业科学研究所在北京成立。1960年，轻工业部食品工业科学研究所中的食品室与之合并，在北京成立轻工业部食品发酵工业科学研究所。1969年，迁往江西。1979年，迁回北京。

1995年，更名为中国食品发酵工业研究所。1999年，该所转为中央直属大型科技企业[1]。2002年，更名为中国食品发酵工业研究

---

[1]　科学技术部，国家经贸委. 关于印发国家经贸委管理的10个国家局所属科研机构转制方案的通知 [Z]. 1999–05–20.

院。2017 年，改制并更名为中国食品发酵工业研究院有限公司。现为中国保利集团所属中国轻工集团全资子公司，旗下拥有全国食品发酵标准化中心（1978 年成立）、国家食品质量监督检验中心（1989 年成立）、国家酒类品质与安全国际联合研究中心（2013 年成立）、全国食品与发酵工业信息中心（前身为中国食品发酵工业研究所情报室）、中国工业微生物菌种保藏管理中心（CICC，前身为创立于 1930 年的中央工业试验所化学组酿造研究室）等服务平台。

• 1955 年，全国糖酒商品交易会开始举办。

1955 年，全国供应会在北京召开。1956 年、1957 年，全国糖业糕点专业会议在北京召开。1958 年，烟、酒被纳入议程，在北京召开的全国糖业烟酒专业计划会议取代全国糖业糕点会议。1964 年，在上海召开的全国三类商品供应会首设糖烟酒商品展厅。1972 年，改称全国糖业烟酒菜果三类商品交流会。1984 年，烟草作为特殊商品退出，交流会改名为全国糖酒三类商品交流会，并由一年一次变为每年两届，分别是春季新品发布会和秋季订货会。1990 年，全国糖酒三类商品交流会更名为全国糖酒商品交易会。2011 年，春季全国糖酒商品交易会永久落户成都。2023 年 10 月，第 109 届全国糖酒商品交易会在深圳举办。

目前，全国糖酒会分春、秋两季，一年举办两届。

• 1956 年，毛泽东主席在第二届全国糖酒及食品工业汇报会上指示：要大力发展葡萄和葡萄酒生产，让人民多喝一点葡萄酒！

• 1956 年，全国全行业私营企业完成公私合营。

1950 年 12 月 29 日，原政务院通过《私营企业暂行条例》，该条例规定了私营企业的三种组织方式，即独资、合伙和公司，同时规定了公司的五种具体组织方式，即无限公司、有限公司、两合公司、股份有限公司和股份两合公司。

1954 年 9 月 2 日，原政务院通过《公私合营工业企业暂行条例》。其中规定：对资本主义企业实行公私合营，应当根据国家的需要、企业改造的可能和资本家的自愿。合营企业中，社会主义成分居领导地位，私人股份的合法权益受到保护。

1956 年，全国全行业私营企业完成公私合营，原私营资方的股息红利领取方式由之前的参与原企业盈余分配改变为国家按其拥有股额付给年度定息。1966 年，定息停付。至此，公私合营企业转变为社会主义全民所有制企业。

• 1956 年，原食品工业部发布酒精质量标准《精馏酒精》和《医药酒精》。

1964 年，部颁标准《精馏酒精》（食酒 0301-56）升级为国家标准（GB 394-395-64），自 1965 年实施。《酒精》（GB 394—1981）自 1981 年 12 月 1 日起实施，其中取消了"精馏""医药"等用词，并将酒精产品分为五个等级。国家标准（GB 394-395-64）和《医药酒精》（食酒 0302-56）同时废止。1987 年 3 月 18 日，国家标准局以国标发〔1987〕151 号文批准，自 1987 年 5 月 1 日起《酒精》（GB 394—1981）中二级以上（含二级）的酒精可作为食用酒精[1]。

1989 年 2 月 22 日，原轻工业部发布强制国家标准《食用酒精》（GB 10343—89），自 1989 年 9 月 1 日起实施。本标准适用于以谷物、薯类、糖蜜为原料，经发酵、蒸馏精制而成的含水乙醇，即食品工业专用的酒精。本标准起草单位：轻工业部食品发酵工业科学研究所。

2002 年 3 月 5 日，原国家质量监督检验检疫总局发布强制国家标准《食用酒精》（GB 10343—2002），自 2002 年 9 月 1 日起实施。《食用酒精》（GB 10343—89）同时废止。

2008 年 12 月 29 日，原国家质量监督检验检疫总局、国家标准化管理委员会发布强制国家标准《食用酒精》（GB 10343—2008），自 2009 年 10 月 1 日起实施。《食用酒精》（GB 10343—2002）同时废止。

---

[1] 李盛贤，赵辉，吴国峰，等. 中国酒精质量标准发展概述［J］. 酿酒，2003(6)：11-12.

2023 年 3 月 17 日，国家市场监督管理总局、国家标准化管理委员会发布推荐性国家标准《食用酒精质量要求》（GB/T 10343—2023），自 2024 年 4 月 1 日起实施。《食用酒精》（GB 10343—2008）同时废止。本标准起草单位：中国酒业协会、安徽安特食品股份有限公司、中国食品发酵工业研究院有限公司、国投生物吉林有限公司、河南天冠企业集团有限公司、太仓新太酒精有限公司、广东中科天元新能源科技有限公司、江苏花厅生物科技有限公司、广东省生物工程研究所（广州甘蔗糖业研究所）。

- 1956 年，永福县国营葡萄酒厂成立。

永福县国营葡萄酒厂生产"永福山牌""古南门牌""凤山牌"葡萄酒。2006 年，改制为桂林永福山葡萄酿酒有限公司。

- 1956 年，天津市果酒厂成立。

天津市果酒厂前身为 19 世纪初由俄国人建立的立达酒厂。1954 年，改建为国营酒厂。1956 年，改称天津市果酒厂。主要产品：嘉宾酒（以北方优质干红枣为原料）、雷司令葡萄酒（糖度 7%、酒精度 10%、原汁含量 50%）、天津陈酿（以酿酒葡萄和人参为主要原料的加香葡萄酒，糖度 16%，酒精度 16%）、红果酒、桂花酒、玫瑰红葡萄酒、竹叶青、咖啡酒、高级起泡葡萄酒、樱桃白兰地、山楂酒、鹿筋补酒、佐餐葡萄酒（糖度 9%、酒精度 10%、原汁含量 50%）、特制小香槟酒等。

- 1957 年，山东葡萄试验站成立。

山东葡萄试验站隶属原国家食品工业部制酒工业管理局。1981 年，山东葡萄试验站更名为山东省酿酒葡萄科学研究所；2013 年，研究所更名为山东省葡萄研究院；2014 年，由山东省轻工业协会划归山东省农业科学院管理。

- 1957 年，全国第一届果酒技术会议在烟台召开。
- 1957 年，《葡萄栽培学》（作者：罗仁等）出版发行。

• **1958 年，砀山葡萄酒厂成立。**

砀山葡萄酒厂于 1960 年投产；1976 年，开始生产食品罐头；1997 年，更名为砀山葡萄罐头工业公司，主要产品有葡萄酒、罐头、天然果汁、芦笋参酒、佳酿草莓酒、砀山梨酒等。2005 年，被浙江爱斯曼食品有限公司整体收购，并成立砀山欣诚食品有限公司，主要生产果蔬类、畜禽类罐头及速冻蔬菜。

• **1958 年，全国第一届葡萄酒技术协作会议在山西清徐露酒厂召开。**

• **1958 年，《酒精工厂的生产技术（上、下）》（作者：秦含章）出版发行。**

该书由食品工业出版社出版发行。秦含章先生的其他酒类著述：《老姆酒酿造法概要》（轻工业出版社，1959 年）和《现代酿酒工业综述》（中国食品出版社，1987 年）。秦含章先生在葡萄酒方面的著述有：《葡萄酒鉴评学和饮用法》（全国食品与发酵工业科技情报站，1988 年）、《葡萄酿酒的科学技术》（全国食品与发酵工业科技情报站，1989 年）和《葡萄酒分析化学》（中国轻工出版社，1991 年）等。

秦含章（1908—2019 年），中国酿酒行业泰斗之一，曾任轻工业部发酵工程科学研究所所长，轻工业部食品发酵工业研究所所长、名誉所长。经国务院批准为轻工系统对国家有突出贡献专家，国务院政府特殊津贴获得者。2007 年，被中国食品发酵工业研究院授予"终身成就奖"。2023 年，被中国酒业协会授予"中国酒业 30 年终生功勋奖"。

• **1958 年，连云港葡萄酒厂在江苏成立。**

1960 年，获准注册"花果山"商标，之前的"光明"商标逐渐被弃用。"花果山牌"半干白葡萄酒（以白羽葡萄为原料）和山楂酒是公司的代表性产品，出口采用的商标为"金梅牌"[①]。1988 年，连云港葡萄酒厂与香港宏基工程设备有限公司合资成立连云港凯威葡

———————————
① 刘犁. 前进中的连云港葡萄酒厂［J］. 酿酒，1984（2）：58-59.

萄酿酒有限公司。

2000 年，被江苏农垦集团兼并，企业更名为连云港王府葡萄酒业有限公司。2002 年，被江苏太平洋建设工程集团收购，企业更名为江苏苏红酒业有限公司。2010 年，更名为连云港市凯威酒业有限公司。公司为行业标准《果酒 第 2 部分：山楂酒》(QB/T 5476.2—2021) 起草单位之一。

• 1958 年，国营栖霞酿酒厂在山东烟台成立。

2001 年，国营栖霞酿酒厂更名为烟台白洋河酿酒有限责任公司，主要生产葡萄酒、白兰地和白酒，并代理销售进口葡萄酒产品。2012 年，中国通天酒业集团有限公司收购烟台白洋河酿酒有限公司的 60% 股权。

• 1958 年，河北省昌黎果酒厂在河北成立。

1980 年，昌黎果酒厂更名为昌黎葡萄酒厂。1990 年，昌黎葡萄酒厂扩建为昌黎酿酒总厂。1993 年，昌黎酿酒总厂与昌黎县糖厂、啤酒厂等 19 家企业联合组建中化河北地王集团公司，主要生产白酒、葡萄酒、果露酒。2003 年，中化河北地王集团公司转制为民营企业，以昌黎地王酿酒有限公司为主体，下设子公司，包括秦皇岛浪淘沙酒业有限公司、秦皇岛五峰酿酒有限公司、昌黎拿破仑城堡酒业有限公司、秦皇岛兴通食品有限公司。主要产品：地王牌、昌黎牌、北戴河牌葡萄酒，冰酒，白兰地、白酒等。

"北戴河"（注册号 167942，国际分类 33 号）注册商标由秦皇岛浪淘沙酒业有限公司（曾用名：昌黎燕赵长城葡萄酿酒有限公司、昌黎燕赵酒庄有限公司）在 1982 年注册持有。

• 1958 年，民权葡萄酒厂在河南商丘创建。

由轻工业部批准，河南省工业厅投资 150 万元在民权筹建民权葡萄酒厂，年设计生产能力 2500 千升（含酒精 500 千升）[1]。1959 年，

---

① 杨振起，吕尽善. 民权葡萄酒厂诞生琐记［J］. 协商论坛，2019（8）：53–55.

民权葡萄酒厂首制产品，生产甜白、甜红葡萄酒。1961 年选用白羽、红玫瑰、巴米特、季米亚特等葡萄品种试制干白葡萄酒，1964 年上市，1968 年大量外销[①]。

民权葡萄酒厂的发展可以分为两个阶段，即"长城"商标使用阶段和"民权"商标启用阶段。

（1）1963 年，民权葡萄酒厂以"长城"为商标从事各种葡萄酒产品的生产，并由天津粮油食品进出口公司通过天津口岸出口部分葡萄酒产品。1974 年，天津粮油食品进出口公司注册了"长城"商标（第 70855 号）。1963—1983 年，民权葡萄酒厂为"长城"商标的唯一葡萄酒生产企业。1983 年，河南省粮油进出口公司获得出口经营权，民权葡萄酒厂的对外出口经销业务改由其办理[②]。1983年，天津粮油食品进出口公司与中国粮油食品进出口总公司签订商标使用协议，"长城"葡萄酒的生产企业变为民权葡萄酒厂和中国长城葡萄酒有限公司。1986 年，民权葡萄酒厂的年产量将近 2 万千升。1989 年，天津粮油食品进出口公司与民权葡萄酒厂签订商标使用协议，"长城"商标使用由之前的无偿使用变为有偿使用，每年2.5 万元使用费，后改为每年 6 万元，至 1994 年 4 月 28 日止[③]。1991年，民权葡萄酒厂被列为国内重点发展的 4 个葡萄酒生产厂家之一。1992 年，民权葡萄酒厂接手民权玻璃厂、纸箱厂、印刷厂等企业，并联合成立宝塔集团。1993 年，民权葡萄酒厂获得自营进出口权。1993 年，天津粮油食品进出口公司与中国粮油食品进出口总公司签订商标独家使用协议，从 1994 年 1 月 1 日起，"长城"商标权为中国粮油食品进出口总公司独家授权使用，合同有效期为 5 年且可续约。1998 年，中国粮油食品进出口总公司受让了"长城"商标。

（2）1994 年，民权葡萄酒厂放弃使用"长城"商标，并申请注

① 民权白葡萄酒［J］. 食品与发酵工业，1980（5）：28.
② 樊鹏，刘蒙辛."民权"痛失"长城"［J］. 科技文萃，1994（6）：216–217.
③ 文详."民权"痛失"长城"商标说明了什么［J］. 供销员之友，1995（4）：43–44.

册"民权牌"商标。之后，还推出"黄河古道""宝塔""葵丘"等品牌。1997 年，香港五丰行公司与民权葡萄酒厂合资成立民权五丰葡萄酒有限公司，五丰行占股 51%。之后，香港五丰行撤资，民权葡萄酒厂成国资控股企业。2005 年，浙江九鼎集团整体收购民权葡萄酒厂申请破产之后的全部资产，改制为民营企业民权九鼎葡萄酒有限公司。2017 年，与澳大利亚沙普酒庄合资成立民权沙普国际酒庄有限公司。2018 年，经河南天明集团并购重组，企业更名为天明民权葡萄酒有限公司。2019 年，注册"河南红"商标。

2021 年，民权县葡萄酒厂工业旧址被河南省文物局定为省级文物保护单位。

• 1958 年，民权第二葡萄酒厂成立。

1990 年，民权第二葡萄酒厂注册"神舟"图文商标。2007 年，改制为股份制企业民权神舟葡萄酒业有限公司。

• 1958 年，国营新宾县葡萄酒厂成立。

1997 年，国营新宾县葡萄酒厂改制更名为新宾满族自治县东星葡萄酒有限公司。

• 1958 年，张裕酿酒大学成立。

受原轻工业部委托，张裕酿酒大学于 1958 年 9 月正式开学，包括本厂 10 名职工在内的来自全国各地葡萄酒厂的 46 名学员，半工半读，学制一年半。张裕工程师陈朴先女士兼任教导主任，组织编写讲义和教材，课程有葡萄酒工艺、微生物讲义和贮酒桶、发酵桶的制造等。陈朴先、林文炳、沈霖忍、任其瑞、陈肖兴等张裕公司的工程技术人员均承担有主要教学任务[1]。

• 1958 年，地方国营托克托县果酒厂成立。

1978 年，该厂更名为内蒙古托克托葡萄酒厂，主要生产葡萄酒、白酒和青梅酒，并自主研发出葡萄汽酒，代表产品为"春梅牌"

---

① 王恭堂. 百年张裕酿芬芳［M］. 北京：团结出版社，2012：64.

桂花葡萄酒。1981年，该厂葡萄汽酒产量146千升，果酒140千升；1989年，更名为内蒙古托克托酿酒公司；1995年，兼并副食品加工厂、食品公司，组建内蒙古托王集团酿酒总公司，主营白酒、葡萄酒、黄酒三大系列产品。1998年，改制为内蒙古云中酒业有限责任公司。

- 1959年，山东省轻工业机械厂成立。

1964年，山东省轻工业机械厂开始生产玻璃瓶罐机械；1967年，生产出行列式制瓶机；1982年，开始专业生产玻璃瓶罐机械。

1997年，该厂更名为山东三金玻璃机械有限公司。2004年，改制为股份制民营企业山东三金玻璃机械股份有限公司。2011年，三金公司与瑞士布赫集团旗下艾姆哈特公司创立中外合资企业。2018年，三金公司成为瑞士布赫工业集团旗下的全资子公司。

- 1959年，中保友谊葡萄园在天津兴建。
- 1959年，全国第二次葡萄酿酒技术协作会在北京酿酒厂召开。
- 1959年，《葡萄的综合利用》（作者：郭其昌）出版发行。

郭其昌（1918—2011年），全国酿酒行业突出贡献专家，中国葡萄酒酿造工业技术进步的重要推动者之一，国务院政府特殊津贴获得者。曾任中国食品发酵工业科研所教授级高级工程师、中国酿酒工业协会葡萄酒专业委员会名誉主任。1947年就职于青岛葡萄酒厂（时为青岛啤酒厂的果酒车间），1957年被轻工业部派往越南河内酒厂，1958年被分配到轻工部发酵工业科学研究所果酒组工作，1989年退休。先后主持《葡萄酒人工老熟的研究》《葡萄酒稳定性的研究》《酿酒葡萄优良品种选育》《优质白兰地、威士忌的研究》《干白葡萄酒新工艺的研究》。2000年，被国际葡萄与葡萄酒组织（OIV）授予OIV金质奖章。2023年，被中国酒业协会授予"中国酒业30年终生功勋奖"。

- 1959年，《山葡萄酒酿造》（作者：魏永恬，王敬）出版发行。
- 1960年，中国农业科学院果树研究所郑州分所成立。

1979年，该所更名为中国农业科学院郑州果树研究所。

• 1961 年,《葡萄栽培学》(作者：黄辉白) 出版发行。

• 1961 年,《酒精工艺学》(作者：无锡轻工业学院，河北轻工业学院) 出版发行。

• 1962 年, 首届华东区葡萄酒技术协作会议在山东烟台召开。

• 1963 年, 轻工业部、商业部颁布《葡萄酒、果露酒管理办法》。

　　1963 年 9 月 9 日, 轻工业部、商业部颁布《葡萄酒、果露酒管理办法》。其中规定："凡葡萄酒、果露酒厂不论隶属任何部门，一律由各省、市、自治区轻工业厅、局统一归口管理，与商业厅、局衔接产销计划，经省、市、自治区计委平衡统一安排生产""葡萄酒、果酒原酒含量不得低于 50%，含酒精量不得高于 18 度，含糖量不得高于 12%；露酒含糖量不得高于 10%""所有葡萄酒、果露酒，必须使用经过脱臭精制的精馏酒精或药用酒精""关于使用甜味辅料，葡萄酒、果酒应使用砂糖，露酒应使用砂糖、饴糖，各种酒均不得使用糖精"。

• 1963 年, 第二届全国评酒会在北京举办。

　　获得"全国名酒"称号的葡萄酒产品为：玫瑰香红葡萄酒（葵花牌，酒精度 16%vol，烟台张裕酿酒公司）、味美思（葵花牌，酒精度 18%vol，烟台张裕酿酒公司）、金奖白兰地（葵花牌，酒精度 40%vol，烟台张裕酿酒公司）、白葡萄酒（葵花牌，酒精度 13%vol，青岛葡萄酒厂）、中国红葡萄酒（夜光杯牌，酒精度 16%vol，北京酿酒厂）和特制白兰地（夜光杯牌，酒精度 40%vol，北京酿酒厂）。

　　获得"全国优质酒"称号的葡萄酒产品为：桂花陈酒（中华牌，北京葡萄酒厂）、长白山葡萄酒（长白山牌，吉林长白山葡萄酒厂）、通化葡萄酒（红梅牌，吉林通化葡萄酒厂）、民权红葡萄酒（长城牌，河南民权葡萄酒厂）。

• 1963 年, 原轻工部在连云港葡萄酒厂举办了苏、鲁、豫、皖四省葡萄酒培训班。

• 1963 年, 安徽界首葡萄酒厂成立。

- **1964 年，郑州葡萄酒厂成立。**

　　郑州葡萄酒厂在民权葡萄酒郑州发酵站基础上建成，主要生产葡萄酒和果酒；1979 年，开始生产啤酒；1987 年，更名为郑州市啤酒厂。

- **1964 年，《酿酒工艺学》（作者：无锡轻工业学院，河北轻工业学院）出版发行。**

- **1964 年，全国第一届葡萄酒技术协作会议在烟台召开。**

- **1965 年，国务院批转《食品卫生管理试行条例》。**

　　1965 年 8 月 17 日，国务院批转原卫生部、商业部、第一轻工业部、中央工商行政管理局、全国供销合作总社联合制定《食品卫生管理试行条例》，首提"食品卫生标准"概念。

　　1979 年 8 月 28 日，国务院颁布《食品卫生管理条例》，自颁布之日起实施。《食品卫生管理试行条例》同时废止。其中，第四条规定："食品卫生标准，由卫生部门会同有关部门制订。食品卫生标准，分为国家标准、部标准和地区标准。"

　　1982 年 11 月 19 日，全国人大常委会通过《食品卫生法（试行）》，自 1983 年 7 月 1 日起开始实施，《食品卫生管理条例》同时废止。其中，第二十六条规定："食品生产经营企业和食品商贩，必须先取得卫生许可证方可向工商行政管理部门申请登记或者变更登记。"

　　1995 年 10 月 30 日，全国人大常委会通过《食品卫生法》，同日起施行。《食品卫生法（试行）》同时废止。其中，其中第二十七条规定："食品生产经营企业和食品摊贩，必须先取得卫生行政部门发放的卫生许可证方可向工商行政管理部门申请登记。"

　　2009 年 2 月 28 日，全国人大常委会通过《食品安全法》，自 2009 年 6 月 1 日起施行。《食品卫生法》同时废止。其中，第三十五条规定，"国家对食品生产经营实行许可制度。从事食品生产、食品销售、餐饮服务，应当依法取得许可"；第三十九条规定，"国家对食品添加剂生产实行许可制度"。全国人大常委会在 2015 年对《食品安全法》进行修订，在 2018 年和 2021 年进行两次修正。

• **1966 年，重庆轻工业机械厂创建。**

现名为重庆中轻装备有限公司。

• **1967 年，江苏丰县葡萄酒厂建成。**

1977 年，江苏丰县葡萄酒厂投产"奖杯牌""金梅牌"半干白葡萄；1990 年，更名为徐州葡萄酿酒总厂。

• **1968 年，荣成市玻璃厂成立。**

1968 年，山东省荣成市第一轻工业公司组建荣成市玻璃厂。1996 年，分立出荣成市新星玻璃制品厂。1998 年，荣成市新星玻璃制品厂改制为荣成华鹏玻璃有限公司。2001 年，整体变更为山东华鹏玻璃股份有限公司 ①。

2001—2012 年，投资成立华鹏玻璃（菏泽）有限公司、辽宁华鹏广源玻璃有限公司、安庆华鹏长江玻璃有限公司、山西华鹏水塔玻璃制品有限责任公司和甘肃石岛玻璃有限公司。

公司产品的注册商标为"石岛"和"弗罗萨"。公司两大业务板块分别为：玻璃瓶罐（酒水饮料瓶、食品调味品瓶、医药包装瓶）和玻璃器皿（以玻璃高脚杯为主，荣成总部生产，年产 4000 余万只），是中国最大的机制玻璃高脚杯生产企业。2009 年，华鹏玻璃被中国日用玻璃协会授予"中国玻璃高脚杯王牌企业"称号，"石岛"商标被国家工商行政管理总局商标局认定为"中国驰名商标"。

• **1969 年，南京轻工业机械厂成立。**

1990 年，成立南京轻工业机械厂有限公司。2006 年，南京轻工业机械集团投资设立南京轻机包装机械有限公司。主要产品为酒、饮料灌装生产线、食品包装设备。

---

① 山东华鹏玻璃股份有限公司首次公开发行股票招股说明书［Z］. 2014-04-30.

- **1969 年，广西罗城山野葡萄酒总厂成立。**

2005 年，经国有企业改制，广西罗城山野葡萄酒总厂更名为广西中天领御酒业有限公司。

- **1969 年，广西都安野生山葡萄酒厂成立。**

广西都安野生山葡萄酒厂位于广西都安瑶族自治县，生产"瑶岭牌"野生山葡萄酒。2000 年，酒厂生产能力为 1600 千升。2003 年，酒厂引入外资并重组为广西都安密洛陀野生葡萄酒有限公司。

- **1969 年，正美实业社在中国台湾成立。**

正美实业社主要从事标签设计与印刷。1970 年，改组为正美企业有限公司。1981 年，进入电子业标签市场。1986 年，进入日用品标签市场。1990 年，改组为正美企业股份有限公司。

20 世纪 90 年代进入中国大陆市场，先后通过投资或并购设立的企业有：上海正伟印刷有限公司（1996 年）、深圳正峰印刷有限公司（1996 年）、昆山华冠商标印刷有限公司（2000 年）、烟台正展精密印刷有限公司（2007 年）、重庆正永精密印刷有限公司（2011 年）、河南正茂精密印刷有限公司（2011 年）、广东正博精密印刷有限公司（2012 年）、天津正合精密印刷有限公司（2013 年）。

2007 年，正美集团将英文名称统一为"CymMetrik"。目前，为日化、电子、医疗、食品等行业客户提供不干胶标签、自黏标签、保全标签等标签印刷解决方案。

- **1970 年，《食品与发酵工业》杂志创刊。**
- **1971 年，泰安市轻工机械厂成立。**

1994 年，泰安市轻工机械厂被泰山集团收购并改名为泰山集团泰安市轻工机械厂。2001 年改制为泰山集团泰安市普瑞特机械制造有限公司。2012 年，整体变更为普瑞特机械制造股份有限公司。

普瑞特为液态食品机械行业成套智能化装备工程制造商和供应商，目标客户集中于酿酒、果蔬汁、调味品及农产品深加工等行业。酿酒设备以工业用不锈钢薄壁容器及各类成品罐为核心产品。2016

年，公司实现营收 3.22 亿元，其中向烟台张裕葡萄酒研发制造有限公司、贵州茅台酒股份有限公司分别销售 6195 万元、2682 万元[①]。

• **1973 年，中国农业科学院特产研究所开始选育出左山、双丰、双优、双红和左优红等杂交山葡萄品种。**

1956 年，吉林省特产试验站成立；1957 年，定名为吉林省特产研究所；1981 年，定名为中国农业科学院特产研究所。1988 年，农业部出资建立国家种质左家山葡萄资源圃，依托单位为中国农业科学院特产研究所。

1960—2021 年，特产研究所选育并经鉴定的优良酿酒山葡萄品种有双庆（1974 年）、左山一（1973 年）、左山二（1988 年）、双优（1988 年）、双丰（1995 年）、双红（1998 年）、左优红（2005 年）、北冰红（2008 年）、北国蓝（2015 年）、北国红（2016）、紫晶甘露（2020 年）、紫晶梦露（2020 年）等 12 个优良品种。

• **1974 年，江西凤凰山葡萄酒厂成立。**

1975 年江西凤凰山葡萄酒厂正式投产，其全称为江西省国营云山综合垦殖场凤凰山葡萄酒厂，生产"凤鸟牌"葡萄酒。

• **1974 年，陕西泾阳县葡萄酒厂成立。**

• **1974 年，《黑龙江发酵》杂志创刊。**

1974 年，《黑龙江发酵》创刊，刊期为季刊。1982 年，杂志更名为《酿酒》。1985 年，《酿酒》刊期变更为双月刊。

• **1974 年，全国葡萄酒和酿酒葡萄品种研究技术协作会在烟台召开。**

会议期间，商定形成《葡萄酒暂行管理办法（初稿）》，对"干葡萄酒""半干葡萄酒""半甜葡萄酒""甜葡萄酒"的理化指标作了明确规定。商定成立全国葡萄栽培和葡萄酿酒研究技术协作组，并推选烟台葡萄酿酒公司为组长，北京酿酒总厂、通化葡萄酒厂、中国科学院北京植物研究所植物园、江西食品发酵工业科学研究所为

---

① 普瑞特机械制造股份有限公司 2016 年年度报告［Z］. 2017-06-13.

副组长，全国协作组下设 6 个地区协作组：东北区、华北区、山东地区、西北区、黄河故道地区和长江以南地区[①]。

1974 年，东北地区酿酒葡萄品种和栽培技术协作会议在吉林市长白山葡萄酒厂召开。

1975 年，华北地区葡萄酿酒葡萄栽培技术协作会在河北张家口召开。

1975 年，山东省葡萄栽培与葡萄酿酒研究技术协作会议在山东淄博召开。

1976 年，西北区第一次葡萄栽培和酿酒技术研究协作会在新疆吐鲁番县果酒厂召开。

1977 年，东北区葡萄栽培及果酒酿造技术协作会议在辽宁大连召开。

1980 年，第二次全国葡萄酿酒和葡萄栽培技术协作会议在吉林通化召开。会议讨论了轻工业部提出的 4 个试行草案：《葡萄酒质量管理方法》《葡萄酒工业生产统一计算方法》《葡萄酒产品标准》《葡萄酒实验办法》[②]。

1981 年，第三次南方区葡萄酿酒和葡萄栽培技术协作会议在福建厦门召开。南方区葡萄酒产量从 1975 年的 380 千升增长到 3800 千升，发展北醇种植面积 5000 亩。会议代表还参观了厦门酒厂及其葡萄基地[③]。

1982 年，西北区第三次葡萄栽培与酿酒技术研究协作会议在新疆石河子召开。

1986 年，南方区第五届葡萄栽培与酿酒技术协作会议在重庆召开。其间，组织品评了南方酒厂的产品，参观了重庆酿酒食品总厂

---

① 全国葡萄酒和酿酒葡萄品种研究技术协作会议简况 [J]. 食品与发酵工业，1975（4）：54–58.

② 平章. 第二次全国葡萄酿酒和葡萄栽培技术协作会议在通化召开 [J]. 黑龙江发酵，1980（4）：41.

③ 修德仁. 南方区召开第三次葡萄酿酒和葡萄栽培技术协作会 [J]. 中国果树，1981（4）：64.

及其葡萄基地[①]。

1986 年，山东省葡萄酒、果露酒、黄酒技术协作会议在山东烟台召开。

1990 年，第六届南方区葡萄栽培与酿酒技术协作会议在浙江长兴葡萄酒厂召开。会议选举出下一届组长单位：上海中国酿酒厂为名誉组长厂，浙江长兴葡萄酒厂为组长厂，杭州酒厂、江西凤凰山葡萄酒厂、广西永福县葡萄酒厂、湖北枣阳葡萄酒厂和云南楚雄花果山酒厂为副组长厂[②]。

• 1975 年，《葡萄栽培》（作者：吴景敬）出版发行。

1982 年吴景敬主编的《葡萄栽培》由辽宁科学技术出版社出版。

• 1975 年，吐鲁番市葡萄酒厂成立。

1999 年，吐鲁番市葡萄酒厂与英联邦高山公司合资成立新疆吐鲁番高昌葡萄酒业有限公司，由后者持股 90%。2007 年，新疆吐鲁番高昌葡萄酒业有限公司依法清算并办理工商注销登记。2008 年，香港企业家张建强收购葡萄园，改组成立吐鲁番蒲昌葡萄酒业有限公司，旗下运营蒲昌酒庄。

• 1976 年，新疆鄯善县葡萄酒厂成立。

1996 年，鄯善葡萄酒厂与英联邦高山公司合资成立新疆楼兰酒业有限公司，由后者持股 90%。1997 年，鄯善葡萄酒厂注册"楼兰"文字商标。2007 年，吐鲁番兆丰商贸有限公司通过拍卖收购新疆楼兰酒业有限公司全部资产，组建吐鲁番楼兰酒业有限公司。2010 年，浙江商源控股有限公司控股吐鲁番楼兰酒业有限公司，并于 2016 年整体变更为吐鲁番楼兰酒庄股份有限公司[③]。主要产品有古堡系列、楼兰

---

① 胡若冰. 南方区第五届葡萄栽培与酿酒技术协作会议在重庆召开 [J]. 葡萄栽培与酿酒，1986（4）：55.

② 第六届南方区葡萄栽培与酿酒协作会议纪要（一九九〇年十月二十八日通过）[J]. 酿酒科技，1991（2）：53-54.

③ 吐鲁番楼兰酒庄股份有限公司公开转让说明书 [Z]. 2016-11-24.

酒庄系列、楼兰丝路系列、深根系列等干红、干白和甜白葡萄酒。

2019—2022 年，楼兰酒庄分别实现营业收入 1.18 亿元、6164 万元、8595 万元、4841 万元。2023 年，公司实现营业收入 9837 万元，其中在浙江、新疆和其他省份的营收分别为 4089 万元、3783 万元、1942 万元[①]。2023 年，楼兰酒庄评选为国家 4A 级旅游景区。

• 1976 年，《葡萄通讯》杂志在山东济南创刊。

1977 年，《葡萄通讯》改名为《葡萄科技》，出版 2 刊。1979 年，刊期改为季刊。1984 年，改名为《葡萄栽培与酿酒》。1992 年，获正式刊号。1999 年，更名为《中外葡萄与葡萄酒》，刊期变为双月刊。

产业化发展提速期（1978—2000 年）

• 1978 年，全国啤酒、葡萄酒工业发展规划会议在河北沙城召开。

会议主要任务是贯彻党的十一大路线，落实时任国家领导人关于要 "大力发展轻工业"、关于 "尽快把啤酒生产搞上去" 等一系列重要批示、指示[②]。

• 1978 年，中国粮油食品进出口总公司同美国施格兰公司签订寄售协议，将进口酒引入中国市场。

• 1978 年，吉林省特产研究所邀请专家对山葡萄试酿的原酒进行品评。

品评专家包括沈阳市酿酒厂王荣瑞、黑龙江省一面坡葡萄酒厂郭玉振、吉林省轻工业设计研究所魏永田，以及新站通化葡萄酒厂的祖文润、金俊济、董成章等 15 名专业人员。

• 1978 年，石家庄市桥西区糖烟酒采购供应站成立。

2000 年，供应站改制为石家庄桥西糖烟酒食品股份有限公司。

---

① 吐鲁番楼兰酒庄股份有限公司 2023 年度报告 [Z]. 2024-04-29.

② 全国啤酒、葡萄酒工业规划会议在河北沙城召开 [J]. 葡萄科技，1978（2）：22.

现为全国性的酒类流通大商和品牌运营商。

• 1978 年,《家庭酿造葡萄酒手册》（作者：郭质良）出版发行。

• 1978 年,"长城牌"干白葡萄酒在河北省沙城酒厂诞生。

1978 年，原轻工部将《干白葡萄酒新工艺的研究》列为部重点科研项目。该项目由轻工业部食品发酵工业科学研究所和河北省张家口地区长城酿酒公司（原沙城酒厂）共同承担。轻工业部食品发酵工业科学研究所为负责单位，科研地点设在沙城酒厂，共计 16 项科研课题。

1978 年，科研项目组用龙眼葡萄酿造的干白葡萄酒试制成功，并以"长城牌"注册商标试投产。1983 年,《干白葡萄酒新工艺的研究》鉴定会在长城酿酒公司召开。

• 1979 年，国家暂停酒类专卖管理制度。

• 1979 年，北京南郊葡萄酒厂创建。

北京南郊葡萄酒厂曾生产亚光牌精酿红葡萄酒、玫瑰香葡萄酒、桂花陈酿、丰收牌香槟葡萄饮料等产品。

北京控股有限公司、北京南郊葡萄酒厂、北京市粮油食品进出口公司、台湾东顺兴业股份有限公司先后于 1992 年、1995 年建立合资企业北京顺兴葡萄酒有限公司、北京丰收葡萄酒有限公司。

2000 年，北京顺兴葡萄酒有限公司和英国亨利武得国际公司合资成立北京顺兴亨利武得果酒有限公司，主要生产"红广场"预调酒。后更名为亨利武得（北京）酒业有限公司。

2008 年，北京丰收葡萄酒有限公司全资成立怀来丰收庄园葡萄酒有限公司。

• 1979 年，第三届全国评酒会在辽宁大连举办。

获得"全国名酒"称号的葡萄酒产品：红葡萄酒（葵花牌，甜型，酒精度 16%vol，烟台张裕酿酒公司）、味美思（葵花牌，酒精度 18%vol，烟台张裕酿酒公司）、金奖白兰地（葵花牌，酒精度 40%vol，烟台张裕酿酒公司）、中国红葡萄酒（夜光杯牌，甜型，酒精度16%vol，北京东郊葡萄酒厂）、沙城白葡萄酒（长城牌，干型，酒精度16%vol，河北沙城酒厂）和民权白葡萄酒（长城牌，甜型，酒精度12%vol，河南民权葡萄酒厂）。

获得"全国优质酒"称号的葡萄酒产品：桂花陈酒（丰收牌，北京葡萄酒厂）、长白山葡萄酒（长白山牌，吉林长白山葡萄酒厂）、通化人参葡萄酒（红梅牌，吉林通化葡萄酒厂）、半干红葡萄酒（长城牌，河南民权葡萄酒厂）、北京白葡萄酒（夜光杯牌，北京东郊葡萄酒厂）、青岛白葡萄酒（葵花牌，青岛葡萄酒厂）、沙城半干白葡萄酒（长城牌，河北沙城酒厂）、半干白葡萄酒（奖杯牌，江苏丰县葡萄酒厂）。

聘请葡萄酒评委13名：刘犁（新疆轻工业厅）、刘翔鸣（河南民权葡萄酒厂）、吴良伯（湖北襄樊市酒厂）、梁卫国（广州食品工业公司）、王明诚（江苏宿迁葡萄酒厂）、付光彩（安徽萧县葡萄酒罐头公司）、陈泽义（烟台张裕葡萄酿酒公司）、薛备中（天津粮油进出口公司）、韩荣（河北沙城酒厂）、王永福（山西汾阳杏花村酒厂）、王荣瑞（辽宁沈阳果酒厂）、魏永田（吉林省轻工研究所）、郭玉振（黑龙江一面坡葡萄酒厂）。特聘评委2名：郭其昌（轻工业部食品发酵工业科学研究所）、王秋芳（北京酿酒总厂）。

第三届全国评酒会主持评酒工作专家：周恒刚、耿兆林。王秋芳担任葡萄酒评酒委员会主任。

• **1979年，《中外合资经营企业法》颁布。**

1979年7月8日，全国人大常委会颁布《中外合资经营企业法》，自公布之日起施行。其中，第四条规定："在合营企业的注册资本中，外国合营者的投资比例一般不低于百分之二十五。"本法经1990年修正、2001年修正、2016年修正。

1986年4月12日，全国人大常委会颁布《外资企业法》，自公布之日起施行。其中，第二条规定："外资企业是指依照中国有关法律在中国境内设立的全部资本由外国投资者投资的企业，不包括外国的企业和其他经济组织在中国境内的分支机构。"本法经2000年修正、2016年修正。

1988年4月13日，全国人大常委会颁布《中外合作经营企业法》，自公布之日起施行。本法经2000年、2016年（修正两次）、2017年修正。

《中外合资经营企业法》《外资企业法》和《中外合作经营企业法》三部法律被合称为"三资企业法"。2019年3月15日，全国人大常委会颁布《外商投资法》，自2020年1月1日起施行。《中外合资经营企业法》《外资企业法》和《中外合作经营企业法》同时废止。

• 1980年，《中外合资经营企业所得税法》颁布。

1980年9月10日，全国人大常委会颁布《中外合资经营企业所得税法》，自公布之日起施行。其中，第五条规定："对新办的合营企业，合营期在十年以上的，经企业申请，税务机关批准，从开始获利的年度起，第一年免征所得税，第二年和第三年减半征收所得税。"

1981年12月13日，全国人大常委会颁布《外国企业所得税法》，自1982年1月1日起施行。其中：第一条规定"外国企业是指中国境内设立机构，独立经营或者同中国企业合作生产、合作经营的外国公司、企业和其他经济组织。"此外，按照第三条和第四条规定，外国企业的所得税按应纳税的所得额超额累进计算，税率分为20%、25%、30%、40%四个等级，同时另按应纳税的所得额缴纳10%的地方所得税。

1991年4月9日，全国人大常委会颁布《外商投资企业和外国企业所得税法》，自1991年7月1日起施行。《中外合资经营企业所得税法》和《外国企业所得税法》同时废止。其中，第八条规定："对生产性外商投资企业，经营期在十年以上的，从开始获利的年度起，第一年和第二年免征企业所得税，第三年至第五年减半征收企业所得税。"俗称外商投资企业的"两免三减半"政策。

• **1980 年，《贵州酿酒》杂志创刊。**

1982 年，杂志更名为《酿酒科技》，刊期为季刊。1992 年，刊期变更为双月刊。2005 年，刊期又改为月刊。

• **1980 年，新疆七十团葡萄酒厂成立。**

新疆生产建设兵团第四师七十团于 1964 年成立酿酒班，生产出第一瓶甜红葡萄酒和葡萄蒸馏酒。1986 年，新疆七十团葡萄酒厂经搬迁扩建更名为新疆伊犁葡萄酒厂。1988 年，生产出干葡萄酒，注册"伊珠"商标。2006 年，新疆伊珠葡萄酒有限公司成立。2009 年，酒厂依法破产，新疆伊珠葡萄酒有限公司购买新疆伊犁葡萄酒厂的破产清算资产。2015 年，新疆伊珠葡萄酒有限公司整体变更为新疆伊珠葡萄酒股份有限公司，新疆生产建设兵团第四师七十团为公司实际控制人。2014 年，公司实现营收 4191 万元①。2018 年，新疆伊力特集团有限公司成为新疆伊珠葡萄酒股份有限公司的控股股东，实际控制人未发生变化。2019 年，全资成立新疆伊珠河谷庄园葡萄酒有限公司。2021 年，公司实现营收 2284 万元。

• **1980 年，中国包装技术协会成立。**

2004 年，中国包装技术协会更名为中国包装联合会，下设玻璃容器专业委员会。

• **1980 年，中法合营葡萄酿酒有限公司在天津成立。**

1959 年，中保友谊葡萄园在天津兴建。1960 年，改为国有企业，定名为国营天津市中保友谊葡萄园。1969 年，建立天津市葡萄酒厂，隶属于天津农场局，生产配制果酒或葡萄汁。

1980 年，天津市农场局与法国人头马集团签约成立合资企业中法合营葡萄酿酒有限公司。天津农场局以厂房作价投入，占股62%；法国人头马集团以设备投入，占股 38%。葡萄酒销售外方包销 90%，中方销 10%，当年产量 10 万瓶。中法合营葡萄酿酒有限

---

① 新疆伊珠葡萄酒股份有限公司公开转让说明书［Z］. 2015-11-02.

公司为我国葡萄酒行业、全国农垦系统的第一个中外合资企业，也是国内第二家中外合资企业。1981年，天津市葡萄园改名为天津市葡萄酿酒公司，中法合营葡萄酿酒有限公司为其下属单位。1984年，中法合营葡萄酿酒有限公司从天津市葡萄酿酒公司中分离。

1980年，公司生产出第一批全汁发酵半干白葡萄酒，取名为"王朝牌"葡萄酒。1983年开始试验干红葡萄酒，研制赤霞珠干红葡萄酒。1984年，研制佳丽酿桃红酒。之后，陆续推出王朝牌干白、半干白、干红、桃红葡萄酒和天宫牌干白、半干白、春月、雷司令葡萄酒。"王朝"中文注册商标（第220788号）于1985年经国家商标局核准注册，使用商品为第33类：酒。1989年，公司更名为中法合营王朝葡萄酿酒有限公司（简称王朝公司），当年生产110万瓶王朝酒。

1995年，王朝公司与日本大石酒造株式会社合资成立天津大王酒造有限公司，公司主营生产销售日本清酒等。2004年，在英属开曼群岛注册设立境外投资控股公司——王朝酒业集团有限公司，并于2005年在香港联交所挂牌上市。股东构成：天津发展44.82%，法国人头马23.86%，香港英德利3.61%，公众股27.71%。2010年，王朝御苑酒堡建成。王朝酒业集团有限公司是中法合营王朝葡萄酿酒有限公司、天津天阳葡萄酿酒有限公司和山东玉皇葡萄酿酒有限公司的控股股东，持股比例分别为100%、60%、65%。

2022年，中法合营王朝葡萄酿酒有限公司全资设立王朝酒业集团（新疆）有限公司和王朝酒业（宁夏）有限公司。2021年、2022年，王朝酒业分别实现营收3.06亿港元、2.41亿港元，销售量分别为1190万瓶、910万瓶[1]。

2023年，"王朝天夏酒庄项目"落户宁夏吴忠市。2023年，王朝酒业实现营收2.63亿港元，其中红葡萄酒1.38亿港元，白葡萄酒1.15亿港元。其他产品还包括起泡葡萄酒、白兰地和冰葡萄酒。

---

[1] 王朝酒业集团有限公司2022年报［Z］. 2023-04-28.

2023 年，公司共售出 1030 万瓶酒，酿酒葡萄原料和葡萄汁主要来自天津、河北、宁夏及新疆等地区 ①。

2024 年 12 月 21 日，"王朝酱酒酒庄"开庄仪式在贵州仁怀举行，推出汉、唐、宋、明四款酱香型白酒。根据王朝酒业 2024 年 12 月发布的公告：①中法合营王朝葡萄酿酒有限公司拟与贵州茅台镇国威酒业（集团）有限责任公司成立贸易型合资公司，开展酱香型白酒销售业务；②中法合营王朝葡萄酿酒有限公司拟与江苏酒中先酒业有限公司成立合资公司，开展黄酒和陈皮酒的生产及销售业务。

- 1980 年，《山葡萄栽培与酿酒》（作者：魏永田）出版发行。
- 1981 年，国家标准《食品添加剂使用卫生标准》开始实施。
- 1981 年，烟台市轻工食品机械厂成立。

前身为 1975 年由烟台毓璜顶办事处机床组改名而来的烟台市自行车零件厂。兼产翻转验酒机、葡萄去梗机、果汁分离机、葡萄除梗破碎机等酿酒机械。

- 1981 年，中国食品工业协会成立。

2002 年，中国食品工业协会设立葡萄酒、果露酒专家委员会。

- 1981 年，中国葡萄酒行业规模以上企业的年产量首次突破 10 万千升。
- 1981 年，黄县葡萄酒厂在山东烟台成立。

1981 年，原烟台一轻局批准成立 5 家葡萄酒企业，分别为黄县葡萄酒厂、蓬莱县葡萄酒厂、招远县葡萄酒厂、福山县葡萄酒厂和莱西黄海葡萄酒厂。1990 年，黄县葡萄酒厂更名为烟台龙口葡萄酿酒公司。1994 年，改制并更名为烟台威龙葡萄酒股份有限公司，威龙干红、干白葡萄酒上市。

2003 年，甘肃威龙有机葡萄酒有限公司成立，2004 年更名为甘

---

① 王朝酒业集团有限公司 2023 年全年业绩公告［Z］. 2024-03-27.

肃威龙欧斐堡国际酒庄有限公司。2004 年，收购甘肃苏武庄园葡萄酒业有限公司。2009 年，全资设立霍尔果斯威龙葡萄酒有限公司。至此，公司在国内形成三大葡萄酒生产基地。2016 年，投资设立威龙葡萄酒（澳大利亚）有限公司。2017 年，设立威龙澳洲米尔迪拉酒庄。2021 年，投资设立山东龙湖威龙酒庄有限公司。

2007 年、2010 年，公司先后更名为山东威龙葡萄酒股份有限公司和威龙葡萄酒股份有限公司。2016 年，威龙葡萄酒股份有限公司实现销售收入 7.82 亿元，总销量为 23046 千升，其中包括 277 千升的葡萄蒸馏酒和白兰地[①]。2022 年，威龙股份实现营收 4.99 亿元，其中有机葡萄酒营收 3.30 亿元，葡萄酒产品总销售量为 10980 千升[②]。

2022 年，威龙葡萄酒股份有限公司成为杭州第 19 届亚运会官方红酒供应商。

• **1981 年，以紫北塞为母本、玫瑰香为父本进行有性杂交培育而成优良色素葡萄品种"烟 73""烟 74"通过技术鉴定。**

2015 年，"烟 73""烟 74"和"蛇龙珠（Cabernet Gernischt）"被载入《牛津葡萄酒词典》（*The Oxford Companion to Wine*）第四版。

• **1981 年，蓬莱县葡萄酒厂成立。**

2000 年，始建于 1958 年的原国营蓬莱市园艺场改制为民营企业蓬莱鑫园工贸有限公司。2006 年，蓬莱县葡萄酒厂更名为烟台蓬珠酒业有限公司，为蓬莱鑫园工贸有限公司控股的下属企业。主要品牌为"朋珠""鑫园"。

• **1981 年，兰考县葡萄酒厂成立。**

1997 年，三九集团与兰考县葡萄酒厂合资组建三九企业集团兰考葡萄酒业有限公司。2016 年，更名为兰考金葵花葡萄酒业有限公司，控股股东由深圳三九经贸发展有限公司变为济南金葵花生物工

① 威龙葡萄酒股份有限公司 2016 年报［Z］. 2017–04–28.
② 威龙葡萄酒股份有限公司 2022 年报［Z］. 2023–04–28.

程有限公司，兰考县葡萄酒厂占股 25%。

• 1981 年，全国酿酒行业专用设备订货会在四川成都召开。

• 1981 年，山东省葡萄酒及果露酒会议在山东济宁召开。

• 1981 年，平地葡萄酒厂成立。

平地葡萄酒厂的主要业务是为昆明瓶酒厂提供葡萄原酒。1985 年，正式注册为渡口市葡萄酒厂，注册商标为"宝星"，开始生产瓶装酒。1987 年，经国务院批准渡口市更名为攀枝花市，酒厂更名为攀枝花葡萄酒厂。1995 年停产。1997 年，酒厂被租赁给四川亨达葡萄酒厂经营，1997—1998 年生产"李华牌"葡萄酒。1999 年，成都恩威集团全资收购攀枝花市葡萄酒厂，并注册成立攀枝花市恩威酒业有限公司。2002 年，更名为攀枝花攀西阳光酒业有限公司，旗下主要品牌有"攀西阳光""蜀红"。

• 1982 年，国家标准《发酵酒卫生标准》开始实施。

1981 年 9 月 2 日，卫生部发布强制国家标准《发酵酒卫生标准》（GB 2758—1981），自 1982 年 6 月 1 日起实施。

2005 年 1 月 25 日，卫生部、国家标准化管理委员会发布强制国家标准《发酵酒卫生标准》（GB 2758—2005），自 2005 年 10 月 1 日起实施。《发酵酒卫生标准》（GB2758—1981）同时废止。

2012 年 8 月 6 日，卫生部发布食品安全国家标准《发酵酒及其配制酒》（GB 2758—2012），自 2013 年 2 月 1 日起实施。《发酵酒卫生标准》（GB 2758—2005）同时废止。其中规定：应以"%vol"为单位标示酒精度，应标示"过量饮酒有害健康"，可同时标示其他警示语，葡萄酒和其他酒精度大于等于 10%vol 的发酵酒及其配制酒可免于标示保质期。

根据《预包装食品标签通则》（GB 7718—2011）和《发酵酒及其配制酒》（GB 2758—2012）及其实施时间的规定：允许使用了食品添加剂二氧化硫的葡萄酒在 2013 年 8 月 1 日前在标签中标示为二氧化硫或微量二氧化硫；2013 年 8 月 1 日以后生产、进口的使用食品添加剂二氧化硫的葡萄酒，应当标示为二氧化硫，或标示为微量二氧化硫及含量。

- **1982 年，国家标准《蒸馏酒及配制酒卫生标准》开始实施。**

1981 年 9 月 2 日，卫生部发布强制国家标准《蒸馏酒及配制酒卫生标准》（GB 2757—81），自 1982 年 6 月 1 日起实施。

2012 年 8 月 6 日，卫生部发布食品安全国家标准《蒸馏酒及其配制酒》（GB 2757—2012），自 2013 年 2 月 1 日起实施。《蒸馏酒及配制酒卫生标准》（GB 2757—81）同时废止。其中规定：应以"%vol"为单位标示酒精度、应标示"过量饮酒有害健康"，可同时标示其他警示语，酒精度大于等于 10%vol 的饮料酒可免于标示保质期。

- **1982 年，轻工业部食品工业局在西安主持召开全国葡萄酒、果露酒质量检评会。**

- **1982 年，清徐葡萄酒厂成立。**

1990 年，与山西杏花村汾酒厂联营生产白酒。1996 年，清徐葡萄酒厂与山西杏花村汾酒集团公司共同出资成立山西杏花村葡萄酒有限公司。

2004 年，酒厂改制为民营企业——山西省清徐葡萄酒有限公司。主要产品有四大系列：葡萄酒、露酒、清香型白酒、葡萄汁饮料。

2011 年，清徐炼白葡萄酒酿制技艺和熏葡萄技艺被列入山西省省级非物质文化遗产代表性项目名录。清徐炼白葡萄酒以清徐 50 年古树"龙眼"葡萄为原料。王计平为清徐炼白葡萄酒酿制技艺省级非遗传承人。2016 年，"马峪牌"炼白葡萄酒开始批量生产。2016 年，公司投资建成清徐葡萄文化博物馆。

- **1982 年，云南石林葡萄酿酒公司成立。**

云南石林葡萄酿酒公司隶属于云南农垦总公司，生产"石林牌""剑峰牌"系列葡萄酒。1985 年，出产首批葡萄酒。

1997 年，通恒国际投资有限公司收购该酒厂并改扩建，成立云南高原葡萄酒业有限公司。1998 年，首批"云南红"产品上市。2003

年，通恒国际投资有限公司投资设立云南红酒庄葡萄酒有限公司。

• 1982 年，《中国的酒类专卖》（作者：商业部商业经济研究所）出版发行。

• 1982 年，《酿造酒工艺学》（作者：大连轻工业学院、无锡轻工业学院 天津轻工业学院）出版发行。

• 1982 年，个体经济的法律地位得到《宪法》确认。

1982 年 12 月 4 日，全国人民代表大会通过新修改的《宪法》。其中，第十一条规定："在法律规定范围内的城乡劳动者个体经济，是社会主义公有制经济的补充。国家保护个体经济的合法的权利和利益。"

1986 年 4 月 11 日，全国人民代表大会通过《民法通则》，自 1987 年 1 月 1 日起施行。其中，第二十六条规定："公民在法律允许的范围内，依法经核准登记，从事工商业经营的，为个体工商户。个体工商户可以起字号。"

1987 年 8 月 5 日，国务院发布《城乡个体工商户管理暂行条例》，自 1987 年 9 月 1 日起施行。其中，第二条规定，"有经营能力的城镇待业人员、农村村民以及国家政策允许的其他人员，可以申请从事个体工商业经营，依法经核准登记后为个体工商户"；第三条规定，"个体工商户可以在国家法律和政策允许的范围内，经营工业、手工业、建筑业、交通运输业、商业、饮食业、服务业、修理业及其他行业"。

1988 年 4 月 12 日，全国人民代表大会通过《宪法修正案》。其中，第十一条增加规定："国家允许私营经济在法律规定的范围内存在和发展。私营经济是社会主义公有制经济的补充。"

1988 年 6 月 25 日，国务院发布《私营企业暂行条例》，自 1988 年 7 月 1 日起施行。其中，第二条规定，"私营企业是指生产资料属于私人所有，雇工 8 人以上的营利性的经济组织"；第六条规定，"私营企业分为以下三种：（一）独资企业；（二）合伙企业；（三）有限责任公司"。根据 2018 年 3 月 19 日《国务院关于修改和废止部分行政法规的决定》(国务院令第 698 号),《私营企业暂行条例》被废止。

1993 年 12 月 29 日，全国人大常委会通过《公司法》，自 1994 年 7 月 1 日起施行。其中，第二条规定："本法所称公司，是指依照本法在中华人民共和国境内设立的有限责任公司和股份有限公司。"

1996 年 10 月 29 日，全国人大常委会通过《乡镇企业法》，自 1997 年 1 月 1 日起施行。此外,《乡村集体所有制企业条例》自 1990 年 7 月 1 日起施行;《城镇集体所有制企业条例》自 1992 年 1 月 1 日起施行。

1997 年 2 月 23 日，全国人大常委会通过《合伙企业法》，自 1997 年 8 月 1 日起施行。其中，第二条规定："本法所称合伙企业，是指依照本法在中国境内设立的由各合伙人订立合伙协议，共同出资、合伙经营、共享收益、共担风险，并对合伙企业债务承担无限连带责任的营利性组织。"2006 年 8 月 27 日，全国人大常委会修订通过《合伙企业法》，自 2007 年 6 月 1 日起施行。其中，第二条将合伙企业分为普通合伙企业和有限合伙企业。

1999 年 3 月 15 日，全国人大通过《宪法修正案》。其中，第十一条修改为"在法律规定范围内的个体经济、私营经济等非公有制经济，是社会主义市场经济的重要组成部分"。

1999 年 8 月 30 日，全国人大常委会通过《个人独资企业法》，自 2000 年 1 月 1 日起施行。其中，第二条规定："个人独资企业，是指依照本法在中国境内设立，由一个自然人投资，财产为投资人个人所有，投资人以其个人财产对企业债务承担无限责任的经营实体。"

• 1983 年，"北戴河牌"赤霞珠干红葡萄酒在河北省昌黎葡萄酒厂诞生。

1981 年，轻工部下达轻工业重点科研项目《葡萄酒新技术工业性试验》，由轻工业部食品发酵工业科学研究所负责技术指导，与昌黎葡萄酒厂协作。昌黎葡萄酒厂与原轻工业部食品发酵工业科学研究所签订《酿酒原料优良葡萄品种选育研究任务书》《新工艺和新产品的科学研究合同》。同年，双方又与轻工业部广州轻工机械设计研究所、轻工业部广州设计院、上海饮料机械厂、河南省新乡轻工机械厂和湘潭市轻工机械厂，共同签订《间歇热处理果浆酿制干红葡萄酒设备试制的研究合同》。

1983年，以热浸法新工艺酿制的"北戴河牌"赤霞珠干红葡萄酒在昌黎葡萄酒厂诞生，首批生产200千升。次年，研制出"北戴河牌"佳醴酿半干桃红葡萄酒、霞多丽干白葡萄酒和麝香半甜白葡萄酒。

1984年，轻工业部食品发酵研究所、秦皇岛市昌黎葡萄酒厂与新疆鄯善园艺场（鄯善葡萄酒厂）、甘肃省国营黄洋河农场（武威葡萄酒厂）、宁夏银川玉泉营农场（玉泉葡萄酒厂）筹备组分别签订"葡萄酒生产新技术工业性试验"技术转让协议，并对3家葡萄酒厂进行技术培训。此外，课题组还为山东禹城、湖北枣阳等地的葡萄酒厂建设和产品开发提供技术指导。

1986年，轻工业部在昌黎举行《葡萄酒生产新技术工业性试验》成果鉴定会。

• 1983年，《关于国营企业利改税试行办法》开始实施。

1983年4月24日，国务院批转《关于国营企业利改税试行办法》，自1983年1月1日起实施。其中，第一条规定，"凡有盈利的国营大中型企业，均根据实现的利润，按百分之五十五的税率交纳所得税。企业交纳所得税后的利润，一部分上交国家，一部分按照国家核定的留利水平留给企业"；第二条规定，"凡有盈利的国营小型企业，应当根据实现的利润，按八级超额累进税率交纳所得税。交税以后，由企业自负盈亏，国家不再拨款"。根据试行办法的规定，对有盈利的国营大中型企业分两步走，第一步先实行税利并存，第二步达到完全的利改税。

1984 年 7 月 13 日，国务院发出通知指出，要求各地区、各部门不再批准企业搞利润包干办法，一律改行利改税。批转财政部《关于在国营企业推行利改税第二步改革的报告》，1984 年 9 月 18 日，国务院颁布《国营企业第二步利改税试行办法》，自 1984 年 10 月 1日起试行。

1993 年，国务院发布《企业所得税暂行条例》，自 1994 年 1 月 1 日起实施。按照第一条、第二条规定：除外商投资企业和外国企业外，国有企业、集体企业、私营企业、联营企业和股份制企业纳税人应纳税额，按应纳税所得额计算，税率为 33%。国务院 1984 年 9 月 18 日发布的《国营企业所得税条例（草案）》和《国营企业调节税征收办法》、1985 年 4 月 11 日发布的《集体企业所得税暂行条例》、1988 年 6 月 25 日发布的《私营企业所得税暂行条例》同时废止；国务院有关国有企业承包企业所得税的办法同时停止执行。

2007 年 3 月 16 日，全国人大常委会颁布《企业所得税法》，自 2008 年 1 月 1 日起开始施行。其中，第四条规定："企业所得税的税率为 25%。"《外商投资企业和外国企业所得税法》和《企业所得税暂行条例》[国务院令（第 137 号）]同时废止。

• 1983 年，中国长城葡萄酒有限公司在河北张家口成立。

1983 年，河北省张家口长城酿酒公司、中国粮油食品进出口总公司及其全资子公司香港远大公司三家合资成立中国长城葡萄酒有限公司。1985 年，该公司正式投产。1987 年，销量 8021 千升，销售收入 2212 万元。1996 年，干白葡萄酒生产能力提升至 1 万千升。1997 年，开发出白兰地 VSOP 产品。

2003 年，中粮集团收购张家口长城酿酒公司所持有的 50% 股权，中国长城葡萄酒有限公司成为中粮集团的全资公司。2013 年，由中国长城葡萄酒有限公司于 2009 年投资设立的怀来中粮桑干酒庄有限公司更名为中粮长城桑干酒庄（怀来）有限公司。

• 1983 年，全国农垦系统葡萄酒优质产品评比会在天津召开。

• **1983 年，武威葡萄酒厂在甘肃创建。**

武威葡萄酒厂于 1985 年建成投产，是甘肃省首个葡萄酒生产企业，原隶属于甘肃农垦黄羊河农工商（集团）有限责任公司。1995年，更名为甘肃凉州葡萄酒厂。1997 年，酒厂和葡萄园合并组建甘肃凉州葡萄酒业有限公司。

1995 年，甘肃莫高实业发展股份有限公司成立，公司控股股东是甘肃农垦集团。1999 年，甘肃凉州葡萄酒业有限公司整体划归新成立的莫高股份，变更为甘肃莫高实业发展股份有限公司葡萄酒厂。1999 年，推出莫高黑比诺干红葡萄酒、莫高水晶冰葡萄酒。2005 年，推出莫高金爵士黑比诺干红葡萄酒、XO、VSOP 产品。

2007 年，甘肃莫高国际酒庄有限公司在兰州成立，以销售、旅游功能为主。2010 年，在武威投资成立甘肃莫高庄园酒业有限公司，以生产加工功能为主。2013 年，设立武威莫高生态酒堡有限公司，以酿酒葡萄种植、旅游功能为主。

2012 年，莫高股份的葡萄酒业务实现营收 2.85 亿元[1]。2023 年，莫高股份的葡萄酒业务实现营收 7332 万元，销售成品葡萄酒 2023千升，甘肃省内、外的营收占比分别为 63%、37%[2]。

• **1983 年，平度县葡萄酒厂成立。**

1983 年，平度县葡萄酒厂从平度县酒厂果酒车间析出成立。1984 年，改称青岛益民葡萄酒厂。1998 年，青岛益民葡萄酒厂与香港南悦国际有限公司合资成立青岛富狮王葡萄酒酿造有限公司。

• **1983 年，莱西县葡萄酒厂成立。**

1984 年，该厂改称为青岛黄海葡萄酒厂。1996 年，青岛黄海葡萄酒厂依法宣告破产。

• **1984 年，宁夏玉泉葡萄酒厂成立。**

1984 年，宁夏玉泉葡萄酒厂在玉泉营农场落成，为宁夏首家葡萄

---

① 甘肃莫高实业发展股份有限公司 2012 年年度报告 [Z]. 2013-04-26.
② 甘肃莫高实业发展股份有限公司 2023 年年度报告 [Z]. 2024-03-30.

酒厂。1985 年，生产出首批"贺宏牌"半甜红、半甜白葡萄酒，"玉泉液牌"红、白葡萄酒和"双喜牌"红、白葡萄酒。1987 年，生产出干红、干白葡萄酒。1989 年，推出"玉泉牌"葡萄酒。1989 年，"贺宏牌牌"葡萄酒被北京亚运会选为指定产品。1994 年，玉泉葡萄酒厂生产出"李华牌"葡萄酒。1995 年，酒厂脱离农场，玉泉营农场葡萄酒厂成了独立的玉泉葡萄酒厂，并推出"西夏王"品牌。1996 年，公司还研发生产枸杞利口酒、桃红葡萄酒、枸杞保健酒。

1996 年，北京同力制冷设备公司与玉泉葡萄酒厂合资组建股份制企业宁夏西夏王葡萄酒业有限公司。1998 年，经重组后，宁夏西夏王葡萄酒业有限公司由宁夏玉泉葡萄酒厂、玉泉营农场、北京同力制冷设备有限公司三方合作成立，国有股占比 51%。

2002 年，宁夏西夏王葡萄酒业有限公司和江中集团全资子公司恒生食业有限公司共同出资设立宁夏恒生西夏王酒业有限公司，双方分别持股 30%、70%。2008 年，恒生食业有限公司将所持股份全部转让给宁夏农垦企业集团公司。

2012 年，西夏王玉泉国际酒庄建成并投入运营。2015 年，西夏王白兰地上市。2022 年，位于永宁县的玉泉国际酒庄旅游景区被认定为国家 4A 级旅游景区。

2022 年，宁夏农垦酒业有限公司成立，由宁夏农垦集团有限公司 100% 控股。旗下的全资或控股的主要企业有：宁夏农垦暖泉酒庄有限公司、宁夏农垦玉泉国际葡萄酒庄有限公司、赛鹰（宁夏）国际酒庄有限公司、宁夏玉泉葡萄酿酒研究所有限责任公司、宁夏恒生西夏王酒业贸易有限公司和宁夏恒生西夏王酒业有限公司。

•1984 年，轻工业部酒类质量大赛在北京举办，评选出金杯、银杯、铜杯奖优质产品。

金杯奖（葡萄酒、果酒、露酒类）15 个：中国红葡萄酒（夜光杯牌，北京东郊葡萄酒厂）、中国通化葡萄酒（红梅牌，吉林通化葡萄酒厂）、白羽半干白葡萄酒（花果山牌，江苏连云港葡萄酒厂）、龙眼干白葡萄酒（长城牌，河北长城葡萄酒有限公司）、赤霞珠干红葡萄酒（北戴河牌，河北昌黎葡萄酒厂）、烟台味美思（葵花牌，烟台张裕葡萄酿酒公司）、贵人香干白葡萄酒（长城牌，河南民权葡萄酒厂）、烟台红葡萄酒（葵花牌，烟台张裕葡萄酿酒公司）、雷司令半干白葡萄酒（麟球牌，烟台张裕葡萄酿酒公司）、特制山楂酒（三杯牌，辽宁沈阳果酒厂）、紫梅酒（红梅牌，黑龙江一面坡葡萄酒厂）、北京白兰地（夜光杯牌，北京东郊葡萄酒厂）、竹叶青酒（古井亭牌，山西杏花村汾酒厂）、金奖白兰地（葵花牌，烟台张裕葡萄酿酒公司）、莲花白酒（丰收牌，北京葡萄酒厂）。

银杯奖（葡萄酒、果酒、露酒类）40个：人参葡萄酒（天池牌，吉林通化葡萄酒厂）、山西白葡萄酒（锦杯牌，山西青徐露酒厂）、大香槟（葵花牌，山东青岛葡萄酒厂）、长白山葡萄酒（长白山牌，吉林长白山葡萄酒厂）、丰县半干白葡萄酒（奖杯牌，江苏丰县葡萄酒厂）、民权白葡萄酒（长城牌，河南民权葡萄酒厂）、兰考白葡萄酒（长城牌，河南兰考葡萄酒厂）、民权红葡萄酒（长城牌，河南民权葡萄酒厂）、龙眼半干白葡萄酒（龙眼牌，北京东郊葡萄酒厂）、龙眼半甜白葡萄酒（长城牌，河北长城葡萄酒有限公司）、萧县干白葡萄酒（双喜牌，安徽萧县葡萄酒厂）、赤霞珠半甜红葡萄酒（夜光杯牌，北京东郊葡萄酒厂）、佳醴酿干红葡萄酒（丰收牌，北京葡萄酒厂）、佳醴酿半干白葡萄酒（丰收牌，北京葡萄酒厂）、佳醴酿半干红葡萄酒（长城牌，河南民权葡萄酒厂）、青岛干白葡萄酒（葵花牌，山东青岛葡萄酒厂）、青岛白葡萄酒（葵花牌，山东青岛葡萄酒厂）、玫瑰香白葡萄酒（丰收牌，北京葡萄酒厂）、烟台白葡萄酒（麟球牌，烟台张裕葡萄酿酒公司）、桂花陈（丰收牌，北京葡萄酒厂）、特制北醇红葡萄酒（丰收牌，辽宁大连葡萄酒厂）、葡萄汽酒（丰收牌，北京葡萄酒厂）、鄯善白葡萄酒（博峰牌，新疆鄯善葡萄酒厂）、山楂酒（花果山牌，江苏连云港葡萄酒厂）、中华猕猴桃干酒（兰江牌，湖南澧县酒厂）、中华猕猴桃酒（秦洋牌，陕西洋县酒厂）、五味子酒（向阳牌，吉林长白山葡萄酒厂）、中国熊岳苹果酒（红梅牌，辽宁熊岳苹果酒厂）、红豆酒（兴安岭牌，内蒙古牙克石酿酒厂）、苹果半甜起泡酒（醴泉牌，山东烟台香槟酒厂）、香梅酒（红梅牌，黑龙江一面坡葡萄酒厂）、黑加伦子酒（林海牌，黑龙江横道河子果酒厂）、越桔酒（二龙山牌，吉林长白山山珍酒厂）、五加皮酒（双鹤牌，广东广州永利威酒厂）、五加白酒（红梅牌，黑龙江哈尔滨酒精二厂）、兰姆酒（珠江桥牌，广东广州啤酒厂）、玫瑰汾酒（古井亭牌，山西杏花村汾酒厂）、威士忌（葵花牌，山东青岛葡萄酒厂）、俄得卡（葵花牌，山东青岛葡萄酒厂）、园林青酒（园林青牌，湖北潜江园林青酒厂）。

铜杯奖（葡萄酒、果酒、露酒类）29个：一面坡山葡萄酒（红梅牌，黑龙江一面坡葡萄酒厂）、通化公主红半甜红葡萄酒（红梅牌，吉林通化葡萄酒厂）、半干桃红葡萄酒（夜光杯牌，北京东郊葡萄酒厂）、白诗难干白葡萄酒（长城牌，河北长城葡萄酒有限公司）、萧县红葡萄酒（双喜牌，安徽萧县葡萄酒厂）、郑州红葡萄酒（长城牌，河南郑州葡萄酒厂）、宿迁干白葡萄酒（金梅牌，江苏宿迁葡萄酒厂）、鼋鱼酒（青竹牌，河北昌黎葡萄酒厂）、中华猕猴桃干酒（金秋牌，陕西安康酒厂）、中华猕猴桃酒（都江堰牌，四川灌县芳梨酒厂）、中华沙棘汽酒（森干河牌，河北涿鹿酒厂）、金梅酒（红梅牌，黑龙江一面坡葡萄酒厂）、神州山楂酒（桑干河牌，河北涿鹿酒厂）、荔枝汽酒（水仙花牌，福建漳州酒厂）、高级苹果酒（果花牌，辽宁瓦房店果酒厂）、特制越桔酒（兴安岭牌，内蒙古牙克石酿酒厂）、普宁梅酒（红流沙牌，广东普宁酒厂）、人参白兰地（鹿头牌，北京东郊葡萄酒厂）、人参露酒（向阳牌，吉林通化葡萄酒厂）、五加皮酒（致中和牌，浙江建德严东关五加皮酒厂）、凤灵酒（凤凰牌，陕西凤翔西凤酒厂）、中国参喜酒（冰城牌，黑龙江哈尔滨酒精一厂）、白玉汾酒（古井亭牌，山西杏花村汾酒厂）、陈年香杏酒（伏牛山牌，河南内乡果酒厂）、芦笛春酒（象山牌，广西桂林饮料厂）、春花白酒（春花牌，广东阳春酿酒厂）、桂花酒（金谷牌，浙江杭州酒厂）、桂花酒（洪江牌，湖南洪江酒厂）、菊花白酒（仁和牌，北京仁和酒厂）。

• **1984 年，行业标准《葡萄酒及其试验方法》开始实施。**

1983 年，由全国食品发酵标准化中心组织的《葡萄酒及其试验方法》专家预审会在哈尔滨中国酿酒厂召开。1984 年 1 月 26 日，轻工部颁布行业强制标准《葡萄酒及其试验方法》（QB 921—84），自 1984 年 4 月 1 日起实施。本标准起草单位为轻工业部食品发酵工业科学研究、中国长城葡萄酒有限公司。

1994 年 5 月 5 日，国家技术监督局发布推荐性国家标准《葡萄酒、果酒通用试验方法》（GB/T 15038—1994），自 1994 年 12 月 1 日起实施。《葡萄酒及其试验方法》（QB 921—84）同时废止。本标准起草单位为轻工食品发酵工业科学研究所、国家葡萄酒检测中心。

2006 年 12 月 11 日，国家质量监督检验检疫总局发布推荐性国家标准《葡萄酒、果酒通用分析方法》（GB/T 15038—2006），自 2008 年 1 月 1 日起实施,《葡萄酒、果酒通用试验方法》（GB/T 15038—1994）同时废止。本标准起草单位为中国食品发酵工业研究所、烟台张裕葡萄酿酒股份有限公司、中法合营王朝葡萄酿酒有限公司、中国长城葡萄酒有限公司、国家葡萄酒质量监督检验中心、新天国际葡萄酒业股份有限公司。

2016 年 8 月 31 日、12 月 23 日，国家卫生和计划生育委员会分别发布强制国家标准《酒中乙醇浓度的测定》（GB 5009.225—2016）和《食品中甲醇的测定》（GB 5009.266—2016），分别自 2017 年 3 月 1 日、6 月 23 日起实施。《葡萄酒、果酒通用试验方法》（GB/T 15038—2006）中有关酒精度的测定方法被替代。

• **1984 年，工业产品生产许可证制度开始实施。**

1984 年 4 月 7 日，国务院发布《工业产品生产许可证试行条例》，自发布之日起施行。其中，第二条规定，"凡实施工业产品生产许可证的产品，企业必须取得生产许可证才具有生产该产品的资格"；第三条规定，"生产许可证的实施，由国家经济委员会统一组织领导，产品归口管理部门负责审核、发证，省、自治区、直辖市经济委员会协助管理"。

2005年7月9日，国务院发布《工业产品生产许可证管理条例》，自2005年9月1日起施行。《工业产品生产许可证试行条例》同时废止。其中，第二条规定，"国家对生产'乳制品、肉制品、饮料、米、面、食用油、酒类等直接关系人体健康的加工食品'的企业实行生产许可证制度"；第六条规定，"国务院工业产品生产许可证主管部门依照本条例负责全国工业产品生产许可证统一管理工作，县级以上地方工业产品生产许可证主管部门负责本行政区域内的工业产品生产许可证管理工作"。

• 1984年，第四届全国评酒会在山西太原举办。

获得"全国名酒"称号的葡萄酒产品：烟台红葡萄酒（葵花牌，烟台张裕酿酒公司）、烟台味美思（葵花牌，烟台张裕酿酒公司）、金奖白兰地（葵花牌，烟台张裕酿酒公司）、中国红葡萄酒（丰收牌，北京东郊葡萄酒厂）、干白葡萄酒（长城牌，中国长城葡萄酒有限公司）和半干白葡萄酒（王朝牌，天津中法合营葡萄酒有限公司）。

获得"全国优质酒"称号的葡萄酒产品：桂花陈酒（丰收牌，北京葡萄酒厂）、长白山葡萄酒（长白山牌，吉林长白山葡萄酒厂）、通化葡萄酒（红梅牌，吉林通化葡萄酒厂）、白葡萄酒（长城牌，河南民权葡萄酒厂）、半干红葡萄酒（长城牌，河南民权葡萄酒厂）、青岛白葡萄酒（葵花牌，青岛葡萄酒厂）、干白葡萄酒（双喜牌，安徽萧县葡萄酒罐头联合公司）、半干白葡萄酒（奖杯牌，江苏丰县葡萄酒厂）、半干白葡萄酒（花果山牌、金梅牌，江苏连云港市葡萄酒厂）、天津陈酿酒（风船牌，天津市果酒厂）。

聘请葡萄酒评委18名：王秋芳（北京酿酒总厂）、陈泽义（烟台张裕葡萄酒公司）、刘犁（江苏省食品发酵所）、魏永田（吉林省轻工业研究所）、王荣瑞（沈阳市酿酒厂）、郭玉振（黑龙江省一面坡葡萄酒厂）、刘翔鸣（河南民权葡萄酒厂）、韩荣（河北张家口市长城酿酒公司）、付光彩（安徽省萧县葡萄酒厂）、丁建民（天津市果酒厂）、康荣宦（吉林省通化葡萄酒公司）、刘文邦（安徽省轻工厅食品工业公司）、王俊玉（内蒙古轻工科研所）、李素慧（北京葡萄酒厂）、薛备忠（天津食品进出口公司）、王好德（青岛葡萄酒厂）、许子才（河南省仪封园艺场酒厂）、曾纵野（黑龙江商学院）。

聘请果酒评委21名：陈泽义（烟台张裕葡萄酿酒公司）、彭德华（中国长城葡萄酒有限公司）、王荣瑞（沈阳市酿酒厂）、方桂兰（四川万县市果酒厂）、刘文邦（安徽省轻工业厅酿酒工业公司）、陈珊朵（上海中国酿酒厂）、成泽加（湖北凉山酒厂）、王作仁（山东蓬莱酒厂）、刘犁（江苏省食品发酵研究所）、郭玉振（黑龙江一面坡葡萄酒厂）、陈肖兴（山东烟台香槟酒厂）、武庆蔚（内蒙古喀喇旗乃杯酒厂）、沈祥坤（河南省食品研究所）、李华敏（四川灌县茅梨啤酒厂）、严升杰（昌黎葡萄酒厂）、高维强（天津市葡萄酿酒公司）、金俊济（吉林长白山葡萄酒厂）、李素慧（北京葡萄酒厂）、宋叔尔（湖南澄县酒厂）、鲍明镜（山西太原清徐露酒厂）、田雅丽（中国长城葡萄酒有限公司）。

聘请配制酒评委17名：周恰庭（湖北潜江园林青酒厂）、自镇江（北京东郊葡萄酒厂）、武少青（吉林长春春城酿酒厂）、姚应泰（河南郑州葡萄酒厂）、徐晓践（黑龙江哈尔滨市酒精二厂）、王永福（山西杏花村汾酒厂）、孙德铁（山东青岛葡萄酒厂）、颜文灿（广东阳春县酿酒厂）、李兰台（天津市果酒厂）、许传清（安徽金寨县经委）、王恭堂（烟台张裕葡萄酿酒公司）、高军（黑龙江哈尔滨市酒精一厂）、任乐田（山西杏花村汾酒厂）、陈靖显（浙江杭州酒厂）、郎春梅（山西杏花村汾酒厂）、高美书（北京葡萄酒厂）、黄书声（河南尉氏县鹿岗酒厂）。

黄酒、葡萄酒评选会于1983年6月23—29日在江苏连云港举行。

• **1984 年，全国葡萄酒工业技术装备政策及技术装备规划座谈会在河南新乡召开。**

本次会议对《葡萄酒工业技术装备政策及技术装备规划》进行了审查和技术论证。该规划根据轻工部安排，由河南省一轻厅负责编写，委托当时全国葡萄酒设备生产唯一定点厂新乡市轻工机械厂负责起草①。

• **1984 年，陕西省第一届葡萄、葡萄酒会议在陕西丹凤召开。**

成立陕西省葡萄、葡萄酒协会。协会常设办公室在西北农学院。

• **1984 年，全国葡萄酒、果酒生产技术学术讨论会在山东烟台召开。**

本次会议由中国轻工协会发酵学会、中国微生物学会工业微生物专业委员会联合举办。

• **1984 年，全国葡萄区划座谈会在河南郑州召开。**

本次会议由中国农业科学院郑州果树研究所主持召开。

• **1985 年，地方国营柳河葡萄酒总厂成立。**

1997 年，注册"天池山"商标。1999 年，改制组建民营企业通化天池山葡萄酒有限公司。公司主要产品：威代尔冰酒、北冰红冰酒、蓝莓冰酒、野生山葡萄酒、山葡萄利口酒、干红葡萄酒、脱醇葡萄酒、山楂酒等果酒。

• **1985 年，日本琳得科株式会社北京办事处成立。**

日本琳得科株式会社（LINTEC）是不干胶标签材料、工业用粘着胶带和合成革用工程纸的专业生产商。2000 年，设立日本琳得科株式会社上海代表处。在中国投资建设的生产基地：琳得科（苏州）科技有限公司（2002 年成立）、琳得科胶膜科技（上海）有限公司（2004 年成立）。

• **1985 年，全国人大常委会通过《计量法》。**

1985 年 9 月 6 日，全国人大常委会通过《计量法》，自 1986 年

---

① 王保良. 全国葡萄区划座谈会在郑州召开［J］. 葡萄栽培与酿酒，1984（2）：56.

7 月 1 日起实施。该法分别于 2009 年、2013 年、2015 年、2017 年、2018 年修正。

• 1985 年，全国农垦葡萄和葡萄酒技术协作会在江西召开。

全国农垦葡萄和葡萄酒技术协作会在江西省八一垦殖场召开。会议对 54 个单品种葡萄酿酒试验进行了总结①。

• 1985 年，全国农垦葡萄和葡萄酒协会第二届大会在河南郑州召开。

该会议对农垦 21 家葡萄酒厂报送的 47 个样品进行了品评。选举中法合营王朝葡萄酿酒公司徐文恒总经理为协会会长。

• 1985 年，西北农学院设立"葡萄栽培与酿酒"专科专业。

西北农学院的前身为创建于 1934 年的国立西北农林专科学校。1985 年，西北农学院开设"葡萄栽培与酿酒"专科专业，学制三年，首批招收学生 30 人②。

1985 年，西北农学院更名为西北农业大学。1994 年，西北农业大学成立葡萄酒学院，是亚洲第一所葡萄酒学院。1999 年，西北农业大学和西北林学院等 7 所科研教学单位，合并组建西北农林科技大学。2003 年，教育部特批设立"葡萄与葡萄酒工程"本科专业（目录外）。2003 年，西北农林科技大学葡萄酒学院获批"葡萄与葡萄酒学"博士学位授予权和硕士学位授予权。2021 年，西北农林科技大学葡萄酒学院获批教育部首批现代产业学院。

2024 年 4 月 20 日，西北农林科技大学葡萄酒学院迎来成立 30 周年纪念日。

• 1985 年，酒精、黄酒、果露酒和葡萄酒从计划经济管理转变为由市场调节的产品。

• 1985 年，中国葡萄酒行业规模以上企业的年产量首次突破 20 万千升。

---

① 1984 年农垦大事记 [J]. 国营农场经济研究资料，1984（27）：25-30.
② 晁无疾. 我国第一个"葡萄栽培与葡萄酒酿造"专业成立 [J]. 葡萄栽培与酿酒，1985（2）：41.

• 1985 年，全国食品工业标准化技术委员会成立。

其秘书处设在中轻食品工业管理中心。

• 1986 年，烟台蓬莱葡萄酿酒公司成立。

1986—1990 年为烟台张裕第一分公司。1986 年，烟台张裕葡萄酿酒公司第一分厂成立。1987 年，更名为烟台张裕葡萄酿酒总公司蓬莱分公司。1990 年，从总公司退出，并更名为烟台蓬莱葡萄酿酒公司[①]。

1996 年，烟台蓬莱葡萄酿酒公司依法破产，被蓬莱县酿酒厂兼并，并成立蓬莱酒业（集团）公司。1997 年与安徽古井集团合营，成立古井集团蓬莱酒业有限公司，后更名为古井蓬莱酒业有限公司。2004 年与古井集团分离并改制，成立蓬莱酒业有限公司。"蓬莱阁""蓬莱""蓬莱仙""敬八仙""八仙过海""水城"等为公司的注册商标。

• 1986 年，《葡萄酒果酒酿造》（作者：范长秀）出版发行。

• 1986 年，轻工业重点科研项目《酿酒葡萄优良品种选育》通过轻工业部技术鉴定。

项目完成单位：轻工业部食品发酵工业科学研究所、中国科学院植物研究所北京植物园、中国长城葡萄酒有限公司、河北秦皇岛市昌黎葡萄酒厂、新疆维吾尔自治区吐鲁番地区鄯善葡萄酒厂。

• 1986 年，宜昌食用酵母基地开始建设。

1997 年，宜昌食用酵母基地整体改制为湖北安琪生物集团有限公司；1998 年，安琪生物集团等 5 家企业联合发起设立安琪酵母股份有限公司。公司的酿酒酵母应用于食用酒精、燃料乙醇、白酒、葡萄酒及果酒、黄酒和啤酒等领域。

1997 年，推出的"葡萄酒酵母产品 1450"为首代产品。目前，

---

① 广东省深圳市福田区人民法院. 烟台张裕葡萄酿酒股份有限公司与蓬莱酒业有限公司，烟台华夏海岸葡萄酒有限公司，深圳市瑞丰园贸易发展有限公司侵害商标权纠纷一审民事判决书［Z］. 2015-09-30.

安琪旗下有四大系列葡萄酒酿酒辅料产品：葡萄酒酵母、酵母浸出物、发酵营养剂和酵母细胞壁。

2023 年，安琪酵母实现营收 135.81 亿元。其中，酵母及深加工产品的营收 95.05 亿元，销量 34.85 万吨 [①]。

• 1986 年，淮阴酿酒职工中等专业学校在江苏省泗洪县双沟镇成立，由淮阴市人民政府委托双沟酒厂建校，是我国第一所酿酒职工中专，简称"淮阴酒校"。学校开设有 4 个专业：酿酒工艺、酿酒机械与设备、酒类分析和企业管理。

• 1986 年，通化市集安葡萄酒总厂成立。

1994 年，通化市集安葡萄酒总厂更名为集安市松荣酿酒有限公司。1997 年，由于经营不善被通化葡萄酒股份有限公司收购，并于 1999 年注册成立为其全资子公司——通化集安葡萄酒厂。1998 年、1999 年，该厂为通化葡萄酒股份有限公司提供的原酒量分别占股份公司原酒量的 49% 和 39%。2000 年，通化集安葡萄酒厂注销 [②]。

• 1986 年，中法合营天马葡萄酿酒有限公司成立。

该公司由天津农垦集团总公司与法国马爹利洋酒公司合资建立，主要产品为葡萄酒、白兰地和威士忌。先后更名为天津施格兰有限公司、天津夏宫酒业有限公司。2006 年，外资股东变更为新加坡亚润集团和澳门利通集团。2014 年，停止生产经营。2019 年，企业宣告破产。

• 1987 年，北京市朝阳区副食批发公司成立。

2002 年，北京市朝阳区副食批发公司改制为有限责任公司。2010 年，股改成为北京朝批商贸股份有限公司。现为全国性的酒类流通大商和品牌运营商。

• 1987 年，《汽酒卫生标准》开始实施。

1986 年 12 月 9 日，卫生部发布《汽酒卫生标准》（GB 7103—1986），自 1987 年 1 月 1 日起实施。2005 年 10 月 14 日，《汽酒卫生标准》

---

① 安琪酵母股份有限公司 2023 年年度报告［Z］. 2024-03-19.
② 通化葡萄酒股份有限公司招股说明书概要［Z］. 2001-03-07.

被原国家质量监督检验检疫总局和国家标准化管理委员会废止。

1986 年 12 月 9 日，卫生部发布《汽酒卫生管理办法》，自发布之日起实施。其中，第二条规定，"本办法适用于以果类为原料生产加工的汽酒"；第四条规定，"生产汽酒的酒基视生产工艺的不同应分别符合现行的《蒸馏酒及配制酒卫生标准》"；第五条规定，"汽酒内须含有不低于 29% 的发酵原果酒，不得使用香精、酒精、糖精等兑水充二氧化碳制造"。2009 年 5 月 27 日，部门规章《汽酒卫生管理办法》被原卫生部废止。

• 1987 年，柳河县葡萄酒公司成立。

2004 年，该公司由国有企业转制为民营企业，更名为柳河县华龙酒业有限公司。主要产品为浓缩山葡萄汁、山葡萄酒和山葡萄汁饮料。2023 年，实现产值 700 万元。

• 1987 年，"贵阳会议"提出中国酿酒行业要实现"四个转变"。

1987 年 3 月 22—26 日，国家经委、轻工业部、商业部、农牧渔业部在贵州省贵阳市联合召开全国酿酒工业增产节约工作会议（即著名的"贵阳会议"）。"贵阳会议"提出：我国酿酒行业必须坚持"优质、低度、多品种、低消耗"的发展方向，逐步实现"四个转变"，即"高度酒向低度酒转变，蒸馏酒向酿造酒转变，粮食酒向果类酒转变，普通酒向优质酒转变"。

• 1987 年，"干白葡萄酒新工艺的研究"获国家科学技术进步奖二等奖。

1981 年，"干白葡萄酒新工艺的研究"获轻工业部科技成果奖三等奖（获奖单位：轻工业部食品发酵工业研究所、河北省张家口沙城酒厂）。

1986 年，"干白葡萄酒新工艺的研究"获轻工部科学技术进步奖一等奖（获奖单位：轻工业部食品发酵工业科学研究所、中国长城葡萄酒有限公司）。

1987 年，"干白葡萄酒新工艺的研究"荣获国家科学技术进步奖二等奖（获奖单位：轻工业部食品发酵工业科研所、中国长城葡萄酒有限公司、河北省张家口地区长城酿酒公司）。

• **1987 年，烟台市被国际葡萄与葡萄酒组织（OIV）授予"国际葡萄与葡萄酒城"称号。**

1924 年，法国、西班牙、希腊、匈牙利、意大利、卢森堡、葡萄牙和突尼斯在法国巴黎成立国际葡萄酒办事处（或称国际葡萄与葡萄酒局，The Office International du Vin，简称 OIV）。1958 年，更名为国际葡萄与葡萄酒组织（The International Organization of the Vine and Wine），简称仍为 OIV，总部设在法国巴黎。

1987 年，包括中国烟台在内来自全球 28 个国家的 116 个城市被 OIV 授予"国际葡萄与葡萄酒城"称号，同年中国烟台成为该组织的观察员。2012 年，中国宁夏成为 OIV 的观察员。2017 年，OIV 向宁夏贺兰山东麓葡萄与葡萄酒国际联合会主席郝林海等 4 位葡萄酒界人士颁发"杰出贡献奖"（MERIT AWARD）。

2024 年，OIV 总部正式从法国巴黎迁至法国第戎。2024 年 11 月 14 日，OIV 正式接受中国作为第 51 个成员国加入该组织的申请。

• **1987 年，烟、酒被海关总署列入"限制进境物品清单"。**

1996 年，所有酒类进口商品被取消进口配额管理。

2002 年，所有酒类进口商品被取消进口许可证管理。

• **1987 年，华兴玻璃厂（原名务庄玻璃厂）在广东佛山成立。**

1987 年，务庄玻璃厂成立。2000 年成立南海市华兴玻璃有限公司，2003 年更名为广东华兴玻璃有限公司。2012 年，南海总部更名为广东华兴玻璃股份有限公司。2003—2011 年，在河北、广东、河南、福建、新疆、河北、湖南、贵州、重庆、黑龙江等地设立玻璃包装容器子公司。

2019 年 10 月 17 日，美国商务部宣布正式对自中国进口的玻璃容器发起反倾销、反补贴调查。中方的强制应诉企业为广东华兴玻璃股份有限公司和烟台长裕玻璃有限公司。2020 年 6 月 9 日、10 月 20 日，美国国际贸易委员会对自中国进口的玻璃容器反补贴、反倾销调查做出否定性产业损害终裁。

• 1988 年，山西省太极葡萄酿酒公司成立。

1998 年，山西省太极葡萄酿酒公司与汾酒集团联营，更名为山西仙童葡萄酒有限公司。2007 年，公司改制重组为运城市格瑞特酒业有限公司。2016 年，公司更名为山西格瑞特酒庄有限公司。

• 1988 年，《企业破产法（试行）》开始实施。

1986 年 12 月 2 日，全国人大常委会发布《企业破产法（试行）》，自 1988 年 10 月 1 日起实施。其中，第二条规定："本法适用于全民所有制企业。"

1988 年 4 月 13 日，全国人大常委会发布《全民所有制工业企业法》，自 8 月 1 日起实施。其中，第二条规定，"全民所有制工业企业是依法自主经营、自负盈亏、独立核算的社会主义商品生产的经营单位"；第六十五条规定，"本法的原则适用于全民所有制交通运输、邮电、地质勘探、建筑安装、商业、外贸、物资、农林、水利企业"。

1993 年 12 月 29 日，全国人大常委会通过《公司法》，自 1994 年 7 月 1 日起施行。先前按照《全民所有制工业企业法》登记的全民所有制企业开始逐步改制为按照《公司法》登记的有限责任公司或股份有限公司。

1994 年 10 月 25 日，国务院发布《关于在若干城市试行国有企业破产有关问题的通知》（国发〔1994〕59 号），选择上海、天津等18 个城市推行国有企业破产改革。

2006 年 8 月 27 日，全国人大常委会通过《企业破产法》，自 2007 年 6 月 1 日起施行。《企业破产法（试行）》同时废止。

• 1988 年，中国日用玻璃协会成立。

中国日用玻璃协会下设瓶罐玻璃专业委员会。

• 1988 年，全国制酒饮料机械标准化技术委员会成立。

2002 年，国家标准化管理委员会成立之后，调整为全国轻工机械标准化技术委员会制酒饮料机械分技术委员会，隶属于中国轻工业联合会。2024 年，经国家标准化管理委员会批准，更名为全国轻工机械标准化技术委员会制酒饮料制糖机械分技术委员会。

秘书处设在广州机械设计研究所。广州机械设计研究所前身为成立于 1978 年的轻工业部广州轻工机械设计研究所，是轻工业部直属的四家轻工机械设计研究所之一，是国内最早从事甘蔗糖厂、制酒、饮料、食品、发酵等专业的综合性设计研究所，2000 年划归广东省属地化管理。现隶属于广东省产业检验检测集团有限公司。

• **1988 年，华夏葡萄酿酒有限公司在河北昌黎成立。**

1988 年，河北省昌黎葡萄酒厂、中国粮油食品进出口总公司、鹏利（法国）股份有限公司联营合资，以 4∶3∶3 的比例，共同投资设立华夏葡萄酿酒有限公司，是中国首家专业生产干红葡萄酒的出口型企业。1990 年，建立万亩干红酿酒葡萄优质基地——华夏葡园。1992 年，完成国家科技部项目"苹果酸－乳酸发酵法在干红葡萄酒上的应用"。1997 年，产能从 1000 千升提升至 5000 千升。1998 年，推出 1992 年份木盒干红葡萄酒、1994 年份干红葡萄酒。

1999 年，昌黎葡萄酒厂退出合资企业，华夏葡萄酿酒有限公司成为中粮集团全资公司。2000 年，"长城华夏 1992 年份酒"正式上市。2002 年，公司完成产量 18630 千升，实现销售收入、利税分别为 3.6 亿元、1.16 亿元。2004 年，推出特定小产区酒华夏葡园 A 区长城干红葡萄酒。2005 年，推出华夏葡园 B 区、特定小产区 V 区和 S 区等特色产品。2005 年，公司更名为中粮华夏长城葡萄酒有限公司。2006 年，亚洲大酒窖历经 6 年五次扩建并投入使用。2009 年，华夏庄园被认定为国家 4A 级旅游景区。

• **1988 年，山东省葡萄酒工业协会在山东烟台正式成立。**

山东省葡萄酒工业协会后来更名为山东省葡萄与葡萄酿酒协会。2006 年，更名为山东省葡萄与葡萄酒协会。

● 1988 年,《葡萄酒生产工艺》(作者：葡萄酒生产工艺编写组) 出版发行。

该书为原轻工业部统编教材,由王秋芳主编。

王秋芳（1926—2019 年）,我国著名酿酒专家,白酒、葡萄酒、果露酒专家,高级工程师,全国第一、第二、第三、第四届评酒会评委,北京二锅头酒传统酿造技艺第七代传承人,高级工程师,享受国务院特殊津贴。曾任北京市食品酿造工业公司技术科长、北京东郊葡萄酒厂首任厂长、北京酿酒总厂（北京红星酿酒集团前身）副厂长、中国酿酒工业协会副秘书长、北京酿酒协会名誉会长、北京红星酿酒集团技术顾问。1949 年被选调到华北酒类专卖总公司,1951 年被派到山西清源露酒厂（清徐露酒厂的前身）,1955 年受轻工部安排进入北京葡萄酒厂筹建小组。1965 年被任命为北京东郊葡萄酒厂首任厂长。后为北京酿酒总厂技术副厂长。1987 年从北京酿酒总厂退休。1992 年,被选调到中国酿酒工业协会（现中国酒业协会）筹备委员会,成立后担任副秘书长分管葡萄酒、果露酒业务。2002 年从中国酒业协会退休。2004 年,被中国酿酒工业协会授予"全国酿酒行业特殊贡献奖"。2023 年,被中国酒业协会授予"中国酒业 30 年终生功勋奖"。

● 1989 年,《标准化法》开始实施。

1988 年 12 月 29 日,全国人大常委会颁布《标准化法》,自 1989 年 4 月 1 日起实施。将标准分为国家标准、行业标准、地方标准和企业标准。其中,第四条规定："国家标准、行业标准分为强制性标准和推荐性标准。省、自治区、直辖市标准化行政主管部门制定的工业产品的安全、卫生要求的地方标准,在本行政区域内是强制性标准。"

2017 年,全国人大常委会修订《标准化法》,自 2018 年 1 月 1 日起施行。其中,第二条规定："标准包括国家标准、行业标准、地方标准和团体标准、企业标准。国家标准分为强制性标准、推荐性标准，行业标准、地方标准是推荐性标准。强制性标准必须执行。国家鼓励采用推荐性标准"，并首次赋予了团体标准法律地位。第十八条规定："国家鼓励学会、协会、商会、联合会、产业技术联盟等社会团体协调相关市场主体共同制定满足市场和创新需要的团体标准，由本团体成员约定采用或者按照本团体的规定供社会自愿采用。"

• **1989年，泉州长兴轻工有限公司成立。**

泉州长兴轻工有限公司前身为泉州长迎包装有限公司。公司是PVC胶帽、铝塑复合帽、锡帽、大香槟帽等产品的专业生产商。

• **1989年，《酒谱》（作者：郭其昌，郭松源，郭松泉）出版发行。**

• **1989年，《葡萄品种彩色图谱》（作者：黎盛臣）出版发行。**

• **1989年，《华夏酒报》在山东烟台正式创刊。**

• **1989年，中国糖业酒类集团有限公司成立。**

中国糖业酒类集团有限公司曾用名中国糖业酒类公司、中国糖业酒类集团公司，由中国华孚贸易发展集团有限公司全资控股。中国华孚贸易发展集团有限公司为中粮集团有限公司100%控股的企业。

• **1989年，中国食品工业协会在山东烟台组织召开国家优质葡萄酒、果酒质量检评会。**

• **1989年，中国轻工机械协会成立。**

轻工机械主要包括：制浆造纸、酿酒、饮料、乳品、制糖、洗涤、皮革、塑料、玻璃、酒精、印刷等行业的专用设备。

• **1989年，国家标准《饮料酒标签标准》开始实施。**

1989年2月2日，原国家技术监督局发布国家标准《饮料酒标签标准》（GB 10344—1989），自1989年9月1日起实施。起草单位：轻工部食品发酵科研所。

2005年9月15日，原国家质量监督检验检疫总局、国家标准化管理委员会发布《预包装饮料酒标签通则》（GB 10344—2005），自2006年10月1日起实施。《饮料酒标签标准》（GB 10344—1989）

同时废止。本标准起草单位：中国食品发酵工业研究院、青岛啤酒股份有限公司、北京燕京啤酒集团公司、中国长城葡萄酒有限公司和五粮液集团有限公司。其中规定：①饮料酒的酒精度由原来的"0.5% ~ 65.0%（v/v）"改为"0.5%vol以上"；②果酒（葡萄酒除外）应标注原果汁含量；③酒精度大于0.5%的酒精饮料的标签应标示"过度饮酒，有害健康"，可同时标示其他警示语，如"孕妇和儿童不宜饮酒"。

2014年12月29日，原国家质检总局、国家标准委发布《关于废止〈预包装饮料酒标签通则〉等13项国家标准的公告》（2014年第31号），《预包装饮料酒标签通则》（GB 10344—2005）自2015年3月1日废止。

葡萄酒标签应按现行《预包装食品标签通则》（GB 7718—2011）和食品安全国家标准《发酵酒及其配制酒》（GB 2758—2012）的相关规定执行。

•1989年，国家葡萄酒质量监督检验中心在山东烟台成立。

1991年开始，原国家质量监督检验检疫总局开始委托国家葡萄酒质量监督检查中心对葡萄酒产品质量进行抽查。

1993年2月22日，全国人大常委会通过《产品质量法》，自1993年9月1日起施行。其中，第十五条规定："国家对产品质量实行以抽查为主要方式的监督检查制度""监督抽查工作由国务院市场监督管理部门规划和组织。县级以上地方市场监督管理部门在本行政区域内也可以组织监督抽查"。《产品质量法》历经2000年、2009年、2018年三次修正。

1995年，国家葡萄酒质量监督检验中心开始对葡萄酒产品进行年度质量监督抽查。1999年，被国家实验室认可委员会评为国家级重点实验室。2006年，经原国家质检总局批准，更名为国家葡萄酒及白酒、露酒产品质量监督检验中心。

该中心依托单位为烟台市产品质量监督检验所。2021年，原国家蒸汽流量计量烟台检定站、烟台市计量所、烟台市产品质量监督检验所、烟台市技术监督信息研究所 4 家机构整合组建烟台市标准计量检验检测中心。

• **1989 年，山东省禹城葡萄酒厂成立。**

山东省禹城葡萄酒厂先后更名为山东果品酿造厂、山东禹王亭集团酒业股份有限公司葡萄酒饮料厂、山东禹王亭集团葡萄酒厂。2010 年，企业宣告破产。

• **1990 年，《葡萄酒酿造与质量控制》（作者：李华）出版发行。**

• **1990 年，《现代葡萄酒酿造技术》（作者：刘玉田等）出版发行。**

• **1990 年，中国长城葡萄酒有限公司承担的国家"七五星火计划"《香槟法起泡葡萄酒生产技术开发》项目获轻工部科技进步奖三等奖。**

• **1990 年，国家标准《白兰地》开始实施。**

1989 年 11 月 7 日，原国家技术监督局发布强制国家标准《白兰地》（GB 11856—1989），自 1990 年 9 月 1 日起实施。本标准起草单位：烟台张裕葡萄酿酒公司、轻工业部食品发酵工业科学研究所。

1997 年 6 月 11 日，原国家技术监督局发布强制国家标准《白兰地》（GB 11856—1997），自 1998 年 9 月 1 日起实施。《白兰地》（GB 11856—1989）同时废止。本标准起草单位：中国食品发酵工业研究所、烟台张裕葡萄酿酒公司、国家卫生检疫局、北京市卫生检疫站、国家葡萄酒检测中心。

2008 年 10 月 29 日，原国家质量监督检验检疫总局、国家标准化管理委员会发布推荐性国家标准《白兰地》（GB/T 11856—2008），自 2009 年 6 月 1 日起实施。《白兰地》（GB 11856—1997）同时废止。本标准起草单位：中国食品发酵工业研究院、烟台张裕葡萄酿酒公司、中法合营王朝葡萄酿酒有限公司。

2023 年 12 月 28 日，国家市场监督管理总局、国家标准化管理委员会发布《烈性酒质量要求 第 2 部分：白兰地》（GB/T 11856.2—2023），自 2024 年 7 月 1 日起实施。《白兰地》（GB/T

11856—2008）同时废止。本标准起草单位：烟台张裕葡萄酿酒股份有限公司、中国食品发酵工业研究院有限公司、香港洋酒生产商联合有限公司北京代表处、烟台可雅白兰地酒庄有限公司、广东省食品工业研究所有限公司、广东省食品检验所（广东省酒类检测中心）、烟台海市葡萄酒有限公司、新疆乡都酒业有限公司、甘肃紫轩酒业有限公司、承德嘉沃酒业有限公司、中国农业大学、四川省食品检验研究院、中粮长城葡萄酒（蓬莱）有限公司、青岛华东葡萄酿酒有限公司、宁夏红枸杞产业有限公司、山西彤康食品有限公司、阜阳师范大学、新疆中信国安葡萄酒业有限公司、山西杏花村汾酒厂股份有限公司、江南大学。

• 1990 年，山东新星集团有限公司成立。

该公司前身为淄川购销总部，现为全国性的酒类流通大商和品牌运营商。

• 1990 年，《酒类卫生管理办法》开始实施。

1990 年 11 月 20 日，原卫生部发布《酒类卫生管理办法》，自发布之日起实施。其中，第四条规定，"生产饮用酒用水须符合 GB5719《生活饮用水卫生标准》"；第五条规定，"各种酒使用的添加剂应符合 GB2760《食品添加剂使用卫生标准》"。

2009 年 5 月 27 日，部门规章《酒类卫生管理办法》被原卫生部废止。

• 1990 年，国家标准《葡萄酒厂卫生规范》开始实施。

1990 年 1 月 1 日，原卫生部发布国家标准《葡萄酒厂卫生规范》（GB 12696—1990），自 1990 年 10 月 1 日起实施。

2016 年 12 月 23 日，原国家卫生和计划生育委员会、原国家食品药品监督管理总局发布国家标准《发酵酒及其配制酒生产卫生规范》（GB 12696—2016），自 2017 年 12 月 23 日起实施。《葡萄酒厂卫生规范》（GB 12696—1990）、《果酒厂卫生规范》（GB 12697—1990）和《黄酒厂卫生规范》（GB 12698—1990）同时废止。

• 1991 年，《中国酒政》（作者：薛军）出版发行。

• 1991 年，《中国果酒》（作者：奚惠萍）出版发行。

• 1991 年，上海申马酿酒有限公司成立。

　　该公司由法国人头马集团与马陆镇兴农实业公司（原马陆镇果蔬公司）、上海市食品进出口公司共同投资组建，出产"皇轩"品牌的产品。该公司已于 2022 年注销。

• 1991 年，《轻工业部酒类优质产品名单》公布。

　　葡萄酒、果酒类，27 个优质产品：中国红葡萄酒（丰收牌，北京葡萄酒厂）、贵人香白葡萄酒（长城牌，河南民权葡萄酒厂）、干红葡萄酒（长城牌，河南民权葡萄酒厂）、长白山葡萄酒（长白山牌，吉林长白山葡萄酒厂）、解百纳红葡萄酒（张裕牌，烟台张裕葡萄酿酒公司）、高级通化红葡萄酒（天池牌，吉林通化葡萄酒厂）、山楂酒（平泉牌，河北平泉县酿酒厂）、高级味美葡萄酒（天池牌，吉林通化葡萄酒厂）、中国白葡萄酒（丰收牌，北京东郊葡萄酒厂）、白洋河山楂酒（白洋河牌，山东栖霞县酿酒厂）、清香罗木酒（中华牌，北京葡萄酒厂）、半甜白葡萄酒（北戴河牌，河北昌黎葡萄酒厂）、山楂酒（沽河牌，山东青岛第二酿酒厂）、杏花村沙棘酒（杏花村牌，山西杏花村汾酒厂）、长城红葡萄酒（长城牌，河北华夏葡萄酒公司）、青岛红葡萄酒（青岛牌，山东青岛葡萄酒厂）、干白葡萄酒（长城牌，河南兰考葡萄酒厂）、山葡萄酒（莲花牌，河南西峡县果酒厂）、梅鹿辄干红葡萄酒（长城牌，河北长城葡萄酒公司）、白葡萄酒（花果山牌，江苏连云港葡萄酒厂）、中华沙棘酒（九龙山牌，河北丰宁县制酒厂）、原汁红葡萄酒（欢众牌，浙江长兴县葡萄酒厂）、特制金丝枣酒（金丝牌，山东沾化县酿酒厂）、干红葡萄酒（汉光牌，湖北枣阳葡萄酒厂）、雷司令白葡萄酒（水城牌，山东蓬莱葡萄酒厂）、箕子台红葡萄酒（箕子台牌，河南西华县果酒厂）、北醇干红葡萄酒（丹江牌，陕西丹凤葡萄酒厂）。

•1992 年，张裕酒文化博物馆正式对外开放。

张裕酒文化博物馆先后于 2005 年、2010 年被认定为国家 4A 级旅游景区、全国旅游标准化试点单位。

2018 年，烟台张裕文化旅游发展有限公司成立，旗下全资拥有 4 家子公司：烟台张裕酒文化博物馆有限公司（2004 年成立）、烟台张裕国际葡萄酒城之窗有限公司（2008 年成立）、烟台张裕文化旅游产品销售有限公司（2018 年成立）、烟台克利顿餐饮有限公司（2021 年成立）。2020 年，烟台张裕葡萄酿酒股份有限公司受让烟台张裕集团有限公司全资子公司烟台张裕文化旅游发展有限公司的全部股权。2018—2023 年，烟台张裕文化旅游发展有限公司分别实现营收 8880 万元、8572 万元、6959 万元、7319 万元、7642 万元、8299 万元①②③。

2024 年，张裕酒文化博物馆被评为国家一级博物馆。

•1992 年，《中国酒》杂志在北京创刊。

•1992 年，《海关对中国籍居民出入境行李物品的管理规定》开始实施。

1992 年 5 月 25 日，海关总署发布《海关对中国籍居民出入境行李物品管理规定》（海关总署 31 号令），自 1992 年 6 月 1 日起实施。其中规定，在外连续居留满 1 年以上者，可免税携带 12 度以上酒精饮料 2 瓶（每瓶限 750 克）；在外连续居留不满 1 年者，可免税携带 12 度以上酒精饮料 2 瓶（每瓶限 750 克）。

1996 年 8 月 10 日，海关总署发布《海关对中国籍旅客进出境行李物品的管理规定》，自 1996 年 8 月 15 日起实施。1992 年 5 月 25 日海关总署 31 号令发布的相关规定同时废止。其中规定，香港、澳门地区居民及因私往来香港、澳门地区的内地居民，可免税携带 12

---

① 烟台张裕葡萄酿酒股份有限公司 2021 年年度报告［Z］. 2022-04-25.

② 烟台张裕葡萄酿酒股份有限公司关于受让烟台张裕文化旅游发展有限公司全部股权的公告［Z］. 2020-04-24.

③ 烟台张裕葡萄酿酒股份有限公司 2023 年年度报告［Z］. 2024-04-12.

度以上酒精饮料限 1 瓶（0.75 升以下）；其他旅客可免税携带 12 度以上酒精饮料限 2 瓶（1.5 升以下）。

海关总署分别于 2010 年、2017 年修订并发布《海关对中国籍旅客进出境行李物品的管理规定》，其中关于免税酒的相关政策未做改变。

2024 年 11 月 29 日，国务院关税税则委员会公布《进境物品关税、增值税、消费税征收办法》，自 2024 年 12 月 1 日起施行。根据该办法，进境旅客行李物品，允许免税携带 1.5 升 12 度以上的酒精饮料。其中，自中国香港特别行政区、中国澳门特别行政区进境的旅客，允许免税携带 0.75 升 12 度以上的酒精饮料。

- 1992 年，《葡萄酒科学与工艺》（作者：E. 卑诺；译者：朱宝镛，赵光鳌，张继民，刘吉泉）出版发行。

- 1992 年，南浦食品（集团）有限公司成立。

- 1992 年，大华玻璃厂在山西省祁县成立。

1999 年，该厂改制为山西大华玻璃实业有限公司（简称大华公司）。大华公司为国内人工吹制玻璃器皿的龙头企业，其玻璃器皿产品 98% 以上出口海外。

2004 年，祁县被中国轻工业联合会授予"中国玻璃器皿生产出口基地"称号。2012 年，祁县被中国轻工业联合会授予"中国玻璃器皿之都"称号。"大华""宏艺"商标被原国家工商总局认定为"中国驰名商标"。祁县有 50 多家玻璃器皿生产企业，人工吹制高脚杯约占全国总产量的 80%，是全国最大的人工吹制玻璃器皿生产出口基地。

- 1992 年，上海市糖业烟酒（集团）有限公司成立。

其前身为 1951 年设立的上海市专卖事业公司；先后更名为"上海市烟酒糖业公司""中国糖业烟酒公司上海市公司""上海市糖业烟酒公司"；2006 年，成为光明食品（集团）有限公司的全资子公司。

上海市糖业烟酒（集团）有限公司旗下金枫酒业（黄酒生产、销售业务）、四川全兴酒业（白酒生产、销售业务）、第一食品专业零售连锁和捷强 JOYMAX 烟酒专卖连锁等，还通过收购方式控股澳大利亚食品分销企业玛纳森和法国葡萄酒贸易公司 DIVA。

- 1992 年，张家口保得利酿酒有限公司成立。
- 1992 年，中国酿酒工业协会成立。

1992 年 6 月 2 日，民政部批准成立中国酿酒工业协会，隶属于原轻工业部，下设白酒、啤酒、黄酒和酒精 4 个分会以及葡萄酒、果露酒和科教设计装备 3 个专业委员会[1]。1992 年 10 月 8—10 日，成立大会预备会议在安徽亳州召开。1992 年 11 月 25—27 日，中国酿酒工业协会成立大会暨第一次会员代表大会在山东泰安举行。会议讨论通过《中国酿酒工业协会筹备情况工作报告》《中国酿酒工业协会章程》。常务理事会推选耿兆林为理事长，高景炎为秘书长。秘书处暂设于原轻工业部食品工业司[2]。

2005 年，王延才当选中国酿酒工业协会理事长，王琦兼任秘书长。2012 年，经民政部批准，中国酿酒工业协会更名为中国酒业协会。2015 年，中国酒业协会被民政部评为全国 5A 级社会团体。2020 年，宋书玉当选为中国酒业协会理事会理事长、法人代表，王琦为执行理事长，何勇为秘书长，董建辉为监事长。

现如今，中国酒业协会下设白酒分会、啤酒分会、黄酒分会、酒精分会、葡萄酒分会、果露酒分会 6 个分会，市场委员会、技术委员会等 7 个委员会和秘书处等 6 个办事机构。

中国酒业协会的主要职能有：①向政府部门提出有关行业政策和行业立法的建议；②根据授权组织开展行业统计、分析与信息发布等咨询服务；③组织行业技术培训、专业技能教育，开展职业技能鉴定工作；④组织开展本行业及社会公益事业活动；⑤参与或组织行业科技成果评价。

---

[1] 本刊编辑部. "中国酿酒工业协会"成立大会即将召开 [J]. 葡萄栽培与酿酒，1992（3）：45.

[2] 平章. 中国酿酒工业协会宣告成立 [J]. 酿酒，1993（1）：44.

● **1993 年，中国酿酒工业协会葡萄酒专业委员会成立大会在山东烟台召开。**

1993 年 11 月 10—21 日，中国酿酒工业协会葡萄酒专业委员会成立大会暨第一次会员代表大会在山东省烟台市召开。11 月 21 日，举行中国酿酒工业协会葡萄酒专业委员会成立大会，通过了《中国酿酒工业协会葡萄酒专业委员会筹备工作报告》《中国酿酒工业协会章程葡萄酒专业委员会实施细则》，选举出 44 名理事单位和领导机构成员[①]。以下为具体名单。

名誉主任：秦含章（轻工部食品发酵所）、郭其昌（轻工部食品发酵所）、王秋芳（中国酿酒工业协会）。

顾问：陈朴先（烟台张裕葡萄酿酒公司）、李华（西北农业大学）。

主任单位：烟台张裕葡萄酿酒公司。

副主任单位：北京葡萄酒厂、中国长城葡萄酒有限公司、青岛华冠酒业总公司、通化葡萄酒公司、民权葡萄酒厂、连云港葡萄酒厂、鄯善葡萄酒厂、山东省酿酒葡萄科学研究所。

秘书长：王恭堂（烟台张裕葡萄酿酒公司）。

副秘书长：李素慧（北京葡萄酒厂）、赵全迎（中国长城葡萄酒有限公司）、王好德（青岛华冠酒业总公司）、王钧（通化葡萄酒公司）、吕尽善（民权葡萄酒厂）、孙京鲁（中国轻工总会食品造纸部）。

理事单位：北京葡萄酒厂、北京夜光杯葡萄酒厂、天津王朝葡萄酒厂、天津天马酿酒有限公司、中国长城葡萄酒有限公司、地王集团昌黎酿酒总厂、华夏葡萄酿酒公司、太原清徐露酒厂、托克托葡萄酒厂、牙克石酿酒厂、通化葡萄酒公司、长白山葡萄酒厂、保安葡萄酒厂、沈阳市酿酒厂、大连葡萄酒厂、黑龙江酿酒协会果露酒分会、连云港葡萄酒总厂、徐州葡萄酿酒总厂、烟台张裕葡萄酿酒公司、青岛华冠酒业总公司、山东省酿酒葡萄科学研究所、山东

---

① 中国酿酒工业协会葡萄酒专业委员会成立大会暨第一次会员代表大会会议纪要［J］. 葡萄栽培与酿酒，1993（4）：45—46.

省葡萄酒工业协会、萧县葡萄酒厂、砀山葡萄酒厂、江西共青酒厂、江西凤凰山葡萄酒厂、民权葡萄酒厂、兰考葡萄酒厂、仪封园艺场葡萄酒厂、中国农科院郑州果树研究所、河南省食品工业总公司、湖北枣阳葡萄酒厂、湖南千山红葡萄酒厂、广西都安葡萄酒厂、陕西丹凤葡萄酒厂、甘肃武威葡萄酒厂、青海格尔木葡萄酒厂、宁夏玉泉营葡萄酒厂、鄯善葡萄酒厂、吐鲁番葡萄酒厂、新疆酿酒协会、国家葡萄酒检测中心、中科院北京植物园、西北农业大学、轻工部食品发酵研究所。

• **1993 年，中国酿酒工业协会开始聘任国家级葡萄酒评酒委员。**

1993 年，聘请国家级葡萄酒评酒委员 19 名：李素慧、田雅丽、鲍明镜、何汝珍、刘翔鸣、王荣瑞、孙军超、高进强、方桂兰、甫旭光、沈祥坤、武庆尉、严升杰、刘文邦、彭德华、王作仁、陈汉宾、徐子才、陈泽义。

2000 年，聘请国家级葡萄酒评酒委员 53 名：郝井民、朱力、赵云龙、邓军哲、宋正祥、何宏权、陈勇、王起林、刘翔鸣、王焕香、陈小波、严斌、严升杰、田雅丽、陈泽义、孙军超、林静、王贤、王思新、沈祥坤、王军、浦旭光、李志明、祁云亭、高进强、俞惠明、赵新节、李记明、张世鹏、焦复润、孙雪梅、王作仁、王咏梅、陈青昌、胡诚、孙方勋、马佩选、王苏辉、朱林、陈玮、邵学东、何汝珍、朱济义、贺宽厚、张春娅、郭松泉、王树生、赵玉玲、陈洪宾、杨华峰、单树民、彭德华、刘拉玉。

2005 年，聘请国家级葡萄酒评酒委员 57 名：马佩选、王军、王苏辉、王国锋、王咏梅、王树生、王思新、王春萍、王焕香、邓军哲、尹吉泰、孙方勋、孙军超、孙春辉、孙腾飞、朱力、祁云亭、刘拉玉、刘振国、李记明、李德美、杜金华、陈小波、陈青昌、陈勇、陈彦雄、邵学东、严斌、杨华峰、杨贻功、杨俊梅、林静、国凤华、张宁、张平、张宝、张辉、张世鹏、张春娅、张翠银、赵玉玲、赵荣海、郝景民、俞惠明、浦旭光、胡诚、夏广丽、徐义、高小波、倪玉英、涂正顺、崔可栩、崔彦志、崔彩虹、焦复润、戚立昌、魏滨生。

2011年，聘请国家级葡萄酒评酒委员98名：于庆泉、马永明、牛育林、王小峰、王庆禄、王苏辉、王咏梅、王国锋、王思新、王渊、王焕香、卢新军、司合芸、白稳红、乔春、刘拉玉、刘春生、刘荣刚、刘振国、刘铁华、吕文、孙军超、孙建平、孙春辉、安荣、成池芳、朱力、江涛、邢凯、闫玉亮、阮仕成、吴八斤、吴秀勇、吴鸿福、宋茂华、完福义、张宁、张平、张会宁、张军翔、张宝、张炎、张浩、张斌、张瑛莉、张辉、张键、张翠银、张静、张燕、李建兵、李泽福、李勇、杜金华、杜展成、杨兴元、杨志宇、杨贻功、杨海英、杨雪峰、邹积赟、陈青昌、陈彦雄、周淑珍、国凤华、孟雷、林静、罗飞、罗炳初、苑公团、金凤伟、俞惠明、战吉宬、胡诚、赵玉玲、赵雅丽、凌云、徐义、徐金辉、徐鹏哲、浦旭光、涂正顺、贾宇亮、郭阳、都振江、高小波、高建军、崔可栩、崔定汉、崔彦志、曹建宏、曾新安、温春光、韩玉霞、慕翠玲、蔡建林、薛洁、魏滨生。

2015年，聘请国家级葡萄酒评酒委员138名：白稳红、蔡建、蔡建林、曹建宏、曾新安、查巧玲、陈景辉、陈晓科、陈彦雄、成池芳、成正龙、程军、崔磊、崔定汉、崔可栩、达博、党国芳、丁燕、董宣、都振江、杜宜龙、杜展成、范雪梅、冯晓辉、葛洪洮、葛毅轩、国凤华、韩玉霞、郝德光、何非、侯曼美、胡诚、胡玉红、华玉波、贾宇亮、菅蓁、江涛、姜彩红、蒋文鸿、金凤伟、康登昭、李进、李勇、李建兵、李顺庆、李文杰、李新榜、李振东、凌云、刘爱国、刘传贺、刘春生、刘国文、刘荣刚、刘铁华、刘益玲、卢丕超、卢新军、罗飞、罗炳初、吕文、马文超、马永明、孟雷、慕翠玲、牛育林、屈勇、任彦伶、阮仕成、商华、施云鹏、石延成、史红梅、史铭僵、司合芸、宋茂华、孙春辉、孙建平、孙玉霞、谈明东、唐柯、涂正顺、完福义、王宏、王成武、王国锋、王庆禄、王庆伟、王顺利、王苏辉、王小峰、魏滨生、温春光、吴刚、吴八斤、吴鸿福、吴秀勇、吴玉文、谢亚玲、邢凯、熊晓林、徐义、徐金辉、徐鹏哲、薛洁、薛铁军、闫玉亮、杨海英、杨贻功、杨志宇、于庆泉、余东亮、元贤哲、苑公团、张斌、张矗、张岱、张浩、张键、张静、张炎、张翼、张东升、张会宁、张金丽、张军强、张瑛莉、章家榕、赵进、赵磊、赵雅丽、赵玉玲、赵振江、周坤、周元、朱斌、朱力、邹积赟。

2020年，聘请国家级葡萄酒评酒委员119名：丁燕、于千、马振伟、马鹏功、马腾臻、王宏、王辉、王成武、王庆伟、王顺利、王晓军、元贤哲、卢丕超、白天华、白稳红、冯晓辉、兰义宾、成正龙、朱斌、朱光华、朱江涛、乔岩、任彦伶、华玉波、刘传贺、刘江龙、刘兴凯、刘春生、刘勇强、刘爱国、刘智明、刘翠平、江涛、祁新春、阮仕成、孙伟、孙茜、孙建平、孙洪文、苏龙、李冬、李超、李文杰、李文超、李全成、李红玉、李茹一、李星宏、李顺庆、李振东、李莹莹、李瑞德、李新榜、杨昌鹏、吴玉文、吴业飞、吴秀勇、吴鸿福、何晓丽、余东亮、宋英珲、张晓、张矗、张键、张翼、张东升、张召文、张会宁、张军强、张金丽、陈云海、陈晓科、陈景辉、周晓芳、周鹏辉、庞红勋、屈勇、孟佳敏、赵进、赵虎、赵亮、赵振江、胡玉红、胡治国、查巧玲、侯曼美、俞然、施云鹏、姜文广、姜彩红、都振江、栗甲、贾宇亮、党国芳、徐金辉、凌云、高敏、郭志君、唐柯、谈明东、菅蓁、曹蔼、曹建宏、曹海阔、崔磊、康登照、章家榕、商华、梁进忠、葛毅轩、董宣、董萍、蒋文鸿、温春光、谢亚玲、窦祥宇、裴广仁、缪成鹏、梁国伟。

• 1993年，《华糖商情》杂志在河北创刊。

该杂志主管单位为河北日报报业集团。1999年，华糖商情杂志社上线"华糖商情网"。2004年，杂志更名为《糖烟酒周刊》，同时华糖商情网也正式更名为糖烟酒周刊网。2006年，河北华糖传媒有限公司成立。

2011 年，河北华糖招商咨询服务有限公司成立，由河北华糖传媒有限公司、糖烟酒周刊杂志社工会委员会分别持股 51%、39%。2015 年，该公司更名为河北华糖云商科技有限公司，由河北华糖传媒有限公司、嘉丰投资（糖烟酒杂志社员工持股平台）分别持股 51%、49%。2016 年，河北华糖云商科技有限公司吸收合并母公司河北华糖传媒有限公司，并更名为河北华糖云商营销传播有限公司。2016 年，河北华糖云商营销传播有限公司完成股份制改制，公司整体变更为河北华糖云商营销传播股份有限公司。河北日报报业集团持股 51%，为公司的实际控制人，嘉丰投资持股 5.16%[①]。主营业务板块包括国内广告业务、会展服务、文化推广、管理咨询服务，营销策划、图书报刊零售等。

2023 年，河北华糖云商营销传播股份有限公司实现营业收入1.82 亿元，净利润 2929 万元[②]。

• **1993 年，美国名特食品葡萄酒公司在国内开展进口瓶装葡萄酒销售。**
• **1993 年，中粮酒业有限公司成立。**

2018 年，中粮酒业有限公司更名为中粮长城酒业有限公司。旗下拥有的全资子公司包括：中国长城葡萄酒有限公司（1983 年成立）、中粮华夏长城葡萄酒有限公司（1988 年成立）、中粮长城葡萄酒（蓬莱）有限公司（1998 年成立）、中粮长城葡萄酒（涿鹿）有限公司（2008 年成立）、中粮长城桑干酒庄（怀来）有限公司（2009年成立）、中粮长城葡萄酒（宁夏）有限公司（2010 年成立，旗下运营的天赋酒庄于 2018 年揭牌）、中粮长城葡萄酒（新疆）有限公司（2012 年成立）。

中粮集团旗下的长城葡萄酒为"北京 2008 年奥运会葡萄酒独家供应商""2010 年上海世博会指定葡萄酒"。2016 年，中粮集团成立

---

① 河北华糖云商营销传播股份有限公司公开转让说明书［Z］. 2016-09-28.
② 河北华糖云商营销传播股份有限公司 2023 年度报告［Z］. 2024-04-24.

专业进口酒运营平台——中粮名庄荟国际酒业有限公司。

- 1993年，天津天朝葡萄酿酒有限公司成立。
- 1993年，萧县萧城葡萄酒厂成立。
- 1993年，中国诗酒文化协会成立。

2024年，该协会成立葡萄酒专业委员会。李华任主任委员，王华任秘书长。

- 1993年，涿鹿益利葡萄酒有限公司成立。

2005年，该公司更名为河北益利葡萄酒有限公司。

- 1993年，《糖酒快讯》在四川创刊。

《糖酒快讯》诞生初期为糖酒会直投（DM）报纸。1999年，开通专业网站糖酒快讯网，由成都九石电子商务有限公司主办。2004年，《新食品》杂志取代《糖酒快讯》并正式创刊，由《中国酒业报导》和《中国食品评介》子刊构成。

- 1993年，厦门合兴包装印刷有限公司成立。

2007年，厦门合兴包装印刷有限公司整体变更为厦门合兴包装印刷股份有限公司（简称合兴包装）。公司所属瓦楞纸箱行业，主要产品为瓦楞纸箱、瓦楞纸板、缓冲包装材料和彩盒包装，为通信电子、家电、日化、食品饮料、轻工、机械、医药等领域的制造商提供配套。2023年，合兴包装实现营收124.14亿元[1]。

- 1993年，"张裕"被原国家工商总局认定为中国葡萄酒行业首枚"中国驰名商标"。
- 1994年，国家标准《葡萄酒》开始实施。

1994年5月5日，国家技术监督局批准推荐性国家标准《葡萄酒》（GB/T 15037—94），自1994年12月1日起实施。本标准适用于"以新鲜葡萄或葡萄汁为原料，经发酵酿制而成的葡萄酒"。本标准起草单位为轻工业部食品工业科学研究所、北京夜光杯葡萄酒厂。

2006 年 12 月 11 日，国家质量监督检验检疫总局、国家标准化委员会发布强制国家标准《葡萄酒》（GB 15037—2006），自 2008 年 1 月 1 日起实施。《葡萄酒》（GB/T 15037—94）同时废止。本标准起草单位为中国食品发酵工业研究院、烟台张裕葡萄酿酒股份有限公司、中国长城葡萄酒有限公司、中法合营王朝葡萄酿酒有限公司、国家葡萄酒质量监督检验中心、新天国际葡萄酒业股份有限公司、甘肃莫高实业发展有限公司葡萄酒分公司。

2017 年 3 月 23 日，原国家质量监督检验检疫总局、国家标准化管理委员会将 1077 项强制性国家标准转化为推荐性国家标准，标准编号由 GB 改为 GB/T，自公布之日起生效[1]。其中，包括《葡萄酒》等 22 项食品相关标准的转换过渡期为两年[2]。自 2019 年 3 月 23 日起，强制性国家标准《葡萄酒》（GB 15037—2006）转化为推荐性国家标准《葡萄酒》（GB/T 15037—2006）。

2024 年 7 月 4 日—8 月 4 日，国家标准化管理委员会就推荐性国家标准《葡萄酒质量要求》（报批稿，GB/T 15037—202X）公开征求意见。本标准起草单位：中国食品发酵工业研究院有限公司、烟台市标准计量检验检测中心、西北农林科技大学、烟台张裕葡萄酿酒股份有限公司、中粮长城酒业有限公司、新疆中信国安葡萄酒业有限公司、中法合营王朝葡萄酿酒有限公司、威龙葡萄酒股份有限公司、新疆乡都酒业有限公司、冷谷红葡萄酒股份有限公司、河北科技大学、杭州娃哈哈集团有限公司、宁波出入境检验检疫局检验检疫技术中心、山西戎子酒庄有限公司、青岛华东葡萄酿酒有限公司。

---

[1] 国家标准化管理委员会. 关于《水泥包装袋》等 1077 项强制性国家标准转化为推荐性国家标准的公告（2017 年第 7 号）［Z］. 2017-03-23.

[2] 国家标准化管理委员会. 关于《水泥包装袋》等强制性国家标准转化为推荐性国家标准后相关产品标签标注问题的通知［Z］. 2017-04-07.

• 1994 年，青岛东尼酿酒有限公司成立。

• 1994 年，大连北方酿酒有限公司成立。

• 1994 年，艾利丹尼森（中国）有限公司在江苏苏州成立。

艾利丹尼森（Avery Dennison）是来自美国的一家全球性标签和包装材料公司。该公司在中国拥有的销售办公室或生产基地为：艾利丹尼森（上海）国际贸易有限公司（1999 年成立）、艾利丹尼森（昆山）材料有限公司（2000 年成立）、艾利丹尼森（广州）材料有限公司（2000 年成立）、艾利丹尼森（青岛）包装有限公司（2004 年成立）、艾利（福州）包装系统产品有限公司（2004 年成立）。

• 1994 年，温州市章达轻工机械厂成立。

该厂现名为浙江章达机械科技有限公司。

• 1994 年，《葡萄学》（作者：贺普超，罗国光）出版发行。

贺普超（1926—2006 年），中国著名园艺教育家、果树遗传育种专家、葡萄学泰斗，国务院政府特殊津贴获得者，原西北农林科技大学教授、博士生导师，曾担任中国园艺学会会长、中国园艺学会葡萄与葡萄酒分会会长，西北农林科技大学葡萄酒学院名誉院长。2023 年，贺普超被中国酒业协会授予"中国酒业 30 年终生功勋奖"。

罗国光（1934—2025 年），我国著名葡萄专家、葡萄科学研究的奠基人之一，中国农业大学园艺学院果树系教授、博士生导师，中国农学会葡萄分会原理事长，《园艺学报》副主编。1952 年进入北京大学生物系学习；1954 年受国家派遣前往苏联敖德萨农学院留学；1959 年毕业回国后进入北京农业大学（今中国农业大学）园艺系任教；1999 年退休。

• 1994 年，第四次全国葡萄科学讨论会在宁夏银川召开。

• 1994 年，《对外贸易法》开始实施。

1994 年 5 月 12 日，全国人大常委会通过《对外贸易法》，自 1994 年 7 月 1 日起施行。其中，第八条规定，"对外贸易经营者，是指依照本法规定从事对外贸易经营活动的法人和其他组织"；第九条规定，"从事货物进出口与技术进出口的对外贸易经营，经国务院对外经济贸易主管部门许可"。

2004 年 4 月 6 日，全国人大常委会修订通过《对外贸易法》，自 2004 年 7 月 1 日起施行。其中，第八条规定，"对外贸易经营者，是指依法办理工商登记或者其他执业手续，依照本法和其他有关法律、行政法规的规定从事对外贸易经营活动的法人、其他组织或者个人"；第九条规定，"从事货物进出口或者技术进出口的对外贸易经营者，应当向国务院对外贸易主管部门或者其委托的机构办理备案登记"。

• 1994 年，浙江商业食品饮料批发公司成立。

2003 年，浙江商业食品饮料批发公司更名为浙江商源食品饮料有限公司。2010 年，整合成立商源集团有限公司。现为全国性的酒类流通大商和品牌运营商。

• 1994 年，亚洲侍酒及教育中心（简称 AWSEC）在中国香港成立。

• 1995 年，成都武侯酒类贸易有限责任公司成立。

该公司现为全国性的酒类流通大商和品牌运营商。

• 1995 年，国家 23 个部委联名提议"公宴不喝白酒，改用果酒，以后进一步发展成不喝白酒和进口酒"。

• 1995 年，中国食品和包装机械工业协会成立。

• 1995 年，澳门葡萄酒博物馆对外开放。

• 1995 年，中国酒类商业协会成立。

2006 年，经民政部批准，中国酒类商业协会更名为中国酒类流通协会。2018 年，中国酒类流通协会葡萄酒专业委员会成立，王祖明任秘书长。

• 1995 年，行业标准《半汁葡萄酒》开始实施。

1994 年 7 月 13 日，轻工业部批准行业推荐性标准《半汁葡萄酒》（QB/T 1980—94），自 1995 年 3 月 1 日起实施。本标准适用于"以大于或等于 50% 葡萄原酒，经调配而制成的非原汁葡萄酒"。本标准起草单位：轻工业部食品发酵工业科学研究所、北京夜光杯葡萄酒厂。

2002 年 11 月 14 日，国家经济贸易委员会公布《中国葡萄酿酒技术规范》，自 2003 年 1 月 1 日起施行。该规范将葡萄酒定义为"葡萄酒仅指鲜葡萄或葡萄汁全部或部分发酵而成的饮料酒，所含酒度不得低于 7%（v/v）"。《山葡萄酿酒技术规范》作为附件，予以同时颁布。根据原国家经济贸易委员会 2003 年 3 月 17 日发布的公告，行业标准《半汁葡萄酒》（QB/T 1980—94）被废止。自发布之日起向后延期两个月，企业停止生产半汁葡萄酒。半汁葡萄酒的市场流通时间截至 2004 年 6 月 30 日 [①]。

- **1995 年，行业标准《山葡萄酒》开始实施。**

1994 年 7 月 13 日，轻工业部批准行业推荐性标准《山葡萄酒》（QB/T 1982—94），自 1995 年 3 月 1 日起实施。本标准适用于"以新鲜山葡萄或其杂交品种为原料，经发酵酿制而成的饮料酒"，并将山葡萄酒定义为"具有中国特色的葡萄酒，以野生或经人工栽植的东北山葡萄、刺葡萄、秋葡萄及其杂交品种等为原料，经发酵酿制而成的饮料酒"。本标准起草单位：轻工业部食品发酵工业科学研究所、吉林长白山葡萄酿酒公司和通化葡萄酒公司。

2011 年 12 月 5 日，国家质量监督检验检疫总局和国家标准化管理委员会联合发布推荐性国家标准《山葡萄酒》（GB/T 27586—2011），自 2012 年 6 月 1 日起实施。《山葡萄酒》（QB/T 1982—94）同时废止。本标准将《葡萄酒》（GB 15037—2006）中对于山葡萄酒的定义修改为"采用鲜山葡萄（包括毛葡萄、刺葡萄、秋葡萄等野生葡萄、家植山葡萄及其杂交品种）或者山葡萄汁经过全部或部分发酵酿制而成的葡萄酒"。本标准起草单位：中国食品发酵工业

---

① 国家经济贸易委员会. 废止《半汁葡萄酒》（QB/T 1980—1994）行业标准（国家经济贸易委员会公告 2003 年第 35 号）[Z]. 2003-03-17.

研究院、国家果酒及果蔬饮品质量监督检验中心、长白山酒业集团有限公司、通化葡萄酒股份有限公司、广西中天领御酒业有限公司、吉林天池葡萄酒有限公司和通化通天酒业有限公司。

• 1995 年，行业标准《露酒》开始实施。

1994 年 7 月 13 日，轻工业部批准行业推荐性标准《露酒》（QB/T 1981—94），自 1995 年 3 月 1 日起实施。本标准起草单位：山西杏花村汾酒厂、哈尔滨中国酿酒厂、湖北园林青酒厂。

2011 年 12 月 5 日，国家质量监督检验检疫总局、国家标准化管理委员会发布推荐性国家标准《露酒》（GB/T 27588—2011），自 2012 年 6 月 1 日起实施。《露酒》（QB/T 1981—94）同时废止。其中，将露酒定义为"以蒸馏酒、发酵酒或食用酒精为酒基，加入可食用或药食两用（或符合相关规定）的辅料或食品添加剂，进行调配、混合或再加工制成的、已改变了其原酒基风格的饮料酒"。本标准起草单位：国家农副加工产品及白酒质量监督检验中心（山西省食品质量监督检验中心）、山西杏花村汾酒厂股份有限公司、山西易恒天酒业有限公司、山西野泉酒业有限公司、山东半岛酒业有限公司。

• 1995 年，《葡萄酒生产工艺》出版发行。

该书为原劳动部"全国就业训练酿造专业统编教材"，委托烟台张裕葡萄酿酒公司组织编写，陈朴先担任主编，由中国劳动出版社出版发行。其他编写人员：李玉敏、姜志强、王积民。

陈朴先（1925—2017 年），中国第一代葡萄酒女酿酒师，张裕公司第五代酿酒师，原张裕副总工程师。1952 年陈朴先从山东农学院（山东农业大学前身）化学系酿造专业毕业后进入张裕公司；1958 年，陈朴先兼任张裕酿酒大学教导主任，同年完成《解百纳葡萄酒生产方法》；1959 年被评为"全国三八红旗手"，第三届、第五届、第六届和第七届全国人大代表；1993 年退休；2004 年被中国酿酒工业协会授予"全国酿酒行业特殊贡献奖"；2023 年，被中国酒业协会授予"中国酒业 30 年终生功勋奖"。

- 1995 年,《现代葡萄酒工艺学》(作者:李华)出版发行。
- 1995 年,《葡萄酒工业手册》(作者:朱宝镛)出版发行。
- **1995 年,烟台克隆宾软木有限公司成立。**

2005 年,烟台克隆宾软木有限公司更名为烟台豪华软木有限公司。

2005 年,烟台意隆葡萄酒包装有限公司成立,为意大利克隆宾软木集团在华独资企业。2015 年,烟台意隆葡萄酒包装有限公司更名为克隆宾(烟台)软木有限公司(已于 2023 年注销)。

2015 年,烟台意隆包装有限公司成立。目前,主要生产六大系列产品:天然软木塞,1+1 软木塞,微颗粒塞,烈酒 T 型塞,进口铝帽、锡帽和进口铁丝扣。

2017—2022 年,橡木塞等软木制品进口关税率由 8% 逐年降低直至 0%。

- **1995 年,青岛大泽山镇被原农业部命名为"中国葡萄之乡"。**
- **1995 年,北京太阳葡萄酒有限公司成立。**
- **1995 年,《广告法》开始实施。**

1994 年 10 月 27 日,全国人大常委会颁布《广告法》,自 1995 年 2 月 1 日起实施。其中,第十九条规定:"食品、酒类、化妆品广告的内容必须符合卫生许可的事项,并不得使用医疗用语或者易与药品混淆的用语。"

2015 年修订,自 2015 年 9 月 1 日起实施。其中,第二十三条规定,"酒类广告不得含有下列内容:(一)诱导、怂恿饮酒或者宣传无节制饮酒;(二)出现饮酒的动作;(三)表现驾驶车、船、飞机等活动;(四)明示或者暗示饮酒有消除紧张和焦虑、增加体力等功效"。

- **1995 年,吉林斯普瑞酒业有限公司成立。**

该公司主要产品为脱醇山葡萄酒、北冰红冰酒、威代尔冰酒、山葡萄甜酒、洋葱干红山葡萄酒、椴蜜山葡萄酒、半甜山葡萄酒和老山楂酒。2023 年,公司实现产值 700 万元。

- **1995 年，吉林雪兰山葡萄酒业有限责任公司成立。**

  2023 年，公司实现产值 520 万元。

- **1995 年，行业标准《绿色食品 干白葡萄酒》开始实施。**

  1995 年 5 月 25 日，农业部发布农业行业标准《绿色食品 干白葡萄酒》（NY/T 274—1995）、《绿色食品 半干白葡萄酒》（NY/T 275—1995）、《绿色食品 干红葡萄酒》（NY/T 276—1995）、《绿色食品 半干红葡萄酒》（NY/T 277—1995）和《绿色食品 干桃红葡萄酒》（NY/T 278—1995），自 1995 年 10 月 1 起实施。

  2005 年 1 月 4 日，农业部发布《绿色食品 葡萄酒》（NY/T 274—2004），自 2005 年 2 月 1 日起实施。《绿色食品 干白葡萄酒》（NY/T 274—1995）、NY/T 275—1995、NY/T 276—1995、NY/T 277—1995 和 NY/T 278—1995 同时废止。

  2014 年 10 月 17 日，农业部发布《绿色食品 葡萄酒》（NY/T 274—2014），自 2015 年 1 月 1 日起实施。《绿色食品 葡萄酒》（NY/T 274—2004）同时废止。

  2023 年 2 月 17 日，农业农村部发布《绿色食品 葡萄酒》（NY/T 274—2023），自 2023 年 6 月 1 日起实施。《绿色食品 葡萄酒》（NY/T 274—2014）同时废止。

- **1995 年，国家工商行政管理局发布《酒类广告管理办法》。**

  1995 年 11 月 17 日，国家工商行政管理局发布《酒类广告管理办法》，自 1996 年 1 月 1 日起施行。

  其中，第七条规定酒类广告中不得出现以下内容："（一）鼓动、倡导、引诱人们饮酒或者宣传无节制饮酒；（二）饮酒的动作；（三）未成年人的形象；（四）表现驾驶车、船、飞机等具有潜在危险的活动；（五）诸如可以"消除紧张和焦虑""增加体力"等不科学的明示或者暗示；（六）把个人、商业、社会、体育、性生活或者其他方面的成功归因于饮酒的明示或者暗示；（七）关于酒类商品的各种评优、评奖、评名牌、推荐等评比结果；（八）不符合社会主义精神文明建设的要求，违背社会良好风尚和不科学、不真实的其他内容。"

其中，第九条大众传媒媒介发布酒类广告，不得违反下列规定："（一）电视：每套节目每日发布的酒类广告，在特殊时段（19：00—21：00）不超过两条，普通时段每日不超过十条；（二）广播：每套节目每小时发布的酒类广告，不得超过两条；（三）报纸、期刊：每期发布的酒类广告，不得超过两条，并不得在报纸第一版、期刊封面发布。"

根据 2017 年 10 月 27 日的《国家工商行政管理总局关于废止和修改部分规章的决定》（92 号令），《酒类广告管理办法》被废止。

• **1995 年，《集体商标、证明商标注册和管理办法》开始实施。**

1982 年 8 月 23 日，全国人大会常委会通过《商标法》，自 1983 年 3 月 1 日起施行。1963 年 4 月 10 日国务院公布的《商标管理条例》同时废止。之后，《商标法》历经 1993 年、2001 年、2013 年和 2019 年四次修正。

1993 年修订的《商标法实施细则》，首次将集体商标、证明商标纳入《商标法》范围进行保护。1994 年 12 月 30 日，国家工商行政管理总局发布《集体商标、证明商标注册和管理办法》，自 1995 年 3 月 1 日起施行。其中，第二条规定："集体商标是指由工商业团体、协会或其他集体组织的成员所使用的商品商标或服务商标，用以表明商品的经营者或服务的提供者属于同一组织。证明商标是指由对某种商品或者服务具有检测和监督能力的组织所控制，而由其以外的人使用在商品或服务上，用以证明该商品或服务的原产地、原料、制造方法、质量、精确度或其他特定品质的商品商标或服务商标。"

2001 年 10 月 27 日，全国人大会常委会对《商标法》进行的第二次修改中，在第三条对集体商标、证明商标作出了明确规定。第三条规定："经商标局核准注册的商标为注册商标，包括商品商标、服务商标和集体商标、证明商标。集体商标，是指以团体、协会或者其他组织名义注册，供该组织成员在商事活动中使用，以表明使用者在该组织中的成员资格的标志。证明商标，是指由对某种商品或者服务具有监督能力的组织所控制，而由该组织以外的单位或者个人使用于其商品或者服务，用以证明该商品或者服务的原产地、原料、制造方法、质量或者其他特定品质的标志。"

2003 年 4 月 17 日，国家工商行政管理总局发布《集体商标、证明商标注册和管理办法》，自 2003 年 6 月 1 日起实施。国家工商行政管理局 1994 年 12 月 30 日发布的《集体商标、证明商标注册和管理办法》同时废止。

2012 年，"BORDEAUX 波尔多"（第 10474883 号）正式被原国家工商总局商标局核准注册为地理标志集体商标，注册人为波尔多葡萄酒行业联合委员会（CIVB）。

2012 年，"柳河山葡萄酒"（第 10314123 号）正式被国家工商总局商标局核准注册为地理标志证明商标，注册人为吉林柳河山葡萄酒商会。

2013 年，"Champagne"（第 11127266 号）、"香槟"（第 11127267 号）正式被国家工商总局商标局核准注册为地理标志集体商标，注册人为法国香槟酒业行业委员会（CIVC）。

2014 年，"贺兰山东麓葡萄"（第 10709506 号）正式被国家工商总局商标局核准注册为地理标志证明商标，注册人为宁夏回族自治区葡萄花卉产业发展局。

2017 年，"BORDEAUX"（第 19564618 号）正式被国家工商总局商标局核准注册为地理标志集体商标，注册人为波尔多葡萄酒行业联合委员会（CIVB）。

2017 年，"烟台葡萄酒"（第 20274857 号）正式被国家工商总局商标局核准注册为地理标志证明商标，注册人为烟台市葡萄与葡萄酒局（后变更为烟台市会展业服务中心）。

2017 年，"泰山南麓葡萄酒"（第 17810446 号）正式被国家工商总局商标局核准注册为地理标志证明商标，注册人为泰安市葡萄酒协会。

2018 年，"蓬莱海岸葡萄酒"（第 21539655 号）正式被国家工商总局商标局核准注册为地理标志证明商标，注册人为烟台市蓬莱葡萄酒行业协会。

2020 年，"干邑"（第 22195380 号）、"Cognac"（第 22195379 号）正式被国家知识产权局核准注册为地理标志集体商标，注册人为法国国家干邑行业管理局。

2023 年，"怀来葡萄酒"（第 52797452 号）正式被国家知识产权局核准注册为地理标志证明商标，注册人为怀来县葡萄产业推广中心。

2024 年，"焉耆盆地葡萄酒"（第 66132463 号）正式被国家知识产权局核准注册为地理标志证明商标，注册人为巴州葡萄酒产业发展局。

2024 年 1 月 4 日，国家知识产权局发布《集体商标、证明商标注册和管理规定》，自 2024 年 2 月 1 日起施行。对于集体商标、证明商标注册、管理、运用等内容，两个规章不一致的，适用《集体商标、证明商标注册和管理规定》；涉及集体商标、证明商标行政执法内容的，继续按照《集体商标、证明商标注册和管理办法》相关条款执行①。此外，《集体商标、证明商标注册和管理规定》第八条规定："多个葡萄酒地理标志构成同音字或者同形字，但能够彼此区分且不误导公众的，每个地理标志都可以作为证明商标或者集体商标申请注册。"

• **1995 年，烟台市丽鹏包装有限责任公司成立。**

1999 年，烟台市丽鹏包装有限责任公司名称变更为山东丽鹏包

---

① 《集体商标、证明商标注册和管理规定》制定说明［EB/OL］.［2024-01-02］. https://www.cnipa.gov.cn/art/2024/1/2/art_66_189477.html.

装有限公司。2007年，公司整体变更为山东丽鹏股份有限公司。公司主要业务为铝板复合型防伪印刷、瓶盖制造、制盖机械及模具制造与销售等，是国内生产防伪瓶盖的龙头企业[①]。旗下的控股公司有大冶市劲鹏制盖有限公司（2001年成立，主营铝防伪瓶盖）、成都海川制盖有限公司（2002年成立，主营铝板复合型防伪印刷、防伪瓶盖、组合式防伪瓶盖）、烟台和俊制盖有限公司（2004年成立，主营复合型防伪印刷铝板、铝防伪瓶盖）、北京鹏和祥包装制品有限公司（2005年成立，主营铝防伪瓶盖）、新疆军鹏制盖有限公司（2009年成立，主营铝防伪瓶盖、组合式防伪瓶盖、模具机械设备）、亳州丽鹏制盖有限公司（2010年成立，主营铝防伪瓶盖）、四川泸州丽鹏制盖有限公司（2010年成立，主营铝防伪瓶盖、组合式防伪瓶盖）、遵义锐鹏包装科技有限公司（2021年成立，主营防伪瓶盖）。公司生产和销售的各类铝防伪瓶盖、组合式防伪瓶盖广泛应用于白酒、保健酒、啤酒、葡萄酒、医药、橄榄油、高档饮用水、功能性饮品等行业，年瓶盖产量达20亿余只。同时还向其他制盖企业销售防伪印刷铝板和磨具设备等。2017年，丽鹏股份公司生产防伪瓶盖约24.2亿只，防伪印刷铝板和防伪瓶盖业务实现营收5.43亿元[②]。

2018年，中锐控股集团有限公司通过股权转让成为丽鹏股份的实际控制人。2021年，公司名称由山东丽鹏股份有限公司变更为山东中锐产业发展股份有限公司。2023年，中锐股份公司防伪包装业务实现营收6.41亿元，销售防伪瓶盖18.55亿只[③]。

- **1995年，吐鲁番驼铃酒业有限公司成立。**

  吐鲁番驼铃酒业有限公司旗下运营驼铃酒庄。

- **1995年，北京朝红印刷有限公司成立。**

  北京朝红印刷有限公司创始人为车学荣女士。2001年，公司主

① 山东丽鹏股份有限公司首次公开发行股票招股说明书［Z］. 2010-03-04.
② 山东丽鹏股份有限公司2017年度报告［Z］. 2018-05-18.
③ 山东中锐产业发展股份有限公司2023年年度报告［Z］. 2024-04-20.

营业务从胶印类印刷转向标签类印刷；2008 年，重点进入葡萄酒标签领域；2015 年，成立宁夏朝红印刷有限公司。2018 年，成立烟台朝红包装科技有限公司。2022 年，北京朝红印刷有限公司与烟台朝红包装科技有限公司合并，并于 2023 年，注销北京朝红印刷有限公司。

• 1996 年,《王朝全汁干型葡萄酒规模化生产工艺技术》获 1996 年度国家科学技术进步奖三等奖。

项目完成单位：中法合营王朝葡萄酿酒有限公司。

• 1996 年，全国葡萄酒发展生产、开拓市场研讨会在北京召开。

本次会议由中国酿酒工业协会葡萄酒专业委员会组织召开。

• 1996 年，青岛海狮葡萄酿酒有限公司成立。

• 1996 年,《啤酒科技》杂志在北京创刊。

2015 年，该杂志更名为《中外酒业》。

• 1996 年，吉林省通化市被原农业部授予"中国葡萄酒之乡"称号。

• 1996 年，北京圣皮尔金鹰食品饮料有限公司成立。

2006 年，该公司更名为圣皮尔葡萄酒（北京）有限公司。2008 年，沈仕酒业（上海）有限公司成立，后更名为圣皮尔精品酒业（上海）有限公司。2010 年，日本三得利公司收购圣皮尔精品酒业（ASC Fine Wines Holding Limited）70% 股权。

• 1996 年，广州市富隆酒窖酒业有限公司成立。

• 1996 年，兰考县路易葡萄酿酒有限公司成立。

• 1996 年，七台河市森帝酒具有限公司成立。

七台河市森帝酒具有限公司专业生产橡木桶。

• 1996 年，行业标准《酿酒活性干酵母》实施。

1995 年 3 月 27 日，轻工业部发布轻工行业标准《酿酒活性干酵母》（QB 2074—1995），自 1996 年 1 月 1 日起实施。本标准起草单位：中国食品发酵工业研究所、广东东糖实业集团公司丹宝利生化实业公司、湖北宜昌食用酵母基地。

2007年4月25日，国家质量监督检验检疫总局、国家标准化管理委员会发布《食品加工用酵母》（GB/T 20886—2007），自2007年12月1日起实施。《酿酒活性干酵母》（QB 2074—1995）同时废止。本标准起草单位：安琪酵母股份公司、广东丹宝利酵母有限公司、中国食品发酵工业研究院、广东番禺梅山－马力酵母有限公司。

2016年12月23日，国家卫生和计划生育委员会、国家食品药品监督管理总局发布《食品加工用酵母》《GB 31639—2016》，自2017年6月23日起实施。《食品加工用酵母》（GB/T 20886—2007）同时废止。2021年12月31日，国家市场监督管理总局、国家标准化管理委员会发布《酵母产品质量要求 第1部分：食品加工用酵母》（GB/T 20886.1—2021）和《酵母产品质量要求 第2部分：酵母加工制品》（GB/T 20886.2—2021），自2022年7月1日起实施。

2023年9月6日，国家卫生健康委员会、国家市场监督管理总局发布食品安全国家标准《食品加工用菌种制剂》（GB 31639—2023），自2024年9月6日起实施。《食品加工用酵母》（GB 31639—2016）同时废止。

• **1996年，云南神泉葡萄产业开发有限公司成立。**

• **1997年，山西怡园酒庄有限公司成立。**

该公司由香港龙特公司与山西省物产集团有限公司合资创建；2010年，山西物产集团退出，怡园酒庄成为外商独资企业；2012年，设立境外投资控股公司——怡园酒业控股有限公司；2012年，投资创建宁夏怡园酒庄有限公司。

2017年，怡园酒庄终止与上海桃乐丝葡萄酒贸易有限公司（Torres China，桃乐丝中国）之间13年合作关系，圣皮尔精品酒业成为山西怡园酒庄在中国（山西及港澳台除外）酒店和餐饮渠道的独家经销商。

2018年，怡园酒业控股有限公司实现营业收入7256万元，售酒

122.1 万瓶[①]。2022 年，公司实现营收 6212 万元，共售酒 82.7 万瓶[②]。

• **1997 年，国家正式明确允许进口酒进入国内市场的批发、零售领域。**

自 1997 年 9 月 9 日起，进口酒类［指啤酒以外的各种进口预包装瓶装酒、进口桶装酒、进口半成品酒（基酒），在我国境内分装、加工后分装的发酵酒（葡萄酒、香槟酒、果酒等），蒸馏酒（威士忌、白兰地、干邑、伏特加、朗姆酒、谷物酒等）和配制酒（利口酒、苦艾酒等）］被允许进入国内市场的批发、零售和储运等流通环节[③]。

• **1997 年，通化天元葡萄酒厂成立。**

2004 年，通化天元葡萄酒厂改制并更名为通化紫隆山葡萄酒厂。

• **1997 年，吉林天池葡萄酒有限公司成立。**

2003 年，注册"池之王"商标（注册号 1454352）。2005 年，由吉林天池酒业集团在辽宁省朝阳市筹建的朝阳龙达葡萄酒有限公司正式成立。2007 年，吉林天池葡萄酒有限公司自吉林省整体搬迁至辽宁省，朝阳龙达葡萄酒有限公司更名为辽宁天池葡萄酒有限公司。

2020 年，辽宁天池葡萄酒有限公司所有的 4 个注册商标权（包括第 12014760 号、第 9930451 号、第 1454352 号、第 2009299 号，商标名称均为"池之王"）被司法拍卖。成立于 2018 年的辽宁新池葡萄酒有限公司为"池之王"商标的现持有人，公司主要产品为特种葡萄酒与健康产品，如紫洋葱浓缩葡萄酒、红树莓酒、黑果花楸酒。

• **1997 年，河北马丁葡萄发酵有限公司成立。**

该公司由中国长城葡萄酒有限公司与英国中海国际控股有限公司合资兴建。公司原酒除销售给中国长城葡萄酒有限公司之外，还覆盖山东、吉林、辽宁、江苏、湖北、北京、天津等地的客户。2000 年，公司更名为河北马丁葡萄酿酒有限公司，开始启动瓶装酒

① 怡园酒业控股有限公司 2018 年年度报告［Z］. 2019-03-15.
② 怡园酒业控股有限公司 2022 年年度报告［Z］. 2023-03-17.
③ 国家经济贸易委员会，国家工商行政管理局，海关总署，等. 进口酒类国内市场管理办法［国经贸市（1997）第 432 号］［Z］. 1997-09-09.

业务。2014 年，开始生产马丁酒庄酒。

2017 年，中粮酒业公司分别转让河北马丁葡萄酿酒有限公司 40% 股份和涿鹿明珠葡萄发酵有限责任公司 40% 股权。河北马丁葡萄酿酒有限公司年生产 5000 千升干红葡萄原酒和 300 千升酒庄酒，涿鹿明珠葡萄发酵有限责任公司（由长城葡萄酒于 1996 年合股投资成立）年生产干白葡萄原酒 2400 千升。

• 1997 年，秦皇岛野力葡萄酿酒有限公司成立。

• 1997 年，天津天宫葡萄酿酒有限公司成立。

天津天宫葡萄酿酒有限公司为天津发展控股有限公司控股的全资企业。2001 年，辽宁五女山米兰酒业有限公司成立，由天津天宫葡萄酿酒有限公司持股 25%。2009 年，辽宁王朝五女山冰酒庄有限公司成立，由天津天宫葡萄酿酒有限公司控股 56%。2020 年，天津发展控股有限公司向天津食品集团有限公司转让其所持有的天津天宫葡萄酿酒有限公司的 100% 股权。

• 1997 年，法国远建集团中国代表处在上海成立。

2006 年，法国远建集团独资成立法远建商贸（上海）有限公司。旗下代理进口的葡萄酒加工酿造设备有：法国波尔图（BERTHOUD）喷雾灭害设备、贝兰克（PELLENC）葡萄种植与采摘设备、法国 PERA 前处理设备、法国戴普斯（DEMPTOS）橡木桶。

• 1997 年，新天国际经贸股份有限公司成立。

1998 年，投资组建新天国际葡萄酒业有限公司（2009 年、2023 年先后更名为新疆中信国安葡萄酒业有限公司、新疆尼雅葡萄酒有限公司）。2002 年，控股子公司新天国际葡萄酒业有限公司通过股权置换方式控股了成立于 1997 年的新疆西域酒业有限公司（现石河子市中葡尼雅葡萄酒业有限公司）。2003 年，投资组建伊犁霍尔果斯酒园葡萄酒业有限公司（现霍尔果斯中葡尼雅葡萄酒业有限公司）。2003 年，投资组建烟台金创酒业有限公司（现烟台尼雅葡萄酒有限公司）。2015 年，投资组建玛纳斯县中信国安烈焰酒业有限公司（现玛纳斯县西域烈焰酒业有限公司）。2015 年，投资组建阜康市中信国安葡萄酒业有限公司（现阜康市中葡尼雅葡萄酒业有限公司）。

2003—2005 年，新天国际经贸股份有限公司葡萄酒业务分别实现营收 3.39 亿元、2.87 亿元、2.12 亿元。2006 年，新天国际经贸股份有限公司更名为新天国际葡萄酒业股份有限公司。2008 年，公司实现营收 4.78 亿元，其中酒类业务 2.81 亿元[1]。2009 年，成为中信集团控股子公司，更名为中信国安葡萄酒业股份有限公司。2022 年，公司实现营收 1.46 亿元，成品酒与原酒的生产量分别为 2699 千升、6957 千升[2]。2023 年，公司更名为中信尼雅葡萄酒股份有限公司。

•1997 年，广夏（银川）葡萄酿酒有限公司成立。

该公司控股股东为广夏（银川）实业股份有限公司。2014 年，公司中更名为广夏（银川）贺兰山葡萄酿酒有限公司。

2008 年，保乐力加（中国）贸易有限公司（简称保乐力加）成为"贺兰山牌"葡萄酒在中国市场的总经销商。2009 年，保乐力加收购广夏（银川）贺兰山葡萄酿酒有限公司，并控股设立合资企业保乐力加贺兰山（宁夏）葡萄酿酒管理有限公司，后更名为保乐力加（宁夏）葡萄酒酿造有限公司。2012 年，保乐力加全资收购广夏（银川）贺兰山葡萄酿酒有限公司，并成立保乐力加贺兰山（宁夏）葡萄酒业有限公司，生产"贺兰山""霄峰"系列产品。

2014 年，广夏（银川）实业股份有限公司设立广夏（银川）贺兰山葡萄酒庄有限公司。2015 年，葡萄酒业务实现营收 993 万元[3]。2016 年，公司控股股东广夏（银川）实业股份有限公司经重组，并更名为宁夏西部创业实业股份有限公司。2022 年，广夏（银川）贺

① 新天国际葡萄酒业股份有限公司 2008 年年度报告［Z］. 2009-02-18.
② 中信国安葡萄酒业股份有限公司 2022 年年度报告［Z］. 2023-04-26.
③ 广夏（银川）实业股份有限公司 2015 年年度报告［Z］. 2016-04-23.

兰山葡萄酒庄有限公司实现营收1624万元①。公司葡萄酒业务的主要产品为"银广夏"和"詹姆斯酿"系列产品。

•1997年，张家口长城桃乐丝葡萄酿酒有限公司成立。

该公司由西班牙米高·桃乐丝集团（MIGUEL TORRES S.A.）与张家口长城酿造集团合资创建，灌装并在中国市场销售"桃乐丝斗牛士"系列葡萄酒。

1999年，上海桃乐丝葡萄酒贸易有限公司成立，简称"桃乐丝中国（Torres China）"。2007年，法国罗斯柴尔德集团成为桃乐丝中国公司持股10%的股东（已于2022年退出）。2016年，桃乐丝中国的总收入为3500万欧元。

•1997年，涿鹿利民葡萄发酵有限责任公司成立。

2008年，该公司更名为涿鹿家和葡萄酿酒有限公司。

•1997年，新疆吐鲁番市金源葡萄酒业有限公司成立。

•1997年，连云港美地葡萄酒有限公司成立。

•1997年，哈尔滨长白山野生葡萄酿酒有限公司成立。

•1997年，宁夏玉泉酿酒葡萄研究所成立。

•1997年，大连长兴葡萄酒有限公司成立。

2005年，该公司更名为大连长兴酒庄有限公司。

•1997年，广西罗城山野葡萄酒有限公司成立。

•1997年，铜川市耀州区李华葡萄酒有限责任公司成立。

2010年，企业名称变更为铜川市耀州区凯维葡萄酒有限公司。2017年，陕西江宇建设工程有限公司全资收购铜川市耀州区凯维葡萄酒有限公司，并成立陕西桥畔庄园葡萄酒有限公司。2019年，陕西桥畔庄园葡萄酒有限公司更名为陕西桥畔葡萄酒有限公司。2023年，陕西桥畔葡萄酒有限公司更名为桥畔葡萄酒集团股份有限公司。主要生产大唐葡园系列、有机系列和长安红系列葡萄酒产品。

---

① 宁夏西部创业实业股份有限公司 2022 年年度报告［Z］. 2023-04-25.

2023 年，由桥畔葡萄酒集团股份有限公司投资的陕西桥畔大唐葡园有机酒庄有限公司、百思乐酒庄有限公司投产运营。

- 1997 年，西北农林科技大学开始举办两年一度的国际葡萄与葡萄酒学术研讨会。

由国际葡萄与葡萄酒组织（OIV）和西北农林科技大学等单位联合主办。1997—2023 年，共组织召开 13 届国际葡萄与葡萄酒学术研讨会。1998—2023 年，累计出版发行 13 部《国际葡萄与葡萄酒学术研讨会论文集》。第一部论文集是《国际葡萄与葡萄酒学术研讨会论文集》（李华主编，1998 年）。最新出版的论文集是《第十三届国际葡萄与葡萄酒学术研讨会论文集》（李华，刘树文主编，2023 年出版）。

- 1997 年，新疆正通葡萄酒厂成立。
- 1997 年，蓬莱市裕龙葡萄酒厂成立。
- 1998 年，鄯善县天龙葡萄酒厂成立。

2015 年，该厂更名为吐鲁番西美酒业有限公司。

- 1998 年，涿鹿九源葡萄酒有限公司成立。
- 1998 年，宜宾五粮液葡萄酒有限责任公司成立。
- 1998 年，烟台裕昌机械有限公司成立。

烟台裕昌机械有限公司主要设计制造葡萄酒酿造及白兰地、威士忌等蒸馏机械设备。

- 1998 年，广州达意隆包装机械有限公司成立。

2006 年，该公司整体改制为广州达意隆包装机械股份有限公司。2022 年，公司实现营业收入 11.48 亿元①。

- 1998 年，牡丹江市正汇热塑包装材料厂成立。

该厂为葡萄酒用包装材料的专业制造商，所生产的五大系列产品分别是：PVC 热缩胶帽、铝塑复合帽、橡木桶、塑料彩印和注塑。

---

① 广州达意隆包装机械股份有限公司 2022 年年度报告［Z］. 2023-04-15.

- **1998 年，宁夏御马葡萄酒有限公司成立。**

　　2002 年，宁夏御马葡萄酒有限公司与天津天宫葡萄酒酿酒有限公司合资成立宁夏天宫御马葡萄酒有限公司。2006 年，宁夏御马葡萄酒有限公司更名为御马国际葡萄酒业（宁夏）有限公司。2006 年，宁夏天宫御马葡萄酒有限公司更名为王朝御马酒庄（宁夏）有限公司。 2007 年，王朝酒业集团有限公司全资子公司浩天国际有限公司从天津天宫葡萄酒酿酒有限公司手中收购王朝御马酒庄（宁夏）有限公司的 25% 股权。2024 年，浩天国际退出合资企业。

- **1998 年，《新中国葡萄酒业五十年》（作者：郭其昌）出版发行。**
- **1998 年，《国际葡萄酿酒法规》（作者：郭松泉，张春娅，郭松源，郭其昌）出版发行。**
- **1998 年，烟台中粮葡萄酿酒有限公司成立。**

　　1998 年，烟台隆华投资发展有限公司与中粮集团在蓬莱合资建立烟台中粮葡萄酿酒有限公司，两者分别持股 40%、60%。2000 年，公司正式投产，销量 1283 千升，销售额 4120 万元；2002 年，产销量突破 1 万千升，实现销售收入 1.70 亿元，综合效益进入全国行业前五强；2003 年，销量 9533 千升，销售收入 2.19 亿元。

　　2005 年，公司更名为中粮长城葡萄酒（烟台）有限公司，综合效益进入全国行业前三强。2005 年，引进 1 万株马瑟兰品种。2006 年，公司年度产销量突破 2 万千升。2007 年，中粮长城葡萄酒（烟台）有限公司成为中粮集团全资公司。2009 年，取得白兰地生产许可证，推出低醇低泡葡萄酒。2009 年，公司年度产销量首次突破 3 万千升大关。2013 年，烟台市政府授予该公司"2012 年度全市纳税百强企业"。

　　2018 年，该公司更名为中粮长城葡萄酒（蓬莱）有限公司。

- **1998 年，天津天阳葡萄榨汁有限公司成立。**

　　原为蓟县原酒发酵站三厂。2007 年，该公司更名为天津天阳葡萄酿酒有限公司。

- **1998 年，秦皇岛金山葡萄酒有限公司成立。**

- 1998 年，天津孟庄园葡萄酿酒有限公司成立。
- 1998 年，敦煌市葡萄酒业有限责任公司成立。
- 1998 年，烟台正大葡萄酒有限公司成立。
- 1998 年，《葡萄酒工程学》（作者：高树贤，高畅，沈忠勋）出版发行。
- 1998 年，大连万达酒业有限公司成立。

　　大连万达酒业有限公司分别于 1999 年和 2000 年对外投资成立青岛万达酿酒有限公司、蓬莱万达葡萄酿酒有限公司，法人代表均为王健林。

- 1998 年，国家标准《饮料酒分类》开始实施。

　　1998 年 1 月 16 日，国家技术监督局批准发布《饮料酒分类》（GB/T 17204—1998），自 1998 年 12 月 1 日起开始实施。本标准将饮料酒定义为："酒精（乙醇）含量为 0.5% ~ 60%（v/v）的饮料酒。"本标准起草单位：中国食品发酵工业研究所、四川宜宾五粮液酒厂、北京亚洲双合盛五星啤酒有限公司。

　　2008 年 6 月 25 日，国家质量监督检验检疫总局、国家标准化管理委员会发布《饮料酒分类》（GB/T 17204—2008），自 2009 年 6 月 1 日起开始实施，GB/T 17204—1998 同时废止。本标准将饮料酒定义为："酒精度在 0.5%vol 以上的酒精饮料，包括各种发酵酒、蒸馏酒及配制酒"。本标准起草单位：中国食品发酵研究院、泸州老窖集团有限责任公司、中法合营王朝葡萄酿酒有限公司。

　　2021 年 5 月 21 日，国家标准化管理委员会发布《饮料酒术语和分类》（GB/T 17204—2021），自 2022 年 6 月 1 日起实施。《饮料酒分类》（GB/T 17204—2008）同时废止。饮料酒的分类由发酵酒、蒸馏酒、配制酒三类调整为发酵酒、蒸馏酒、配制酒、露酒四类。本标准起草单位：中国食品发酵工业研究院有限公司、中国酒业协会、泸州老窖股份有限公司、青岛啤酒股份有限公司、中粮长城酒业有限公司、浙江古越龙山绍兴酒股份有限公司、安徽古井贡酒股份有限公司、北京燕京啤酒股份有限公司、济南趵突泉酿酒有限责任公司、新疆中信国安葡萄酒业有限公司、广东省食品工业研究所有限公司、烟台张裕葡萄酿酒股份有限公司、江苏张家港酿酒有限公司。

- 1998 年，烟台市橡丰工贸有限公司成立。

烟台市橡丰工贸有限公司于 1998 年开始生产热缩胶帽；2007 年，开始生产铝塑帽；2011 年，开始生产铝盖。目前，公司专业生产葡萄酒热收缩胶帽、铝塑帽、防伪铝盖，覆盖葡萄酒、白酒、调味品、橄榄油、矿泉水等领域，年生产高档酒帽数亿枚。

- 1998 年，上海菲立斯酿酒有限公司成立。
- 1998 年，广东粤强酒业有限公司成立。

广东粤强酒业有限公司现为全国性的酒类流通大商和品牌运营商。

- 1998 年，河北夹河葡萄酒有限公司成立。
- 1998 年，山西省清徐茂生葡萄酒有限公司成立。
- 1998 年，红堡（秦皇岛）葡萄酿酒有限公司成立。
- 1998 年，青岛骊龙葡萄酿酒有限公司成立。
- 1998 年，沈阳阿尔多葡萄酒酿造有限公司成立。

沈阳阿尔多葡萄酒酿造有限公司由沈阳酿酒厂控股投资。

- 1998 年，宁波保税区永裕贸易有限公司成立。
- 1998 年，郑州星火包装机械有限公司成立。
- 1998 年，怀来赤霞葡萄酒有限公司成立。
- 1998 年，河北怀来燕北葡萄酒有限公司成立。

2006 年，该公司更名为怀来红叶庄园葡萄酒有限公司。

- 1998 年，上海杰兔工贸有限公司成立。

上海杰兔工贸有限公司为法国拉曼（LALLEMAND）酿酒辅料在中国区的总代理商。

- 1998 年，国际葡萄酒和烈酒展览会（Vinexpo）在香港举办。

法国波尔多国际葡萄酒及烈酒展览会（Vinexpo Bordeaux），1981 年由法国波尔多工商业协会创办。按照惯例，每两年在法国波尔多举办一次，间隔年举办海外展。2020 年，法国高美艾博展览集团（Comexposium）和国际葡萄酒及烈酒展览会控股公司（Vinexpo Holdings）合并，建立各自持股 50% 的葡萄酒与烈酒贸易展览集团（Vinexposium）。

1998 年，"Vinexpo Hong Kong"［国际葡萄酒及烈酒展览会（香港）］首次落地中国香港。1998—2018 年，Vinexpo 共在香港举办 8 次展会。2010 年，高美艾博展览（上海）有限公司成立。2019—2021 年，曾在上海举办三届"Vinexpo Shanghai"［国际葡萄酒及烈酒展览会（上海）］。2023 年，"Vinexpo Hong Kong"被"Vinexpo Asia"［国际葡萄酒及烈酒展览会（亚洲）］取代，举办周期由每两年一次改为每年一次——奇数年在新加坡，偶数年在中国香港。2024 年 5 月 28—30 日，"Vinexpo Asia 2024"［2024 年国际葡萄酒及烈酒展览会（亚洲）］在中国香港举办。

- 1998 年，威海雪莲山酿酒有限公司成立。
- 1999 年，云南红河神泉葡萄酒有限责任公司成立。
- 1999 年，弓箭玻璃器皿（南京）有限公司成立。

法国弓箭国际集团（ARC International）为该公司控股股东。2016 年，该公司更名为弓箭玻璃器皿（中国）有限公司。法国弓箭国际集团旗下拥有乐美雅（Luminarc）、杜氏（Cristal d'Arques）、高诺（Paris Arcoroc）等玻璃器皿品牌。

- 1999 年，三得利（中国）投资有限公司成立。
- 1999 年，乐斯福（明光）有限公司成立。

1999 年，法国乐斯福（Lesaffre）收购明光酿酒集团酵母厂，并成立乐斯福（明光）有限公司。2006 年，乐斯福与东糖集团在广西合资设立广西丹宝利酵母有限公司。2016 年，乐斯福与湘桂集团合资设立广西湘桂酵母科技有限公司。

2010 年，乐斯福管理（上海）有限公司成立，统管中国业务。

• 1999 年,《原产地域产品保护规定》开始实施。

1999 年 7 月 30 日，国家质量技术监督局会议通过《原产地域产品保护规定》，自 1999 年 8 月 17 日起实施。其中，第二条规定："原产地域产品，是指利用产自特定地域的原材料，按照传统工艺在特定地域内所生产的，质量、特色或者声誉在本质上取决于其原产地域地理特征并依照本规定经审核批准以原产地域进行命名的产品。"

2005 年 5 月 16 日，国家质量监督检验检疫总局会议通过《地理标志产品保护规定》，自 2005 年 7 月 15 日起施行。其中，第二条规定："地理标志产品，是指产自特定地域，所具有的质量、声誉或其他特性本质上取决于该产地的自然因素和人文因素，经审核批准以地理名称进行命名的产品。"原国家质量技术监督局公布的《原产地域产品保护规定》同时废止。

2023 年 12 月 29 日，国家知识产权局发布《地理标志产品保护办法》，自 2024 年 2 月 1 日起施行。其中，第二条规定，"地理标志产品，是指产自特定地域，所具有的质量、声誉或者其他特性本质上取决于该产地的自然因素、人文因素的产品"；第五条规定，"国家知识产权局负责全国地理标志产品以及专用标志的管理和保护工作；统一受理和审查地理标志产品保护申请，依法认定地理标志产品"。对于地理标志产品认定、管理和保护内容，适用《地理标志产品保护办法》新规章；涉及行政执法的内容，继续按照《地理标志产品保护规定》相关条款执行[①]。

• 1999 年,辽宁亚洲红葡萄酿酒有限公司成立。

2008 年，该公司更名为辽宁太阳谷庄园葡萄酒业有限公司。2014 年，公司葡萄酒、冰酒的营收分别为 3750 万元、580 万元[②]。2015 年，该公司改制为辽宁太阳谷庄园葡萄酒业股份有限公司。

---

① 《地理标志产品保护办法》制定说明［EB/OL］.［2024−01−02］. https://www.cnipa.gov.cn/art/2024/1/2/art_66_189479.html.

② 辽宁太阳谷庄园葡萄酒业股份有限公司公开转让说明书［Z］. 2015−09−28.

- 1999 年,《酿酒葡萄优质丰产栽培技术》（作者：卢炳芝，温秀云，程国利）出版发行。
- 1999 年,《优质酿酒葡萄栽培技术》（作者：孙恩普）出版发行。
- 1999 年，美夏国际贸易（上海）有限公司成立。
- 1999 年，朗格斯酒庄（秦皇岛）有限公司成立。

  该公司创始人为奥地利著名企业家格诺特·朗格斯·施华洛奇。该公司属于外商独资企业。2001 年，建成 2800 亩标准化酿酒葡萄园。2002 年，自营年产 3000 只橡木桶厂第一批成品桶下线。2003 年，产能 1000 千升葡萄酒庄与酒店接待服务中心、培训中心完工并投入运营，第一瓶红葡萄酒装瓶上市，同时 SPA 水疗中心正式营业。国内首次采用自然重力酿造工艺，并在葡萄园和酒窖播放音乐。2004 年，引进西拉、马贝克、绿维纳、斯察瓦等酿酒葡萄品种。2005 年，首次推出以施华洛奇水晶为酒标的高端产品，酒庄获评"全国工业旅游示范点"。2007 年，引进闪蒸工艺设备并投产，酒庄实现盈利。2009 年，酒庄入载德文版《葡萄酒酿造艺术》一书。

  2018 年，酒庄被秦皇岛宏兴钢铁有限公司全资并购。2020 年，以朗格斯酒庄为依托单位成立河北省葡萄酒产业技术研究院。2021 年，推出阿拉耐尔干白葡萄酒。2022 年，酒庄不再使用奥地利方的 bodega langes（译为朗格斯酒庄）和族徽商标，并注册"LONGUS""longus vineyard"两枚商标。

- 1999 年，河北昌黎越千年葡萄酿酒有限公司成立。
- 1999 年，青岛凯泰葡萄酒有限公司成立。

  原名为萨拉莫世家葡萄酒（青岛）有限公司。2011 年，更为现名。

- 1999 年，青岛玛丽酒业有限公司成立。
- 1999 年，吉林省美泉橡木桶有限公司成立。
- 1999 年，烟台市泰发酒业用品有限公司成立。
- 1999 年,《张裕往事》（作者：兰振民，孙平）出版发行。
- 1999 年,《张裕公司志》（作者：兰振民）出版发行。

• 1999 年，《葡萄美酒夜光杯》（作者：应一民）出版发行。

• 1999 年，《葡萄酒市场学》（作者：李华，侯军歧，李甲贵）出版发行。

• 1999 年，《酿酒葡萄栽培》（作者：姬树林，李振勇）出版发行。

• 1999 年，第一届 VINITECH CHINA 博览会在青岛举办。

VINITECH 为葡萄酒酿造暨栽培设备领域的专业技术展会。2012 年，法国高美爱博展览集团整合国际葡萄酒设备及葡萄果蔬种植展（SITEVI）和国际葡萄酒酿造、葡萄栽培、果蔬设备技术展（VINITECH）两项资源，推出"SITEVINITECH"展会品牌（即国际酿酒设备技术专业展暨葡萄果蔬种植设备技术专业展）。

高美艾博展览（上海）有限公司成立于 2010 年，是法国高美艾博展览集团在华的全资子公司。公司前身是于 2003 成立的法国艾博展览公司上海代表处。

• 1999 年，廊坊红城堡酿酒有限公司成立。

该公司由法国威斯福有限公司（VASF）投资。2002 年，廊坊红城堡酿酒有限公司将 49% 股权转让给烟台张裕葡萄酿酒股份有限公司，公司也相应更名为廊坊开发区卡斯特张裕酿酒有限公司。

2023 年，烟台张裕葡萄酿酒股份有限公司、烟台张裕葡萄酿酒销售有限公司、法国 VASF 公司将其持有廊坊开发区卡斯特张裕酿酒有限公司 100% 股权转让给廊坊市大轩商贸有限公司。

• 1999 年，新疆西域酒业有限公司成立。

新疆西域酒业有限公司由新疆中基实业股份有限公司、美国 A & Z 国际投资公司和石河子开发区宏达自控设备有限责任公司共同出资设立，分别占股 40%、40%、20%。2001 年，新疆中基实业股份有限公司收购美国 A & Z 国际投资公司所持的 40% 股权。2002 年，新天国际经贸股份有限公司旗下控股子公司新天国际葡萄酒业有限公司与新疆中基实业股份有限公司签订增资扩股协议，通过股权置换，新天酒业获得新疆西域酒业有限公司 77.33% 的控股权，新中基持有新天酒业 8.43% 的股权。2011 年、2022 年，新疆西域酒业有限公司先后更名为新疆中信国安西域酒业有限公司、石河子市中葡尼雅葡萄酒业有限公司。

- 1999 年，青州市鹏程包装机械有限公司成立。
- 2000 年，怀来容辰庄园葡萄酒有限公司成立。
- 2000 年，云南香格里拉酒业股份有限公司成立。

起步于"香格里拉·藏秘"青稞干酒的生产和销售业务，品牌口号为"一支好酒，来自天籁"。2001 年，北京金六福酒有限公司以 3100 余万元从云南云天化公司手中受让云南香格里拉酒业股份有限公司的控股权。

2008 年，云南香格里拉酒业股份有限公司更名为香格里拉酒业股份有限公司。由香格里拉酒业股份有限公司控股的葡萄酒生产经营企业包括香格里拉（秦皇岛）葡萄酒有限公司（2003 年成立）和烟台香格里拉玛桑酒庄有限公司（2003 年成立，曾用名香格里拉（烟台）葡萄酒有限公司、烟台香格里拉葡萄酒有限公司、烟台香格里拉水境酒庄有限公司）。主要产品："高原系列""天籁系列""圣域酒庄酒系列"葡萄酒和"大藏秘"青稞酒，还有威士忌、烈酒和无醇葡萄酒。

2009—2012 年，香格里拉葡萄酒业务分别实现营收 1.656 亿港元、2.090 亿港元、2.277 亿港元、1.906 亿港元。2023 年，香格里拉葡萄酒业务的营收为 8670 万港元。

- 2000 年，怀来葡萄产业有限责任公司成立。
- 2000 年，河北沙城庄园葡萄酒有限公司成立。
- 2000 年，通化得珍源葡萄酿酒有限公司成立。
- 2000 年，青岛大森酒业有限公司成立。

2018 年，该公司更名为青岛大森酒业集团有限公司。其主要产品为"大森庄园""大森山庄""大森酒庄"和"鸿森苑"系列葡萄酒。

• 2000 年，甘肃苏武庄园葡萄酒业有限公司成立。

2003 年、2004 年，公司先后被香港梁氏集团、威龙公司收购。

• 2000 年，河北省昌黎县被中国特产之乡推荐及宣传组委会命名为"中国干红葡萄酒之乡"。

• 2000 年，河北省昌黎县被中国地区开发促进会命名为"中国干红葡萄酒城"和"中国酿酒葡萄之乡"。

• 2000 年，《葡萄酒生产管理办法（试行）》开始实施。

2000 年 12 月 19 日，国家轻工业局发布《葡萄酒生产管理办法（试行）》，从发布之日起实施。这是中国首部关于葡萄酒生产管理的行政法规，其中对葡萄酒定义、酿酒葡萄、葡萄酒酿造、葡萄酒标签标识和葡萄酒贮存运输等 5 方面做出详细规定。

• 2000 年，中国葡萄酒信息网在山东烟台正式上线。

• 2000 年，《中国酒经》（作者：朱宝镛，章克昌）出版发行。

• 2000 年，《山葡萄栽培及酿酒技术》（作者：沈育杰，郭太君）出版发行。

• 2000 年，《葡萄品种学》（作者：张振文）出版发行。

• 2000 年，《葡萄酒卫生学》（作者：李华，刘延琳）出版发行。

• 2000 年，广西罗城被中国特产之乡推荐暨宣传活动组委会命名为"中国野生毛葡萄之乡"。

• 2000 年，烟台蓬莱阁葡萄酒有限公司成立。

• 2000 年，昌黎县葡萄酒业管理局成立。

• 2000 年，甘肃九粮国风葡萄酒业有限公司成立。

• 2000 年，大连香洲庄园葡萄酒有限公司成立。

• 2000 年，烟台海普制盖有限公司成立。

• 2000 年，西昌正大酒业有限公司成立。

• 2000 年，天津汉沽区被中国特产之乡命名宣传活动组委会命名为"中国玫瑰香葡萄特产之乡"。

•2000 年,《中西部地区外商投资优势产业目录（2000 年）》发布。

2000 年 6 月 16 日，国家经济贸易委员会、国家发展计划委员会、对外贸易经济合作部发布《中西部地区外商投资优势产业目录（2000 年）》，自发布之日起施行。纳入本目录的酒类相关产业：保健酒的生产（内蒙古自治区）；优质酿酒葡萄基地建设、优质葡萄酒酿制（甘肃省）；葡萄的种植与酿酒（宁夏回族自治区）；优质葡萄的种植与酿酒生产（新疆维吾尔自治区）。

2004 年 7 月 23 日，国家发展和改革委员会、商务部令发布《中西部地区外商投资优势产业目录（2004 年修订）》，自 2004 年 9 月 1 日起施行。《中西部地区外商投资优势产业目录（2000 年）》同时停止执行。纳入本目录的酒类相关产业：优质酿酒葡萄基地建设及优质葡萄酒酿制（陕西省）；优质酿酒葡萄基地建设及优质葡萄酒酿制、优质啤酒原料种植 / 加工（甘肃省）；优质酿酒葡萄基地建设及优质葡萄酒酿制（宁夏回族自治区）；优质酿酒葡萄基地建设及优质葡萄酒酿制（新疆维吾尔自治区）。

2008 年 12 月 23 日，国家发改委、商务部发布《中西部地区外商投资优势产业目录（2008 年修订）》，自 2009 年 1 月 1 日起施行。《中西部地区外商投资优势产业目录（2004 年修订）》同时废止。纳入本目录的酒类相关产业：优质酿酒葡萄基地建设、优质啤酒原料种植 / 加工（甘肃省）；枸杞、葡萄等种植及深加工（宁夏回族自治区）；优质酿酒葡萄基地建设（新疆维吾尔自治区）。

2013 年 5 月 9 日，国家发改委、商务部发布《中西部地区外商投资优势产业目录（2013 年修订）》，自 2013 年 6 月 10 日起施行。《中西部地区外商投资优势产业目录（2008 年修订）》同时废止。纳入本目录的酒类相关产业：优质酿酒葡萄基地建设（内蒙古自治区）；葡萄酒及特色水果酿酒（四川省）；优质酿酒葡萄基地建设、优质啤酒原料种植 / 加工（甘肃省）；枸杞、葡萄等种植及深加工（宁夏回族自治区）；优质酿酒葡萄基地建设及葡萄酒生产（新疆维吾尔自治区）。

2017 年 2 月 17 日，国家发改委、商务部发布《中西部地区外商投资优势产业目录（2017 年修订）》，自 2017 年 3 月 20 日起施行。《中西部地区外商投资优势产业目录（2013 年修订）》同时废止。纳入本目录的酒类相关产业：葡萄酒及特色水果酿酒（四川省）；优质酿酒葡萄基地建设、优质啤酒原料种植 / 加工（甘肃省）；优质酿酒葡萄基地建设及葡萄酒生产（新疆维吾尔自治区）；枸杞、葡萄、马铃薯等种植及深加工（宁夏回族自治区）。

2019 年 6 月 30 日，国家发改委、商务部发布《鼓励外商投资产业目录（2019 年版）》，自 2019 年 7 月 30 日起施行。《外商投资产业指导目录（2017 年修订）》鼓励类和《中西部地区外商投资优势产业目录（2017 年修订）》同时废止。全国鼓励外商投资产业目录中，与酒类产业相关的内容：酿酒葡萄育种、种植、生产；啤酒原料育种、种植、生产；中西部地区外商投资优势产业目录：优质酿酒葡萄基地建设及葡萄酒生产（新疆维吾尔自治区）；枸杞、葡萄、马铃薯等种植及深加工（宁夏回族自治区）。

2020 年 12 月 27 日，国家发展改革委、商务部公布《鼓励外商投资产业目录（2020 年版）》，自 2021 年 1 月 27 日起施行。《鼓励外商投资产业目录（2019 年版）》同时废止。全国鼓励外商投资产业目录中，与酒类产业相关的内容：酿酒葡萄育种、种植、生产；啤酒原料育种、种植、生产；自走式葡萄收获机；6 万瓶 / 小时及以上啤酒灌装设备。中西部地区外商投资优势产业目录中，与酒类产业相关的内容：优质酿酒葡萄基地建设及葡萄酒生产（新疆维吾尔自治区）。

2022 年 10 月 26 日，国家发展改革委、商务部令公布《鼓励外商投资产业目录（2022 年版）》，自 2023 年 1 月 1 日起施行。《鼓励外商投资产业目录（2020 年版）》同时废止。全国鼓励外商投资产业目录中，与酒类产业相关的内容：酿酒葡萄育种、种植、生产；啤酒原料育种、种植、生产；6 万瓶 / 小时及以上啤酒灌装设备。中西部地区外商投资优势产业目录中，与酒类产业相关的内容：啤酒制造产业（吉林省、广西壮族自治区、重庆市、四川省、云南省）；优质麦芽生产基地建设及啤酒生产（辽宁省）；制酒、制茶用生产设备的制造（贵州省）；高原葡萄育种、种植、生产及葡萄酒酿制（云南省）；优质酿酒葡萄基地建设及葡萄酒生产（新疆维吾尔自治区）。

• **2000 年,《包装容器 葡萄酒瓶》开始实施。**

2000 年 2 月 22 日，中国包装总公司发布《包装容器 葡萄酒瓶》（BB/T 0018—2000），自 2000 年 6 月 1 日起实施。自 1995 年 1 月 1 日起实施的《葡萄酒瓶》（QB 659—1975）同时废止。本标准起草单位：福建莆田金匙玻璃制品有限公司、北京市玻璃产品质量监督检验站、山西杏花村汾酒厂股份有限公司、杭州人民玻璃厂、广西桂林市玻璃厂、秦皇岛燕山玻瓷集团有限公司。

2021 年 3 月 5 日，工信部公布《包装容器 葡萄酒瓶》（BB/T 0018—2021），自 2021 年 7 月 1 日起实施。《包装容器 葡萄酒瓶》（BB/T 0018—2000）同时废止。本标准起草单位：烟台长裕玻璃有限公司、国家轻工业玻璃产品质量监督检测中心、北京华宇达玻璃应用技术研究院、广东华兴玻璃股份有限公司、烟台新中萃玻璃包装有限公司。

• **2000 年,《葡萄酒的酿造与欣赏》（作者：王恭堂，孙雪梅，张葆春）出版发行。**

• **2000 年，新疆瑞峰葡萄酒庄有限责任公司成立。**

• **2000 年，吉林省长白山山葡萄与山葡萄酒研究中心成立。**

批准单位为吉林省科学技术厅。依托单位为长白山酒业集团有限公司。

• **2000 年，山东密水葡萄酿酒有限公司成立。**

产业化发展跃升期（2001—2024 年）

• **2001 年，烟台张裕卡斯特酒庄有限公司成立。**

　　2001—2020 年，烟台张裕葡萄酿酒股份有限公司在国内共控股或全资设立八大酒庄。2001 年，烟台张裕卡斯特酒庄有限公司成立。2003 年，辽宁张裕冰酒酒庄有限公司成立。2005 年，北京张裕爱斐堡国际酒庄有限公司成立。2008 年，烟台张裕丁洛特酒庄有限公司成立。2010 年，新疆张裕巴保男爵酒庄有限公司成立。2010 年，宁夏张裕摩塞尔十五世酒庄有限公司成立（2022 年，更名为宁夏张裕龙谕酒庄有限公司）。2010 年，陕西张裕瑞那城堡酒庄有限公司成立。2020 年，烟台可雅白兰地酒庄有限公司成立。

　　1998 年，烟台张裕葡萄酿酒股份有限公司实现销售收入 5.68 亿元，其中葡萄酒 3.21 亿元、白兰地 2.04 亿元。之后，葡萄酒的营收占比从 1997 年的 44% 提高到 1999 年的 74%。1999 年该公司的产品出口额为 2013 万元[1]。2011 年，烟台张裕葡萄酿酒股份有限公司实现营业收入 60.27 亿元、净利润 19.07 亿元。其中，葡萄酒 49.67 亿元、白兰地 7.58 亿元、保健酒 1.25 亿元、起泡葡萄酒 0.35 亿元[2]。2023 年，烟台张裕葡萄酿酒股份有限公司实现营业收入 43.85 亿元、净利润 5.32 亿元。其中，葡萄酒销量 6.57 万千升、营收 31.39 亿元，白兰地销量 2.99 万千升、营收 11.53 亿元[3]。其葡萄酒系列产品的主要品牌为：张裕、解百纳、爱斐堡、龙谕、黄金冰谷、醉诗仙、味美思、瑞那、巴保男爵、多名利、爱欧、歌浓和魔狮等。其白兰地系列产品的主要品牌为：可雅、醴泉、迷霓、派格尔和富郎多。

---

① 烟台张裕葡萄酿酒股份有限公司招股意向书［N］. 中国证券报，2000-10-10.
② 烟台张裕葡萄酿酒股份有限公司 2011 年年度报告［Z］. 2012-04-20.
③ 烟台张裕葡萄酿酒股份有限公司 2023 年年度报告［Z］. 2024-04-12.

- 2001 年，中国园艺学会葡萄与葡萄酒分会成立。

  2001 年，首届理事会：贺普超任会长，郭其昌任名誉会长。

  2024 年，新一届委员会：房玉林任主任委员，潘秋红、李德美、杨国顺、张军翔、王海波、梁振昌、马超、李记明、李泽福、徐炎任副会长，徐炎兼任秘书长。王跃进为荣誉会长。

  秘书处设在西北农林科技大学园艺学院。

- 2001 年，陕西省葡萄与葡萄酒工程技术研究中心成立。

  该研究中心由陕西省科技厅、教育厅、发展计划委员会联合批准成立，依托单位为西北农林科技大学。该研究中心的主任由李华教授担任。

- 2001 年，宁夏葡萄产业协会在宁夏银川成立。

- 2001 年，《酒·饮料技术装备》杂志创办。

- 2001 年，肖特玻璃科技（苏州）有限公司成立。

  该公司由德国肖特公司（SCHOTT）投资创建，曾用名肖特家用特种玻璃（苏州）有限公司。

- 2001 年，黑龙江春城山葡萄酿酒有限责任公司成立。

- 2001 年，怀来斯帕多内葡萄酒庄有限公司成立。

- 2001 年，丹凤县东凤葡萄酒有限公司成立。

  2018 年，该公司更名为陕西东凤酒庄有限公司。

- 2001 年，通化圣雪山葡萄酒有限责任公司成立。

- 2001 年，阿坝州九寨沟天然葡萄酒业有限责任公司成立。

- 2001 年，通化华龙山葡萄有限公司成立。

- 2001 年，天津汉沽区被原国家林业局授予"中国葡萄之乡"称号。

- 2001 年，丝艾（合肥）包装材料有限公司成立。

  该公司由丝艾（CCL）集团公司投资。丝艾是全球最大的标签印刷企业，1951 年创立于加拿大。公司生产的标签种类包括压敏标签、模内标签、热收缩标签、拉伸标签、湿胶标签和水洗标签等，所服务行业及领域为食品饮料、化妆品、酒、个人护理、家庭洗护、医药保健、化学品和特种产品等。

在中国市场，通过自身投资和收购英国世誉集团（WorldMark）与德国威科公司（Woelco），丝艾集团公司拥有以下生产基地：丝艾（合肥）包装材料有限公司、丝艾工业科技（海安）有限公司、丝艾工业科技（中山）有限公司、丝艾（天津）包装材料有限公司、丝艾产品标识（苏州）有限公司、丝艾标签标识（苏州）有限公司、丝艾材料科技（苏州）有限公司、昆山丝艾产品标识有限公司、丝艾产品标识（深圳）有限公司、丝艾产品标识（重庆）有限公司、丝艾产品标识（成都）有限公司、丝艾（广州）包装材料有限公司、保点服饰标签（东莞）有限公司、齐克庞德电子（江苏）有限公司、希特普电子（上海）有限公司、张家港保税区保点标签有限公司、科迪特（上海）标签制品有限公司和麦格威饰件科技（苏州）有限公司等。

• 2001 年,《高档干红葡萄酒酿造技术与原料设备保障体系的研制与开发》获 2001 年度国家科学技术进步奖二等奖。

项目完成单位：中法合营王朝葡萄酿酒有限公司。

项目完成人：王树生、张春娅、李巍、刘建华、田凤英、尹吉泰、王方、田卫东、张福庆、徐作滨。

• 2001 年，联合多美洋酒（上海）贸易有限公司成立。

2005 年，法国保乐力加集团（Pernod Ricard）和美国富俊公司（Fortune Brands）联合收购英国联合多美（Allied Domecq）。2009 年，联合多美洋酒（上海）贸易有限公司更名为保乐力加（中国）酒业有限公司。

目前，1982 年注册于香港的保乐力加亚洲免税有限公司，在中国内地共投资了 4 家企业：保乐力加（中国）贸易有限公司（100% 股权，2004 年成立）、保乐力加（宁夏）葡萄酒酿造有限公司（100% 股权，2009 年成立）、施格兰（成都）贸易有限公司（100% 股权，2017 年成立）、保乐力加（中国）酒业有限公司（100% 股权）。

• **2001 年，上海建力士国际贸易有限公司成立。**

2002 年，该公司更名为帝亚吉欧（上海）洋酒有限公司。

• **2001 年，上海酩悦轩尼诗国际贸易有限公司成立。**

• **2001 年，中国轻工业联合会成立。**

1949 年，食品工业部、轻工业部成立。1958 年，食品工业部与轻工业部合并为新的轻工业部。

1965 年，全国人民代表大会常务委员会决定：轻工业部改名为第一轻工业部；撤销中央手工业管理总局，改建成立第二轻工业部。第一轻工业部下设食品工业管理局。第二轻工业以手工业和集体企业为主体，以生产日用小工业品为主。

1970 年，第一轻工业部、第二轻工业部、纺织工业部合并为轻工业部。1978 年，单独分离出纺织工业部。1993 年，根据国务院机构改革方案，轻工业部撤销，组建中国轻工总会。1998 年，根据国务院机构改革方案，撤销中国轻工总会，组建国家轻工业局。2001 年，国家轻工业局撤销，中国轻工业联合会成立。

中国轻工业联合会受委托归口管理服务的行业和主要产品包括：制浆造纸、自行车、缝制机械、钟表、陶瓷、玻璃、搪瓷、电光源及照明电器、电池、日用化学制品（洗涤用品、化妆品、口腔清洁及护理用品和表面活性剂等精细化工产品等）、制盐、食品及饮料、皮革皮毛及其制品、家具、文教体育用品、眼镜、工艺美术品、塑料制品、五金制品、家用电器、羽绒及其制品、制笔、乐器、文房四宝、少数民族用品、衡器、日用杂品、玩具、礼仪休闲用品、室内装饰、轻工装备等。

中国酒业协会、中国轻工机械协会、中国食品科学技术学会、中国食品添加剂和配料协会、中国日用玻璃协会等是由中国轻工业联合会代管的协会或学会。直属企事业单位包括：中国轻工业出版社有限公司、中国食品报社、消费日报社、中国轻工业年鉴社、中国轻工业信息中心等。

• **2001 年，通化通天酒业有限公司成立。**

初期，公司生产"通天""通天红牌"山葡萄酒、野玫瑰山葡萄酒、冰葡萄酒等产品。2001 年，公司重组为通化通天酒业股份有限公司。2003 年，公司收购集安市一酒厂，产能扩充为 1 万千升；2005 年，产能进一步增加到 1.9 万千升。2007 年，重组为外商独资企业，公司名称变更为通化通天酒业有限公司。2008 年，通化通天酒业有限公司成为投资控股公司——中国通天酒业集团有限公司的旗下子公司。

2007 年，公司实现营收 3.92 亿元，其中甜型葡萄酒 2.40 亿元、干型葡萄酒 1.52 亿元[1]。2010 年，投资设立集安雅罗酒庄有限公司。2011 年，公司实现营收 8.30 亿元，其中甜型葡萄酒 5.74 亿元（销量 14800 千升）、干型葡萄酒 2.56 亿元（销量 8600 千升），产能增至 3.9 万千升[2]。2011 年，通天酒业"长白山野生山葡萄酒手工酿造技艺"被吉林省政府评定为"吉林省非物质文化遗产"。目前，除"通天"和"通天红"之外，公司还拥有"轩妮雅"和"鸭绿江河谷"注册商标。主要产品：甜白葡萄酒、霜后山葡萄酒、霜前山葡萄酒、晚收甜红山葡萄酒、全汁山葡萄酒、白冰葡萄酒、红冰葡萄酒、脱醇白葡萄酒、有机山葡萄酒、赤霞珠干红葡萄酒、蓝莓山葡萄酒、白葡萄蒸馏酒和人参酒等。

2022 年，公司实现营收 1.46 亿元，其中干型葡萄酒 6682 万元、甜型葡萄酒 5296 万元、白兰地 662 万元、其他产品（冰酒、雅罗白酒、人参酒等）1972 万元，产量为 5186 千升[3]。2023 年，公司实现营收 1.89 亿元，其中干型葡萄酒 1.01 亿元、甜型葡萄酒 4643 万元、白兰地 2803 万元。公司位于吉林通化和山东烟台的生产基地的产量分别为 1544 千升、4831 千升[4]。

① 中国通天酒业集团有限公司配售及公开发售书［Z］. 2009-11-05.
② 中国通天酒业集团有限公司 2011 年年报［Z］. 2012-03-22.
③ 中国通天酒业集团有限公司 2022 年年报［Z］. 2023-03-30.
④ 中国通天酒业集团有限公司 2023 年年报［Z］. 2024-03-28.

• 2001 年，辽宁五女山米兰酒业有限公司成立。

辽宁五女山米兰酒业有限公司以 1959 年成立的辽宁省桓仁满族自治县酒厂为基础，由加拿大米兰巨龙酒业有限公司、辽宁五女山绿色食品开发有限公司、辽宁省农业开发投资有限公司三方合资创立。2001 年，公司从加拿大引进 30 万株威代尔冰葡萄苗，并在桓仁县北甸子乡试栽成功，建立冰葡萄原料基地。2001 年，推出冰葡萄酒。2004 年，公司被评定为"全国工业旅游示范点"。2006 年，推出窖藏年份冰酒和窖藏干红葡萄酒。2008 年，推出窖藏年份山葡萄酒、无糖刺五加饮料和无糖山里红饮料。2011 年，推出橡木桶干红葡萄酒。2022 年，推出晚采冰酒。

2005 年，外资股东由加拿大米兰巨龙酒业有限公司变更为加拿大太平洋米兰酒业有限公司。2010 年，国资股东由辽宁省农业开发投资有限公司变更为辽宁能源投资（集团）有限责任公司。2012 年，外资股东加拿大太平洋米兰酒业有限公司退出，天津天宫葡萄酿酒有限公司成为新增国资股东。

• 2001 年，烟台南山庄园葡萄酒有限公司成立。

• 2001 年，重庆昊晟玻璃晶品有限公司成立。

2008 年，该公司改制为重庆昊晟玻璃股份有限公司，为玻璃酒瓶专业生产企业。

• 2001 年，蓬莱华鲁酒业有限公司成立。

• 2001 年，内蒙古汉森酒业集团有限公司成立。

2011 年，乌海的汉森酒庄被认定为国家 3A 级旅游景区。

• 2001 年，新疆吐鲁番新葡王酒业有限公司成立。

• 2001 年，河北省怀来县被中国特产之乡推荐暨宣传活动组织委员会命名为"中国葡萄酒之乡"。

• 2001 年，《葡萄优质高效栽培指南》（作者：晁无疾）出版发行。

晁无疾（1942—2024 年），我国葡萄权威专家、泰斗，国内葡萄行业的领军人物，中国农学会葡萄分会原会长，中国果品协会葡萄分会原秘书长。1964 年，从西北农学院毕业后就职于汉中农业科学研究所。后考取西北农学院研究生，毕业后留校任教。1993 年调至北京农学院工作，2004 年退休。先后主持"秦巴山区野生果树种植资源研究"等多项国家级、省部级科研课题，发表科技论文 100 余篇。主编《葡萄丰产优质栽培》等 17 部图书。曾获得农业部、北京市、陕西省等多个省部级科技奖，并多次受到中国科学技术协会、农业部、中国农学会的表彰。

• 2001 年，《英汉意法葡萄酿酒词典》（作者：桂儒礼）出版发行。

• 2001 年，《葡萄酒酿造学——原理及应用》（作者：博坦等；译者：赵光鳌等）出版发行。

• 2001 年，《酿酒葡萄栽培及加工技术》（作者：翟衡，杜金华，管雪强，乔旭光，潘志勇）出版发行。

• 2001 年，深圳市大水联合酒业有限公司成立。

深圳市大水联合酒业有限公司现为全国性的酒类流通大商和品牌运营商。

• 2001 年，吐鲁番市沙驼葡萄酒厂成立。

• 2001 年，杨凌葡院酒业高科技有限公司成立。

• 2001 年，张家口奥斯特不锈钢工程有限公司成立。

• 2002 年，青岛鲁丰橡木制品有限公司成立。

• 2002 年，吐鲁番葡城酒业有限责任公司成立。

• 2002 年，广州龙程酒业有限公司成立。

广州龙程酒业有限公司现为全国性的酒类流通大商和品牌运营商。

• 2002 年，轩酩悦轩尼诗帝亚吉欧洋酒（上海）有限公司成立。

• 2002 年，宁夏凯仕丽实业有限公司成立。

该公司位于宁夏吴忠市红寺堡区，旗下运营凯仕丽酒庄。

• 2002 年，深圳市裕同包装设计有限公司成立。

2003 年，公司名称更名为深圳市裕同包装纸品有限公司；2004 年，更名为深圳市裕同印刷包装有限公司；2010 年，整体变更设立深圳市裕同印刷股份有限公司；2013 年，更名为深圳市裕同包装科技股份有限公司。

公司客户所处领域为消费类电子、移动智能终端、计算机、烟酒食品和化妆品等。主要竞争对手包括当纳利（中国）、美盈森、力嘉包装（深圳）有限公司、合兴包装等。公司主要产品为纸箱、彩盒、包装盒、说明书、标签等印刷纸质印刷包装产品①。公司所属印刷包装工业，是全球领先的纸制品包装生产商。

2002—2016 年，公司通过收购或直接投资设立的子公司有：香港裕同印刷有限公司、苏州裕同印刷有限公司、苏州昆迅包装技术有限公司、烟台市裕同印刷包装有限公司、三河市裕同印刷包装有限公司、珠海市裕同印刷包装有限公司、成都市裕同印刷有限公司、许昌裕同印刷包装有限公司、九江市裕同印刷包装有限公司、重庆裕同印刷包装有限公司、合肥市裕同印刷包装有限公司、东莞市裕同印刷包装有限公司、泸州裕同印刷包装有限公司（2015 年注销）、上海裕同印刷有限公司（2014 年注销）、武汉市裕同印刷包装有限公司、亳州市裕同印刷包装有限公司、泸州裕同包装科技有限公司、上海裕仁包装科技有限公司、苏州永沅包装印刷有限公司、苏州永承包装印刷有限公司、越南裕同印刷包装有限公司、陕西裕凤包装科技有限公司和北京云创网印文化发展有限公司等。

2023 年，裕同科技实现营收 152.22 亿元，其中国外市场的营收 37.62 亿元②。

• **2002 年，宁夏贺兰山东麓庄园酒业有限公司成立。**

宁夏贺兰山东麓庄园酒业有限公司始建于 1997 年，简称"贺东庄园"。2021 年，位于石嘴山市的贺东庄园被认定为国家 4A 级旅游景区。2022 年，"贺东庄园葡萄酒古藤种植区域"被石嘴山市人民政

① 深圳市裕同包装科技股份有限公司首次公开发行股票招股说明书［Z］. 2016-01-01.
② 深圳市裕同包装科技股份有限公司 2023 年年度报告［Z］. 2024-04-26.

府列为市级文物保护单位。

- 2002 年，云南印象酒业有限公司成立。
- 2002 年，宁夏类人首葡萄酒业有限公司成立。

原名为宁夏鹏达辉葡萄酒业有限公司。2004 年更为现名。

- 2002 年，宁夏鹤泉葡萄酒有限公司成立。
- 2002 年，宁夏逸悦葡萄酒业有限公司成立。
- 2002 年，甘肃祁连葡萄酒业有限责任公司成立。
- 2002 年，清徐县田府葡萄酒有限责任公司成立。
- 2002 年，烟台欧华庄园葡萄酿酒有限公司成立。
- 2002 年，烟台宝利达不锈钢工程有限公司成立。
- 2002 年，新疆丝路酒庄有限公司成立。
- 2002 年，青岛爱迪尔葡萄酿酒有限公司成立。

该公司曾用名为青岛钿鑫葡萄酿酒有限公司。

- 2002 年，通化圣大葡萄酒股份有限公司成立。
- 2002 年，茅台酒厂（集团）昌黎葡萄酒业有限公司成立。

该公司由中国贵州茅台酒厂（集团）有限责任公司、唐山市昌盛河实业有限公司、泉州德生投资有限公司三家企业共同投资设立，其中贵州茅台集团控股60%。2020 年，唐山市昌盛河实业有限公司退出，贵州茅台集团接手后持股比例增至93%。销售主体为两个全资子公司：昌黎茅台葡萄酒经贸有限公司和郑州茅台葡萄酒销售有限公司。

2007 年，茅台葡萄酒销售额 4800 万元。2009 年，销售额超 1 亿元。2012 年，茅台葡萄酒实现销售收入实现 3.04 亿元。2018 年，扭转连续五年亏损局面，销量 4700 千升，营收 1.3 亿元。2019—2021 年，茅台葡萄酒销售收入同比增长速度分别为 40%、23%、92%。2018—2021 年，营收分别为 1.3 亿元、1.8 亿元、2.2 亿元和 3.7 亿元。2020 年，位于秦皇岛凤凰山的茅台凤凰庄园正式开业。

2022 年，贵州茅台酒厂（集团）昌黎葡萄酒业有限公司成为杭州第 19 届亚运会官方红酒供应商。2023 年，茅台葡萄酒实现营收 6.5

亿元、同比增长 39%，实现利润 1.5 亿元、同比增长 76%，缴税 1.4 亿元。2023 年茅台葡萄酒新增经销商 444 家，经销商总数量为 760 家。

• 2002 年，新疆乡都酒业有限公司成立。

1995 年，新疆仪尔高新农业开发有限公司成立，创始人为李瑞琴女士。仪尔高新公司自 1998 年起开荒种植酿酒葡萄，并于 2002 年设立子公司新疆乡都酒业有限公司。2004 年，首批葡萄酒产品上市。2010 年，仪尔高新公司设立新疆海瑞盛生物工程股份有限公司，利用酿酒葡萄副产物研发生产葡萄籽提取物、葡萄籽食用油等葡萄产业链下游产品。

• 2002 年，北京波龙堡葡萄酒业有限公司成立。

• 2002 年，云南文山高原葡萄产业有限公司成立。

2003 年，云南文山高原葡萄产业有限公司组建云南太阳魂酒业有限公司。

2017 年，云南红太阳魂酒业有限公司与其他企业联合设立云南香格里拉太阳魂酒庄产业有限公司，由云南城投健康产业投资有限公司国资控股 51%。旗下拥有文山普者黑酒庄、德钦太阳魂梅里国际冰酒庄和弥勒白兰地酒庄。

• 2002 年，《白兰地工艺学》（作者：王恭堂）出版发行。

主要内容：白兰地及其发展概论，酿造白兰地的葡萄品种，白兰地原料葡萄酒的酿造，白兰地蒸馏的理，白兰地的蒸馏设备，白兰地的蒸馏方法，白兰地生产的综合利用，白兰地的贮藏陈酿，白兰地的人工老熟，白兰地的勾兑、调配与加工，白兰地的成分和技术标准，白兰地的品尝与欣赏和白兰地的封装工艺。

• 2002 年，《葡萄酒品尝法》（作者：郭其昌，郭松泉，郭松源，张春娅）出版发行。

• 2002 年，《国际葡萄酿酒药典》（作者：张春娅，郭松泉，郭松源，郭其昌）出版发行。

• 2002 年，烟台张裕葡萄酿酒股份有限公司技术中心被国家发改委、财政部、海关总署、国家税务总局认定为国家企业技术中心。

• 2002 年，酩悦轩尼诗帝亚吉欧洋酒（上海）有限公司成立。

• 2003 年，中国红酒网正式上线运营。

• 2003 年，西北农林科技大学开设"葡萄与葡萄酒工程"本科专业。

根据教育部《普通高等学校本科专业目录（1998 年颁布）》，在经教育部批准同意设置的目录外本科专业名单中，首次出现葡萄与葡萄酒工程专业（专业代码 081409W）。2003 年，教育部将西北农林科技大学的原"酿酒工程"专业调整为目录外本科专业"葡萄与葡萄酒工程"（专业代码 081409W，工学学士）。

根据教育部发布的《普通高等学校本科专业目录（2012 年）》，本科专业"葡萄与葡萄酒工程"成为特设本科专业，专业代码变为082706T。

2003—2019 年，全国共有 11 个省、市、自治区的 20 所高等院校开设了"葡萄与葡萄酒工程"本科专业。

2018 年，中国葡萄酒高等教育联盟成立大会在西北农林科技大学召开。

• 2003 年，天津天顺酒业发展集团有限公司成立。

• 2003 年，民权县印象葡萄酒业有限公司成立。

• 2003 年，定州市黄家葡萄酒庄有限公司成立。

• 2003 年，西安玉山葡萄酒庄园有限责任公司成立。

• 2003 年，厦门建发国际酒业集团有限公司成立。

• 2003 年，国家酒类产品质量监督检验中心在四川成立。

2003 年，国家酒类产品质量监督检验中心通过国家认证认可监督管理委员会认证、授权。2005 年，该检验中心更名为国家酒类及加工食品质量监督检验中心。

该检验中心设在四川省产品质量监督检验所。

• 2003 年，烟台时代葡萄酒有限公司成立。

2018 年，公司推出量产海藏酒，命名为"海藏壹号"。

- 2003 年，河北省怀来县葡萄酒局成立。
- 2003 年，怀来迦南酒业有限公司成立。
- 2003 年，《葡萄酒微生物学》（作者：张春晖，李华）出版发行。
- 2003 年，中国酿酒工业协会向国内相关白兰地生产企业下发《关于正确执行二级（VS、三星）白兰地标签标注的通知》。
- 2003 年，西安玉山葡萄酒庄园有限责任公司成立。

公司旗下运营玉川酒庄。

- 2004 年，《葡萄优新品种及栽培》（作者：晁无疾）出版发行。
- 2004 年，《葡萄整形修剪和设架》（作者：罗国光）出版发行。
- 2004 年，《中国葡萄志》（作者：孔庆山）出版发行。
- 2004 年，弥勒市东风庄园葡萄酒业有限公司成立。
- 2004 年，宁夏郭公庄园葡萄酿酒有限公司成立。
- 2004 年，江苏新美星包装机械有限公司成立。

2012 年，该公司整体变更为江苏新美星包装机械股份有限公司。公司为液态食品包装设备专业制造商，2023 年实现营收 9.28 亿元。

- 2004 年，北京必达软木制品有限公司成立。
- 2004 年，河北夏都葡萄酿酒有限公司成立。
- 2004 年，新疆新雅葡萄酒业有限公司成立。
- 2004 年，河北沙城家和酒业有限公司成立。
- 2004 年，登龙红酒（蓬莱）有限公司成立。
- 2004 年，烟台海市葡萄酒有限公司成立。
- 2004 年，民权县远翔酒业有限公司成立。

公司由被收购的民权县远翔葡萄酒厂改制而来。2012—2014 年，先后更名为民权亿得利葡萄酒有限公司、冷谷红葡萄酒有限公司和冷谷红葡萄酒股份有限公司。

- 2004 年，新疆汉漠酒业有限公司成立。
- 2004 年，西藏自治区昌都市左贡县被原国家林业局授予"中国野生红葡萄之乡"称号。

- 2004 年，秦皇岛索坤玻璃容器有限公司在河北昌黎成立。

曾用名"秦皇岛索坤日用玻璃集团有限公司""秦皇岛索坤玻璃有限公司"，2016 年更为现名。主要有啤酒瓶、葡萄酒瓶、白酒瓶、饮料瓶等四大系列产品。

- 2004 年，利比玻璃制品（中国）有限公司在河北廊坊设立。

该公司由美国利比集团（Libbey）投资创立。

- 2004 年，陕西德尚葡萄酒城堡有限公司成立。

- 2004 年，国家葡萄、葡萄酒质量监督检验中心在秦皇岛成立。

国家葡萄、葡萄酒质量监督检验中心（秦皇岛）于 2006 年通过国家认监委评审及授权。在授权的检验产品范围内，开展产品质量监督检验业务，业务工作受国家质检总局和国家认监委的监督和指导。检测报告允许使用"CMA"标志。

该检验中心设在秦皇岛市产品质量监督检验所。2015 年，秦皇岛市产品质量监督检验所整体划转至秦皇岛市食品药品检验中心，隶属于秦皇岛市市场监督管理局。

- 2004 年，《长城庄园模式的创建及庄园葡萄酒关键技术的研究与应用》获 2004 年度国家科学技术进步奖二等奖。

项目完成单位：中国长城葡萄酒有限公司。

项目完成人：赵全迎、孙腾飞、罗建华、卢诚、卢树林、李君霞、赵旭华、都振江、于海森、赵清华。

- 2004 年，散装葡萄酒和瓶装葡萄酒的进口关税分别降至 20%、14%。

截至 2023 年 12 月，中国已与 29 个国家和地区签署了 22 个自贸协定，占中国对外贸易总额的 1/3。其中包括智利、澳大利亚和新西兰 3 个主要的葡萄酒生产国。原产自新西兰、智利、格鲁吉亚、澳大利亚的葡萄酒商品的进口关税已经分别从 2012 年 1 月 1 日、2015 年 1 月 1 日、2018 年 1 月 1 日、2019 年 1 月 1 日起降低到零。此外，中国与塞尔维亚自贸协定自 2024 年 7 月 1 日起生效，原产于塞尔维亚葡萄酒的进口关税将以 20% 的幅度逐年递减，在 5 年内降至零。

自 2017 年 12 月 1 日起，白兰地（税则号 22082000）、威士忌（税则号 22083000）进口关税均由原来的 10% 下调至 5%，味美思等配制酒（税则号 22051000）进口关税由 65% 下调至 14%[①]。

2024 年 12 月 26 日，国务院关税税则委员会发布《关于 2025 年关税调整方案的公告》，自 2025 年 1 月 1 日起，白兰地、威士忌的进口关税由 5% 上调至 10%，瓶装味美思等加强型葡萄酒的进口关税暂定税率从 14% 上调至 30%。

根据海关总署数据显示，2024 年，葡萄酒进口量为 28.28 万千升，进口额 12.92 亿美元；瓶装葡萄酒进口量 17.45 万千升，上海市、广东省、浙江省、山东省、福建省依次位列前五，分别为 5.20 万千升、3.68 万千升、1.88 万千升、1.51 万千升、1.36 万千升；散装葡萄酒进口量 10.83 万千升，山东省、河北省和上海市依次位列前三，分别为 7.75 万千升、1.11 万千升、0.88 万千升；瓶装味美思等加强型葡萄酒全年进口量从 2020 年的 2585 千升下降至 622 千升；白兰地全年进口量为 3.50 万千升，进口额为 12.34 亿美元；威士忌酒全年进口量为 2.92 万千升，进口额为 4.51 亿美元。

- 2004 年，安丘市鼎正机械设备有限公司成立。
- 2004 年，昌黎葡萄沟耿氏酒堡成立。
- 2004 年，安吉县仙溪葡萄酒厂成立。
- 2004 年，埃韦国际贸易（上海）有限公司成立。

  旗下运营"I-Way 埃韦葡萄酒教育"培训服务板块。

- **2005 年，包括葡萄酒在内的 28 大类食品被纳入"食品质量安全市场准入制度"。**

1998 年 2 月 16 日，国家经贸委等 8 部门联合下发通知，明确规定对白酒实施工业产品生产许可证管理。由省轻工业主管部门会

---

① 国务院关税税则委员会. 关于调整部分消费品进口关税的通知（税委会〔2017〕25 号）[Z]. 2017-11-22.

同技术监督部门按照国家生产许可证有关法规、规章负责审核，由中国轻工总会会同国家技术监督局核发证书①。新建白酒生产线和新建酒精生产线被列入工商投资领域制止重复建设项目。1999 年 9 月 1 日之后，白酒生产企业申请登记"全国工业产品生产许可证"，相关政府部门不予受理②。根据国家发改委公布《产业结构调整指导目录（2019 年本）》，自 2020 年 1 月 1 日起，"白酒生产线"从"限制类"产业中移除。

国家质检总局决定自 2002 年 8 月 1 日起，对小麦粉、大米、食用植物油、酱油、食醋等 5 类常用食品实施食品安全市场准入制度③（即纳入工业产品生产许可证管理），2004 年 1 月 1 日为最后申证期限④。国家质检总局决定自 2003 年 7 月 1 日起，对肉制品、乳制品、饮料、冻制品、方便面、饼干、膨化食品、速冻米面食品、糖、味精等 10 类食品开始实施食品安全市场准入制度，2005 年 7 月 1 日为最后申证期限⑤。

国家质检总局决定自 2005 年 1 月 1 日起，对糖果制品、茶叶、葡萄酒及果酒、啤酒、黄酒、酱腌菜、蜜饯、炒货食品、蛋制品、可可制品、焙炒咖啡、水产加工品、淀粉及淀粉制品等 13 类食品实施食品质量安全市场准入制度⑥，2007 年 1 月 1 日为最后申证期限。

---

① 国家经济贸易委员会，国家技术监督局，国家工商行政管理局，等. 关于严厉打击制售假冒伪劣酒类产品违法行为的通知［Z］. 1998-02-12.

② 原国家经济贸易委员会. 工商投资领域制止重复建设目录（第一批）［Z］. 1999-08-09.

③ 国家质检总局. 关于进一步加强食品质量安全监督管理工作的通知（国质检监函〔2002〕282 号）［Z］. 2002-05-16.

④ 国家质量监督检验检疫总局. 关于调整小麦粉等 5 类食品无证查处工作时间安排的通知（质检办监〔2003〕113 号）［Z］. 2003-05-09.

⑤ 肉制品、乳制品、饮料等 10 类食品实施食品质量安全市场准入制度的公告（国家质量监督检验检疫总局公告 2004 年第 139 号）［Z］. 2004-09-28.

⑥ 国家质量监督检验检疫总局. 关于印发糖果制品等 13 类食品生产许可证审查细则的通知（国质检监〔2004〕557 号）［Z］. 2004-12-23.

2004 年 12 月 23 日，国家质量监督检验检疫总局发布《葡萄酒及果酒生产许可证审查细则（2004 版）》。2005 年，国家质检总局发布《葡萄酒及果酒生产许可证审查细则》修改单（第 1 号）[①]。

根据《葡萄酒及果酒生产许可证审查细则》中的要求：实施食品生产许可证管理的葡萄酒、果酒是指"以葡萄、各种水果或浆果为原料，经发酵酿制而成的饮料酒"。葡萄酒及果酒的申证单元为"1 个：葡萄酒及果酒"。主要品种有葡萄酒、山葡萄酒、苹果酒、山楂酒等。以浸泡或者蒸馏工艺生产的果酒不纳入发证范围。葡萄酒或果酒生产企业在生产许可证上注明的获证产品名称可分为 3 类：①葡萄酒及果酒（原酒、加工灌装）；②葡萄酒及果酒（原酒），即"只进行葡萄酒或果酒原酒加工、不进行灌装的企业"；③葡萄酒及果酒（加工灌装），即"只进行葡萄酒或果酒加工灌装、不进行原酒加工的企业"。产品类别编号为：1502。

• **2005 年，蓬莱市葡萄与葡萄酒局成立。**

2020 年，蓬莱市葡萄与葡萄酒局更名为烟台市蓬莱区葡萄与葡萄酒产业发展服务中心。

• **2005 年，烟台金鼎葡萄酒业有限公司成立。**

• **2005 年，烟台西夫拉姆酒业有限公司成立。**

2014 年，烟台西夫拉姆酒业有限公司收购了成立于 1993 年的烟台芝利华软木制品有限公司。2015 年，投资设立西夫拉姆酒业（天津）有限公司。

2020 年，烟台西夫拉姆酒业有限公司更名为西夫拉姆酒业集团有限公司。

2024 年，集葡萄酒生产、旅游观光、文化体验于一体的工业旅游项目基地"天津西夫拉姆酒堡"正式对外开放。

---

① 国家质量监督检验检疫总局. 关于发布食品生产许可证审查细则修改单的通知（国质检监函〔2005〕第 776 号）[Z]. 2005-09-26.

- 2005 年，四川红星领地酒庄有限公司成立。
- 2005 年，中粮长城阿海威葡萄苗木（烟台）研发有限公司成立。
- 2005 年，烟台张裕先锋国际酒业有限公司成立。
- 2005 年，中法合营王朝葡萄酿酒有限公司技术中心被国家发改委、财政部、海关总署、国家税务总局认定为"国家企业技术中心"。
- 2005 年，《酒世界》杂志在辽宁创刊。
- 2005 年，行业标准《酒类商品批发经营管理规范》和《酒类商品零售经营管理规范》开始实施。

2005 年 5 月 17 日，商务部发布国内贸易行业标准《酒类商品批发经营管理规范》（SB/T 10391—2005）和《酒类商品零售经营管理规范》（SB/T 10392—2005），自 2005 年 7 月 1 日起实施。两项标准的起草单位均为：中国酿酒工业协会、中商流通生产力促进中心。

- 2005 年，华致酒行连锁管理有限公司成立。

2010 年，华致酒行连锁管理有限公司整体变更为华致酒行连锁管理股份有限公司。2011 年，"华致酒行"商标被原国家工商行政管理总局商标局认定为"中国驰名商标"。公司的分销渠道包括华致酒行门店、KA 卖场、团购、电商和零售网点。旗下约有 2000 家连锁门店（华致酒行、华致名酒库）和 3 万家零售终端。2023 年，华致酒行实现营收 101.21 亿元，其中白酒、葡萄酒、进口烈性酒板块分别为 93.95 亿元、4.87 亿元、1.43 亿元[①]。

- 2005 年，怀来中法庄园葡萄酒有限公司成立。

1999 年，中、法两国农业部部长在巴黎签署"关于建立中法葡萄种植及酿酒示范农场"议定书。之后，从法国引进小芒森和马瑟兰等 16 个酿酒葡萄品种。2001 年，中法合作葡萄种植与酿酒示范农场在河北怀来建成。2003 年，开始酿酒。2004 年，酿造出马瑟兰单

---

① 华致酒行连锁管理股份有限公司 2023 年年度报告［Z］. 2024-04-19.

品种酒。2005 年，更名为中法庄园。2010 年，中法庄园成为迦南投资有限公司旗下酒庄。

- 2005 年，怀来德尚葡萄酒庄园有限公司成立。
- 2005 年，宁夏贺兰晴雪酒庄有限公司成立。

由宁夏葡萄产业协会持股 45%。公司的 3 位联合创始人分别为容健、王奉玉和张静，并聘请李德美担任酿酒咨询顾问。2009 年，注册"加贝兰"商标。2011 年，酒庄生产的"加贝兰 2009 特别珍藏"获 Decanter（中文名为《醇鉴》，又名《品醇客》）世界葡萄酒大赛 10 英镑以上波尔多品种红酒金奖。酒庄的传播口号"世界葡萄酒从这里发现贺兰山东麓产区"由此而来。

- 2005 年，宁夏巴格斯葡萄酒庄有限公司成立。
- 2005 年，瑞枫奥塞斯（烟台）葡萄酒庄园有限公司成立。
- 2005 年，《葡萄酒的品评》（作者：王俊玉）出版发行。
- 2005 年，《酒的故事》（作者：休·约翰逊；译者：李旭大）中文版出版发行。
- 2005 年，《国际葡萄酒与葡萄汁分析方法汇编》（作者：李记明，马佩选）出版发行。
- 2005 年，国家发展和改革委员会发布《产业结构调整指导目录》。

2005 年 12 月 2 日，国家发展和改革委员会发布《产业结构调整指导目录（2005 年本）》，自发布之日起施行。与酒类产业相关的内容：白酒生产线、酒精生产线（燃料乙醇项目除外）被列为限制类。

2011 年 3 月 27 日，国家发展和改革委员会发布《产业结构调整指导目录（2011 年本）》，自 2011 年 6 月 1 日起施行。《产业结构调整指导目录（2005 年本）》同时废止。与酒类产业相关的内容：白酒生产线、酒精生产线被列为限制类；生产能力 12000 瓶 / 小时以下的玻璃瓶啤酒灌装生产线被列为淘汰类。

2013 年 2 月 16 日，国家发展改革委公布《国家发展改革委关于修改〈产业结构调整指导目录（2011 年本）〉有关条款的决定》。

经修正，与酒类产业相关的内容：白酒生产线、酒精生产线、生产能力小于 18000 瓶／时的啤酒灌装生产线被列为限制类：生产能力 12000 瓶／时以下的玻璃瓶啤酒灌装生产线、3 万吨／年以下酒精生产线（废糖蜜制酒精除外）被列为淘汰类。

2019 年 10 月 30 日，国家发展和改革委员会发布《产业结构调整指导目录（2019 年本）》，自 2020 年 1 月 1 日起施行。《产业结构调整指导目录（2011 年本）（修正）》同时废止。与酒类产业相关的内容：酒精生产线被列为限制类；3 万吨／年以下酒精生产线（废糖蜜制酒精除外）被列为淘汰类。

2023 年 12 月 27 日，国家发展改革委发布《产业结构调整指导目录（2024 年本）》，自 2024 年 2 月 1 日起施行。《产业结构调整指导目录（2019 年本）》同时废止。与酒类产业相关的内容：酿酒葡萄等特种经济作物收获机械被列入鼓励类：酒精生产线被列入限制类；3 万吨／年以下酒精生产线（废糖蜜制酒精除外）被列入淘汰类。

- 2005 年，和硕冠龙葡萄酿酒有限公司成立。
- 2005 年，烟台华顶包装有限公司成立。
- 2005 年，吉林圣吉亚橡木桶有限公司成立。
- 2005 年，集安福海特产加工有限公司成立。

2009 年，公司更名为集安福海葡萄酒有限公司。2013 年，推出"福海冰谷"北冰红冰酒。公司主要产品包括干酒系列、甜酒系列、冰酒系列、葡萄蒸馏酒和白兰地。2023 年，集安福海葡萄酒有限公司实现营业收入 1100 万元。

- 2005 年，蓬莱市沃林橡木桶有限公司创建。

公司曾用名：蓬莱市艾仑橡木制品有限公司。2008 年投产，专业生产酿酒用橡木桶。每年向世界各地酒厂直供 3 万只标准型橡木桶，为国外橡木桶企业贴牌生产 2 万只橡木桶。

- 2006 年，烟台戴普斯橡木桶制造有限公司成立。

由法国戴普斯橡木桶制造有限公司（Demptos）独家投资。法国戴普斯公司法国隶属于弗朗索瓦集团（Francois Freres）。戴普斯在美国、匈牙利、西班牙、南非和中国设有制桶厂，年产量橡木桶超8万只桶。法国知名橡木桶品牌包括圣哥安（Seguin Moreau）、博特（Boutes）、纳达利（Nadalie）、戴普斯（Demptos）、维卡（Vicard）和索里（Saury）等。

根据法国制桶行业联盟（Les Tonneliers de France）发布的数据显示：2015年该联盟50家制桶厂共制作橡木桶59.2万只，营收为3.91亿欧元。其中，橡木桶出口数量为38.1万只，出口额为2.64亿欧元。2019年，该联盟58家成员共销售橡木桶65.8万只，营收为4.94亿欧元。主要出口国是美国、意大利、澳大利亚和西班牙。

自2022年1月1日起，酿酒用橡木桶（税则号44160090）进口关税从12%降到5%[1]。

• **2006年，深圳红酒世界电商股份有限公司成立。**

公司的业务板块包括"内容＋电商＋物联科技"，主营业务为进口葡萄酒的线上和线下销售。2023年，红酒世界实现营收1.32亿元，其中葡萄酒业务1.26亿元、智能酒柜业务535万元[2]。

• **2006年，帝亚吉欧洋酒贸易（上海）有限公司成立。**

• **2006年，青海明珠葡萄酿酒有限公司成立。**

• **2006年，首届中国国际酒业博览会在北京举办。**

由中国酒业协会主办。2006年9月1—3日，首届中国国际酒业博览会在北京展览馆举办。根据泸州市政府与中国酒业协会签订的战略合作协议，自2014年起每年在泸州市举办一届中国国际酒业博览会。

2006—2024年，共举办21届中国国际酒业博览会。2024年10月10—12日，第二十一届中国国际酒业博览会在国家会展中心（上

---

① 国务院关税税则委员会. 关于2022年关税调整方案的通知（税委会〔2021〕18号）[Z]. 2021–12–13.
② 深圳红酒世界电商股份有限公司2023年度报告[Z]. 2024–04–25.

海）举办。

• **2006 年，广州通润材料科技有限公司成立。**

该公司是香港通润企业集团通润（成立于 1999 年）的下属企业。酒类包装及酒具的出口商，国产、进口酒具的运营商，酒类包装设计生产商及供应商。

• **2006 年，国家果酒及果蔬饮品质量监督检验中心落户吉林通化。**

2009 年，经国家认证认可监督管理委员会评审、授权，国家果酒及果蔬饮品质量监督检验中心正式成立。该中心承担国家葡萄酒、果酒及果蔬饮品的质量监督抽查及定期监督检验，山葡萄酒国家标准的起草，各种委托检验、仲裁检验、质量鉴定等项工作。

依托单位为通化市产品质量检验所。

• **2006 年，本溪森澳山葡萄酒有限公司成立。**

• **2006 年，翱顺玻璃贸易（上海）有限公司成立。**

翱顺玻璃贸易（上海）有限公司为泰国海洋公司（OCEAN GLASS）投资创建的贸易型公司。泰国海洋公司旗下拥有鸥欣（Ocean）、卢卡里斯（Lucaris）等玻璃器皿品牌。

• **2006 年，中国酿酒工业协会发起成立中国葡萄酒酒庄联盟。**

• **2006 年，法国香槟酒业行业委员会中国办公室在北京设立。**

• **2006 年，新疆和硕芳香果业经济开发有限公司成立。**

2009 年，公司名称变更为新疆和硕康红酒业有限责任公司。2010 年，更名为新疆芳香庄园酒业有限公司。2015 年，整体变更设立新疆芳香庄园酒业股份有限公司。2014 年，公司的营收为 1033 万元，主要产品为孖亚左岸私享系列、芳香庄园经典系列、红蝶谷浪漫系列、和硕谷花样年华系列[1]。2019 年、2020 年，公司分别实现营收 3368 万元、2029 万元[2]。

• **2006 年，甘肃紫轩酒业有限公司成立。**

---

[1] 新疆芳香庄园酒业股份有限公司公开转让说明书［Z］. 2015–12–18.

[2] 新疆芳香庄园酒业股份有限公司 2020 年度报告［Z］. 2021–04–29.

• 2006 年，深圳市智德营销策划有限公司成立。

• 2006 年，宁夏华昊葡萄酒有限公司成立。

• 2006 年，宁夏卿王葡萄酒业有限公司成立。

• 2006 年，中国酿酒工业协会成立中国葡萄酒技术委员会。

2006 年，中国葡萄酒技术委员会共聘请了王军等 33 位技术委员（专家），先后于 2011 年、2015 年、2020 年换届。2020 届中国葡萄酒技术委员会名单如下。

名誉主任兼顾问委员会主任委员：王树生（中法合营王朝葡萄酿酒有限公司）

主任委员：段长青（中国农业大学）

副主任委员：李记明（烟台张裕集团有限公司）、焦复润（威龙葡萄酒股份有限公司）、李德美（北京农学院）、房玉林（西北农林科技大学）、崔彦志〔朗格斯酒庄（秦皇岛）有限公司〕、邵学东（君顶酒庄有限公司）

委员：于庆泉〔中粮长城桑干酒庄（怀来）有限公司〕、王小峰（宁夏恒生西夏王酒业有限公司）、王方（中法合营王朝葡萄酿酒有限公司）、王军（通化通天酒业有限公司）、王军（中国农业大学）、王咏梅（山东省葡萄研究院）、王焕香（中国长城葡萄酒有限公司）、牛育林（甘肃莫高实业发展股份有限公司）、尹吉泰（天津食品集团有限公司）、史红梅（山东省葡萄研究院）、司合芸（烟台张裕葡萄酿酒股份有限公司）、邢凯（上海葡本酿酒科技有限公司）、成池方（新疆中信国安葡萄酒业有限公司）、朱华（山东东瑞集团有限公司）、刘荣刚（新疆新雅葡萄酒业有限公司）、刘树文（西北农林科技大学）、阮仕立（烟台张裕葡萄酿酒股份有限公司）、杜宜龙（蓬莱国宾葡萄酒庄有限公司）、李进〔中粮长城葡萄酒（蓬莱）有限公司〕、李泽福〔中粮长城葡萄酒（宁夏）有限公司〕、杨华峰（新疆乡都酒业有限公司）、杨兴元（新疆农业大学）、杨雪峰（中粮华夏长城葡萄酒有限公司）、张卫强（烟台张裕葡萄酿酒股份有限公司）、张正文（君顶酒庄有限公司）、张炎（新疆中菲酿酒股份有限公司）、张斌（中法合营王朝葡萄酿酒有限公司）、张静（宁夏贺兰晴雪酒庄有限公司）、陈青昌（威龙葡萄酒股份有限公司）、陈新军（新疆中信国安葡萄酒业有限公司）、范雪梅［贵州茅台酒厂（集团）昌黎葡萄酒业有限公司］、罗飞（中粮华夏长城葡萄酒有限公司）、周元（烟台张裕葡萄酿酒股份有限公司）、胡文效（山东省酿酒葡萄研究所）、战吉宬（中国农业大学）、俞惠明（宁夏恒生西夏王酒业有限公司）、夏广丽（滨州医学院）、崔可棚（香格里拉酒业股份有限公司）、崔彩虹（北京丰收葡萄酒有限公司）、梁学军（北京紫雾采邑酒业有限公司）、韩舜愈（甘肃农业大学）、樊玺（烟台张裕葡萄酿酒股份有限公司）、魏滨生（陕西张裕瑞那城堡酒庄有限公司）

顾问委员：于英（烟台张裕葡萄酿酒股份有限公司）、马佩选（国家葡萄酒及白酒、露酒产品质量监督检验中心）、王华（西北农林科技大学）、王作仁［中粮长城葡萄酒（蓬莱）有限公司］、朱济义（国家葡萄酒及白酒、露酒产品质量监督检验中心）、刘同洁（国家果酒及果蔬饮品质量监督检验中心）、孙方勋（青岛勋之堡酒业有限公司）、孙腾飞（中粮长城葡萄酒有限公司）、严斌（中粮华夏长城葡萄酒有限公司）、李华（西北农林科技大学）、沈忠勋（西北农林科技大学）、张世鹏（烟台南山庄园葡萄酒有限公司）、张春娅（中法合营王朝葡萄酿酒有限公司）、陈小波（中粮华夏长城葡萄酒有限公司）、单树民（云南高原葡萄酒有限公司）、赵世华（宁夏贺兰山东麓葡萄产业园区管委会）、赵世辉（昌黎地王酿酒有限公司）、赵新节（齐鲁工业大学）、徐岩（江南大学）、高小波（辽宁御硒酒业有限公司）、黄卫东（中国农业大学）、董新平（中信国安葡萄酒业有限公司）

- 2006年，烟台博迈精密机械制造有限公司成立。

公司曾用名：烟台博迈机械有限公司。主要生产贴标机和灯检机。

• 2006 年，**英联马利（北京）食品销售有限公司成立**。

英联马利隶属于英国联合食品集团（ABF），是专业生产酵母以及烘焙食品配料的跨国集团。目前，英联马利在中国已设立 5 家酵母工厂：番禺梅山 - 马利酵母有限公司（1985 年成立）、英联马利食品上海有限公司（1989 年成立）、河北马利食品有限公司（前身为张北酵母厂，1994 年成立）、烟台马利酵母有限公司（1995 年成立）和新疆马利食品有限公司（2004 年成立）。

2006 年设立的英联马利（北京）食品销售有限公司，负责英联马利中国所有产品销售、技术服务以及市场拓展。2010 年，英联食品投资（中国）有限公司在上海成立。

• 2006 年，**中国葡萄酒资讯网正式上线运营**。

• 2006 年，**秦皇岛柳河山庄葡萄酒业有限公司成立**。

• 2006 年，**葡萄与葡萄酒教育部工程研究中心在宁夏大学成立**。

2012 年，以葡萄与葡萄酒教育部工程研究中心为基础平台，成立宁夏葡萄与葡萄酒研究院。同时，成立宁夏葡萄酒协会。

• 2006 年，**帝亚吉欧洋酒贸易（上海）有限公司成立**。

• 2006 年，**吉林省通化市被中国食品工业协会命名为"中国通化葡萄酒城"**。

• 2006 年，**山东省蓬莱市被中国食品工业协会命名为"中国葡萄酒名城"**。

• 2006 年，**新疆伊珠葡萄酒有限公司被中国特产之乡推荐暨宣传活动组织委员会授予"中国冰葡萄酒之乡"称号**。

• 2006 年，**吉林省柳河县被《中国特产报》授予"中国山葡萄酒之乡"称号**。

• 2006 年，**《酒类流通管理办法》开始实施**。

2005 年 11 月 7 日，商务部发布《酒类流通管理办法》（商务部令 2005 年第 25 号），自 2006 年 1 月 1 日起施行。其中，第六条规定："从事酒类批发、零售的单位或个人应当在取得营业执照后 60

日内，按属地管理原则，向登记注册地工商行政管理部门的同级商务主管部门办理备案登记。"第十四条规定："酒类经营者（供货方）在批发酒类商品时应填制《酒类流通随附单》，详细记录酒类商品流通信息。"

根据2016年11月3日《商务部关于废止部分规章的决定》（商务部令2016年第4号），《酒类流通管理办法》被废止。

• **2006年，中粮君顶酒庄有限公司在山东蓬莱成立。**

中国食品有限公司（中粮集团有限公司旗下企业）、山东隆华集团有限公司的持股比例分别为55%、45%。2010年，君顶酒庄被评为国家级4A级旅游景区。

2015年，中粮君顶酒庄有限公司营业收入为7343万元。2016年，中国食品有限公司将其所持有君顶酒庄的55%股权出售给山东隆华集团有限公司，公司也相应更名为君顶酒庄有限公司。2017年，君顶葡萄酒控股有限公司成立，君顶酒庄为其全资子公司。

酒庄占地面积13.7平方千米，为亚洲最大单体酒庄，拥有6000亩葡萄园和8000平方米的地下酒窖。集葡萄苗木研发、葡萄种植、葡萄酒酿造、葡萄酒主题休闲旅游、葡萄酒文化推广、会所及专卖店经营等为一体。2019年，酒庄在"东方""尊悦"和"天悦"现有产品线基础上，推出超高端产品"熙悦"。

• **2006年，长城葡萄酒商标亿元侵权案完结。**

1974年，中国粮油食品进出口总公司天津分公司经核准注册了"长城greatwall及图"商标（商标注册号第70855号，国际分类号第33类）。1998年，中国粮油食品进出口总公司受让了该商标。2002—2008年，该注册商标的注册人先后变更为中国粮油食品进出口（集团）有限公司、中国粮油食品（集团）有限公司、中粮集团有限公司。2004年，"长城greatwall及图"注册商标被国家工商行政管理总局商标局认定为驰名商标。

2004年，"长城"葡萄酒商标所有人中粮集团向北京市高级人民法院提起侵权赔偿诉讼，诉北京嘉裕东方葡萄酒有限公司和江西南昌开心糖酒副食品有限公司生产的"嘉裕长城"葡萄酒侵犯其所有的"长城"葡萄酒商标权，索赔金额超过 1 亿元。

2005 年 4 月 20 日，北京市高级人民法院作出一审判决，认定被告侵权，并赔偿中粮集团 1553 万元。嘉裕公司不服判决，上诉。2006 年 8 月 23 日，最高人民法院做出终审判决，认定被告侵权，并赔偿中粮集团经济损失人民币 1061 万元。

• **2006 年，北京龙徽葡萄酒博物馆对外试营业。**

北京龙徽葡萄酒博物馆位于龙徽 1910 文化创意产业园内，以原北京葡萄酒厂的第一生产车间及地下酒窖为基础改建。2006 年 6 月 26 日，开始对外试营业。2008 年 6 月，经重新装修后正式向社会开放。

• **2006 年，《葡萄酒消费税管理办法（试行）》开始实施。**

2006 年 5 月 14 日，国家税务总局发布《葡萄酒消费税管理办法（试行）》，自 2006 年 7 月 1 日起实施。其中，第十七条规定："以进口葡萄酒为原料连续生产葡萄酒的纳税人，准予从当期应纳消费税税额中抵减《海关进口消费税专用缴款书》注明的消费税。如当期应纳消费税不足抵减的，余额留待下期抵减。"

2015 年 2 月 28 日，国家税务总局发布关于修订《葡萄酒消费税管理办法（试行）》的公告，自 2015 年 5 月 1 日起施行。其中，第四条规定："纳税人从葡萄酒生产企业购进、进口葡萄酒连续生产应税葡萄酒的，准予从葡萄酒消费税应纳税额中扣除所耗用应税葡萄酒已纳消费税税款。如本期消费税应纳税额不足抵扣的，余额留待下期抵扣。"

• **2006 年，新疆天珠葡萄酒业有限公司成立。**

2009 年，张裕控股新疆天珠葡萄酒业有限公司。2023 年，张裕一次性转让新疆天珠 60% 股权之后，企业更名为新疆家和红农业发展有限公司。

• 2006 年，昌黎金士葡萄酒庄有限公司成立。

昌黎金士葡萄酒庄为国内专注于马瑟兰特色品种的精品酒庄，占地 1300 亩，由天津天士力集团投资建设。2010 年，酒庄开始栽植马瑟兰，2013 年，酒庄确立以马瑟兰品种为核心的葡萄酒发展战略。2015 年，酒庄生产出首款单品种马瑟兰干红葡萄酒。2016 年，昌黎金士葡萄酒庄有限公司更名为秦皇岛金士国际葡萄酒庄有限公司。自 2021 年开始，酒庄在每年的 4 月 27 日举办"世界马瑟兰日"活动。2021 年 12 月 16 日，酒庄马瑟兰酿酒葡萄基地通过中国酒业协会"中国葡萄酒单一园"认证。

2024 年 2 月 2 日，河北省市场监督管理局发布地方标准《碣石山产区酿酒葡萄马瑟兰栽培技术规程》（DB 13/T 5900—2024），自 2024 年 3 月 2 日起实施。本标准起草单位为秦皇岛金士国际葡萄酒庄有限公司、秦皇岛海关技术中心、秦皇岛市马瑟兰葡萄与葡萄酒工程技术研究中心、秦皇岛市葡萄酒检测重点实验室、朗格斯酒庄（秦皇岛）有限公司、贵州茅台酒厂（集团）昌黎葡萄酒业有限公司、中粮华夏长城葡萄酒有限公司、秦皇岛碣石山片区开发管理委员会。

2024 年，秦皇岛金士国际葡萄酒庄有限公司更名为秦皇岛金士通国际葡萄酒庄有限公司。

• 2006 年，烟台阿莫林软木制品有限公司成立。

• 2006 年，华夏五千年（北京）葡萄酒股份有限公司成立。

• 2006 年，北京洲际好年贸易有限公司成立。

2022 年，洲际好年国际酒业有限公司成立。

• 2006 年，北京逸香世纪葡萄酒文化传播有限公司成立。

• 2006 年，九寨沟县九寨庄园葡萄酒业有限公司成立。

• 2006 年，《葡萄酒品尝学》（作者：李华）出版发行。

• 2006 年，《葡萄栽培与葡萄酒酿造》（作者：李玉鼎，刘廷俊）出版发行。

• 2006 年,《葡萄酒化学》(作者：李华，王华，袁春龙，王树生) 出版发行。

• 2006 年,《葡萄酒酿造技术文集》(作者：彭德华) 出版发行。

彭德华（1936—2020 年），我国第一代葡萄酒专家，我国葡萄酒行业领军人物之一，高级工程师，国务院政府特殊津贴获得者。1955 年被分配到山东烟台张裕葡萄酒厂；1958 年就职于山西清徐露酒厂；1978 年到沙城酒厂工作；1985 年主持创建蓬莱葡萄酿酒公司；1997 年退休之后，先后供职于云南高原葡萄酿酒公司、云南香格里拉酒业股份有限公司等。2023 年，被中国酒业协会授予"中国酒业 30 年终生功勋奖"。

• 2006 年,《葡萄酒佐餐艺术》(作者：吴书仙) 出版发行。

• 2007 年，中国酒业协会开始评选"中国酿酒大师"。

2007 年，评选出第一届共 32 名"中国酿酒大师"，其中葡萄酒领域有 4 名：王树生（中法合营王朝葡萄酿酒有限公司）、李记明（烟台张裕集团有限公司）、严升杰（中粮华夏长城葡萄酒有限公司）、孙腾飞（中国长城葡萄酒有限公司）。

2011 年，评选出第二届共 43 名"中国酿酒大师"，其中葡萄酒领域有 4 名：刘树琪（山东省酿酒葡萄科学研究所）、尹吉泰（中法合营王朝葡萄酿酒有限公司）、陈小波（中粮华夏长城葡萄酒有限公司）、张葆春（烟台张裕集团有限公司）。

2023 年，评选出第三届共 41 名"中国酿酒大师"，其中葡萄酒领域有 3 名：于庆泉（中粮长城酒业有限公司）、王方（中法合营王朝葡萄酿酒有限公司）、俞惠明（宁夏恒生西夏王酒业有限公司）。

• 2007 年，山西戎子酒庄有限公司成立。

山西戎子酒庄有限公司由山西永昌源集团投资设立。2009 年，推出第一款酒——小戎子黑标干红葡萄酒。2014 年，推出戎子鲜酒系列。戎子酒庄有葡萄园 5800 余亩，主要酿酒葡萄品种包括赤霞珠、品丽珠、梅鹿辄、马瑟兰、霞多丽等，其中赤霞珠约占总面积的 80%。酒庄年生产能力 5000 千升，主要产品为大戎子、戎子、小戎子、戎子鲜酒等四大系列。黄土窑洞瓶储为酒庄特色之一。2022 年，临汾市黄土高原戎子葡萄酒特色小镇被列入"山西省特色小镇创建清单"。2023 年，以仿宋建筑群落为特色的乡宁县戎子酒庄景区被认定为国家 4A 级旅游景区。

• 2007 年，中国长城葡萄酒有限公司技术中心被国家发改委、财政部、海关总署、国家税务总局认定为"国家企业技术中心"。

• 2007 年，丹凤县商山红葡萄酒有限公司成立。

• 2007 年，诺玛科瓶塞（烟台）有限公司成立。

2017 年，诺玛科公司（NOMACORC）正式更名唯万盛集团（VINVENTIONS），总部位于荷兰。2017 年，诺玛科瓶塞（烟台）有限公司更名为烟台唯万盛酒类包装有限公司，是荷兰唯万盛集团公司控股的全资子公司。

• 2007 年，烟台市御宝软木制品有限公司成立。

公司为国内的葡萄酒、果酒企业配套酒用软木瓶塞。主要产品有超微颗粒软木塞、超微颗粒 T 形塞、超微 1+1 特级软木塞和天然花级软木塞等。

• 2007 年，《中国葡萄酒》杂志在北京创刊。

• 2007 年，《国际葡萄与葡萄酒组织酿酒标准汇编》（作者：郭松泉，郭其昌，张春娅，郭松源，郭月）出版发行。

• 2007 年，《葡萄酒古董鉴赏宝典》（作者：郭松泉）出版发行。

• 2007 年，汇泉（上海）洋酒贸易有限公司成立。

• 2007 年，河南帝森酒业有限公司在河南民权成立。

• 2007 年，宁夏沙泉葡萄酿酒有限公司成立。

• 2007 年，龙凤琼浆葡萄酒顾问（北京）有限公司成立。

• 2007 年，宁夏高源银色高地葡萄酒庄有限公司成立。

• 2007 年，甘孜州康定红葡萄酒业有限公司成立。

- 2007 年,《葡萄酒工艺学》(作者：李华，王华，袁春龙，王树生)出版发行。
- 2007 年，北京百利生葡萄酒业有限公司成立。
- 2007 年，杨凌盛唐酒庄有限公司成立。
- 2007 年,《酒庄设计》(作者：肖恩·斯坦威克，瑞恩·弗洛；译者：刘靖怡)出版发行。
- 2007 年，河北省葡萄酒工程技术研究中心成立。

批准单位为河北省科学技术厅。依托单位为中国长城葡萄酒有限公司。2018 年，升级为河北省葡萄酒技术创新中心。

- 2008 年，宁夏德龙酒业有限公司成立。
- 2008 年，河北省政府批准设立河北昌黎干红葡萄酒产业聚集区。
- 2008 年，辽宁省葡萄酿制技术工程技术研究中心成立。

批准单位为辽宁省科学技术厅。依托单位为辽宁省水土保持研究所。

- 2008 年，新疆葡城酒业有限公司成立。
- 2008 年，吉林省柳河县长白山山葡萄开发科技创新中心被原农业部认定为"国家葡萄加工技术研发专业分中心"。

2013 年，成立于 2010 年的柳河县山葡萄酒产业发展办公室改名为柳河县山葡萄酒产业服务中心，并于 2014 年将长白山山葡萄开发科技创新中心合并。2022 年，柳河县山葡萄酒产业服务中心投资成立吉林柳韵山葡萄科技开发有限公司，将自主研发的 6 款葡萄酒和 2 款白兰地投放市场。

- 2008 年，酒类产品包装设计服务商深圳市柏星龙创意包装股份有限公司成立。

2019—2023 年，公司分别实现营收 3.53 亿元、2.83 亿元、4.26 亿元、4.87 亿元、5.38 亿元 [1][2]。

① 深圳市柏星龙创意包装股份有限公司 2022 年年度报告 [Z]. 2023-04-25.
② 深圳市柏星龙创意包装股份有限公司 2023 年年度业绩快报 [Z]. 2024-02-21.

- 2008 年，名品世家（北京）酒业连锁有限公司成立。

　　2014 年，公司旗下拥有加盟商 986 家，实现营收 8416 万元，其中白酒和葡萄酒的营业收入分别为 5143 万元、3067 万元。2015 年，整体变更为名品世家（北京）酒业连锁股份有限公司[①]。2017 年，公司名称由名品世家（北京）酒业连锁股份有限公司更名为名品世家酒业连锁股份有限公司。2020—2022 年，公司分别实现营业收入 10.19 亿元、13.41 亿元、10.54 亿元。2022 年，名品世家的白酒、白兰地及威士忌、葡萄酒三类业务的营收分别为 7.99 亿元、1.81 亿元、2507 万元，旗下的加盟店、合作店数量 1180 余家[②]。

- 2008 年，上海卡斯特酒业有限公司成立。
- 2008 年，国务院发布《关于进一步促进宁夏经济社会发展的若干意见》，将酿酒葡萄产业作为促进宁夏地区农业稳定发展的特色优势产业之一。
- 2008 年，青岛大好河山葡萄酒业有限公司成立。

　　青岛大好河山葡萄酒业有限公司旗下拥有九顶庄园（Chateau 9 peaks）。

- 2008 年，由西往东（上海）贸易有限公司成立。

　　由西往东美酒公司（EMW FINE WINES）从 2003 年开始开展进口酒业务。中国（港澳台除外）星巴克葡萄酒的独家供应商，目前合作的中国酒庄有 4 家：新疆天塞酒庄、宁夏留世酒庄、宁夏源点酒庄和山东九顶庄园。

- 2008 年，烟台通商国际贸易有限公司成立。

　　烟台通商国际贸易有限公司是法国拉氟德（LAFFORT）酿酒辅料在国内市场的两家代理商之一。另一家为天津盛丰商贸有限公司。

- 2008 年，北京德龙宝真国际酒业有限公司成立。
- 2008 年，怀来紫晶庄园葡萄酒有限公司成立。

---

① 名品世家（北京）酒业连锁股份有限公司股权转让说明书［Z］. 2015–10–26.

② 名品世家酒业连锁股份有限公司 2022 年度报告［Z］. 2023–04–27.

• 2008 年,《红酒事典》(作者：董树国) 出版发行。

• 2008 年,《酿造优质葡萄酒》(作者：兰金；译者：马会勤, 邵学东, 陈尚武) 出版发行。

• 2008 年, 蓬莱大成酒业有限公司成立。

2017 年, 公司更名为烟台市澜爵酒庄有限公司。

• 2008 年, 怀来百花谷葡萄酒庄园有限公司成立。

• 2008 年, 农业部、财政部共同启动"国家葡萄产业技术体系"建设。

2007 年, 农业部、财政部共同启动"现代农业产业技术体系"（ China Agriculture Research System) 建设。2007 年, 启动水稻、玉米、小麦、大豆等 10 产业开展技术体系建设试点。2008 年, 启动大麦、高粱、葡萄、花生等 40 个等产业开展技术体系建设。共 50 个产业, 涉及 34 个作物产品、11 个畜产品、5 个水产品。每个体系由产业技术研发中心和若干综合试验站构成。首席科学家、岗位科学家、综合试验站站长统称为体系专家[1]。

葡萄体系聘用了 1 名首席科学家和 30 名岗位科学家, 在主产区建立了 26 个综合试验站。中国农业大学段长青教授被聘为国家葡萄产业技术体系产业技术研发中心首席科学家。另外, 葡萄体系分别支持中国农业大学和中国长城葡萄酒有限公司建设农业农村部葡萄酒加工重点实验室和农业农村部酿酒葡萄加工重点实验室[2]。

岗位科学家包括：王振平（栽培生理与调控岗位, 宁夏大学）, 卢江（分子育种岗位, 上海交通大学）, 刘延琳（酿酒微生物岗位, 西北农林科技大学）, 张振文（酿酒葡萄栽培岗位, 西北农林科技大学）, 王忠跃（生物防治与综合防控岗位, 中国农业科学院植物保护研究所）, 赵胜建（砧木品种选育岗位, 河北省农林科学院昌黎果树

---

① 农业农村部, 财政部. 现代农业产业技术体系建设专项管理办法 [Z]. 2022–07–29.

② 对十三届全国人大四次会议第 2602 号建议的答复 [EB/OL].（2021–07–12）[2024–09–08]. http://www.moa.gov.cn/govpublic/KJJYS/202107/t20210716_6372038.htm.

研究所），翟衡（抗逆栽培岗位，山东农业大学），刘崇怀（种质资源岗位，中国农业科学院郑州果树研究所），穆维松（产业经济岗位，中国农业大学），房玉林（酿酒葡萄栽培岗位，西北农林科技大学），董志刚（酿酒葡萄品种改良岗位，山西省农业科学院），王琦（虫害防控岗位，中国农业大学），李兆君（土壤与产地环境污染管控与修复岗位，中国农业科学院农业资源与农业区划研究所），杜远鹏（生态与土壤管理岗位，山东农业大学），李兴红（病害防控岗位，北京市农林科学院）等。

综合试验站的建设依托单位：北京市农林科学院（站长：张国军）、天津市林业果树研究所（站长：李树海）、河北省农林科学院（站长：褚凤杰）、河北省张家口市农业科学院（站长：李克文）、山西省农业科学院（站长：马小河）、辽宁省果树科学研究所（站长：赵文东）、中国农业科学院特产研究所（站长：艾军）、吉林省农业科学院（站长：温景辉）、黑龙江省农业科学院（站长：鲁会玲）、上海市农业科学院（站长：蒋爱丽）、江苏省农业科学院（站长：吴伟民）、浙江省农业科学院（站长：吴江）、安徽省农业科学院（站长：孙其宝）、福建省农业科学院（站长：雷龑）、山东省酿酒葡萄科学研究所（站长：王咏梅）、山东省烟台市农业科学研究院（站长：唐美玲）、中国农业科学院郑州果树研究所（站长：刘三军）、河南省农业科学院（站长：王鹏）、湖北省农业科学院（站长：龚林忠）、广西壮族自治区农业科学院（站长：白先进）、四川省农业科学院（站长：刘晓）、云南省农业科学院（站长：杨顺林）、甘肃省农业科学院（站长：郝燕）、宁夏农林科学院（站长：王国珍）、新疆维吾尔自治区石河子农业科技开发研究中心葡萄研究所（站长：容新民）、新疆维吾尔自治区葡萄瓜果开发研究中心（站长：唐冬梅）。

2024 年，中国农业科学院果树研究所王海波研究员被聘为国家葡萄产业技术体系首席科学家。

• **2008 年，黑龙江禄源酒业有限公司成立。**

公司位于东宁市，旗下拥有芬河帝堡酒庄。2008 年，推出首支冰酒产品。四大系列产品：蓝莓酒、冰酒、干白和干红。

• **2008 年，辽宁桓龙湖葡萄酒酿造有限公司成立。**

公司前身为桓仁古原保健食品有限公司。2014 年更为现名。

• **2008 年，内蒙古吉奥尼葡萄酒业有限责任公司成立。**

• **2008 年，国家职业标准《酿酒师》《品酒师》开始施行。**

2004 年，劳动和社会保障部建立新职业信息发布制度。2006 年、2007 年，劳动和社会保障部先后将酿酒师、品酒师作为新兴职业予以发布。后增补到《职业分类大典》。

2008 年 2 月 19 日，劳动与社会保障部发布国家职业标准《酿酒师（试行）》，自公布之日起施行。将酿酒师的职业定义为"利用生物工程技术及相关知识，从事指导设计酒类酿造生产的技术人员"。酿酒师职业编码为 X2-02-28-02，共设三个等级。

2008 年 2 月 19 日，劳动与社会保障部发布国家职业标准《品酒师（试行）》，自公布之日起施行。将品酒师的职业定义为"运用感觉器官品评酒体质量，指导酒类酿造、储存和勾调，进行酒体设计的人员"。品酒师职业编码为 X2-02-28-05，共设三个等级。

2009 年，中国酿酒工业协会完成"葡萄酒（果酒）酿酒师""葡萄酒（果酒）品酒师"和"葡萄酒（果酒）酿造工"国家职业资格系列教材的审定。

2014—2016 年，国务院先后分七批取消 434 项职业资格，其中包括由人力资源和社会保障部（以下简称人社部）作为实施单位的水平评价类职业资格"调酒师"。2017 年，人社部发布《国家职业资格目录》（人社部发〔2017〕68 号），共计 81 项技能人员职业资格。其中准入类 5 项，水平评价类 76 项。品酒师、酿酒师、酒精酿造工、白酒酿造工、啤酒酿造工、黄酒酿造工和果露酒酿造工 7 个职业资格被列入技能人员职业资格，属 76 项水平评价类之一，实施单位为轻工行业技能鉴定机构。

2019 年 12 月 10 日，人社部公布国家职业技能标准《品酒师（2019 年版）》和《酿酒师（2019 年版）》，自公布之日起施行。原相应国家职业技能标准同时废止。其中，品酒师的职业编码为 06-02-06-07，将原有的三个等级调整为四个等级；酿酒师的职业编码为 06-02-06-01，由原有的三个等级缩减为两个等级。

2020 年 12 月 31 日，人社部决定让 76 项水平评价类技能人员职业资格退出国家职业资格目录，由原先的政府认定改为实行社会化等级认定①。其中包括 7 种与酒制造人员相关的职业资格：酿酒师、品酒师、酒精酿造工、白酒酿造工、啤酒酿造工、黄酒酿造工和果露酒酿造工，其社会化等级认定的实施单位为中国轻工业联合会。

• 2008 年，香港和澳门特区政府先后对进口葡萄酒实施零关税。

• 2008 年，国际荐酒师（香港）协会成立。

• 2008 年，进口葡萄酒电商平台酒美网上线。

酒美网运营商为北京玖美电子商务有限公司。

• 2008 年，葡萄酒网络媒体和互动社区酒斛网上线。

运营企业为重庆云酒佰酿电子商务有限公司。旗下运营葡萄酒媒体"酒斛网"、葡萄酒闪购电商平台"酒云网"和葡萄酒信息查询与分享 App"论酒"。

• 2009 年，"葡萄酒酒庄酒证明商标"（第 5504363 号）获准注册，注册人为中国酒业协会。

2014 年 6 月 3 日，中国酒业协会正式发布"葡萄酒酒庄酒证明商标"（第 5504363 号）。2017 年 7 月 31 日，全国 16 家企业获得第一批葡萄酒酒庄酒证明商标使用授权。截至 2019 年 12 月，全国共有 35 家企业通过葡萄酒酒庄酒证明商标使用授权审核。

---

① 人力资源社会保障部. 关于做好水平评价类技能人员职业资格退出目录有关工作的通知（人社厅发〔2020〕80 号）[Z]. 2020-07-20.

- 2009 年，河北百林软木制品有限公司成立。
- 2009 年，烟台富美特食品科技有限公司成立。

公司旗下运营"食品伙伴网"。2017 年，整体变更为烟台富美特信息科技股份有限公司。

- 2009 年，宁夏青铜峡市禹皇酒庄有限公司成立。
- 2009 年，涿鹿龙珠葡萄酒有限公司成立。
- 2009 年，怀来葡缇泉葡萄籽科技开发有限公司成立。
- 2009 年，新疆西域明珠葡萄酒业有限公司成立。
- 2009 年，烟台泽义酒庄葡萄酿酒有限公司成立。
- 2009 年，云南东川长运印象葡萄酒有限公司成立。
- 2009 年，西藏芒康县藏东珍宝酒业有限公司成立。

注册商标为"达美拥"。主要产品有：玫瑰蜜甜型葡萄酒，玫瑰蜜晚采甜红"冰山玫瑰"，干型白葡萄酒"水晶橙酒"，赤霞珠、玫瑰蜜、水晶等葡萄品种混酿而成的"西藏小红酒"等。

- 2009 年，蓬莱龙亭葡萄酒庄有限公司成立。

蓬莱龙亭葡萄酒庄有限公司由北京用友科技有限公司持股 50%。

- 2009 年，《葡萄酒》杂志在广东创刊。
- 2009 年，上海卡聂高国际贸易有限公司成立。
- 2009 年，全国酿酒标准化技术委员会成立。

中国酒业协会为全国酿酒标准化技术委员会主任委员单位，中国食品发酵工业研究院为秘书处承担单位。

2009 年，第一届全国酿酒标准化技术委员会：王延才任主任委员，王富华、廖常京任副主任委员，熊正河委员兼任秘书长。

2016 年，第二届全国酿酒标准化技术委员会：王延才任主任委员，宋全厚委员兼任秘书长。

2021 年，第三届全国酿酒标准化技术委员会：宋书玉任主任委员，于学军、孙爱保、李记明、孙源才任副主任委员，宋全厚委员兼任秘书长。

- 2009 年，烟台张裕葡萄酿酒股份有限公司技术中心被农业部评定为"国家农产品葡萄加工技术研发分中心"。

- 2009 年，广西壮族自治区农业科学院葡萄与葡萄酒研究所成立。

  研究所前身为广西农科院南方葡萄研究中心。

- 2009 年，青岛葡萄酒博物馆揭牌。

  同时，成立青岛葡萄酒博物馆管理有限公司进行景区运营管理。青岛葡萄酒博物馆从人防工程改建而来，总面积 8800 平方米，由青岛市市北区政府投资建设而成。2010 年，正式对外开放。2012 年，被认定为国家 4A 级旅游景区。2024 年，被评为国家二级博物馆。

- 2009 年，国家标准《酒类及其他食品包装用软木塞》开始实施。

  2009 年 5 月 18 日，原国家质量监督检验检疫总局发布推荐性国家标准《酒类及其他食品包装用软木塞》（GB/T 23778—2009），自 2009 年 12 月 1 日起实施。本标准起草单位：国家葡萄酒及白酒、露酒产品质量监督检验中心，烟台麒麟包装有限公司，烟台华顶包装有限公司，烟台意隆葡萄酒包装有限公司。

  2017 年 11 月 7 日，工信部发布轻工行业标准《葡萄酒用软木塞中 2，4，6- 三氯苯甲醚迁移量的测定方法》（QB/T 5198—2017），自 2018 年 4 月 1 日起实施。本标准起草单位：中国食品发酵工业研究院、河北百林软木制品有限公司、宜宾市产品质量监督检验所、河北科技大学、中国长城葡萄酒有限公司。

- 2009 年，国家标准《葡萄酒储藏柜》开始实施。

  2009 年 5 月 18 日，原国家质量监督检验检疫总局发布推荐性国家标准《葡萄酒储藏柜》（GB/T 23777—2009），自 2009 年 12 月 1 日起实施。本标准起草单位：海尔集团公司、广州威凯检测技术研究所、青岛市产品质量监督检验所等。

  2020 年 11 月 19 日，国家市场监督管理总局、国家标准化管理委员会发布《智能家用电器的智能化技术 葡萄酒储藏柜的特殊要求》（GB/T 39377—2020），自 2021 年 6 月 1 日起实施。本标准起草单位：青岛海尔特种电冰柜有限公司、安徽中认倍佳科技有限公司、合肥华凌股份有限公司、中家院（北京）检测认证有限公司、海信家电集团股份有限公司、长虹美菱股份有限公司、博西华家用电器有限公司、青岛海尔智能技术研发有限公司、西安交通大学、青岛市产品质量监督检验研究院。

• 2009 年，河北省秦皇岛市被中国民间文艺家协会命名为"中国葡萄酒文化之乡"。

• 2009 年，罗斯柴尔德男爵中信酒业（山东）有限公司成立。

该公司是法国拉菲罗斯柴尔德集团继阿根廷、智利之后，在海外投资的第三个葡萄酒生产项目。其中，罗斯柴尔德男爵香港有限公司（DBR HK LIMITED）持股 70%，中信兴业投资集团有限公司持股 30%。2018 年，拉菲罗斯柴尔德集团收购中信兴业持有的股份并全资经营，公司更名为罗斯柴尔德男爵（山东）酒庄有限公司。

2019 年，旗下瓏岱酒庄开业，并于 9 月 19 日推出首批产品。

• 2009 年，蓬莱国宾酒庄有限公司成立。

曾用名山东盛唐葡萄酒庄有限公司。2011 年，第一瓶干红、干白正式上市，同年酒庄开业，采用"盛唐"注册商标，自营葡萄园 2000 亩。2013 年，推出甜白葡萄酒：盛唐晚收小芒森和马尔韦萨的混酿产品。2014 年，酒庄与蓬莱文旅集团合作，推出以蓬莱本地八仙文化为主题的"盛唐小八仙"系列葡萄酒。2018 年，推出桃红葡萄酒"盛唐霓裳"和 60 度葡萄蒸馏酒"盛唐焰遇"。2023 年，推出盛唐无醇葡萄酒系列。酒庄配套建设 4 星级标准的盛唐国宾大酒店和 5 星级标准的盛唐国际大酒店。现已发展为集种植、酿造、葡萄酒餐饮主题酒店及旅游观光、休闲度假等多元业态为一体的产业集群。2015 年，酒庄被认定为国家 3A 级旅游景区。

• 2009 年，辽宁华原葡萄酒庄有限公司成立。

• 2009 年，怀来县贵族庄园葡萄酒业有限公司成立。

• 2009 年，贺兰神（宁夏）国际葡萄酒庄有限公司成立。

- 2009 年，河北怀来瑞云葡萄酒股份有限公司成立。

  曾用名怀来瑞云庄园葡萄酒有限公司，旗下运营瑞云酒庄。

- 2009 年，张裕旗下张裕直供网正式上线运营。

- 2009 年，意大利葡萄酒生产协会（IWA）中国代表处在北京正式成立。

- 2009 年，《中国葡萄酒业三十年》（作者：孙志军）出版发行。

- 2009 年，国家标准《葡萄酒企业良好生产规范》发布。

  2009 年 4 月 14 日，国家质量监督检验检疫总局、国家标准化管理委员会发布《葡萄酒企业良好生产规范》（GB/T 23543—2009），自 2009 年 12 月 1 日起实施。

  本标准起草单位：中国食品发酵工业研究院、中粮酒业有限公司、烟台张裕葡萄酿酒股份有限公司、中法合营王朝葡萄酿酒有限公司、青岛华东葡萄酿酒有限公司。

- 2009 年，法国 CAFA 葡萄酒 & 烈酒学院 – 中国总校在北京成立。

- 2009 年，《当代中国酒界人物志》（作者：赵爱民）出版发行。

  本书遴选中国酒界知名人士 274 人，他们分别在发酵科学、微生物学、葡萄栽培与酿酒、葡萄品种学、企业经营与管理、酒类流通等领域做出了突出贡献，其中葡萄酒领域相关人士包括（排名不分先后）：陈驹声、陈小波、陈云昌、陈泽义、陈勇、陈朴先、魏喦寿、魏继武、朱宝镛、朱梅、朱思旭、朱力、朱跃明、金培松、方心芳、潘蓓蕾、王延才、王俊玉、王树生、王恭堂、王宜文、王琦、王军、王作仁、王秋芳、白智生、白镇江、李华、李记明、李素慧、李维青、李德美、孙利强、孙腾飞、刘树琪、刘春梅、刘长恩、曲喆、严升杰、吴飞、田凤英、张金山、张正欣、张传海、张春娅、容健、晁无疾、卢大晶、单树民、周洪江、武克钢、姚秀业、姚中哲、赵世辉、奚德智、蔡晓勤、宋书玉、耿兆林、米生喜、严斌、杨雪峰、邵学东、罗国光、段长青、郭其昌、高美书、黄卫东、彭德华、丁宝民、林建国、温文龙等。

- **2009 年，甘肃省葡萄酒产业技术研发中心成立。**

  批准单位为甘肃省发展和改革委员会。依托单位为甘肃农业大学。

- **2009 年，行业标准《饭店业星级侍酒师条件》开始实施。**

  2008 年 9 月 27 日，商务部发布国内贸易行业标准《饭店业星级侍酒师条件》（SB/T 10479—2008），自 2009 年 3 月 1 日起实施。全国餐饮业星级侍酒师分为五个星级：侍酒员（一星级）、调酒师（二星级）、侍酒师（三星级）、高级侍酒师（四星级）、大师级侍酒师（五星级）。本标准起草单位：中国饭店协会、北京盛世群芳酒店管理中心。

- **2010 年，北京酒仙电子商务有限公司成立。**

  2013 年，公司整体变更为酒仙网电子商务股份有限公司，为国内首家酒类垂直电商平台。2014 年，公司实现营收 15.78 亿元，以酒仙网（B2C）、中酿酒团购（B2B）和酒快到（O2O）为主的自营型电商业务平台，同时在天猫、京东等第三方 B2C 平台开设官方旗舰店 ①。

  2020 年，酒仙网线下连锁门店数量 897 家。酒仙网的茅台销售收入为 8.61 亿元，五粮液销售收入为 5.19 亿元，两者合计占比为 49.62%。2018—2020 年，酒仙网分别实现营收 22.07 亿元、29.97 亿元和 37.17 亿元 ②。2023 年，公司更名为酒仙控股集团股份有限公司。

- **2010 年，甘肃凉州葡萄酒有限公司在甘肃武威成立。**

  该公司控股股东为甘肃皇台酒业股份有限公司。皇台酒业的前身为创建于 1953 年的武威县酒厂。1993 年，先后兼并武威市印刷厂、武威市饮料厂、武威市纸箱厂、武威市柏树玻璃厂、武威市造纸厂、甘肃凉州纸品有限公司等 7 家企业，并于 1996 年设立国有独

---

① 酒仙网电子商务股份有限公司公开转让说明书［Z］. 2015-10-13.
② 酒仙网络科技有限公司招股说明书［Z］. 2021-08-12.

资企业甘肃皇台实业（集团）有限责任公司。1998年，皇台实业公司作为控股股东发起成立甘肃皇台酒业股份有限公司。皇台的葡萄基地建设起步于1995年，并在2002年引入葡萄酒生产线，出品"皇台牌""凉州牌"系列葡萄酒。

2005年，皇台酒业的葡萄酒业务实现营收3961万元，主营业务占比48%[1]。2011年，皇台酒业的葡萄酒业务实现营收912万元。2022年，皇台酒业的葡萄酒业务概况：设计产能为1万千升，实际产量为841千升，实现营收358万元[2]。

• 2010年，玉泉营葡萄苗木繁育中心落户宁夏玉泉营农场。

2011年，玉泉营葡萄苗木繁育中心被宁夏回族自治区命名为宁夏葡萄苗木工程技术研究中心。

• 2010年，也买（上海）商贸有限公司成立。

公司隶属于上海眸世贸易有限公司（2008年成立），简称为"也买酒"（Yesmywine），旗下运营专业葡萄酒垂直电商平台。2015年，陈年白酒运营商歌德盈香股份有限公司成为也买酒的控股股东。2018年，歌德盈香全资收购上海酒类连锁公司"酒老板"100%股权，连锁酒行的门店名称也统一启用"也买酒"。2022年，歌德盈香收购四川全兴酒业有限公司的33%股权。

• 2010年，壹玖壹玖酒类平台科技股份有限公司成立。

2020—2022年，1919分别实现营收40.20亿元、46.09亿元、47.14亿元。2022年，公司旗下门店2854家，其中直营店602家、直管店21家、直供店2231家[3]。

• 2010年，银川铖铖酒庄酒业有限公司成立。

• 2010年，香港葡萄酒商会成立。

• 2010年，宁夏贺麓葡萄酒业有限公司成立。

---

① 甘肃皇台酒业股份有限公司2005年年度报告［Z］. 2006-03-27.

② 甘肃皇台酒业股份有限公司2022年年度报告［Z］. 2023-04-29.

③ 壹玖壹玖酒类平台科技股份有限公司2022年度报告［Z］. 2023-06-28.

- 2010 年，新疆天塞酒庄有限责任公司成立。

公司名字取"天山脚下，塞外庄园"之意。2012 年首批产品上市。公司种植有 2800 亩有机葡萄园，酒庄酒年产能为 500 千升。

2012—2023 年，天塞酒庄连续 12 年发布生肖系列酒："收获"（蛇年）、"分享"（马年）、"吉祥"（羊年）、"感恩"（猴年）、"合家欢"（鸡年）、"AI 未来"（狗年）、"HI 世界"（猪年）、"乐鼠瑞吉"（鼠年）、"牛世纪"（牛年）、"虎动力"（虎年）、"途无量"（兔年）和"龙本原"（龙年）。

- 2010 年，宁夏原歌葡萄酒业有限公司成立。

2013 年，公司更名为宁夏原歌葡萄酒庄有限公司，公司经营范围由"葡萄种植"变更为"葡萄酒及果酒（原酒、加工灌装）的生产、销售"。2015 年，变更为宁夏原歌葡萄酒庄股份有限公司。2015 年，公司实现营收 1218 万元①。

- 2010 年，宁夏罗山酒庄有限公司成立。
- 2010 年，欧文斯伊利诺斯（上海）管理有限公司成立。

该公司为全球知名玻璃容器制造企业美国欧文斯伊利诺斯集团（Owens-Illinois，简称 O-I）在中国设立的管理型总部。目前，已在上海、广东、湖北、四川、天津、河北等地以收购或合资的方式设立玻璃生产基地和模具中心。

- 2010 年，烟台市葡萄与葡萄酒局成立。

2020 年，更名为烟台市葡萄与葡萄酒产业发展服务中心。

- 2010 年，秦皇岛仁轩酒庄有限公司成立。
- 2010 年，大连金石葡萄酒庄有限公司成立。
- 2010 年，新疆望中酒业有限责任公司成立。
- 2010 年，新疆天山冰湖葡萄酒业有限公司成立。
- 2010 年，石河子市汇泉葡萄酿酒公司成立。
- 2010 年，北京中坤落樱庄园葡萄酒有限公司成立。

---

① 宁夏原歌葡萄酒庄股份有限公司公开转让说明书［Z］. 2016-02-03.

- 2010 年，甘肃滕霖紫玉葡萄酒业有限公司成立。
- 2010 年，蓬莱泰生葡萄酒庄有限公司成立。
- 2010 年，新疆佰年庄酒业有限公司成立。
- 2010 年，深圳市品尚汇电子商务股份有限公司成立。

2010 年，品尚红酒网上线，定位 B2C 垂直电商。公司曾用名深圳市鑫品卓科技有限公司，2015 年更为现名。2013—2016 年，品尚汇分别实现营收 4256 万元、7902 万元、1.48 亿元、2.35 亿元[①]。

- 2010 年，《葡萄酒自酿漫谈》（作者：彭德华，曹建宏）出版发行。
- 2010 年，《橡木桶：葡萄酒的摇篮》（作者：李记明）出版发行。
- 2010 年，《中国葡萄酒》（作者：李华）出版发行。
- 2010 年，《酿酒葡萄品种学》（作者：战吉宬，李德美）出版发行。
- 2010 年，《葡萄酒酿造微生物学》（作者：福杰桑；译者：徐岩，康文怀）出版发行。
- 2010 年，美迪科包装印刷（广州）有限公司成立。
- 2010 年，伊犁天轩葡萄酒有限公司成立。
- 2010 年，新疆天伊葡萄原汁有限公司成立。
- 2010 年，北京莱恩堡葡萄酒业有限公司成立。

该公司的控股股东莱恩堡投资控股（北京）集团有限公司于 2015 年投资设立宁夏莱恩堡葡萄酒业有限公司。

- 2010 年，蓬莱龙湖葡萄酒业有限公司成立。
- 2010 年，怀来县誉龙葡萄酒庄园有限公司成立。
- 2010 年，专业网络媒体"知味"（TasteSpirit）创立。

隶属于上海酩享商务咨询有限公司。

- 2011 年，《中国酿酒科技发展史》（作者：洪光柱）出版发行。
- 2011 年，桓仁满族自治县葡萄酒产业发展局成立。

2020 年，机构注销，功能整合到桓仁满族自治县重点产业发展

① 深圳市品尚汇电子商务股份有限公司公开转让说明书［Z］. 2015-07-02.

服务中心。

- 2011 年，辽宁维格那葡萄酒有限责任公司成立。
- 2011 年，德州奥德曼葡萄酒庄有限公司成立。
- 2011 年，北京奥比安贸易有限公司成立。
- 2011 年，广州骏德酒业有限公司成立。
- 2011 年，北京年度酒庄有限公司成立。
- 2011 年，北京龙熙堡葡萄酒业有限公司成立。
- 2011 年，北京紫雾采邑酒业有限公司成立。
- 2011 年，山东省葡萄酒工程技术研究中心成立。

批准单位为山东省科学技术厅。依托单位为中粮长城葡萄酒（烟台）有限公司。2015 年，升级为山东省葡萄酒示范工程技术研究中心。

- **2011 年，国家标准《葡萄栽培和葡萄酒酿制设备 葡萄收获机 试验方法》开始实施。**

2010 年 11 月 10 日，原国家质量监督检验检疫总局、国家标准化管理委员会发布《葡萄栽培和葡萄酒酿制设备 葡萄收获机 试验方法》（GB/T 25393—2010）、《葡萄栽培和葡萄酒酿制设备 果浆泵 试验方法》（GB/T 25394—2010）和《葡萄栽培和葡萄酒酿制设备 葡萄压榨机 试验方法》（GB/T 25395—2010），自 2011 年 3 月 1 日起实施。

《葡萄栽培和葡萄酒酿制设备 葡萄收获机 试验方法》（GB/T 25393—2010）起草单位：新疆维吾尔自治区农牧业机械试验鉴定站、新疆维吾尔自治区农牧业机械管理局、新天国际葡萄酒业股份有限公司。

《葡萄栽培和葡萄酒酿制设备 果浆泵 试验方法》（GB/T 25394—2010）起草单位：新疆维吾尔自治区农牧业机械试验鉴定站、新天国际葡萄酒业股份有限公司。

《葡萄栽培和葡萄酒酿制设备 葡萄压榨机 试验方法》（GB/T

25395—2010）起草单位：新疆维吾尔自治区农牧业机械管理局、新疆维吾尔自治区农牧业机械试验鉴定站、新天国际葡萄酒业股份有限公司。

• **2011 年，国家标准《冰葡萄酒》开始实施。**

2011 年 1 月 10 日，原国家质量监督检验检疫总局和国家标准化管理委员会发布推荐性国家标准《冰葡萄酒》（GB/T 25504—2010），自 2011 年 9 月 1 日起实施。

本标准起草单位：中国食品发酵工业研究院、中国农业大学葡萄酒科技发展中心、烟台张裕葡萄酿酒股份有限公司、中法合营王朝葡萄酿酒有限公司、辽宁张裕冰酒酒庄有限公司、辽宁省本溪市质量技术监督局、辽宁省本溪市桓仁县质量技术监督局。

• **2011 年，银川市葡萄酒产业发展局成立。**

2019 年，更名为银川市葡萄酒产业发展服务中心。

• **2011 年，中粮集团收购法国雷沃堡酒庄。**

• **2011 年，酩悦轩尼诗夏桐（宁夏）酒庄有限公司成立。**

2011 年，法国酩悦轩尼诗酒业集团与宁夏农垦集团在宁夏合资成立酩悦轩尼诗夏桐（宁夏）葡萄园有限公司。2013 年，酩悦轩尼诗夏桐（宁夏）酒庄建成并投入运营。

2012 年，酩悦轩尼诗国际有限公司和华泽集团有限公司在云南合资设立酩悦轩尼诗夏桐香格里拉（德钦）酒业有限公司，开始运营敖云酒庄。

• **2011 年，国家白兰地、威士忌、伏特加及葡萄酒产品质量监督检验中心落户广东省酒类检测中心。**

2013 年，国家认监委批准广东省酒类检测中心筹建的国家白兰地、威士忌、伏特加及葡萄酒产品质量监督检验中心已按要求完成筹建工作并通过了评审和验收。按照国家产品质量监督检验中心的相关法定要求，对国家白兰地、威士忌、伏特加及葡萄酒产品质量监督检验中心进行了授权。

该检验中心设在广东省酒类检测中心。

• 2011 年，宁夏迦南美地酒庄有限公司成立。

• 2011 年，宁夏贺兰芳华田园酒庄有限公司成立。

• 2011 年，新疆元森葡萄酒业有限公司成立。

• 2011 年，宁夏红葡萄酿酒有限公司成立。

• 2011 年，新疆天裕葡萄酿酒有限公司成立。

• 2011 年，新疆天脉葡萄酒产业有限公司成立。

• 2011 年，新疆美仑堡葡萄酒有限公司成立。

• 2011 年，新疆瑞泰青林酒业有限责任公司成立。

新疆瑞泰青林酒业有限责任公司旗下建设有国菲酒庄。

• 2011 年，天津滨海国际酒类交易市场有限公司成立。

• 2011 年，北京国际酒类交易所有限公司成立。

其中，北京一轻控股有限责任公司、中信国安葡萄酒业股份有限公司、中粮长城酒业有限公司三家公司的持股比例分别为 30%、20%、10%。

• 2011 年，江苏临港进口葡萄酒集散中心有限公司成立。

• 2011 年，青岛市葡萄酒协会成立。

• 2011 年，甘肃省葡萄酒产业协会成立。

• 2011 年，醉驾入刑开始实施。

2011 年 2 月 25 日，全国人大常委会通过《中华人民共和国刑法修正案（八）》自 2011 年 5 月 1 日起施行。其中，在刑法第一百三十三条后增加一条，作为第一百三十三条之一："在道路上驾驶机动车追逐竞驶，情节恶劣的，或者在道路上醉酒驾驶机动车的，处拘役，并处罚金"。2013 年 6 月 28 日，公安部发布公共安全行业标准《生物样品血液、尿液中乙醇、甲醇、正丙醇、乙醛、丙酮、异丙醇和正丁醇的顶空－气相色谱检验方法》（GA/T 1073—2013），自发布之日起实施。该标准为机动车驾驶人血液酒精含量检测提供了技术依据。

2023 年 8 月 6 日，国家市场监督管理总局、国家标准化管理委员会发布《血液、尿液中乙醇、甲醇、正丙醇、丙酮、异丙醇和正丁醇检验》（GB/T 42430—2023），自 2024 年 3 月 1 日起实施。根据该标准，饮酒驾驶的上限从 50mg/100mL 降低到了 20mg/100mL，即只要血液中乙醇含量超过 20mg/100mL 就属于违法行为。而血液中乙醇含量大于或等于 80mg/100mL 则被认定为醉驾，属于犯罪行为。

- 2011 年，秦皇岛方圆包装玻璃有限公司在河北秦皇岛抚宁县创立。

2013 年，秦皇岛方圆包装玻璃有限公司与日本山村硝子株式会社组建为中外合资企业。

- 2011 年，云南藏地天香酒业有限公司成立。

云南藏地天香酒业有限公司旗下运营帕巴拉冰酒庄。

- 2011 年，山西尧京酒业有限公司成立。
- 2011 年，宁夏兰轩酒庄有限公司成立。
- 2011 年，香港优质葡萄酒交易所有限公司成立。
- 2011 年，烟台帝伯仕自酿机有限公司成立。

烟台帝伯仕自酿机有限公司起步于葡萄酒全自动酿酒机。2015 年，控股成立烟台帝伯仕酵母有限公司。2016 年，控股成立烟台帝伯仕酿酒设备有限公司。主要产品为葡萄酒大型发酵罐、大型白兰地、威士忌紫铜蒸馏器等。2016 年，公司拓展蒸馏器出口业务。2020 年，推出车载移动全自动蒸馏器。2022 年，推出车载移动全自动脱醇器。2023 年，推出车载移动全自动老熟设备。公司是法国酿酒辅料法欧朗斯（OENOFRANCE）在中国市场的总代理商。

- 2011 年，屈臣氏酒窖（上海）有限公司成立。
- 2011 年，宁夏博纳佰馥酒庄有限公司成立。
- 2012 年，红河龙缘葡萄酒业有限公司成立。
- 2012 年，大连宝盈龙酒庄有限公司成立。
- 2012 年，集安市百特酒庄有限公司成立。

酒庄年产冰葡萄酒 2 万瓶，主要产品为北冰红红冰葡萄酒和威代尔白冰葡萄酒。

- 2012 年，红酒世界网正式上线。
- 2012 年，宁夏贺兰山卓德酒庄有限公司成立。
- 2012 年，宁夏森淼兰月谷酒庄有限公司成立。
- 2012 年，山东台依湖葡萄酒业股份有限公司成立。
- 2012 年，《桓仁满族自治县冰葡萄酒管理条例》施行。

  2012 年 3 月 30 日，辽宁省人大常委会批准《桓仁满族自治县冰葡萄酒管理条例》，自 2012 年 4 月 10 日起施行。
- 2012 年，甘肃省武威市被中国食品工业协会命名为"中国葡萄酒城"。
- 2012 年，宁夏阳阳国际酒庄有限公司成立。

  2018 年，更名为宁夏阳阳国际酒庄股份有限公司。
- 2012 年，宁夏兰一酒庄有限公司成立。
- 2012 年，银川宝实葡萄酒庄有限公司成立。
- 2012 年，宁夏紫尚葡萄酿酒有限公司成立。
- 2012 年，黑龙江天隆酒庄有限公司成立。
- 2012 年，新疆沙地葡萄酒业股份有限公司成立。
- 2012 年，新疆纳兰河谷葡萄酒庄有限公司成立。
- 2012 年，新疆唐庭霞露酒庄有限公司成立。
- 2012 年，吉林柳河汇源龙韵酒庄有限公司成立。
- 2012 年，深圳市葡萄酒行业协会成立。
- 2012 年，海南省葡萄酒行业协会成立。
- 2012 年，北京市房山区酒庄葡萄酒协会成立。
- 2012 年，国内首部全方位聚焦葡萄酒产业链领域商机的系列节目《淘金葡萄酒》在央视播出。

  《淘金葡萄酒》为 CCTV-7《致富经》特别节目，共分为五集：《纷纭乍起》《跑马圈地》《酒庄之谜》《暴利之争》《无限商机》。
- 2012 年，烟台市葡萄酒协会成立。

  2014 年，更名为烟台市葡萄与葡萄酒协会。
- 2012 年，温州国际葡萄酒交易集散中心有限公司成立。

- 2012 年，集安市鸭江谷酒庄有限公司成立。

酒庄现年产冰红、冰白葡萄酒 5 万瓶。

- 2012 年，《中国葡萄属野生资源》（作者：贺普超）出版发行。
- 2012 年，《深度品鉴葡萄酒》（作者：李德美）出版发行。
- 2012 年，《中国葡萄酒文化》（作者：唐文龙，阮仕立，孔令红）出版发行。
- 2012 年，行业标准《葡萄酒原酒流通技术规范》开始实施。

2012 年 8 月 1 日，商务部发布国内贸易行业标准《葡萄酒原酒流通技术规范》（SB/T 10711—2012）和《葡萄酒运输、贮存技术规范》（SB/T 10712—2012），自 2012 年 12 月 1 日起实施。

两项标准的起草单位均为：中国食品发酵工业研究院、中国酿酒工业协会、中国酒类流通协会、烟台张裕葡萄酿酒股份有限公司、北京朝批商贸股份有限公司、北京市糖业烟酒公司。

- 2012 年，《葡萄酒行业准入条件》开始实施。

2012 年 6 月 13 日，工业和信息化部发布《葡萄酒行业准入条件》，自 2012 年 7 月 1 日起施行。

根据该规定，葡萄酒企业（项目）的原料保障能力应不低于生产能力的 50%。其中，葡萄酒原酒及特种葡萄酒生产企业（项目）原料保障能力应不低于其生产能力的 70%；酒庄酒生产企业自有的酿酒葡萄原料保障能力应不低于其生产能力的 70%。

2020 年 8 月 10 日，工业和信息化部发布 2020 年第 35 号公告，自公告发布之日起《葡萄酒行业准入条件》予以废止。

- 2012 年，意大利爱赛科有限公司北京代表处成立。

该代表处是意大利英纳帝斯（ENARTIS）酿酒辅料在中国区的代表机构，简称"英纳帝斯中国"。英纳帝斯于 2006 年进入中国市场。目前通过三家经销商来开展进出口和国内销售业务，分别为北京君悦诚品科贸有限公司、北京博瑞智恒科技发展有限公司和新疆顶峰进出口有限公司。

- 2012 年，宁夏回族自治区葡萄花卉产业发展局成立。

  2015 年，更名为宁夏回族自治区葡萄产业发展局。
- 2012 年，宁夏海香苑酒庄有限公司成立。
- 2012 年，《酒文化学》（作者：侯红萍）出版发行。
- 2012 年，广东省酒类行业协会发起成立广东省品酒师侍酒师管理专业委员会（GSA）。

  2013 年，广东省品酒师侍酒师管理专业委员会与国际侍酒师协会（International Sommelier Guild，ISG）签订战略合作协议，获得授权并负责 ISG 侍酒师认证课程的全国授权与推广。2014 年，深圳合纵文化集团（AAG）正式取得代理权，成为 ISG 认证课程培训在中国区又一获得授权的市场推广合作机构。
- 2012 年，辽宁三合酒业有限公司成立。

  旗下运营龍麟冰酒酒庄。
- 2012 年，醇鉴中国（DecanterChina.com）网站上线。
- 2012 年，葡萄酒导购社区"葡萄集"上线。

  运营企业为深圳市葡萄集科技有限公司。
- 2012 年，宁夏德沃酒庄有限公司成立。
- 2012 年，黑龙江省龙森山葡萄酒有限责任公司成立。
- 2012 年，中国农学会葡萄分会授予吐鲁番"中国葡萄圣城"称号。

  吐鲁番市拥有"吐鲁番葡萄""吐鲁番葡萄干"和"吐鲁番葡萄酒"三个国家地理标志产品。
- 2012 年，北京市房山区葡萄种植及葡萄酒产业促进中心成立。
- 2012 年，甘肃三十八度葡萄酒庄有限公司成立。
- 2012 年，贵州红岩生态葡萄酒业有限责任公司成立。
- 2013 年，武威久石红葡萄酒产业发展有限公司成立。
- 2013 年，克洛维斯（CLOVITIS）国际酿酒顾问团队创立。

  创始人为廖晓燕女士。目前，克洛维斯已为"贺兰神""银色高地""铖铖""兰轩""蒲尚""原歌""浩源""达祖"和"仙露堡"

等近 30 家中国精品酒庄提供葡萄种植与酿造技术咨询服务。同时，还为国内产区提供专业技术讲座与咨询等服务。

- 2013 年，干露酒业贸易（上海）有限公司成立。
- 2013 年，河北省酿酒葡萄工程技术研究中心成立。

批准单位为河北省科学技术厅，依托单位为中粮华夏长城葡萄酿酒有限公司。

- 2013 年，新疆大唐西域酒庄股份有限公司成立。
- 2013 年，北京辉煌云上葡萄酒庄有限公司成立。
- 2013 年，宁夏诺盟生物科技有限公司成立。

该公司是法国诺盟（LAMOTHE-ABIET）酿酒辅料在中国区的代理商。

- 2013 年，张家口怀谷庄园葡萄酒有限公司成立。
- 2013 年，新疆嘉恒葡萄酒业有限公司成立。
- 2013 年，南方刺葡萄产业发展研究中心在湖南中方县成立。
- 2013 年，内蒙古瑞沃酒庄有限公司成立。
- 2013 年，黑龙江青谷酒庄有限公司成立。
- 2013 年，宁夏和誉国际葡萄酒庄有限公司成立。
- 2013 年，宁夏利思葡萄酒庄有限公司成立。
- 2013 年，宁夏长和翡翠酒庄有限公司成立。
- 2013 年，宁夏立兰酒庄有限公司成立。
- 2013 年，智利葡萄酒协会亚太地区代表处在上海成立。
- 2013 年，山东蓬莱逃牛岭葡萄酒有限公司成立。

2016 年，葡萄基地和酒庄同时开始建设。2020 年，正式对外营业。自有葡萄园 600 亩，种植赤霞珠、品丽珠、马瑟兰、小维尔多、霞多丽、长相思等葡萄品种，年产能 20 万瓶。产品分为"木澜魂""逃牛岭""初叙"三个系列。酒庄内的餐厅与米其林二星餐厅上海喜粤 8 号合作。酒庄内设有 47 间客房、68 张床位，并拥有健身房、棋牌室、桌球室和会议室等娱乐休闲和商务设施。

• 2013 年，烟台安诺酒庄有限公司成立。

2014 年开始建设葡萄园。2020 年，正式对外营业，并推出第一瓶葡萄酒"2018 年份久诺干红"。酒庄占地 1200 亩，葡萄园 500 亩，年产葡萄酒 10 万瓶。产品分为四大系列：丘谷系列、久诺系列、雁湖系列和庄园系列。2022 年，安诺酒庄被评为国家 3A 级旅游景区。

• 2013 年，弥勒市长石酒庄有限责任公司成立。

• 2013 年，山西蠡淼酒庄有限公司成立。

• 2013 年，山东省农科院葡萄与葡萄酒工程研究中心在山东济南成立。

• 2013 年，上海葡萄酒及烈酒贸易展览会（ProWine Shanghai）举办。

德国杜塞尔多夫葡萄酒与烈酒博览会（ProWein Dusseldorf）创办于 1994 年，主办方为德国杜塞尔多夫展览集团，按照惯例每年 3 月份在德国杜塞尔多夫举办。2009 年，独资设立杜塞尔多夫展览（上海）有限公司。

2013—2024 年，共举办 11 届上海葡萄酒及烈酒贸易展览会。

• 2013 年，国管局等联合发布《关于严禁中央和国家机关使用"特供""专供"等标识的通知》（国管办〔2013〕59 号）。

• 2013 年，卡思黛乐酒业（中国）有限公司成立。

2003 年，法国卡斯特兄弟股份有限公司上海代表处成立，以法国总公司的名义（CASTEL FRERES）在中国市场开展业务。2006 年，法国卡斯特兄弟股份有限公司开始通过中国经销商独立运营进口瓶装葡萄酒业务。2011 年，法国卡斯特兄弟股份有限公司更名为法国卡斯特兄弟简化股份公司。

2013 年，法国卡斯特兄弟简化股份公司更名为法国卡思黛乐兄弟简化股份公司。卡思黛乐酒业（中国）有限公司是由法国卡思黛乐兄弟简化股份公司（CASTEL FRERES SAS）全资控股的企业。

• 2013 年，宁夏贺兰山东麓葡萄与葡萄酒国际联合会挂牌成立。

2017 年，业务主管单位由宁夏回族自治区林业厅变更为宁夏贺兰山东麓葡萄酒产业园区管理委员会办公室（自治区葡萄产业发展局）。

• **2013 年，行业标准《酒类行业流通服务规范》开始实施。**

2013 年 4 月 16 日，商务部发布国内贸易行业标准《酒类行业流通服务规范》（SB/T 11000—2013），自 2013 年 11 月 1 日起实施。本标准起草单位：中国商业联合会零售供货商专业委员会、中国人民大学、北京五洲创意营销策划有限公司等。

• **2013 年，商务部对原产自欧盟的进口葡萄酒展开"双反"调查。**

2013 年 7 月 1 日，商务部决定对原产于欧盟的进口葡萄酒进行反倾销和反补贴调查。调查在 2014 年 7 月 1 日前结束。之后，本案申请人中国酒业协会代表国内葡萄酒行业与欧盟葡萄酒行业达成谅解备忘录。2014 年 3 月 19 日，中国酒业协会向商务部提出撤销申请，并请求终止此次反倾销调查和反补贴调查。2014 年 3 月 24 日，商务部决定终止该项"双反"调查 ①。

• **2013 年，张裕公司收购法国富郎多酒庄。**

2013—2019 年，张裕公司共在海外收购了 6 个酒庄，分别是：法国富郎多干邑酒庄、西班牙爱欧公爵酒庄、法国蜜合花酒庄、智利魔狮酒庄、澳大利亚歌浓酒庄、法国拉颂酒庄。

• **2013 年,《宁夏贺兰山东麓葡萄酒产区保护条例》开始施行。**

2012 年 12 月 5 日，宁夏回族自治区人大常委会通过《宁夏贺兰山东麓葡萄酒产区保护条例》，自 2013 年 2 月 1 日起施行。

• **2013 年，吉林圣鑫农业发展有限公司圣鑫葡萄酒庄成立。**

• **2013 年，中国山葡萄酒博物馆在吉林通化落成并对外开放。**

中国山葡萄酒博物馆由通天酒业投资建设，位于通化通天酒业有限公司主厂区内，其与葡萄酒生产车间、原酒贮藏车间、山葡萄种植示范园和功能性地下储酒窖共同成为通天山葡萄文化产业园的核心组成部分。2014 年，通天山葡萄文化产业园被认定为国家 4A

---

① 商务部贸易救济局. 关于终止对原产于欧盟的进口葡萄酒的反倾销调查和反补贴调查的公告（商务部公告 2014 年第 19 号）[Z]. 2014–03–24.

级旅游景区。

• 2013 年，新疆米兰天使酒庄有限公司成立。

• 2013 年，宁夏志辉源石葡萄酒庄有限公司成立。

该公司由宁夏志辉实业集团投资建设。首批酿酒葡萄种植于 2008 年。主要产品：橡木桶陈酿型的山系列和新鲜果香的石黛系列葡萄酒。2019 年，被评为宁夏贺兰山东麓葡萄酒产区二级列级酒庄。2020 年，志辉源石酒庄被评为国家 4A 级旅游景区。

• 2013 年，宁夏留世葡萄酒庄有限公司成立。

宁夏留世葡萄酒庄的葡萄园位于宁夏回族自治区银川市西夏王陵风景区内，海拔 1246 米，"留世 1246" 得名于此。酒庄共种植酿酒葡萄 450 亩，其中栽种于 1997 年的葡萄园面积约 200 亩。

• 2013 年，宁夏沃尔丰葡萄酒有限公司成立。

• 2013 年，烟台瀑拉谷酒庄管理有限公司成立。

• 2013 年，位于秦皇岛市昌黎县的茅台葡萄酒花岗岩酒洞被中国食品工业协会正式授予 "中国红酒第一洞" 称号。

• 2013 年，山东省蓬莱市被中国经济林业协会命名为 "中国酿酒葡萄之乡"。

• 2013 年，深圳进口葡萄酒交易中心有限公司成立。

• 2013 年，珠海壹佰国际葡萄酒交易中心有限公司成立。

• 2013 年，中法合营王朝葡萄酿酒有限公司与中央广播电视总台联合推出 20 集葡萄酒文化系列短片《美酒传奇》。

该系列短片主要讲述内容：①酒神苏醒；②葡萄酒与王室；③波尔多玫瑰；④白胡子与酒；⑤美酒美食；⑥酒堡绝恋；⑦葡萄酒贸易战；⑧香槟的诞生；⑨画笔下的盛宴；⑩美酒佳酿；⑪玻璃的故事；⑫风土的秘密；⑬寂静的交响乐；⑭醉意酒窖；⑮舌尖上的舞蹈；⑯当葡萄爱上橡木桶；⑰酒中诗歌；⑱美酒生活；⑲五大名庄；⑳王朝与葡萄酒。

• 2013 年，和硕县葡萄酒行业协会成立。

- 2013 年，成都市葡萄酒协会成立。
- 2013 年，承德市葡萄酒协会成立。
- 2013 年，福建省葡萄酒文化协会成立。
- 2013 年，《葡萄与葡萄酒词典》（作者：李华）出版发行。
- 2013 年，《葡萄酒果酒法规与市场监管》（作者：杨和财，王华）出版发行。
- 2013 年，《葡萄酒战争》（作者：麦克·维塞斯；译者：马捷）出版发行。
- 2013 年，《葡萄酒风味化学》（作者：克拉克，巴克；译者：徐岩）出版发行。
- 2013 年，《驯服螺旋帽：葡萄酒密封技术的革命》（作者：泰森；译者：廖祖宋）出版发行。
- 2013 年，河北宣化传统葡萄园被原农业部认定为"第一批中国重要农业文化遗产"。

  2017 年，柳河县山葡萄栽培系统被农业部列入"第四批中国重要农业文化遗产名单"。2023 年，西藏芒康葡萄栽培系统、河北涿鹿龙眼葡萄栽培系统被农业农村部认定并列入为"第七批中国重要农业文化遗产名单"。

- 2013 年，中国农学会葡萄分会授予中方县桐木镇"中国刺葡萄之乡"称号。
- 2013 年，国家酒类包装产品质量监督检验中心开始在四川泸州筹建。

  2013 年，获原国家质检总局批准筹建。2014 年，首次通过实验室认可、资质认定、食品检验机构资质认定的现场评审。2015 年，原国家质检总局和国家认监委联合发文批准国家酒类包装产品质量监督检验中心（四川）正式成立。

  该中心依托单位为泸州市产品质量监督检验所。

- 2013 年，葡萄酒垂直媒体"侍酒师画报"开通微博账号。

- 2013 年，葡萄酒行业媒体"乐酒客（LOOKVIN）"正式上线。

  乐酒客的运营商为江苏酒悦汇电子商务有限公司。
- 2013 年，桓仁思帕蒂娜冰酒庄园股份有限公司成立。
- 2013 年，北京悦星腾润葡萄酒文化发展有限公司成立。

  旗下运营"悦星葡萄酒学院"培训服务板块。
- 2013 年，中文葡萄酒数据搜索平台 App 酒咔嚓（9KaCha）上线。

  运营企业为佛山市咔嚓购信息技术有限公司。
- 2014 年，《西部地区鼓励类产业目录》发布。

  2014 年 8 月 20 日，国家发改委发布《西部地区鼓励类产业目录（2014 年本）》，自 2014 年 10 月 1 日起施行。纳入本目录的酒相关产业：优质酿酒葡萄基地建设及优质葡萄酒酿制（陕西省）；优质酿酒葡萄基地建设及优质葡萄酒酿制、优质啤酒原料种植／加工（甘肃省）；优质酿酒葡萄基地建设及优质葡萄酒酿制（宁夏回族自治区）；优质酿酒葡萄基地建设及优质葡萄酒酿制（新疆维吾尔自治区）。

  2021 年 1 月 18 日，国家发展和改革委员会发布《西部地区鼓励类产业目录（2020 年本）》，自 2021 年 3 月 1 日起施行。《西部地区鼓励类产业目录（2014 年本）》同时作废。本目录中新增的酒相关产业：优质酿酒葡萄种植与酿造（云南省）；酒、饮料和精制茶制造（西藏自治区）；优质酿酒葡萄种植与酿造（甘肃省）；优质酿酒葡萄种植与酿造（宁夏回族自治区）；葡萄酒和饮料生产（新疆维吾尔自治区。）
- 2014 年，新疆中菲酿酒股份有限公司成立。
- 2014 年，宁夏米擒酒庄有限公司成立。
- 2014 年，银川名麓葡萄酒庄有限公司成立。

  2024 年，更名为木兰朵（宁夏）酒庄有限公司。
- 2014 年，宁夏贺兰山仁益源葡萄酒庄有限公司成立。
- 2014 年，宁夏贺兰塞北乐奇葡萄酒庄有限责任公司成立。
- 2014 年，宁夏蓝赛葡萄酒业有限公司成立。
- 2014 年，银川新牛葡萄酒庄园有限公司成立。

- **2014 年，酒业家传媒正式成立。**

  所属公司为北京酒家世纪传媒技术有限公司。酒业家传媒旗下运营三大业务：酒业家垂直媒体（网站和微信公众号）、快消垂直媒体、"中国高端酒展览会"展会平台。

- **2014 年，葡萄酒商业观察（Wine Business Observation，WBO）公众号上线。**

  该公众号由成都葡观企业营销策划有限公司运营。

- **2014 年，易富（上海）贸易有限公司成立。**

  为澳大利亚富邑葡萄酒集团（Treasury Wine Estates，TWE）在中国设立的全资子公司。2023 财年，富邑集团实现营收 24.23 亿澳元（约合人民币 113.48 亿元）。其中，奔富系列（Penfolds）约 8.20 亿澳元（约合人民币 38.55 亿元）。

- **2014 年，新疆嘉禾葡萄酒有限公司成立。**
- **2014 年，新疆大漠酒庄有限公司成立。**
- **2014 年，宁夏青铜峡市维加妮酒庄有限公司成立。**
- **2014 年，北京市延庆区葡萄与葡萄酒协会成立。**
- **2014 年，北京挖玖电子商务有限公司成立。**
- **2014 年，内蒙古阳光田宇葡萄酿酒有限公司成立。**

  2016 年，阳光田宇国际酒庄被评为国家 4A 级旅游景区。

- **2014 年，潍坊高崖仙月葡萄酒酿造有限公司成立。**
- **2014 年，内蒙古珠慕合葡萄酒有限公司成立。**
- **2014 年，内蒙古沙恩葡萄酒业有限公司成立。**
- **2014 年，宁夏御坊葡萄酒庄有限公司成立。**
- **2014 年，宁夏贺兰塞北乐奇葡萄酒庄有限责任公司成立。**
- **2014 年，宁夏万阳国际酒庄有限公司成立。**
- **2014 年，横琴国际葡萄酒投资有限公司成立。**
- **2014 年，宁夏新慧彬葡萄酒庄有限公司成立。**

  建园于 1997 年。旗下运营尚颂堡酒庄。

- 2014 年，宁夏中坤落樱葡萄酒庄有限公司成立。
- 2014 年，通化万通葡萄酒股份有限公司成立。

通化天露饮品厂于 2000 年建厂。2011 年被吉林万通集团重组收购，并控股成立通化天露葡萄酒股份有限公司，后更名为通化天露饮品股份有限公司。2014 年，全资成立通化万通葡萄酒股份有限公司。公司主要产品为保健酒、葡萄酒、果酒、配制酒和饮料等五大系列 60 多个品种。2021 年，万通天露葡萄酒窖（金航酒庄旅游景区）被认定为国家 3A 级旅游景区。公司为行业标准《果酒 第 2 部分：山楂酒》（QB/T 5476.2—2021）起草单位之一。

- 2014 年，甘肃红桥庄园葡萄酒有限责任公司成立。
- 2014 年，甘肃天驭葡萄酒庄有限公司成立。
- 2014 年，宁夏国际葡萄酒交易博览中心（有限公司）成立。

由宁夏贺兰山东麓葡萄酒产业园区管理委员会投资的国有独资公司。目前，旗下拥有 11 家子公司：宁夏金葡萄农林科技有限公司、宁夏金葡萄担保有限公司、宁夏贺兰红酒庄有限公司、宁夏贺兰红酒业有限公司、宁夏贺金樽酒庄有限公司、宁夏葡萄酒职业技能培训学校有限公司、宁夏闽宁情葡萄酒有限公司、宁夏玉鸽酒庄有限公司、宁夏贺金钟葡萄文化有限公司、宁夏贺兰山东麓葡萄酒产业技术创新中心（有限公司）、宁夏贺兰山东麓建设工程有限公司。另外，还有 2 家参股公司：宁夏贺兰魂酒业有限公司、宁夏葡膳餐饮服务有限公司。

宁夏贺兰红酒庄有限公司为"贺兰红"注册商标的持有人。2023 年，宁夏贺兰红酒业有限公司成为杭州第 19 届亚运会官方红酒供应商。

- 2014 年，重庆市葡萄酒协会成立。
- 2014 年，威海市葡萄酒协会成立。
- 2014 年，武汉进口葡萄酒行业协会成立。
- 2014 年，浙江省大众葡萄酒行业协会成立。

- 2014年，泰安市红酒文化协会成立。
- 2014年，《世界葡萄酒地图（第七版）》（作者：休·约翰逊，杰西斯·罗宾逊；译者：吕扬，严轶韵，汪子懿，汪海滨，颜晓燕，朱明晖）出版发行。
- 2014年，《中国葡萄品种》（作者：刘崇怀，马小河，武岗）出版发行。
- 2014年，《酿酒葡萄栽培实用技术》（作者：王振平）出版发行。
- 2014年，《酒类风味化学》（作者：范文来，徐岩）出版发行。
- 2014年，中国南方刺葡萄研究中心在湖南中方县成立。
- 2014年，《宁夏贺兰山东麓葡萄酒产区列级酒庄评定管理暂行办法》正式实施。

　　2013年12月31日，宁夏回族自治区人民政府办公厅印发《宁夏贺兰山东麓葡萄酒产区列级酒庄评定管理暂行办法》（宁政办发〔2013〕178号），自2014年2月1日起施行。

　　2016年1月17日，宁夏回族自治区人民政府办公厅印发《宁夏贺兰山东麓葡萄酒产区列级酒庄评定管理办法》（宁政办发〔2016〕17号），自2016年3月1日起施行。宁政办发〔2013〕178号文件同时废止。

　　在宁夏贺兰山东麓酿酒葡萄保护区范围内注册的所有酒庄均可参加列级评定。列级酒庄实行五级制，分别为一级酒庄、二级酒庄、三级酒庄、四级（优质）酒庄、五级（旅游）酒庄。一级为最高级别。各酒庄每2年参加评选1次，实行逐级评定晋升；晋升到一级酒庄后，每10年参加评选1次。

- 2014年，蓬莱仙湖酒业有限公司成立。
- 2014年，甘肃省酿酒葡萄苗木快繁工程技术研究中心成立。

　　批准单位为甘肃省科学技术厅。依托单位为武威市林业科学研究院。

- 2014年，中国葡萄酒协会联盟在四川成都成立。

　　秘书处设立在成都。联盟成员单位：承德市酒业协会、海南省葡萄酒行业协会、通化市葡萄酒协会、西安国际商会葡萄酒分会、汕头市酒类流通协会、桓仁冰酒联合商会、西北农林科技大学中国葡萄酒博物馆、陕西果业协会葡萄分会、大连酒业协会葡萄酒分会、香格里拉冰酒协会、广西酒类行业协会葡萄酒分会、江苏酒类行业协会葡萄酒分会、深圳市葡萄酒行业协会、青铜峡市葡萄酒产业协会、揭阳酒类流通协会葡萄酒分会、西北农林科技大学葡萄酒学院、河南酒业协会葡萄酒分会、新疆天山北麓葡萄酒行业协会、菏泽市葡萄酒行业协会、福建葡萄酒文化协会、TOEwine 深圳葡萄酒与烈酒博览会、Asia Wine 青岛葡萄酒与烈酒博览会、长沙酒业研究会、成都市葡萄酒协会、石家庄市葡萄酒行业协会、常春藤葡萄酒市场研究机构、银川葡萄与葡萄酒产业协会、红寺堡区葡萄与葡萄酒协会、吐鲁番葡萄与葡萄酒产业发展局、甘肃省葡萄酒产业协会、广东酒类行业协会葡萄酒分会、青岛葡萄酒协会、新疆伊犁河谷葡萄酒产业协会、新疆焉耆盆地葡萄酒行业协会、乌海市葡萄与葡萄酒行业协会、安徽铜陵铜冠广场葡萄酒推广中心、陕西酒庄联盟、保定市酒类流通协会、武汉进口葡萄酒行业协会、唐山葡萄酒国际品酒师俱乐部、吉马国际酒文化中心、上海市酒业协会葡萄酒分会、香港酒业总商会、吉林松原职业技术学院葡萄与葡萄酒研究所。

2020 年，经中国葡萄酒产业技术研究院审批通过，中国葡萄酒协会联盟归属为其下属机构，秘书处设立在中国葡萄酒产业技术研究院。

• **2014 年，阿坝金川映象葡萄酒业有限责任公司成立。**

• **2014 年，天鹅醇雅电子商务（上海）有限公司成立。**

该公司为澳大利亚天鹅酿酒集团在中国设立的分支机构，负责集团在华业务。旗下核心品牌为"天鹅庄（AUSWAN CREEK）"。2022 年，以澳洲原酒灌装业务为主的天鹅嘉华酿酒有限公司在山东烟台正式投产，推出"灵魂水滴"系列产品。2022 年，在宁夏合资成立天鹅皇蔻（宁夏）酿酒有限公司推出"天马庄·蓝色马"品牌。

• **2014 年，宁夏法赛特葡萄酒庄股份有限公司成立。**

2017 年，公司实现营收 1208 万元。2022 年，公司实现营收 1166 万元[①]。

• **2014 年，全国酿酒标准化技术委员会葡萄酒分技术委员会在山东烟台成立。**

2014 年，第一届葡萄酒分技术委员会：王琦任主任委员，朱济义、李华任副主任委员，马佩选委员兼秘书长，郭新光、王树生、王祖明任委员兼副秘书长。

2022 年，第二届葡萄酒分技术委员会：王琦任主任委员，朱济义、李华、段长青任副主任委员，赵永福任委员兼秘书长，郭新光、李德美、火兴三任委员兼副秘书长。

秘书处设在烟台市标准计量检验检测中心（原烟台市产品质量监督检验所），秘书处承担单位为国家葡萄酒及白酒、露酒产品质量监督检验中心。

• **2014 年，新疆源生园葡萄酒庄有限公司成立。**

2020 年，公司更名为玛纳斯香海国际酒庄有限公司。

• **2014 年，宁夏艾克德机械制造有限公司成立。**

• **2014 年，新疆车师酒庄有限公司成立。**

• **2014 年，江苏怡亨酒庄有限公司成立。**

• **2014 年，新疆瑶池西夜葡萄酒业有限公司成立。**

• **2014 年，新疆华兴庄园酒业有限公司成立。**

• **2014 年，宁夏东方裕兴酒庄有限公司成立。**

• **2014 年，南宁市朱利安葡萄酒咨询有限公司成立。**

• **2014 年，昌吉市印象戈壁葡萄酒庄有限责任公司成立。**

---

① 宁夏法塞特葡萄酒庄股份有限公司 2022 年度报告［Z］. 2023-04-19.

- 2014 年,《葡萄酒产业密码》（作者：刘树琪）出版发行。
- 2014 年，江苏红日酒业有限公司成立。
- 2014 年，黑龙江省牡丹江农垦兴凯湖葡萄酒庄有限公司成立。
- 2014 年，新疆新北道葡萄酒有限公司成立。
- 2014 年，葡萄酒脱口秀节目《漫谈葡萄酒》在网络视频平台爱奇艺上线。
- 2014 年，甘肃省酿酒葡萄苗木快繁工程技术研究中心成立。

  批准单位为甘肃省科学技术厅。依托单位为武威市林业科学研究院。

- 2014 年，深圳德斯汀安酒业顾问有限公司成立。

  旗下运营"德斯汀安葡萄酒教育"培训服务板块。

- 2014 年,《2014—2015 法国葡萄酒年鉴》（中文版）（作者：切里·德俊，米歇尔·贝丹；译者：刘佳等）出版发行。

  由此，贝丹德梭葡萄酒品鉴机构（Bettane + Desseauve）进入中国。2015 年,《贝丹德梭葡萄酒年鉴》开始收录中国葡萄酒。31 款中国葡萄酒入选《2015—2016 贝丹德梭葡萄酒年鉴》，82 款中国葡萄酒入选《2017 年贝丹德梭葡萄酒年鉴》。

  《贝丹德梭葡萄酒年鉴》中文版和贝丹德梭美酒展（Bettane + Desseauve Le Grand Tasting）是贝丹德梭在中国市场的两项主要业务板块。

- **2015 年，中国酒业协会开始发起"全国理性饮酒日"年度公益宣传活动。**

  2015 年中国酒业协会发起并设立每年 10 月的第三个星期五为"全国理性饮酒日"，向全社会倡导和传递科学、安全、健康地适量饮酒理念。2015 年全国理性饮酒日的活动主题为"理性饮酒，拒绝酒驾"。

  2016 年，中国酒业协会将此项活动拓展为宣传周。2016—2024 年，全国理性饮酒宣传周的活动主题分别为"关爱成长，非成勿饮""适量饮酒，快乐生活""理性文明，拒绝酒驾"。

- 2015 年，宁夏古城人家酒庄有限责任公司成立。
- 2015 年，新疆馨玉酒庄有限公司成立。
- 2015 年，香港酒业总商会成立。
- 2015 年，宁夏美御葡萄酒酿造有限公司成立。

　　该公司隶属于美的控股有限公司，旗下运营美贺庄园。

- 2015 年，新疆维吾尔自治区天山北麓葡萄酒产业协会成立。

　　2021 年，更名为新疆葡萄酒协会，为天山北麓葡萄酒地理标志产品保护的申请人。

- 2015 年，中国农学会葡萄分会授予敦煌市"中国葡萄名城"称号。
- 2015 年，西藏高原葡萄栽培与酿造工程技术研究中心在西藏芒康县成立。
- 2015 年，宁夏吴忠红寺堡镇被中国商业企业管理协会授予"中国葡萄酒第一镇"称号。
- 2015 年，新疆伊犁金葡庄园葡萄酿酒有限公司成立。
- 2015 年，新疆一品红葡萄酒有限公司成立。
- 2015 年，新疆炎帝博格达酒业股份有限公司成立。
- 2015 年，吉林省长白山原始森林山葡萄酒有限公司成立。
- 2015 年，宁夏宁爵葡萄酒庄有限公司成立。
- 2015 年，宁夏庄之源酒庄有限公司成立。
- 2015 年，宁夏百富嘉华酒庄有限公司成立。
- 2015 年，武威香酩葡萄酒酿造有限公司成立。
- 2015 年，怀来未名酒庄有限公司成立。
- 2015 年，深圳前海葡萄酒创新管理有限公司成立。
- 2015 年，科森瓶塞（天津）有限公司成立。
- 2015 年，桂林市葡萄酒文化学会成立。
- 2015 年，《百年张裕传奇》（作者：王恭堂）出版发行。
- 2015 年，《中国葡萄酒消费者购买行为研究》（作者：李甲贵）出版发行。

- 2015 年,《中国葡萄气候区划》(作者：李华，王华）出版发行。
- 2015 年,《走近酿酒师（第一卷）》(作者：孙志军）出版发行。

  2016 年,《走近酿酒师（第二卷）》(作者：孙志军）出版发行。

  2021 年,《走近酿酒师（第三卷）》(作者：孙志军）出版发行。
- 2015 年，新疆维吾尔自治区天山北麓葡萄酒产业协会成立。
- 2015 年，吐鲁番市葡萄酒产业协会成立。
- 2015 年，宁夏贺兰山东麓葡萄产业园区管理委员会挂牌成立。
- 2015 年，焉耆县葡萄与葡萄酒行业协会成立。
- 2015 年，巴州葡萄酒产业发展局成立。
- 2015 年，行业标准《进口葡萄酒相关术语翻译规范》开始实施。

  2015 年 1 月 6 日，商务部发布国内贸易行业标准《进口葡萄酒相关术语翻译规范》（SB/T 11122—2015），自 2015 年 9 月 1 日起实施。本标准起草单位：中国食品土畜进出口商会、西北农林科技大学葡萄酒学院、西北农林科技大学农业标准化研究所。
- 2015 年，杨凌巨匠葡萄酒有限公司成立。
- 2015 年，奥兰酒业（上海）有限公司成立。
- 2015 年，昌黎龙灏酒业有限公司成立。

  昌黎龙灏酒业有限公司旗下运营龙灏酒庄。
- 2015 年，小金嘉莫斯格拉酒庄有限公司成立。
- 2015 年，烟台欧汇包装材料有限公司成立。
- 2015 年，德国葡萄酒协会在上海设立代表处。
- 2015 年，芒康县藏香葡萄酒业有限责任公司成立。
- 2015 年，行业标准《连锁企业酒类商品分销管理规范》开始实施。

  2015 年 1 月 6 日，商务部发布国内贸易行业标准《连锁企业酒类商品分销管理规范》（SB/T 11123—2015），自 2015 年 9 月 1 日起实施。

  本标准起草单位：中国连锁经营协会、浙江久加久食品饮料连锁有限公司、广州市富隆酒窖酒业有限公司、浙江名庄传奇葡萄酒有限公司、北京市东方雅龙酒业有限责任公司。

- 2015 年，新疆千回西域葡萄酒业有限公司成立。

公司旗下运营弓月酒庄。

- 2015 年，宁夏夏木葡萄酒有限公司成立。

公司旗下运营夏木酒庄。

- 2015 年，夏多兰酒庄（宁夏）有限公司成立。
- 2015 年，特锐贸易（上海）有限公司成立。

特锐贸易（上海）有限公司是法国 TER 在中国设立的分公司，也被称为"TER CHINA"，主要产品为笼车、仓储笼、托盘等物流包装制品。

- 2015 年，上海阿洛玛文化传播有限公司成立。

旗下运营"小皮葡萄酒讲堂与香气共和国"培训服务板块。

- 2015 年，中国酒庄酒垂直电商"酒庄惠"上线。

运营企业为宁夏葡华数联网络科技有限公司。拥有 3 个平台：移动互联网 App、微信服务号订阅号、门户网站。

- 2015 年，上海斯享文化传播有限公司成立。

旗下运营"斯享葡萄酒文化教育"培训服务板块。

- 2015 年，湖南省葡萄工程技术研究中心成立。

批准单位为湖南省科学技术厅，依托单位为湖南农业大学。

- 2015 年，四川戈葡酒业有限公司成立。
- 2015 年，新疆西丹庄园酒业有限公司成立。
- 2015 年，宁夏亦浓酒庄有限公司成立。
- 2015 年，宁夏江源葡萄酒庄有限公司成立。
- 2015 年，南方葡萄沟酒庄有限公司成立。
- 2015 年，耐特菲姆（银川）农业科技有限公司成立。

该公司由以色列耐特菲姆集团（NETAFIM）独资设立。耐特菲姆是全球知名的滴灌设备生产商和智能灌溉方案提供者。耐特菲

（银川）农业科技有限公司是耐特菲姆设立的第 17 家国际工厂。

1994 年，以色列耐特菲姆有限公司北京代表处设立，为灌溉设备和滴灌系统提供联络服务。2008 年，耐特菲姆（广州）农业科技有限公司成立。2008 年，NETAFIM（北京）农业科技有限公司成立。2014 年，耐特菲姆（上海）商贸有限公司成立。2022 年，耐特菲姆（榆林）农业工程有限公司成立。目前，耐特菲姆在上海、广州、北京、陕西榆林设有管理办公室，在山东潍坊、宁夏银川、陕西西安、四川成都、云南昆明和内蒙古呼和浩特六处设有区域办公室。

- 2016 年，甘肃汉韵葡萄酒庄有限公司成立。
- 2016 年，甘肃夜光杯葡萄酒酿造有限公司成立。
- 2016 年，青铜峡市葡萄产业投资发展有限公司成立。
- 2016 年，内蒙古云飞酒业有限公司成立。
- 2016 年，山西田森酒业有限公司成立。

旗下运营岸珀酒庄。

- 2016 年，知酒工作室成立。
- 2016 年，上海爱杯网络科技有限公司成立。

"爱杯"（ibarrel）葡萄酒智能保鲜分杯机的开创者。

- 2016 年，行业标准《酒类商品物流信息追溯管理要求》开始实施。

2015 年 12 月 21 日，商务部发布物流信息追溯行业标准《酒类商品物流信息追溯管理要求》（WB/T 1053—2015），自 2016 年 2 月 1 日起实施。

本标准起草单位：万信方达科技发展（北京）有限责任公司、中国物流学会物流规划与咨询专业委员会、泸州老窖股份有限公司、酒仙网电子商务股份有限公司、贵州茅台酒股份有限公司、对外经济贸易大学、五粮液集团有限公司、烟台张裕集团有限公司、古贝春集团有限公司、四川安吉物流集团有限公司。

- 2016 年，云南山江谷葡萄酒有限公司成立。

云南山江谷葡萄酒有限公司旗下运营霄岭酒庄。

- 2016 年，甘孜州亚丁红酒庄有限责任公司成立。
- 2016 年，云酒头条上线。

云酒头条所属企业为北京云酒传媒有限公司，旗下拥有云酒头条、好酒地理局、云酒视界、云酒网、云酒直播、云酒大数据等新媒体传播矩阵。

- 2016 年，通化市葡萄酒产业发展促进中心成立。
- 2016 年，山东汉斯诺博葡萄酒有限公司在山东枣庄成立。
- 2016 年，中国食品科学技术学会葡萄酒分会成立。

2016 年，第一届理事会：刘树琪任理事长，李华、徐岩、刘金虎、张五九、胡文效、朱济义、卢江、李记明任副理事长，李记明兼任秘书长。

2023 年，第二届委员会：李华任主任委员，徐岩、房玉林、李记明、胡文效、张军翔、卢江任副主任委员，刘世松任秘书长。

秘书处设在滨州医学院。

- 2016 年，甘肃祁连冰谷酒庄有限公司成立。
- 2016 年，河南兰考路易酒庄有限责任公司成立。
- 2016 年，宁夏汇禾葡萄酒庄有限公司成立。
- 2016 年，陕西丹凤安森曼葡萄酒庄有限公司成立。
- 2016 年，宁夏宝源大地酒庄有限公司成立。
- 2016 年，吉林中腾葡萄酒有限公司成立。
- 2016 年，烟台高升酒业有限公司成立。
- 2016 年，新疆唐庭芳草酒庄有限公司成立。
- 2016 年，湖北醉红颜野生葡萄酒有限公司成立。
- 2016 年，广西都安建兴野生山葡萄酒有限公司成立。

2019 年，公司更名为广西都安建兴野生毛葡萄酒产业发展有限公司。

- 2016 年，最高人民法院对"卡斯特"商标侵权案做出终审判决。

2000 年，由温州五金交电化工（集团）公司酒类分公司向原国家工商管理总局申请注册的"卡斯特"中文商标（第 1372099 号）获得注册证书，2002 年，该商标被转让给自然人李道之。2001 年，法国 Castel 集团（现法国卡思黛乐兄弟简化股份有限公司）与烟台张裕集团有限公司达成战略合作协议，并先后成立两家合资企业：烟台张裕卡斯特酒庄有限公司（2001 年成立）。廊坊开发区卡斯特张裕酿酒有限公司（2002 年成立）。

2009 年 6 月 1 日，上海卡斯特酒业有限公司委托上海乔柏律师事务所发表律师声明，称任何单位和个人未经许可，在葡萄酒等酒类商品上单独或突出使用"卡斯特"文字的行为均属于侵权或假冒行为，其将利用一切行政及司法手段予以维权。

"卡斯特"中文商标所有者李道之及其商标授权使用公司"上海卡斯特酒业有限公司"与"烟台张裕卡斯特酒庄有限公司"之间的系列司法诉讼。2009 年 7 月 20 日，烟台张裕卡斯特酒庄有限公司作为原告请求烟台市中级人民法院判令确认烟台张裕卡斯特酒庄有限公司在其生产的产品上标注"张裕卡斯特酒庄"的行为不侵犯被告李道之的"卡斯特"注册商标专用权。2010 年 7 月 5 日，烟台市中级人民法院开庭审理该案，之后做出一审判决：确认烟台张裕卡斯特酒庄有限公司在其生产的产品上标注"张裕·卡斯特酒庄""张裕卡斯特酒庄"的行为不侵犯李道之所享有、上海卡斯特酒业有限公司被授权使用的第 1372099 号"卡斯特"注册商标专用权。在管辖权异议再审申请先后被烟台市中级人民法院（2009 年 11 月 20 日）、山东省高级人民法院（2010 年 3 月 16 日）和最高人民法院（2011 年 9 月 13 日）驳回之后，李道之、上海卡斯特酒业有限公司向山东省高级人民法院提出上诉请求。2015 年 12 月 30 日，山东省高级人民法院做出终审判决：驳回上诉，维持原判。之后，上海卡斯特酒业有限公司、李道之不服山东省高级人民法院的判决，向最高人民法院申请再审。2016 年 9 月 29 日，最高人民法院做出裁定，驳回上海卡斯特酒业有限公司、李道之的再审申请。

"卡斯特"中文商标所有者李道之及其商标授权使用公司"上海卡斯特酒业有限公司"与"法国卡思黛乐兄弟简化股份有限公司"（以下简称卡思黛乐）之间的系列司法诉讼。2009年9月2日及10月23日，李道之作为原告向温州市中级人民法院请求判令卡思黛乐及其中国代理商侵害其"卡斯特"中文注册商标专用权，并赔偿经济损失17000万元人民币。2012年4月10日，温州市中级人民法院做出一审判决，卡思黛乐集团及其中国经销商停止使用"卡斯特"商标，并赔偿上海班提酒业公司和李道之3373万元人民币。之后，卡思黛乐向浙江省高级人民法院提起上诉。2013年7月16日，浙江省高级人民法院做出终审判决，驳回上诉，维持原判。卡思黛乐不服浙江省高级人民法院的判决，向最高人民法院提出再审申请。2013年12月，最高人民法院裁定提审该案，同时中止原审判决执行。2016年1月11日，最高人民法院做出终审判决，撤销一审法院与二审法院判决，卡思黛乐兄弟简化股份有限公司赔偿李道之、上海班提酒业有限公司经济损失人民币50万元。

• 2016年，习近平总书记视察宁夏时指出，中国葡萄酒市场潜力巨大。贺兰山东麓酿酒葡萄品质优良，宁夏葡萄酒很有市场潜力，综合开发酿酒葡萄产业，路子是对的，要坚持走下去。

• 2016年，《中国葡萄酒产业链关键技术创新与应用》荣获2016年度国家科学技术进步奖二等奖。

项目完成单位：西北农林科技大学、中国农业大学、烟台张裕葡萄酿酒股份有限公司、中粮华夏长城葡萄酒有限公司、威龙葡萄酒股份有限公司。

项目完成人：李华、段长青、李记明、陈小波、焦复润、王华、张振文、潘秋红、房玉林、刘树文。

• 2016年，进口葡萄酒进入《跨境电子商务零售进口商品清单》。

国内个人买家在满足单次购买金额（人民币2000元）和年度交易金额（人民币20000元）的条件下，免征进口关税，增值税和消费税按 70% 征收 ①。

• 2016 年，烟台市酿酒师协会成立。

• 2016 年，上海交通大学葡萄与葡萄酒研究中心成立。

• 2016 年，通化产区将每年的 12 月 9 日定为"北冰红日"。

• 2016 年，张裕公司将每年的 5 月 25 日定为"世界蛇龙珠日"。

• 2016 年，最高人民法院就"拉菲"与"拉菲庄园"侵害商标权及不正当竞争纠纷作出终审判决。

1997 年 10 月 28 日，拉菲罗斯柴尔德酒庄在中国获准注册"拉菲（LAFITE）"商标（第 1122916 号）和"拉菲罗斯柴尔德酒庄（CHATEAU LAFITE ROTHSCHILD）"。2007 年 7 月 26 日，向商标局提出注册中文商标"拉菲"的申请。2014 年 1 月 27 日，"拉菲"商标初步审定公告之后，有案外人提出异议申请。2017 年 2 月 13 日，国家工商行政管理总局商标评审委员会确定异议不成立。2017 年 3 月 20 日，拉菲罗斯柴尔德酒庄获准注册中文商标"拉菲"（第 6186990 号）。2018 年，上海知识产权法院在审理一起拉菲侵权案之后作出判决，鉴于 2015 年侵权行为发生时"拉菲"还未被核准注册，"拉菲"应被认定为未注册驰名商标。

2005 年，南京金色希望酒业有限公司申请"拉菲庄园"商标（第 4578349 号），并于 2007 年获准注册。2011 年，拉菲酒庄针对"拉菲庄园"商标向商标评审委员会提出撤销"拉菲庄园"的申请。2013 年，商标评审委员会做出第 55856 号裁定裁定，撤销"拉菲庄园"商标 ②。

2013—2014 年，南京金色希望酒业有限公司不服商评委裁定，向北京市第一中级人民法院提出行政诉讼，该院判决维持第 55856 号裁定 [北京市第一中级人民法院行政判决书（2013）一中知行初

---

① 财政部，海关总署，国家税务总局. 关于跨境电子商务零售进口税收政策的通知 [Z]. 2016–03–24.

② 国家工商行政管理总局商标评审委员会. 商评字〔2013〕第 55856 号《关于第 4578349 号"拉菲庄园"商标争议裁定书》[Z]. 2013–09–02.

字第 3731 号〕。南京金色希望酒业有限公司不服一审判决，随后上诉至北京市高级人民法院。2015 年 3 月 18 日，北京市高级人民法院作出终审判决，撤销北京市第一中级人民法院的一审行政判决及商评委第 55856 号裁定①。2015 年 4 月 22 日，商评委重新作出裁定，维持"拉菲庄园"商标。2015—2016 年，拉菲罗斯柴尔德酒庄向最高人民法院申请再审。2016 年 12 月 23 日，最高人民法院作出终审判决，撤销北京市高级人民法院判决，维持北京市第一中级人民法院判决。至此，"拉菲庄园"商标被判无效。

2017 年 1 月 4 日，江苏省高级人民法院立案受理拉菲罗斯柴尔德酒庄诉南京拉菲酒庄等七被告侵害商标权及不正当竞争纠纷一案。2021 年 6 月 30 日，江苏省高级人民法院作出一审判决，认定原告方主张的商标侵权及不正当竞争行为成立，判决各被告赔偿经济损失及合理支出共计 7917 万元②。南京金色希望酒业有限公司等不服判决结果，上诉至最高人民法院。2023 年 9 月 21 日，最高人民法院作出终审判决，南京拉菲庄园酒业有限公司、南京华夏葡萄酿酒有限公司、南京金色希望酒业有限公司等赔偿拉菲罗斯柴尔德酒庄经济损失及为制止侵权行为的合理开支共 7917 万元③。

- 2016 年，新疆卡伦酒庄有限公司成立。
- 2016 年，宁陕县壹号酒窖酿造中心成立。
- 2016 年，葡萄酒电商平台酒云网上线。

运营企业为重庆云酒佰酿电子商务有限公司。

- 2017 年，山东省郓城县被中国轻工业联合会授予"中国酒类包装之都"称号。

山东省菏泽市郓城县的酒类包装产业起步于 20 世纪 80 年代，

① 北京市高级人民法院行政判决书（2014）高行（知）终字第 3129 号〔Z〕. 2015-03-18.
② 江苏省高级人民法院民事判决书（2017）苏民初 5 号〔Z〕. 2021-06-30.
③ 最高人民法院民事判决书（2022）最高法民终 313 号〔Z〕. 2023-09-21.

现已形成从酒瓶、瓶盖、酒杯、酒类商标到喷涂、烤花、花纸、包装纸箱等为一体的全国酒类包装生产基地。2016年，郓城县酒类包装印刷行业协会成立。截至2023年，全县酒类包装生产厂家500余家，其中瓶盖生产企业260余家、酒瓶深加工企业200余家、玻璃生产企业24家。全县彩印包装共有企业74余家①。

• 2017年，全国两会代表张守志、朱奕龙两位委员在会议期间提议，建议把葡萄酒纳入农产品征税范畴。

2018—2023年，全国人大代表、烟台张裕葡萄酿酒股份有限公司董事长周洪江，全国政协委员、宁夏回族自治区工商联主席何晓勇，全国人大代表、天明集团董事长姜明，全国政协委员、宁夏回族自治区政协主席崔波，全国政协委员、中国工程院院士、北京工商大学校长孙宝国等在两会期间提议降低国内葡萄酒企业的税负水平。主要建议内容：将葡萄酒纳入农产品征税范畴；取消10%的葡萄酒消费税；免征或减征企业所得税；支持西部欠发达地区发展葡萄酒产业，将增值税税率由13%降低到9%。

• 2017年，《酿酒葡萄生产机械化关键技术装备合作研发》项目通过中国机械工业联合会组织的技术鉴定。

项目承担单位：中国机械工业集团所属中国农业机械化科学研究院。该项目在2013年被科技部列为国家"国际科技合作专项项目"，共研发7种酿酒葡萄生产作业装备：葡萄收获机、多功能自走式底盘、葡萄喷雾机、葡萄整形机、葡萄剪枝机、葡萄埋藤机和葡萄藤出土机。

• 2017年，由江南大学和四川轻化工大学共同发起成立中国酿酒学科高校联盟。

联盟常设理事长单位为江南大学，联盟秘书长单位为四川轻化

---

① 孔然. 山东郓城打造"中国酒类包装之都"［EB/OL］.（2023-03-29）［2024-09-08］.http://www.cnfood.cn/article?id=1640696908551917569.

工大学。成员高校包括重庆大学、西北农林科技大学、华南理工大学、中国农业大学、贵州大学、四川大学锦江学院、阜阳师范大学、绍兴文理学院和淮阴工学院等。

• 2017 年，中国葡萄酒产业技术研究院在宁夏银川挂牌成立。

由银川市人民政府与西北农林科技大学联合共建，是银川市科技局下属事业单位银川产业技术研究院管理的非法人机构。

2019 年，银川市人民政府与西北农林科技大学签订合作协议，约定由后者为中国葡萄酒产业技术研究院提供技术团队与技术服务保障，并聘任孙宝国院士为名誉院长、李华教授为院长①。

• 2017 年，北京醉鹅娘酒业有限公司成立。

公司曾用名：北京醉鹅娘电子商务有限公司。

• 2017 年，吉林省纳帕溪谷葡萄酒庄有限公司成立。

• 2017 年，青岛绿园泽葡萄酿酒有限公司成立。

• 2017 年，蓬莱醉仙堡葡萄酒业有限公司成立。

• 2017 年，蓬莱清雨幽荷葡萄酒庄有限公司成立。

• 2017 年，中诚怀来葡萄酒庄园有限公司成立。

• 2017 年，宾三得利洋酒贸易（上海）有限公司成立。

• 2017 年，陕西太白户太冰葡萄酒酒庄有限公司成立。

• 2017 年，乌海市汉墨沙漠葡萄酒交易中心成立。

• 2017 年，《实用葡萄设施栽培》（作者：晃无疾，单涛，张燕娟）出版发行。

• 2017 年，《葡萄酒科学—原理与应用》（作者：杰克逊；译者：段长青）出版发行。

• 2017 年，《葡萄酒分析与检验》（作者：马佩选，寇立娟，王晓红）出版发行。

---

① 银川市科学技术局. 对银川市十五届人大三次会议第 15 号"关于将国家葡萄产业技术体系引入中国葡萄酒产业技术研究院的建议"的答复［Z］. 2019-09-01.

- 2017 年,《葡萄酒产业经济学》(作者:刘世松,卜建华)出版发行。
- 2017 年,《中国葡萄酒产业竞争战略》(作者:唐文龙)出版发行。
- 2017 年,《葡萄酒全书》(作者:林裕森)出版发行。
- 2017 年,《葡萄与葡萄酒古诗词选编》(作者:韩曰明)出版发行。
- 2017 年,中国轻工业联合会和中国酒业协会联合授予秦皇岛"中国葡萄酒之城"称号。
- 2017 年,宁夏葡萄酒品酒师协会成立。
- 2017 年,云南省葡萄酒与烈酒流通行业协会成立。
- 2017 年,世界甜酒文化博览中心在吉林省通化市正式揭牌。

世界甜酒文化博览中心由通化葡萄酒股份有限公司投资建设,以公司的地下大酒窖为核心建设而成。2013 年,通葡股份的地下酒窖被国务院列为"全国重点保护文物"。酒窖始建于 1937 年,分别于 1952 年、1963 年进行扩建,总面积 10340 平方米。

- 2017 年,中国酒业协会启动"中国葡萄酒小产区"认证。

2017 年 11 月 7 日,天山北麓玛纳斯小产区通过认证。

2019 年 9 月 2 日,蓬莱产区(一带三谷)通过认证。

2019 年 10 月 15 日,昌黎碣石山产区通过认证。

2021 年 12 月 28 日,房山酒庄葡萄酒产区通过认证。

2024 年 6 月 20 日,乡宁黄土高原葡萄酒小产区通过认证。

- 2017 年,首届中国·国际马瑟兰葡萄酒大赛在秦皇岛举行。

2017—2023 年,中国酒业协会和秦皇岛市相关政府部门联合举办四届中国·国际马瑟兰葡萄酒大赛。

- 2017 年,桑日县帕竹荣顺(净土)庄园有限公司成立。
- 2017 年,四川神川红葡萄酒业有限公司成立。
- 2017 年,行业标准《进口葡萄酒经营服务规范》开始实施。

2017 年 1 月 13 日,商务部发布国内贸易行业标准《进口葡萄酒经营服务规范》(SB/T 11196—2017),自 2017 年 10 月 1 日起实施。本标准适用于中华人民共和国境内从事进口葡萄酒经营服务活动的企业。

本标准起草单位：中国商业联合会零售供货商专业委员会、中国酒类流通协会进口酒市场专业委员会、西北农林科技大学葡萄酒学院、北京五洲天宇认证中心、上海卡聂高国际贸易有限公司、深圳世纪伟通贸易发展有限公司、深圳腾邦名酒有限公司、广州富隆酒业有限公司、烟台苏鹏酒业集团、佛山南海优尼斯酒业有限公司、北京德隆宝真酒业有限公司、浙江商源酒业有限公司、广州蓝泉酒业有限公司、深圳华海鹏程酒业有限公司、珠海经济特区全达实业有限公司、深圳银宽酒业有限公司、宁波保税区永裕贸易有限公司、江西君子谷野生水果世界有限公司、珠海润莱酒业有限公司、湖南西班进口贸易发展有限公司、西安世雅贸易有限公司、深圳亿品佳实业有限公司、深圳盛唐酒业有限公司、安徽百川商贸有限公司、贵州茅台酒厂（集团）昌黎葡萄酒业有限公司、江苏洋河酒厂股份有限公司、深圳美晶科技有限公司、泉州闽南红进出口贸易有限公司、广州南非谷酒业有限公司、内蒙古金沙葡萄酒业有限公司、北京逸香世纪葡萄酒文化传播有限公司、广州科通展览有限公司、北京盛初营销咨询有限公司、嘉兴嘉莉食品有限公司等。

• 2017 年，芒康县曲孜卡壹捌陆伍酒庄有限公司成立。

• 2017 年，宁夏皇蔻酒庄有限公司成立。

葡萄园始建于 2008 年，已有机绿色种植的精品葡萄园 2000 亩，主要品种有赤霞珠、西拉、马瑟兰、马尔贝克、紫大夫、小味尔多、小芒森等。酒庄年发酵能力 1800 千升，年桶储酒 12 万瓶，年灌装能力 470 万瓶。小芒森甜白葡萄酒为皇蔻酒庄的特色产品之一。

2021 年，经宁夏科技厅认定的宁夏回族自治区葡萄与葡萄酒技术创新中心在酒庄挂牌，皇蔻酒庄被评为宁夏回族自治区"专精特新"示范企业和自治区农业高新技术企业。2022 年，获得有机酿酒葡萄种植和有机葡萄酒产品认证，被宁夏农业农村厅认定为全区四星级绿色食品加工企业。2023 年，酒庄入选农业农村部首批"国家现代农业全产业链标准化示范基地"创建单位。

• 2017 年，中国报道杂志社推出《中国葡萄酒酿酒人》网络视频访谈系列节目。

联合制作单位：河北省秦皇岛市葡萄酒产业发展促进局，秦皇岛市昌黎县、卢龙县、抚宁区葡萄酒园区管委，山东省蓬莱市葡萄与葡萄酒局，辽宁省桓仁县葡萄与葡萄酒局。

• 2017 年，青铜峡市葡萄产业服务中心成立。

2021 年，更名为青铜峡市葡萄酒产业发展服务中心。

• 2017 年，新疆酿酒葡萄与葡萄酒工程技术研究中心成立。

批准单位为新疆维吾尔自治区科学技术厅，依托单位为新疆中信国安葡萄酒业有限公司。

• 2017 年，新疆葡萄酒庄酒技术研究中心成立。

批准单位为新疆维吾尔自治区科学技术厅，依托单位为吐鲁番楼兰酒庄股份有限公司。

• 2017 年，北京克洛维斯商务咨询有限公司成立。

• 2017 年，自然酒品牌"小圃酿造"创立。

• 2017 年，宁夏璃歌远山酒窖有限公司成立。

• 2017 年，宁夏酒域酩匠葡萄酒有限公司成立。

• 2017 年，陕西甲邑酒庄有限公司成立。

• 2017 年，宁夏嘉地酒园酒庄有限公司成立。

• 2017 年，哈尔滨慕澜葡萄酒制造有限公司成立。

• 2017 年，齐齐哈尔嘉世源葡萄酒有限公司成立。

• 2017 年，《葡萄酒这点事儿》（作者：郭明浩）出版发行。

• 2018 年，红驼酒业集团有限公司成立。

• 2018 年，山西如燕酒庄有限公司成立。

• 2018 年，宁夏麓哲菲葡萄酒庄有限公司成立。

• 2018 年，秦皇岛葡萄与葡萄酒庄旅游联合会成立。

• 2018 年，福建蓝家渡酒庄有限公司成立。

• 2018 年，《葡萄酒营养学》（作者：刘世松，练舞，刘爽）出版发行。

• **2018 年，行业标准《有机葡萄酒加工技术规范》开始实施。**

2018 年 3 月 23 日，国家认证认可监督管理委员会发布认证认可行业标准《有机葡萄酒加工技术规范》（RB/T 167—2018），自 2018 年 10 月 1 日起实施。

本标准起草单位：中粮集团有限公司、中粮酒业有限公司、北京五洲恒通认证有限公司。

• **2018 年，中国葡萄酒领军企业峰会在山东烟台举办。**

2018 年 5 月 26 日，中国酒业协会、烟台张裕集团有限公司、中粮长城酒业有限公司、威龙葡萄酒股份有限公司、中信国安葡萄酒业股份有限公司和中法合营王朝葡萄酿酒有限公司等单位在山东蓬莱召开 2018 年中国葡萄酒领军企业峰会。

2020 年 8 月 3 日，中国酒业协会、烟台张裕葡萄酿酒股份有限公司、中粮长城酒业有限公司、威龙葡萄酒股份有限公司、王朝酒业集团和中信国安葡萄酒业股份有限公司在北京召开 2020 年中国葡萄酒领军企业峰会。

2021 年 10 月 13 日，中国酒业协会、烟台张裕葡萄酿酒股份有限公司、中粮长城酒业有限公司、威龙葡萄酒股份有限公司、王朝酒业集团和中信国安葡萄酒业股份有限公司在河北怀来召开 2021 年中国葡萄酒领军企业峰会。

2023 年 12 月 26 日，中国酒业协会、烟台张裕葡萄酿酒股份有限公司、威龙葡萄酒股份有限公司、中法合营王朝葡萄酿酒有限公司、贵州茅台酒厂（集团）昌黎葡萄酒业有限公司、中粮长城酒业有限公司和中信尼雅葡萄酒股份有限公司等单位在海南召开 2023 年中国葡萄酒领军企业 T6 峰会。

2024 年 10 月 26 日，"2024 中国葡萄酒 T6 领军企业峰会"在河北省秦皇岛市昌黎县的茅台凤凰庄园召开。主办单位为中国酒业协会，承办单位为贵州茅台酒厂（集团）昌黎葡萄酒业有限公司。

• **2018 年，新疆玛纳斯县被中国食品工业协会授予"中国葡萄酒之**

都"称号。

• 2018 年，贺兰山东麓国际葡萄酒博物馆对外开放。

• 2018 年，西藏觉龙庄园酒业有限责任公司成立。

• 2018 年，江苏洋河酒厂股份有限公司收购智利 VSPT 酿酒集团
（Viña San Pedro Tarapacá）的 12.5% 股份。

• 2018 年，锁唇国际酒业股份有限公司成立。

• 2018 年，西藏成功红天麓酒庄有限公司成立。

• 2018 年，云南融生酒庄管理有限公司成立。

• 2018 年，中国酒业协会、中国食品工业协会和中国园艺学会联合
发布"葡萄酒中国鉴评体系"。

• 2018 年，中国科学院植物研究所与法国农科院、波尔多大学联合
组建中法葡萄与葡萄酒研究联合实验室（LIA Innogrape）。

• 2018 年，《中国酒庄旅游地图》（作者：中国酒庄旅游联盟委会）
出版发行。

• 2018 年，《葡萄酒旅游概论》（作者：毛凤玲）出版发行。

• 2018 年，《宁夏贺兰山东麓产区葡萄酒初阶教程》（试用版）正式面世。

• 2018 年，新疆兵二十四葡萄酒业有限公司成立。

　　该公司前身为成立于 2010 年的巴州天葡果汁酿造有限责任公司。

• 2018 年，上海归普企业管理咨询有限公司成立。

　　旗下运营"归普酒类教育与服务"（Grapea & Co.）培训服务板块。

• 2019 年，国家标准《葡萄酒生产追溯实施指南》开始实施。

　　2018 年 9 月 17 日，国家市场监督管理总局、国家标准化管理
委员会发布推荐性国家标准《葡萄酒生产追溯实施指南》（GB/T
36759—2018），自 2019 年 4 月 1 日起实施。

　　本标准起草单位：山东省标准化研究院、新疆维吾尔自治区标
准化研究院、中粮长城葡萄酒（烟台）有限公司。

• 2019 年，《中国自育葡萄品种》（作者：房经贵，徐卫东）出版发行。

• 2019 年，宁夏欣恒葡萄酒庄有限公司成立。

- 2019 年，宁夏西班酒庄有限公司成立。
- 2019 年，云南罗迪之家葡萄酒有限公司成立。
- 2019 年，迪庆香格里拉腊普河谷酒庄有限责任公司成立。
- 2019 年，全国葡萄酒品酒职业技能竞赛开启。

　　2019—2022 年，由中国酒业协会、中国财贸轻纺烟草工会、中国就业培训技术指导中心、中国轻工业职业技能鉴定指导中心联合举办四届全国葡萄酒品酒职业技能竞赛。

- 2019 年，团体标准《酿酒葡萄》和《橡木桶》开始实施。

　　2019 年 7 月 25 日，中国酒业协会批准发布团体标准《酿酒葡萄》（T/CBJ 4101—2019）和《橡木桶》（T/CBJ 4102—2019），自 2019 年 10 月 1 日起实施。

　　《酿酒葡萄》（T/CBJ 4101—2019）标准起草单位：烟台张裕葡萄酿酒股份有限公司、山东省葡萄研究院。《橡木桶》（T/CBJ 4102—2019）标准起草单位：烟台张裕葡萄酿酒股份有限公司、国家葡萄酒果露酒质量监督检测中心。

- 2019 年，中国酒业协会葡萄酒培训中心在宁夏回族自治区银川市永宁县闽宁镇正式揭牌。
- 2019 年,《中国酒商——70 位酒商向新中国七十周年华诞献礼》（作者：中国酒业协会）出版发行。

　　入选商志并获得"荣耀 70 年中国酒类市场贡献奖"的 70 名酒商名单：王晖（北京市糖业烟酒公司）、王雷（北京市朝批商贸公司）、魏心东（山东新星集团有限公司）、赵新想（石家庄桥西糖烟酒食品股份有限公司）、陈国锁（江苏苏糖糖酒食品有限公司）、林建国（吉马集团）、王富强（广东粤强酒业有限公司）、黄星耀（湖南同舟商贸有限公司）、朱跃明（浙江商源集团）、贾光庆（安徽百川商贸发展有限公司）、刘立军（北京创意堂酒业经营有限公司）、李增力（江苏增力商贸有限公司）、孟庆广（泰山名饮）、宋宁（湖北人人大商贸有限公司）、张秉庆（兰州义顺工贸有限责任公司）、王延安（陕西禧福祥集团）、魏亚云（陕西省军区军人服务社）、涂建胜（河南盛林商贸有限公司）、黎志伟（湖南新鸿基贸易有限公司）、焦国强（中粮名庄荟国际酒业有限公司）、杨陵江（四川壹玖壹玖酒类供应链管理股份有限公司）、郝鸿峰（酒仙网电子商务股份有限公司）、刘晓伟（歌德盈香股份有限公司）、王雪（河南酒便利商业股份有限公司）、翟山（华龙酒直达供应链管理股份有限公司）、陈明辉［名品世家（北京）酒业连锁有限公司］、赵小伟（上海购酒网电子商务有限公司）、胡巍（成都民酒网电子商务有限公司）、池金清（金辉云酒货仓）、李迪平（北京德华永胜商贸有限公司）、鄢奎平（北京锦绣康宝商贸有限公司）、鲍万同（唐山市同伟商贸有限公司）、许大同（山东鲁供糖酒有限公司）、肖天军（安徽天韵商贸有限公司）、陆兴武（江苏博爱之都商贸有限公司）、颜建刚（石家庄市旭东糖酒有限公司）、郑先强（遵义茅台文化馆）、孙光亮（天津市裕隆达商贸有限公司）、罗玉波（佛山百年糊涂酒业有限公司）、廖勇（广西翠屏酒业有限公司）、温文龙（广州龙程酒业有限公司）、唐俊（深圳市盛唐酒业有限公司）、谢宝（深圳市银宽酒业有限公司）、李汉强（深圳市大水联合酒业有限公司）、李红兵（四川金品源酒业有限公司）、谢士云（温州中源副食品有限公司）、郑小新（卡特维拉国际贸易有限公司）、沈京喜（湖北和丰经贸有限公司）、夏敬荒（武汉市华夏糖酒副食品有限公司）、江建荣（武汉市永兴副食品有限责任公司）、潘智群（山东德诚宝真酒业有限公司）、梁中宝（盐城市国缘商贸有限公司）、万军（河南世嘉酒业有限公司）、赵宏（海南寰瑞商贸有限公司）、张健伟（广州市俊涛贸易发展有限公司）、杨柏松（黑龙江财富天下商贸有限公司）、王笑卓（哈尔滨往事商贸有限公司）、苑连凤（辽宁省大连金易集团贸易有限公司）、宁凤莲（吉林省白山方大集团）、李宇琪（澳中龙耀国际集团）、乔红现（郑州弘康酒业有限公司）、王砚嘉（吉林省四方商贸有限公司）、周方谱（武汉市康美副食品有限公司）、孙士淮（陕西国花瓷实业有限公司）、董小军（陕西恒威达实业发展有限公司）、张卫（江苏南京中糖德和经贸有限公司）、郭春雷（江苏大隆汇商贸有限公司）、陶洪昌（溧阳第一糖烟酒有限公司）、宋智祥（三睿酒业商贸有限公司）、秦利君（秦丰商贸有限公司）。

- 2019 年，中国农学会葡萄分会授予凉山州西昌市"中国晚熟葡萄之乡"称号。
- 2019 年，四川省葡萄酒与果酒行业协会成立。
- 2019 年，宁夏玖禧酩庄科技有限公司成立。
- 2019 年，青海宝伽珑酒庄有限公司成立。
- 2019 年，山西溽韵盛峙葡萄酒业有限公司成立。

    旗下运营维特酒庄。

- 2019 年，四川因都坝酒业有限公司成立。

    旗下运营扎西核桃树酒庄。

- 2019 年，甘肃祁连明珠酒庄有限公司成立。
- 2019 年，微信公众号"悦聊酒 VinoJoyNews"上线。

    悦聊酒是 vino-joy.com 英文网站的中文平台。

- 2020 年，习近平总书记视察宁夏时指出，随着人们生活水平不断提高，葡萄酒产业大有前景。宁夏葡萄酒产业是我国葡萄酒产业发展的一个缩影，了解了宁夏的葡萄酒产业也就了解了中国的葡萄酒产业；宁夏要把发展葡萄酒产业同加强黄河滩区治理、加强生态恢复结合起来，提高技术水平，增加文化内涵，加强宣传推介，打造自己的知名品牌，提高附加值和综合效益；假以时日，可能十年、二十年后，中国葡萄酒"当惊世界殊"。
- 2020 年，商务部决定对原产于澳大利亚的瓶装葡萄酒进行反倾销调查。

    2020 年 7 月 6 日，中国酒业协会代表国内葡萄酒产业向商务部正式提交反倾销、反补贴调查申请，请求对原产于澳大利亚的进口装入 2 升及以下容器的葡萄酒（即瓶装葡萄酒）进行反倾销调查。

商务部于 2020 年 8 月对原产于澳大利亚的进口瓶装葡萄酒发起反倾销、反补贴调查，并分别于 11 月和 12 月做出初步裁定，自 2020 年 11 月 28 日起采用保证金形式对上述产品实施临时反倾销措施，各公司保证金比率为 107.1%～212.1%；自 2020 年 12 月 11 日起采取临时反补贴税保证金的形式对上述产品实施临时反补贴措施，各公司从价保证金比率为 6.3%～6.4%。

2021 年 3 月 26 日，商务部对该项双反调查做出最终裁定，自 2021 年 3 月 28 日起，对上述产品征收税率为 116.2%～218.4% 的反倾销税，为避免重复征税决定不征收反补贴税，实施期限为 5 年①②。

2023 年 11 月 30 日，商务部决定对原产于澳大利亚的进口相关葡萄酒所适用反倾销措施和反补贴措施进行复审。2024 年 3 月 29 日，商务部决定终止对原产于澳大利亚的进口相关葡萄酒征收反倾销税。终止征收反倾销税后，不征收反补贴税③。

• 2020 年，中国酒业协会联合业内机构和企业启动"中国风土，世界品质"系列活动，发出"中国人喝中国葡萄酒"的倡议。

• 2020 年，上海旅游高等专科学校等 4 所专业院校开设"葡萄酒营销与服务"专科专业。

2019 年 10 月 18 日，教育部公布《普通高等学校高等职业教育（专科）专业目录》2019 年增补专业，自 2020 年起执行。其中，包括"葡萄酒营销与服务"专业增补进入高职专业目录，专业代码为 640108。以下 4 所职业学院获批开设"葡萄酒营销与服务"专业：黑龙江旅游职业技术学院、上海旅游高等专科学校、福州墨尔本理

① 商务部. 关于对原产于澳大利亚的进口相关葡萄酒反补贴调查最终裁定的公告（商务部公告 2021 年第 7 号）[Z]. 2021-03-26.
② 商务部. 关于对原产于澳大利亚的进口相关葡萄酒反倾销调查最终裁定的公告（商务部公告 2021 年第 6 号）[Z]. 2021-03-26.
③ 商务部贸易救济局. 关于原产于澳大利亚的进口相关葡萄酒所适用反倾销措施和反补贴措施复审裁定的公告（商务部公告 2024 年第 11 号）[Z]. 2024-03-29.

工职业学院和广东酒店管理职业技术学院。

2021年3月12日，教育部印发《职业教育专业目录（2021年）》，自发布之日起施行。根据《职业教育专业目录（2021年）》和《高等职业教育专科新旧专业对照表》，"葡萄酒营销与服务"专业更名为"葡萄酒文化与营销"，专业代码由640108变更为540108。

截至2024年7月31日，全国共有来自11个省、市、自治区的17所职业学院获批设置"葡萄酒文化与营销"专科专业。其中，山东5所，宁夏和江苏各2所，新疆、陕西、四川、福建、上海、山西、黑龙江和广东各1所。

• **2020年，中文商标"奔富"被法院认定为未注册驰名商标。**

2019年4月26日，南京中级人民法院公开审理原告南社布兰兹有限公司（以下简称南社布兰兹公司）与被告淮安市华夏庄园酿酒有限公司、杭州正声贸易有限公司侵害商标权纠纷一案。2020年1月14日，南京中级人民法院作出判决，"Penfunils/奔富尼澳"持有人淮安市华夏庄园酿酒有限公司及其相关经销商在葡萄酒产品上使用"Penfunils""奔富"等字样构成了商标侵权；认定中文商标"奔富"为未注册驰名商标[①]。

南社布兰兹有限公司（Southcorp Brands Pty Limited）为澳大利亚富邑葡萄酒集团（Treasury Wine Estates，TWE）旗下的子公司之一，是"PENFOLDS""奔富"系列商标在中国的商标注册人及申请人。1996年8月7日，获准注册第861084号"PENFOLDS"商标。2010年6月9日，申请注册第8376485号"PENFOLDS"商标。南社布兰兹公司2011年在中国申请注册"奔富"中文商标，因与在先注册的商标近似，被商标局驳回。之后，先后经历商评委复审、行政诉讼一审、二审和再审。2018年6月，最高人民法院判决撤销一审、二审行政判决和商评委决定。2018年8月，原国家商标局对南

---

① 南京市中级人民法院民事判决书（2018）苏01民初3450号［Z］. 2020–01–14.

社布兰兹有限公司申请注册的"奔富"中文商标予以初步审定公告。之后,相关方申请发起商标异议。2020年4月中国知识产权局决定驳回"奔富"商标异议申请。2020年4月28日,南社布兰兹有限公司获准注册中文商标"奔富"(第9114021号)。

• 2020年,丹凤县百年凤驹葡萄酒有限公司成立。

• 2020年,新疆婉桐葡萄酒业有限公司成立。

• 2020年,新疆云珠葡萄酒庄有限公司成立。

• 2020年,云南木心葡萄酒有限公司成立。

• 2020年,《推开红酒的门:醉鹅娘9堂课讲透基本点》(作者:王胜寒)出版发行。

• 2020年,南京酒漫文化顾问有限公司成立。

• 2020年,中英文双语葡萄酒评论网站www.winemaniacs.club上线。

• 2020年,《中国怀来与葡萄酒》(作者:李德美,孙志军)出版发行。

• 2020年,新疆芳葡香思教育咨询有限公司成为第四批教育部1+X证书职业教育培训评价组织单位,负责葡萄酒推介和侍酒服务职业技能等级证书考核认证相关工作。

2019年1月24日,国务院发布《国家职业教育改革实施方案》(国发〔2019〕4号),提出启动1+X证书制度试点工作。院校是1+X证书制度试点的实施主体。2019年4月4日,教育部、国家发改委、财政部、市场监管总局联合发布《关于在院校实施"学历证书+若干职业技能等级证书"制度试点方案》。

教育部职业技术教育中心研究所先后于2019年、2020年发布了四批培训评价组织及其开发的1+X证书名单。

2020年,由新疆芳葡香思教育咨询有限公司组织编写的《葡萄酒品鉴与侍酒服务》系列教材出版发行,分为初、中、高三个等级。2021年,新疆芳葡香思教育咨询有限公司制定发布《葡萄酒推介与侍酒服务职业技能等级标准》。

- 2020 年，加州葡萄酒协会（美国）上海代表处设立。

　　其业务主管单位：上海市商务委员会。

- 2020 年，昌黎干红小镇—东亚香誉国际红酒创新交易中心项目建设启动。

- 2020 年，《本色–中国第一瓶干白葡萄酒诞生记》（作者：郭松泉）出版发行。

- 2021 年，《本质–中国第一瓶干红葡萄酒诞生记》（作者：郭松泉）出版发行。

- 2021 年，吐鲁番市葡萄产业发展促进中心成立。

- 2021 年，雪山秘境葡萄酒业（怒江）有限公司成立。

- 2021 年，新疆牧云雅风酒业有限公司成立。

- 2021 年，内蒙古塞瀚葡萄酒庄有限公司成立。

- 2021 年，甘肃曦谷酒庄有限责任公司成立。

- 2021 年，宁夏玉麓酒庄有限公司成立。

- 2021 年，澜岳酒庄（烟台）有限公司成立。

- 2021 年，《世界葡萄酒地图（第八版）》（作者：休·约翰逊，杰西斯·罗宾逊；译者：王文佳，吕扬，朱简，李德美，林力博）出版发行。

- 2021 年，贵州比猕红葡萄酒庄有限公司成立。

- 2021 年，新疆发布《关于加快推进葡萄酒产业发展的指导意见》，葡萄酒成为新疆"十四五"时期十大重点产业之一。

- 2021 年，首届中国（宁夏）国际葡萄酒文化旅游博览会在宁夏银川举办。

　　由农业农村部、文化和旅游部、中国人民对外友好协会、宁夏回族自治区人民政府共同主办。2021—2024 年，共在银川举办四届中国（宁夏）国际葡萄酒文化旅游博览会。

- 2021 年，中国葡萄酒国家馆获中国酒业协会授牌。

　　中国葡萄酒国家馆由中国酒业协会牵头作为主办单位，张裕公司作为承办单位负责具体建设和运营工作。选址山东烟台经济技术开发区张裕绿城葡萄酒小镇。按设计规划，地上建筑面积约 15000

平方米,地下建筑面积不超过 10000 平方米 ①。

• 2021 年,《贺兰山东麓葡萄酒银川产区》教程正式发布。

• 2021 年,宁夏西鸽葡萄酒产业集团有限公司成立。

旗下拥有的全资或控股企业:四川甘孜白松酒庄有限公司
(2023 年成立)、新疆西鸽帕米尔酒庄有限公司(2023 年成立)、宁
夏西鸽酒庄有限公司(2017 年成立)、宁夏观兰酒庄有限公司(2014
年成立)和北京酒易酩庄酒业有限公司(2010 年成立)等。

• 2021 年,中国酒业协会产业创新技术研究院在天津科技大学设立。

• 2021 年,宁夏青云酒庄有限公司成立。

• 2021 年,《烟台葡萄酒产区保护条例》开始施行。

2020 年 11 月 27 日,山东省人大常委会批准《烟台葡萄酒产区
保护条例》,自 2021 年 1 月 1 日起施行。

• 2021 年,新疆中信国安葡萄酒业有限公司国家特种膜工程技术研
究中心葡萄酒应用分中心获得授牌。

• 2021 年,《葡萄酒技术全书》(作者:李记明)出版发行。

• 2021 年,首届中国酿酒葡萄种植师团队评选结果在山东烟台揭晓。

中国酿酒葡萄种植师团队评选由中国酒业协会葡萄酒分会发起。
经评审,共 13 个团队获得"2021 中国酿酒葡萄优秀种植师团队"称
号,共 10 个团队获得"2021 中国酿酒葡萄卓越种植师团队"称号。

2023 年,共 9 个团队获得"第二届中国酿酒葡萄卓越种植师团
队"称号,共 8 个团队获得"第二届中国酿酒葡萄优秀种植师团队"
称号。

• 2021 年,蓬莱海岸葡萄酒感官术语总结词确定。

由中国酒业协会和蓬莱区人民政府联合主办、中国酒业协会葡
萄酒分会和蓬莱区葡萄与葡萄酒产业发展服务中心承办的蓬莱海岸

---

① 烟台业达文旅集团有限公司. 中国葡萄酒国家馆方案及初步设计中标结果公示
  [EB/OL]. 烟台市公共资源交易网. [2023-06-30]. http://ggzyjy.yantai.gov.cn/
  jyxxgczg/556611.jhtml.

葡萄酒特性研讨会在君顶酒庄召开。最终确定蓬莱海岸葡萄酒感官术语为"清新雅致、平衡爽净、细腻柔顺、馥郁悠长"。

• 2021 年，天幕赛鹰（宁夏）国际酒庄有限公司成立。

• 2021 年，宁夏图兰朵酒庄有限公司成立。

• 2021 年，葡萄酒被确立为烟台市 16 个重点产业链之一。

• 2021 年，国家林业和草原局批准成立葡萄与葡萄酒产业国家创新联盟。

由西北农林科技大学葡萄酒学院发起，并担任联盟理事长单位。中国农业科学院郑州果树研究所、中国科学院植物研究所、甘肃农业大学、新疆农业大学、石河子大学、中粮华夏长城葡萄酒有限公司、烟台张裕葡萄酿酒股份有限公司、威龙葡萄酒股份有限公司和山西格瑞特酒庄有限公司为初创单位，南京农业大学、陕西师范大学、山西农业大学果树研究所、河北科技师范学院、北方民族大学、陕西科技大学、甘肃紫轩酒业有限公司和秦皇岛海关技术中心为理事单位。

• 2021 年，宁夏国家葡萄及葡萄酒产业开放发展综合试验区获批建设。

2021 年 5 月 25 日，经国务院同意，农业农村部、工业和信息化部、宁夏回族自治区人民政府联合印发《宁夏国家葡萄及葡萄酒产业开放发展综合试验区建设总体方案》。力争到 2025 年，酿酒葡萄基地总规模达到 100 万亩，年产葡萄酒达到 3 亿瓶以上，实现综合产值 1000 亿元左右。

2021 年 7 月 10 日，宁夏国家葡萄及葡萄酒产业开放发展综合试验区正式挂牌成立。

• 2021 年，宁夏发布《宁夏贺兰山东麓葡萄酒产业高质量发展"十四五"规划和 2035 年远景目标》。

• 2021 年，国家标准《感官分析 葡萄酒品评杯使用要求》开始实施。

2021 年 4 月 30 日，国家市场监督管理总局、国家标准化管理委员会发布推荐性国家标准《感官分析 葡萄酒品评杯使用要求》（GB/

T 40003—2021），自 2021 年 11 月 1 日起实施。

本标准起草单位：中国标准化研究院、秦皇岛市质量技术监督检验所、中国农业大学、中国合格评定国家认可中心、北京工商大学、江南大学、四川源坤教育科技有限公司、中国长城葡萄酒有限公司、宁夏西鸽酒庄有限公司。

• 2021 年，波尔多葡萄酒行业联合委员会（法国）上海代表处设立。

其业务主管单位：上海市国际贸易促进委员会。

• 2021 年，《葡萄酒史：产业的全球化》（作者：卡伊姆·安德森，文森特·皮尼；译者：杨培雷）出版发行。

• 2021 年，《葡萄酒的世界史——自然惠赐与人类智慧》（作者：山本博；译者：瞿亮）出版发行。

• 2021 年，姜瑜（烟台）葡萄酒有限公司成立。

• 2022 年，罗讷河丘和罗讷河谷法定原产地名称葡萄酒跨行业协会（法国）上海代表处设立。

其业务主管单位为上海市国际贸易促进委员会。

• 2022 年，团体标准《加香葡萄酒》和《利口葡萄酒》开始实施。

2021 年 12 月 9 日，中国酒业协会发布团体标准《加香葡萄酒》（T/CBJ 4103—2021）和《利口葡萄酒》（T/CBJ 4104—2021），自 2022 年 2 月 1 日起实施。

《加香葡萄酒》（T/CBJ 4103—2021）标准起草单位：烟台张裕葡萄酿酒股份有限公司、国家葡萄酒及白酒、露酒产品质量检验检测中心、中国食品发酵工业研究院有限公司、朗格斯酒庄（秦皇岛）有限公司。

《利口葡萄酒》（T/CBJ 4104—2021）标准起草单位：烟台张裕葡萄酿酒股份有限公司、西北农林科技大学葡萄酒学院、陕西丹凤安森曼酒庄有限公司、山东省葡萄研究院。

• 2022 年，云南省迪庆香格里拉葡萄产业发展协会成立。

• 2022 年，四川尼琼阿咪葡萄酒业有限公司成立。

• 2022 年，法国国家干邑行业管理局北京代表处成立。

业务主管单位为北京市商务局。

• 2022 年，人社部发布《职业分类大典（2022 年版）》，"侍酒师"和"酒体设计师"成为新增职业。

侍酒师的职业编码为 4-03-12-12。侍酒师的职业定义为："在酒类消费场所运用感官品评专业技术及专用器具，对酒类产品开展品评、鉴赏、文化普及等工作，并提供酒单设计、餐酒搭配、产品宣传、销售服务的人员。"

酒体设计师的职业编码为 6-02-06-12。酒体设计师的职业定义为："以消费市场为导向，应用感官鉴评技能与营养科学知识对原酒与调味酒的组合特性进行分析与综合评判，提出最优酒体配比方案并生产特定风格酒类产品的人员。"

• 2022 年，中国葡萄酒技术质量发展大会在山东烟台召开。

2022 年，中国葡萄酒技术质量发展大会在山东烟台召开。由中国酒业协会、中国食品工业协会、中国食品科学技术学会、烟台市人民政府主办。

2023 年，第二届中国葡萄酒技术质量发展大会在陕西丹凤召开。由中国酒业协会、陕西省商务厅、陕西省文旅厅、陕西省人民对外友好协会、中共商洛市委、商洛市人民政府主办。

2024 年，第三届中国葡萄酒技术质量发展大会在山西乡宁召开。由中共乡宁县委、乡宁县人民政府与中国酒业协会共同主办，山西戎子酒庄有限公司协办。

• 2022 年，宁夏酒业协会成立。

• 2022 年，《葡萄酒卫生学》（作者：李华，董树萌，阮仕立，刘旭）出版发行。

• 2022 年，《葡萄酒品尝学（第二版）》（作者：李华，王华，郭安鹊，韩富亮）出版发行。

• 2022 年，昌吉州葡萄酒产业协会成立。

- 2022 年，新疆天悦紫域酒庄有限公司成立。
- 2022 年，天朝上品（贵州）葡萄酒有限公司成立。
- 2022 年，宁夏神奇之鸟陶瓷有限公司成立。

  研发、生产、销售葡萄酒陈酿／发酵炻罐、酒瓶、酒具。
- 2022 年，松桃贵府酒庄有限责任公司成立。
- 2022 年，宁夏望月石酒庄有限公司成立。

  望月石酒庄位于宁夏青铜峡鸽子山产区，自 2017 年开始建设。葡萄种植园面积约为 800 亩，主要品种为赤霞珠、马瑟兰、梅洛、维欧尼、霞多丽、西拉、马尔贝克、品丽珠和小味儿多。2022 年，澳大利亚富邑葡萄酒集团（TWE）推出首个宁夏产区葡萄酒"奔富一号"（One by Penfolds）。2023 年，富邑推出宁夏和云南产区酿造的精品葡萄酒"奔富 CWT 521"（82% 来自云南产区的赤霞珠与 18% 来自宁夏产区的马瑟兰混酿）。2024 年 12 月 10 日，富邑宣布将以 1.3 亿元人民币收购望月石酒庄 75% 的股权。根据交易条款，富邑可在 5 年后收购望月石酒庄的剩余股份。望月石酒庄将生产奔富系列葡萄酒。
- 2022 年，首届"中国酿酒葡萄新锐种植师"评选活动结束。

  由中国酒业协会葡萄酒分会与国家葡萄产业技术体系联合发起。经评审，共 14 人获得"卓越奖"、共 8 人获得"优秀奖"、共 6 人获得"潜力奖"。
- 2022 年，"中国本土葡萄酒酵母种质资源创新与产业化应用"项目通过中国轻工业联合会组织的技术鉴定。

  本项目完成单位：西北农林科技大学、安琪酵母股份有限公司、烟台张裕葡萄酿酒股份有限公司、中粮长城酒业有限公司、宁夏大学、御马国际葡萄酒业（宁夏）有限公司和上海鼎唐国国际贸易有限公司。
- 2022 年，WSET 作为海外非政府组织（ONGO）在上海设立代表处。

  葡萄酒及烈酒教育基金会（Wine & Spirit Education Trust，简称

WSET）成立于 1969 年，总部设在英国伦敦，是一家葡萄酒和烈酒教育和资格认证培训服务机构。2003 年进入中国。2022 年，葡萄酒与烈酒教育基金会（英国）上海代表处获批成立，业务主管单位为上海市国际贸易促进委员会。

• 2022 年，河南省政府办公厅印发《河南省酒业振兴发展行动方案 2022—2025》，提出打造"葡萄酒黄河故道产区（民权）"产区品牌。

• 2022 年，宁夏贺兰山东麓葡萄酒产业技术协同创新中心成立。

• 2022 年，憨桶匠橡木制品（烟台）有限公司成立。

　　同年，该公司推出车载移动 STR 橡木桶翻新设备。

• 2022 年，《烟台产区葡萄酒培训教程》出版发行。

• 2022 年，"宁夏酿酒葡萄智能化农机装备研发与应用"项目通过专家验收。

　　项目为宁夏回族自治区重点研发计划。项目完成单位：宁夏大学、江苏大学、北京林业大学、中科院合肥物质科学研究院、宁夏农业机械化技术推广站、宁夏智源农业装备有限公司。

• 2022 年，《中国葡萄酒概述》（英文）（作者：李华，王华）出版发行。

• 2022 年，《葡萄酒庄管理》（作者：张军翔）出版发行。

• 2022 年，《战争、葡萄酒与关税》（作者：约翰·V.C.奈；译者：邱琳）出版发行。

• 2022 年，中国酒业流通协会公布"名酒 70 年功勋 70 人"名单。

　　入选名单：李克良、邹开良、王莉、赖高淮、刘淼、沈才洪、李秋喜、谭忠豹、张正、贾智勇、周艳花、曾从钦、赵东、钟雨、周新虎、朱法余、赵国敢、徐占成、梁金辉、查枢屏、张树平、蒲吉洲、蔡友平、李其书、王若飞、卢振营、许鹏、钱炎林、周洪江、祁玉珍、朱厚才、张德春、陈国锁、江月忠、王庆云、张洪建、贾光庆、吴向东、王富强、朱跃明、宋宁、郝鸿峰、胡友慎、王雷、杨陵江、刘颖、温文龙、张秉庆、刘晓伟、李武、谈红、潘智群、万宇、高景炎、梁邦昌、曾祖训、徐岩、胡永松、段长青、杨肇基、李家顺、赖登燡、傅建伟、何琇、黄克兴、鲍沛生、王新国、刘员、马勇、王延才。

- **2022 年，贺兰山东麓葡萄酒国家地理标志产品保护示范区获批筹建。**

2021 年 2 月 19 日，国家知识产权局发布《国家地理标志产品保护示范区建设管理办法（试行）》。

2022 年 10 月 14 日，国家知识产权局印发《关于确定 2022 年国家地理标志产品保护示范区筹建名单的通知》，正式批准筹建两个葡萄与葡萄酒示范区：一是"贺兰山东麓葡萄酒国家地理标志产品保护示范区"，承担单位为银川市人民政府；二是"茶淀玫瑰香葡萄国家地理标志产品保护示范区"，承担单位为天津市滨海新区人民政府。建设周期为 3 年。

- **2023 年，第一届国家级白兰地评酒委员考评会议在山东烟台召开。**

本次会议由中国酒业协会白兰地专业委员会、烟台黄渤海新区管委会主办。经考评选拔，来自全国各省、自治区、直辖市的 63 名企业及科研院校技术人员被聘为"国家级白兰地评酒委员"。

- **2023 年，团体标准《蓬莱海岸葡萄酒》开始实施。**

2022 年 12 月 30 日，中国酒业协会发布团体标准《蓬莱海岸葡萄酒》（T/CBJ 4101—2022），自 2023 年 5 月 1 日起实施。

本标准起草单位：烟台市蓬莱区葡萄与葡萄酒产业发展服务中心、烟台市蓬莱区葡萄酒行业协会、蓬莱国宾葡萄酒庄有限公司、君顶酒庄有限公司、中粮长城葡萄酒（蓬莱）有限公司、烟台国际地理标志产业运营中心、烟台科技学院、烟台安诺酒庄有限公司、山东蓬莱逃牛岭葡萄酒有限公司。

- **2023 年，国内首个葡萄酒产业产教融合共同体在山东烟台成立。**

发起单位：烟台文化旅游职业学院、鲁东大学、烟台张裕葡萄酿酒股份有限公司。参与单位：全国 18 个省、市、自治区的 80 多家院校、生产流通企业、行业协会和科研院所。

- **2023 年，天山北麓葡萄酒产区酒品入驻香港优质葡萄酒交易所**

（HKIWEX）。

2023 年 7 月 28 日，新疆天山北麓葡萄酒产业协会与香港酒业总商会签订战略合作协议。天山北麓葡萄酒（香港）推广营销中心成立，天山北麓葡萄酒产区酒品正式进驻香港优质葡萄酒交易所。

香港优质葡萄酒交易所有限公司成立于 2011 年。2015 年，全资设立港酒所（深圳）供应链管理有限公司（原深圳市桐松进口贸易有限公司）。

• 2023 年，挖酒集团整合并购美夏国际酒业和桃乐丝中国。

2014 年澳大利亚沃尔沃斯集团（Woolworths Group）收购美夏国际酒业（Summergate）。2023 年，挖酒集团收购美夏国际酒业，并推出"美夏名庄"商业平台。之后，美夏国际贸易（上海）有限公司和西班牙桃乐丝家族（Miguel Torres S.A.）达成在中国市场的战略合并协议。根据协议，桃乐丝家族入股美夏国际酒业，而美夏国际酒业完成对桃乐丝中国的收购。

• 2023 年，《秦皇岛市碣石山葡萄酒产区保护条例》正式实施。

2023 年 7 月 27 日，河北省人大常委会通过《秦皇岛市碣石山葡萄酒产区保护条例》，自 2023 年 9 月 1 日起实施。碣石山葡萄酒产区以昌黎县、卢龙县、抚宁区为核心产区。

• 2023 年，集安市鸭绿江河谷葡萄产业发展协会成立。

• 2023 年，《宁夏贺兰山东麓葡萄酒产业发展战略研究》（作者：孙宝国）出版发行。

• 2023 年，宁夏贺兰山东麓葡萄酒产业投资发展集团有限公司成立。

• 2023 年，《中国葡萄育种》（作者：房经贵，刘崇怀，吴伟民）出版发行。

• 2023 年，《酿酒葡萄极简化生态栽培手册》（作者：李华）出版发行。

• 2023 年，《酿酒葡萄优质高效栽培技术研究》（作者：王振平，李栋梅，代红军，李文超）出版发行。

- 2023 年,《中国葡萄酒产业发展蓝皮书（2022）》（作者：中国乡村发展志愿服务促进会）出版发行。
- 2023 年,《中国葡萄酒地理》（作者：孙志军）出版发行。
- 2023 年,《百酿成金：全球 15 家经典酒庄的品牌故事》（作者：劳拉·卡帝娜，李德美）出版发行。
- 2023 年,《葡萄酒化学》（作者：安得烈·L. 沃特豪斯等；译者：潘秋红，段长青，王军，朱保庆，何非）出版发行。
- 2023 年,《葡萄酒标准与法规》（作者：江志国）出版发行。
- 2023 年, 酩悦轩尼诗洋酒（海南）有限公司成立。
- 2023 年, 陕西丹凤秦汉唐酒庄有限公司成立。
- 2023 年, 中国经济林协会授予清徐县"中国葡萄之乡"称号。
- 2023 年, 丹凤县被中国酒业协会授予"中国葡萄酒历史文化名城"称号。
- 2023 年, 山东烟台产区联合中央广播电视总台推出 10 集系列微纪录片《葡萄酒的秘密》。

  本纪录片由中央广播电视总台央视频与烟台市人民政府、烟台黄渤海新区管理委员会联合出品, 主要讲述内容：① 甜蜜的味道；② 尊严的味道；③ 橡木桶；④ 酒瓶与酒塞；⑤ 酒标；⑥ 酿酒师与品酒师；⑦ 年份酒；⑧ 白兰地；⑨ 酒庄；⑩ 侍酒师与酒杯。

- 2023 年, 新疆巴州焉耆盆地产区联合中央广播电视总台推出 4 集系列短视频纪录片《这 young 巴州葡萄酒》。

  本纪录片由中央广播电视总台央视频与新疆巴音郭楞蒙古自治州人民政府和工业与信息化局联合出品, 主要讲述内容：① 风土里的秘密；② 酿造本心；③ 风味乾坤；④ 融合至味。

- 2023 年, 以"中国风土、中国味道、中国文化"为主题的第一届大学生葡萄与葡萄酒科学文化节在北京大学举办。

  2024 年, 以"中国风土、中国味道、中国文化"为主题的第二届大学生葡萄与葡萄酒科学文化节由上海交通大学主办、华南农业大学协办。

•2023 年，中国酒业协会颁发"中国酒业 30 年功勋人物奖"。

共有来自全国酒行业的 131 人获奖。其中，仲崇沪（烟台海市葡萄酒有限公司）、陈小波（中粮长城酒业有限公司）、孙利强（烟台张裕集团有限公司）、严升杰（中粮长城酒业有限公司）、仲惟明（中粮长城酒业有限公司）、周洪江（烟台张裕集团有限公司）等获得"中国酒业 30 年功勋人物奖－行业突出贡献领导人"荣誉称号；崔彦志［朗格斯酒庄（秦皇岛）有限公司］、焦复润（威龙葡萄酒股份有限公司）、李记明（烟台张裕葡萄酿酒股份有限公司）、邵学东（君顶酒庄有限公司）、王树生（中法合营王朝葡萄酿酒有限公司）、张葆春（烟台张裕葡萄酿酒股份有限公司）等获得"中国酒业 30 年功勋人物奖－科技带头人"荣誉称号；高美书（中国酒业协会）、耿兆林（中国酒业协会）等获得"中国酒业 30 年功勋人物奖－行业组织管理模范"荣誉称号；孙宝国（北京工商大学）、李景明（中国农业大学）、段长青（中国农业大学）、房玉林（西北农林科技大学）、李华（西北农林科技大学）、李德美（北京农学院）、王华（西北农林科技大学）等获得"中国酒业 30 年功勋人物奖－行业著名专家学者"荣誉称号。

•2023 年，在上海等 6 个自贸试验区或自贸港试点区域，允许进口葡萄酒标签上标注特定的描述词或形容词。

2023 年 6 月 29 日，国务院印发《关于在有条件的自由贸易试验区和自由贸易港试点对接国际高标准推进制度型开放的若干措施》。其中规定，在上海、广东、天津、福建、北京自由贸易试验区和海南自由贸易港试点地区，允许进口葡萄酒的标签中包含以下描述词或形容词：酒庄（chateau）、经典的（classic）、葡萄园（clos）、柔滑的（cream）、有酒渣的（crusted/crusting）、精美的（fine）、迟装型年份酒（late bottled vintage）、高贵的（noble）、珍藏（reserve）、宝石红（ruby）、特藏（special reserve）、索莱拉（solera）、级别较高的

（superior）、酒泥陈酿（sur lie）、陈年黄色波特酒（tawny）、年份（vintage）或年份特征（vintage character）[①]。

根据国务院 2024 年 10 月 25 日发布的《关于做好自由贸易试验区对接国际高标准推进制度型开放试点措施复制推广工作的通知》，以上进口葡萄酒标签上可标注的描述词或形容词被复制推广到全国范围。

• 2023 年，国务院印发《中国（新疆）自由贸易试验区总体方案》。其中，在打造开放型特色产业体系中，提出"提升林果、葡萄酒、乳制品等特色产品加工业标准化、规模化水平，打造特色优势品牌"。

• 2023 年，蓬莱海岸葡萄酒产区入选山东省地理标志产品保护示范区筹建单位。

2021 年 10 月 19 日，山东省市场监管局印发《山东省地理标志产品保护示范区建设管理办法（试行）》（鲁市监发〔2021〕号），2021 年 10 月 19 日施行。

2023 年 3 月 6 日，山东省市场监督管理局公布《2022 年度山东省地理标志产品保护示范区筹建名单》，"蓬莱海岸葡萄酒山东省地理标志产品保护示范区"获批筹建，承担单位为烟台市蓬莱区人民政府，筹建期为 2 年。

• 2023 年，宁夏图兰朵葡萄酒小镇（一期）安漠酒店试运营。

宁夏图兰朵葡萄酒小镇位于贺兰县金山片区，包括葡萄种植、葡萄酒酿造和文旅度假。

• 2023 年，贺兰山宿集（宁夏）酒庄有限公司成立。

• 2023 年，西藏自治区酒业协会成立。

• 2023 年，中国精品葡萄酒主题电影《觉醒的葡萄》在上海首映。

---

① 国务院印发关于在有条件的自由贸易试验区和自由贸易港试点对接国际高标准推进制度型开放若干措施的通知（国发〔2023〕9 号）[Z].2023–06–01.

- 2024 年，四川省葡萄酒与果酒行业协会发布《关于进一步推动四川高山葡萄酒产业发展的意见》。
- 2024 年，团体标准《葡萄富集酒》开始实施。

2024 年 5 月 30 日，中国酒业协会发布团体标准《葡萄富集酒》（T/CBJ 4105—2024），自 2024 年 7 月 1 日起实施。本标准起草单位：新疆尼雅葡萄酒有限公司、玛纳斯县西域烈焰酒业有限公司、阜康市西域烈焰酒业有限公司、中国农业大学、中国食品发酵工业研究院有限公司。

- 2024 年，商务部决定对原产于欧盟的瓶装白兰地进行反倾销调查。

2023 年 11 月 30 日，中国酒业协会代表国内白兰地产业正式向商务部提交反倾销调查申请，请求对原产于欧盟的进口装入 200 升以下容器的蒸馏葡萄酒制得的烈性酒进行反倾销调查。

2024 年 1 月 5 日，商务部决定对原产于欧盟的进口装入 200 升以下容器的蒸馏葡萄酒制得的烈性酒（瓶装白兰地，税则号 22082000）进行反倾销调查。通常应在 2025 年 1 月 5 日前结束调查，特殊情况下可延长 6 个月①。

2024 年 10 月 8 日，商务部发布年度第 42 号公告，决定自 10 月 11 日起采用保证金形式对原产于欧盟的进口相关白兰地实施临时反倾销措施，各公司保证金比率为 30.6% ～ 39.0%。保证金以海关审定的完税价格从价计征。其中，马爹利公司、轩尼诗公司和人头马公司被认定的倾销幅度（即保证金比率）分别为 30.6%、39.0%、38.1%。

- 2024 年，国家葡萄酒产品质量检验检测中心（宁夏）成立。

2021 年，国家葡萄酒产品质量检验检测中心（宁夏）获得国家市场监管总局批准筹建。2023 年，通过专家组现场评审。2024

---

① 商务部贸易救济局.关于对原产于欧盟的进口装入 200 升以下容器的蒸馏葡萄酒制得的烈性酒进行反倾销立案调查的公告（商务部公告 2024 年第 1 号）[Z].2024-01-05.

年，国家市场监管总局批准成立国家葡萄酒产品质量检验检测中心（宁夏）。

依托单位为宁夏食品检测研究院。

• **2024 年，国家葡萄及葡萄制品质量检验检测中心（新疆）成立。**

2013 年，国家葡萄及葡萄制品质量监督检验中心获得原国家质检总局批准筹建。2018 年，通过由中国合格评定国家认可委员会和国家质检总局组织的 CNAS 实验室认可及国家产品质检中心资质认定评审组的"三合一"现场评审。2024 年。国家市场监管总局批准成立国家葡萄及葡萄制品质量检验检测中心（新疆）。授权的食品及相关产品的检验领域包括葡萄酒、葡萄干、葡萄蒸馏酒、白兰地、配酒、葡萄饮料、葡萄籽油、葡萄罐头、果酱及相关食品农副产品等。

依托单位为吐鲁番市质量与计量检测所。

• **2024 年，中、法两国政府签署《关于葡萄种植和葡萄酒酿造产业合作的行政协议》。**

• **2024 年，《葡萄酒：一部微醺文化史》（作者：约翰·瓦里亚诺；译者：黄瑶）出版发行。**

• **2024 年，《红酒帝国：市场、殖民地与英帝国兴衰三百年》（作者：詹妮弗·里根·列斐伏尔；译者：陈婕）出版发行。**

• **2024 年，《琼瑶玉液：历代诗人咏葡萄酒》（作者：王雁路）出版发行。**

• **2024 年，《中国葡萄酒历史文化研究》（作者：毛凤玲，张訸，张军翔）出版发行。**

• **2024 年，国内首部葡萄酒全产业题材电视剧《星星的故乡》在央视播出。**

本剧由中央广播电视总台、中共宁夏回族自治区委员会宣传部、中国广电宁夏网络有限公司、宁夏聚龙盛丰影视传媒有限公司和霍尔果斯聚龙盛丰影视传媒有限公司联合出品。本剧以新时代西部大开发为背景，以宁夏葡萄酒产业创新发展为主线，志辉源石酒庄、西夏王酒庄、西鸽酒庄、贺兰晴雪酒庄、美贺庄园、龙谕酒庄、夏桐酒庄、长城天赋酒庄、汇达阳光生态酒庄、贺兰芳华田园酒庄、容园美酒庄和甘城子酒庄等成为取景拍摄地。

• 2024 年，山西农业大学果树研究所选育的酿酒葡萄新品种"比诺兰"通过山西省林业和草原局林木品种审定。该品种由黑比诺与马瑟兰杂交选育而成。

• 2024 年，团体标准《酒类企业 ESG 披露指南》和《酒类企业 ESG 评价指南》开始实施。

2024 年 7 月 1 日，中国酒业协会发布团体标准《酒类企业 ESG 披露指南》（T/CBJ 1106—2024）和《酒类企业 ESG 评价指南》（T/CBJ 1107—2024），自 2024 年 10 月 1 日起实施。

• 2024 年，行业标准《葡萄酒行业绿色工厂评价要求》开始实施。

2023 年 12 月 20 日，工业和信息化部发布推荐性行业标准《葡萄酒行业绿色工厂评价要求》（QB/T 5889—2023），自 2024 年 7 月 1 日起实施。

• 2024 年，中国酒业协会发布团体标准《葡萄酒酒庄分级规范》。

• 2024 年，"张裕可雅杯"首届全国白兰地品酒师职业技能大赛在山东烟台举办。

• 2024 年，"茅台葡萄酒杯"2024 全国大学生葡萄酒品酒职业技能大赛在河南郑州举办。

• 2024 年，陕西省葡萄与葡萄酒产业创新联合体成立。

由陕西省科技厅公布批准建设，房玉林教授担任该创新联合体首席科学家。牵头单位：陕西张裕瑞那城堡酒庄有限公司。成员单位：西北农林科技大学、西部果品资源高值利用教育部工程研究中心、陕西桥畔大唐葡园有机酒庄有限公司、陕西君度唯尔酒庄有限公司、杨凌耕心农业有限公司、杨凌锦田果蔬专业合作社、陕西栖凤御林农业科技有限公司、陕西太浩生态农业观光发展有限责任公司、陕西东凤酒庄有限公司、陕西丹凤安森曼葡萄酒庄有限公司、陕西张裕瑞那城堡酒庄旅游有限公司、陕西张裕瑞那酒业销售有限公司。

• **2024 年，国家标准《葡萄酒产地识别技术导则》发布。**

2024 年 10 月 26 日，国家标准化管理委员会、国家市场监督管理总局发布《葡萄酒产地识别技术导则》（GB/T 44874—2024），自 2025 年 5 月 1 日起实施。标准起草单位：中国食品发酵工业研究院有限公司、新疆中信国安葡萄酒业有限公司。

• **2024 年，新疆葡萄酒产业发展有限公司成立。**

由新疆 24 家重点葡萄酒生产企业（酒庄）发起并投资组建。

• **2024 年，山东烟台被中国轻工业联合会、中国酒业协会联合授予"中国白兰地之都"称号。**

• **2024 年，"龙行高校"2024 中国葡萄酒校园公开课系列活动在全国范围内开展。**

由中国酒业协会葡萄酒分会主办，联合国内产区、代表性高校和企业共同举办。"龙行高校"2024 中国葡萄酒校园公开课结合龙年、二十四节气等中国传统元素和葡萄物候期开展不同主题的推广宣传和品鉴系列活动。

参与"龙行高校"的葡萄酒企业有：烟台张裕葡萄酿酒股份有限公司、威龙葡萄酒股份有限公司、北京龙徽酿酒有限公司、蓬莱龙亭葡萄酒庄有限公司、大连宝盈龙酒庄有限公司、中国长城葡萄酒有限公司、君顶酒庄有限公司、秦皇岛金士通国际葡萄酒庄有限公司、新疆中菲酿酒股份有限公司、新疆瑞泰青林酒业有限公司、山西戎子酒庄有限公司、银川蒲尚葡萄酒有限公司、青岛华东葡萄酿酒有限公司、新疆丝路酒庄有限公司、新疆天塞酒庄有限公司、新疆中菲酿酒股份有限公司、中粮长城葡萄酒（蓬莱）有限公司、烟台张裕卡斯特酒庄有限公司、中粮长城葡萄酒（宁夏）有限公司、中法合营王朝葡萄酿酒有限公司、北京波龙堡葡萄酒业有限公司、北京莱恩堡葡萄酒业有限公司、朗格斯酒庄（秦皇岛）有限公司、秦皇岛燕玛酒庄有限公司、怀来县贵族庄园葡萄酒业有限公司、酩悦轩尼诗夏桐（宁夏）酒庄有限公司。吐鲁番蒲昌葡萄酒业有限公司、新疆佰年庄酒业有限公司、中信尼雅葡萄酒股份有限公司、吐鲁番楼兰酒庄股份有限公司、甘肃莫高国际酒庄有限公司、甘肃紫轩酒业有限公司、甘肃张掖国风葡萄酒业有限责任公司、甘肃祁连葡萄酒业有限责任公司、宁夏贺兰红酒庄有限公司、吴忠市红寺堡酒庄有限公司、宁夏立兰酒庄有限公司、宁夏恒生西夏王酒业有限公司、宁夏罗兰玛歌农业科技有限公司、易富（上海）贸易有限公司、香格里拉酒业股份有限公司、桑日县帕竹荣顺（净土）庄园有限公司、西藏芒康县藏东珍宝酒业有限公司、通化葡萄酒股份有限公司、辽宁张裕冰酒酒庄有限公司、辽宁三合酒业有限公司、集安市鸭江谷酒庄有限公司、陕西丹凤葡萄酒有限公司、贵州茅台酒厂（集团）昌黎葡萄酒业有限公司。

2024 年 3 月 11 日至 6 月 13 日，上半年共开展 6 期，全国 75 所高校合计参与 253 次公开课。同时，公开课得到线下 2 万人次的同步品鉴和线上 33.5 万人次的参与，并针对当代大学生的酒水消费观念与习惯展开调查且回收 8116 份有效调查问卷。2024 年 6 月 20 日，中国酒业协会葡萄酒分会以"龙行高校"中国葡萄酒校园公开课相关调研结果为基础，发布《2024 年中国葡萄酒行业发展趋势及大学生饮酒调研分析报告》。2024 年 3—12 月，共开展 12 期"龙行高校"2024 中国葡萄酒校园公开课活动。公开课得到了 54 家企业的响应和支持，先后共有 87 所高校参与 625 次公开课活动，线下超 5 万人品鉴了 75 款中国葡萄酒产品，累计 96.4 万人次通过线上平台观看并学习公开课。

图表索引

后　记

　　1892 年，壬辰龙年。张裕酿酒公司在山东烟台创建，揭开了中国葡萄酒产业化发展的序幕。自此，在时代更迭的风云激荡中，中西文明交融互鉴，行业扬帆起航。

　　2024 年，甲辰龙年。"中国葡萄酒，当惊世界殊"已成为整个行业深刻认知并切实践行着的发展共识。经过百余年的沉淀，这杯"中国红"佳酿已孕育，厚积正待薄发。

　　一本书太薄，难以记录一个行业的兴衰起伏。130 余年，行业的历史长河奔腾不息，勾勒出一幅瑰丽画卷。字里行间书写出的是一代又一代人的辛劳汗水与坚守奉献，折射出的是无数企业在此间的慷慨激昂与不懈奋斗，记录着的是整个行业进化的是非曲直与卓绝超越。整个行业的发展，借此文字难以言表，凭此书恐不尽意，更无论可能存在的疏漏缺误，唯只待而后补充修正。

　　一杯酒虽浓，仍无法致敬一个行业的功勋光彩。130 余年，行业正沿着连接过去、现在和未来之桥，破浪进取。其间，企业存续或长或短，关键决策或对或错，行业事件或大或小，重要之人或去或留，亦有勤朴无声的芸芸之众，均已刻下或深或浅的无数痕迹，共同参与和见证，最终织就中国葡萄酒产业的万千变化。每个人、每一个企业、每件事，都犹如一颗颗闪亮的星，织汇出璀璨天空，共同雕刻着产业的历史轮廓。

　　"欲持一瓢酒，远慰风雨夕。"1892—2024 年，跨越山海，穿越时空。借此书执此酒，谨向影响近现代中国葡萄酒产业发展的所有人、事、物致敬。

水兴三

甲辰龙年十月十九日